Schriftenreihe

Schriften zur Arbeits-, Betriebs- und Organisationspsychologie

Band 59

ISSN 1611-2806

Verlag Dr. Kovač

Stefan Klaußner

Abusive Supervision

*Eine systemtheoretische Analyse
prekärer Führungsbeziehungen
in Organisationen*

Verlag Dr. Kovač

Hamburg
2011

VERLAG DR. KOVAČ GMBH
FACHVERLAG FÜR WISSENSCHAFTLICHE LITERATUR

Leverkusenstr. 13 · 22761 Hamburg · Tel. 040 - 39 88 80-0 · Fax 040 - 39 88 80-55

E-Mail info@verlagdrkovac.de · Internet www.verlagdrkovac.de

Bibliografische Information der Deutschen Nationalbibliothek
Die Deutsche Nationalbibliothek verzeichnet diese Publikation
in der Deutschen Nationalbibliografie;
detaillierte bibliografische Daten sind im Internet
über http://dnb.d-nb.de abrufbar.

ISSN: 1611-2806
ISBN: 978-3-8300-5921-9

Zugl.: Dissertation der Freien Universität Berlin (FUB), 2011

© VERLAG DR. KOVAČ GmbH, Hamburg 2011

Printed in Germany
Alle Rechte vorbehalten. Nachdruck, fotomechanische Wiedergabe, Aufnahme in Online-Dienste und Internet sowie Vervielfältigung auf Datenträgern wie CD-ROM etc. nur nach schriftlicher Zustimmung des Verlages.

Gedruckt auf holz-, chlor- und säurefreiem, alterungsbeständigem Papier. Archivbeständig nach ANSI 3948 und ISO 9706.

Geleitwort

Obwohl das Interesse der Praxis an Führungsthemen und -trainingsmaßnahmen ungebrochen war, fehlten der Führungsforschung für lange Zeit die wirklich neuen Impulse. Dies hat sich in den letzten Jahren verändert; die Führungsforschung zieht mit neuen Themen das Interesse wieder auf sich. Eines der Themen, dem in jüngerer Zeit besonders viel Aufmerksamkeit gilt, ist die Abusive Supervision, gemeint ist eine Form feindseliger Führung, die Mitarbeiter demütigt, verletzt oder ausgrenzt. Dieses Thema wird auch im Zusammenhang mit einer sozial verantwortlichen Unternehmensführung diskutiert, und zwar als eine Praxis, die den Regeln guter Unternehmensführung widerspricht. Vorliegende Veröffentlichung widmet sich diesem noch verhältnismäßig jungen Zweig innerhalb der Führungslehre.

Der Autor verweist als Ausgangspunkt auf eine empfindliche Lücke in der wissenschaftlichen Diskussion des Konstrukts Abusive Supervision. Feindselige Führung wird fast ausschließlich personalistisch gedacht, im Sinne eines (problematischen) Führungsstils. Das interaktive Moment, wie es von jeder modernen Führungstheorie verlangt wird, bleibt unberücksichtigt. Die wissenschaftliche Diskussion zur Abusive Supervision bewegt sich damit auf einem untertheoretisierten Niveau. Es ist das zentrale Anliegen dieser Arbeit, diese Lücke zu schließen. Die Arbeit verfolgt dementsprechend das Ziel, nicht nur die Charakteristika dieses neuen Forschungsfeldes herauszuarbeiten, sondern auch das Konstrukt theoretisch zu präzisieren und konzeptionell auf Basis der Interaktionstheorie der Führung auszubauen.

Über den Weg von Erwartungsgeneralisierungen stellt der Verfasser darüber hinaus auf die Stabilisierung feindseliger Führungsbeziehungen ab. Der Verfasser zeigt, wie durch gegenseitige Einsteuerung von Führungskraft und unterstellten Mitarbeitern via impliziter Führungstheorie und generalisierter Erwartung ein Negativspirale sich in Gang setzen kann, die nicht nur einmaliges Ereignis bleibt, sondern zu einem Muster ausartet. Ja mehr noch, für den Fall, dass das feindselige Führungsgeschehen in den Strudel eines selbst-verstärkenden Prozesses kommt, verfestigt sich diese destruktive Form der Interaktion und gerät in ein Lock-in. Der Verfasser zieht hierzu pfadtheoretische Überlegungen zu Hilfe, um diesen Verfestigungsprozess theoretisch zu fassen.

Die Arbeit ist insgesamt sehr gut geschrieben, besticht durch prägnante Darstellungen und Kenntnisreichtum. Das Argumentationsspektrum ist beeindruckend in seiner interdisziplinären Reichweite.

Ich wünsche der Arbeit die ihr gebührende Aufmerksamkeit und gute Aufnahme.

Berlin, im Juli 2011   Prof. Dr. Georg Schreyögg

Vorwort

Führung als spezifische Form sozialer Interaktion ist ein Thema des Alltags, dessen Brisanz wohl jeder bereits das eine oder andere Mal zu spüren bekommen hat – ob als Führungskraft oder in der Rolle des/der Geführten. Die meisten Leser werden wohl auch mit der Verlockung vertraut sein, die Verantwortung für solch vermeintlich beklagenswerte Situationen beim Gegenüber zu suchen. Denn befindet man sich erst einmal inmitten einer „prekären" Führungsbeziehung, liegt der sonst so nahe liegende Ausspruch „Da gehören immer zwei dazu" meist doch recht fern. Ein solch differenzierter Blick auf das Konfliktgeschehen scheint oftmals erst durch die Brille eines unbeteiligten Beobachters möglich zu sein.

Die vorliegende Arbeit versucht eben diesen Blickwinkel einzunehmen. Sie behandelt mit „Abusive Supervision" ein aktuell international beforschtes Konzept. Gemeint ist Führungsverhalten, das als anhaltend feindselig wahrgenommen wird. Interessanterweise scheint sich die aktuelle Abusive Supervision Debatte im obigen Sinne auf die Seite der Geführten zu stellen, indem die Führungsverantwortung und damit die Verursachung solch prekärer Beziehungen durchgängig auf Seiten der Führungskraft vermutet und untersucht werden. Dass auch die Geführten Einfluss auf das gemeinsame Führungsgeschehen besitzen und demzufolge auch ein gewisses Maß an Beziehungsverantwortung tragen, bleibt bislang außen vor. Zugunsten einer interaktiven Perspektive soll diese Einseitigkeit nun überwunden und Abusive Supervision – aufbauend auf systemtheoretischen Überlegungen – als persistentes Interaktionsmuster charakterisiert werden.

Auch diese Arbeit wäre ohne Führung und Interaktion nicht entstanden. Mein erster Dank gilt daher meinem Doktorvater, Herrn Prof. Dr. Georg Schreyögg, für seine vertrauensvolle Betreuung und den nötigen Freiraum, diese Arbeit inhaltlich entwickeln zu können. Daneben bin ich Herrn Prof. Dr. Jörg Sydow für die Übernahme des Zweitgutachtens sowie Herrn Prof. Dr. Gregory Jackson, Herrn Prof. Dr. Thomas Mellewigt und Frau Dipl.-Kffr. Simone Ostermann für ihre Tätigkeit in der Promotionskommission zu Dank verpflichtet.

Auch der organisatorische Rahmen, in dem diese Arbeit entstanden ist, darf und soll nicht unerwähnt bleiben. Jochen Koch, Simone Ostermann, Arne Petermann, Stephanie Schmidt, Philipp Hermanns, Heike Rindfleisch, Nicolas Rohde, Christina Dietz, sowie Roswitha Nicolaysen und das SHK-Team in wechselnder Besetzung haben – jeder auf andere Art – maßgeblich zum Gelingen dieser Arbeit beigetragen.

Für die redaktionelle Durchsicht des Manuskripts danke ich Sabine Blumrich und Christoph M. Hartmann.

Nicht zuletzt möchte ich meinen Freunden und meiner Familie dafür danken, dass sie mir im gesamten Entstehungsprozess der Arbeit immer wieder den Rücken freigehalten und mich bei der Überwindung von ganz unterschiedlichen Hürden bedingungslos unterstützt haben.

Berlin, im Juli 2011   Stefan Klaußner

Inhaltsverzeichnis

Geleitwort 5

Vorwort 7

Inhaltsverzeichnis 9

Abbildungsverzeichnis 13

Tabellenverzeichnis 15

Einleitung 17
1. Problemstellung der Arbeit 17
2. Struktur der Arbeit 21

A Zur praktischen Relevanz von Abusive Supervision 25
1. Methodische Vorüberlegungen 27
   1.1. Das Experteninterview als Erhebungsmethode empirischer
       Sozialforschung 29
   1.2. Untersuchungsziele und -hypothesen 34
   1.3. Auswahl der Interviewpartner und Entwicklung des
       Interviewleitfadens 35
   1.4. Erhebung, Aufbereitung und Auswertung der Daten 40

2. Interviewergebnisse 42
   2.1. Organisationale Relevanz von Abusive Supervision 43
   2.2. Individueller Umgang mit Abusive Supervision 46
   2.3. Entstehung von Abusive Supervision 49

3. Erste Zwischenbilanz: Abusive Supervision als relevantes, komplexes
   Phänomen 55

B Stand der Abusive Supervision Debatte und ihre Forschungslücken... 59

1. Die Abusive Supervision Debatte im Überblick.. 60
   - 1.1. Forschungsströmungen und -entwicklung der dunklen Seite der Führung... 60
     - 1.1.1. Derailed Leadership 62
     - 1.1.2. Dark Side of Charisma & Narcissistic Leadership.................. 64
     - 1.1.3. Petty Tyranny... 67
     - 1.1.4. Destructive Leadership 68
     - 1.1.5. Weitere Konstrukte 70
   - 1.2. Empirische Befunde zu Abusive Supervision..................................... 73
     - 1.2.1. Theoretischer Hintergrund und Vorläufer des Konstruktes Abusive Supervision... 74
     - 1.2.2. Die Ursachen von Abusive Supervision 76
     - 1.2.3. Die Konsequenzen von Abusive Supervision......................... 87
   - 1.3. Abusive Supervision und Mobbing – Alter Wein in neuen Schläuchen?.. 98
     - 1.3.1. Theoretischer Hintergrund und Stand der Mobbingforschung....... 98
     - 1.3.2. Konstruktdimensionen von Abusive Supervision und Mobbing im Vergleich 103
   - 1.4. Zwischenfazit: Abusive Supervision als Phänomen der Führungsinteraktion... 107

2. Reflexion der Abusive Supervision Debatte und ihre Forschungslücken 112
   - 2.1. Endogene Reflexion empirischer Ergebnisse.................................... 113
     - 2.1.1. Aussage- und Erklärungskraft der (statistischen) Zusammenhangsmaße.. 113
     - 2.1.2. Generalisierbarkeit der empirischen Ergebnisse 119
     - 2.1.3. Kausalität in den Variablenbeziehungen 121
   - 2.2. Exogene Reflexion vor dem Hintergrund des Konstruktes Abusive Supervision 124

3. Zweite Zwischenbilanz: Offene Fragen an die Abusive Supervision Debatte.. 127

C Führung als soziale Interaktion – Theoretische Grundlagen 131

1. Zum Verhältnis von Führung und Interaktion 132
   1.1. Die Rolle der Interaktion in den Austauschtheorien der Führung 137
   1.2. Die Rolle der Interaktion in den kognitiven Theorien der Führung ... 144
   1.3. Die Rolle der Interaktion in den Identitätstheorien der Führung 151
   1.4. Resümee: Offene Fragen an eine Interaktionstheorie der Führung 156
2. Das Individuum im Interaktionssystem – konstruktivistische Grundlagen .. 159
   2.1. Kognitionstheoretische Grundlagen konstruktivistischen Denkens ... 161
   2.2. Erkenntnistheoretische Konsequenzen konstruktivistischen Denkens 164
   2.3. Konsequenzen für die Analyse der Führungsinteraktion 170
3. Zwei Individuen im Interaktionssystem – systemtheoretische Grundlagen . 173
   3.1. Systemtheoretische Grundbegriffe 174
   3.2. Kennzeichen von Interaktionssystemen 177
   3.3. Konsequenzen für die Analyse der Führungsinteraktion 182
4. Dritte Zwischenbilanz: Die Führungsinteraktion als interpersonale Kommunikation 184

D Abusive Supervision – Rekonzeptionalisierung als persistentes Muster der Führungsinteraktion 187

1. Individuelle Erwartungen in der Führungsbeziehung – eine statische Analyse 188
   1.1. Funktionen individueller Erwartungen in der Führungsinteraktion.... 188
      1.1.1. Interpretationsfunktion individueller Erwartungen 189
      1.1.2. Selektionsfunktion individueller Erwartungen 190
   1.2. Dimensionen individueller Erwartungen in der Führungsinteraktion 193
      1.2.1. Erwartungen auf Inhalts- und Beziehungsebene 193
      1.2.2. Bewusste und unbewusste Erwartungen 195
   1.3. Bestimmungsfaktoren individueller Erwartungen in der Führungsinteraktion 198
      1.3.1. Implizite Theorien 199
      1.3.2. Konkrete Erfahrungen 209
      1.3.3. Organisationaler Kontext 213
   1.4. Zwischenfazit: Statisches Modell der Führungsinteraktion 226

2. Rückwirkungen der Interaktion – eine dynamische Analyse 230
   2.1. Wirkungen der Interaktion auf die individuelle Erwartungsstruktur .. 231
      2.1.1. Anpassung individueller Erwartungen in der Interaktion 234
      2.1.2. Stabilität individueller Erwartungen in der Interaktion 238
      2.1.3. Die Entstehung von Abusive Supervision auf individueller Ebene 240
   2.2. Wirkungen der Interaktion auf das Interaktionssystem 245
      2.2.1. Ultrastabilität als Zustand des Interaktionssystems 245
      2.2.2. Abusive Supervision als ultra-stabiles Muster der Führungsinteraktion 254

3. Einfluss der Umwelt auf Entstehung und Persistenz von Abusive Supervision 259

4. Vierte Zwischenbilanz: Abusive Supervision als persistentes Interaktionsmuster 263

E Implikationen aus der Rekonzeptionalisierung von Abusive Supervision 267

1. Implikationen für die empirische Abusive Supervision Forschung 267
   1.1. Die Beobachtung als Methode der Erforschung von Abusive Supervision 271
   1.2. Die Befragung als Methode der Erforschung von Abusive Supervision 272

2. Implikationen für den praktischen Umgang mit Abusive Supervision 274
   2.1. Implikationen für institutionalisierte Führungsgespräche 275
   2.2. Implikationen für die Durchführung von Führungstrainings 285

Schlussbetrachtung 289

Anhang – Interviewleitfaden 293

Literaturverzeichnis 295

Abbildungsverzeichnis

Abbildung 1: Kumulierte Zahl der Abusive Supervision Publikationen 19
Abbildung 2: Struktur der vorliegenden Arbeit 23
Abbildung 3: Typen der Befragung 30
Abbildung 4: Ausgewählte Interviewpartner 37
Abbildung 5: Dimensionen der Relevanz von Abusive Supervision 56
Abbildung 6: Ursachen und Auswirkungen von *Petty Tyranny* 68
Abbildung 7: Moderated-Mediation Framework von Tepper et al. 2006 77
Abbildung 8: Wirkungskette bei Hoobler und Brass 2006 79
Abbildung 9: "Trickle-down model" von Aryee et al. 2007 81
Abbildung 10: Das Modell von Wu und Hu 2009 82
Abbildung 11: Das Modell von Rafferty et al. 2010 84
Abbildung 12: Variablenstruktur bei Tepper et al. 2011 85
Abbildung 13: Abusive Supervision in intendierter und unintendierter
    Form 111
Abbildung 14: Abusive Supervision in der gegenwärtigen
    Konzeptionalisierung 124
Abbildung 15: Phasen des Leader-Member-Exchange Prozesses 140
Abbildung 16: Schematische Darstellung des Attributionsprozesses
    nach Kelley 146
Abbildung 17: Attributionsmodell nach Green und Mitchell 147
Abbildung 18: Prozessmodell der Identitätsregulation 153
Abbildung 19: Konsequenzen konstruktivistischer Denkweise 172
Abbildung 20: Systemarten in der Theorie Luhmanns 176
Abbildung 21: Shannons Encoder/Decoder Modell 180
Abbildung 22: Grundstruktur der Führungsinteraktion 186
Abbildung 23: Interpretations- und Selektionsfunktion von Erwartungen 191
Abbildung 24: Dimensionen individueller Erwartungen 197
Abbildung 25: Hierarchie der Führungskategorisierungen nach Lord et al. 201
Abbildung 26: Selbsterfüllende Prophezeiung 211
Abbildung 27: Kulturebenen im Modell Scheins 223
Abbildung 28: Statisches Modell der Führungsinteraktion 227
Abbildung 29: Kategorisierung wahrgenommenen Führungsverhaltens 230

Abbildung 30: Selektive Wahrnehmung von Interaktionsergebnissen 233
Abbildung 31: Optimaler Differenzierungsgrad individueller Erwartungen 239
Abbildung 32: Verhältnis von Homöostase und Anpassungsfähigkeit
sozialer Systeme 247
Abbildung 33: Ultra-Stabilität in der wechselseitigen Erwartungsstruktur 250
Abbildung 34: Phasen der Pfadkonstitution 252
Abbildung 35: Die Entstehung von Abusive Supervision als ultra-stabiles
Interaktionsmuster 255
Abbildung 36: Interaktionstheoretischer Bezugsrahmen der Analyse von
Abusive Supervision 263
Abbildung 37: Verstärkende Wirkung institutionalisierter
Feedbackinstrumente 278
Abbildung 38: Formen institutionalisierten Feedbacks 280
Abbildung 39: Erfolgsaussicht von Führungsgesprächen 284

Tabellenverzeichnis

Tabelle 1: Untersuchungsergebnisse im Überblick 54
Tabelle 1: Constructive und Destructive Leadership 69
Tabelle 2: Strömungen der dunklen Seite der Führung im Überblick 72
Tabelle 3: Ursachen von Abusive Supervision: Erfasste Variablen im
  Überblick 86
Tabelle 4: Auswirkung von Abusive Supervision: Variablen des Nicht-
  Verhaltens 92
Tabelle 5: Auswirkung von Abusive Supervision: Variablen des Verhaltens 96
Tabelle 6: Abusive Supervision und Mobbing im Vergleich 107
Tabelle 7: Deskriptive Statistiken und Regressionsergebnisse 115

Einleitung

„Dem flüchtigen Blick fällt nicht auf, dass in einer Situation der Machtausübung auch der Unterworfene Freiheiten hat, die er so oder anders nutzen kann. Tatsächlich jedoch moderiert […] sowohl der Machthaber laufend, wie weit er gehen und was er verlangen kann, wie auch der Unterworfene implizit oder explizit mit dem Machthaber darüber verhandelt, was ihm noch zugemutet werden kann und welche Gegenleistungen er dafür verlangt."[1]

1. Problemstellung der Arbeit

Die jüngst veröffentlichten Ergebnisse einer groß angelegten Online-Studie zur Arbeitszufriedenheit markieren den unmittelbaren Vorgesetzten[2] als Kündigungsgrund Nummer Eins in Deutschland. Mehr als die Hälfte der Befragten ist mit ihrem Vorgesetzten unzufrieden.[3] Jeder Fünfte vergab sogar die schlechteste Note. In der alltäglichen Realität – diesen deutlichen Eindruck vermittelt die hier zitierte Studie – ist Führung also oftmals keine so „romantische"[4], „charismatische"[5] oder „transformationale"[6] Angelegenheit, wie es sich prominente Strömungen der Führungsforschung gern vorstellen. Ganz im Gegenteil: Führung besitzt auch nicht zu unterschätzende Schattenseiten, die in der Managementforschung jedoch erst seit verhältnismäßig kurzer Zeit in den Fokus des Erkenntnisinteresses gerückt werden.[7] Diverse Konstrukte und Konzepte wurden entwickelt, um die verschiedensten Facetten der sogenannten „dunklen Seite der Führung" auszuleuchten.[8]

In diesem internationalen wissenschaftlichen Diskurs hat in den letzten Jahren das Konstrukt *Abusive Supervision* das mit Abstand größte Interesse auf sich gezogen.[9] In die Diskussion eingebracht wurde es im Jahre 2000 von Bennett J.

---

[1] Baecker 2009, S. 32 f.
[2] Aus Gründen des Verständnisses und der besseren Lesbarkeit wird im Rahmen dieser Arbeit in der Regel das generische Maskulinum bei geschlechtsspezifischen Beschreibungen verwendet. Die weibliche Form ist jedoch stets inkludiert.
[3] Vgl. Hossiep & Schardien 2010.
[4] Vgl. Meindl et al. 1985; Meindl & Ehrlich 1987; Meindl 1995.
[5] Vgl. Avolio & Bass 1987; Conger 1989; House & Howell 1992.
[6] Vgl. Burns 1978; Bass 1985; Bass & Avolio 1990.
[7] Vgl. Weibler 2004, S. 305; Tierney & Tepper 2007, S. 171; Einarsen et al. 2007, S. 207.
[8] Exemplarisch zu nennen wären *Derailed Leadership, Narcissistic Leadership, Petty Tyranny, Destructive Leadership, Toxic Leadership, Bad Leadership, Harassing Leadership*, etc.; vgl. für die Abgrenzung der verschiedenen Konstrukte Abschnitt 1.1 in Kapitel B, für eine tabellarische Übersicht auch Grandy & Starratt 2010.
[9] Wie vielfältige Publikationen unter anderem des *Academy of Management Journal* (vgl. etwa Tepper 2000; Tepper et al. 2011), des *Journal of Applied Psychology* (vgl. etwa

Tepper mit folgender Definition: „abusive supervision refers to subordinates' perceptions of the extent to which supervisors engage in the sustained display of hostile verbal and nonverbal behaviors, excluding physical contact"[10]. Abusive Supervision bezieht sich demnach auf als anhaltend feindselig wahrgenommenes, verbales und non-verbales Führungsverhalten.[11] Beispiele hierfür sind das öffentliche Bloßstellen, die öffentliche Maßregelung, das systematische Über- oder Unterfordern eines Mitarbeiters oder auch cholerische Attacken und Übergriffe verschiedenster Art. Abusive Supervision wird deutlich als subjektive Einschätzung markiert: Zwei verschiedene Mitarbeiter können ein und dasselbe Verhalten der gleichen Führungskraft in ganz unterschiedlicher Weise wahrnehmen und mit ganz unterschiedlicher Bedeutung besetzen. Einmalige Fehltritte der Führungskraft werden in diesem Konstrukt nicht erfasst. Abusive Supervision will vielmehr als anhaltendes, die Führungsbeziehung langfristig charakterisierendes Phänomen verstanden werden. Vor dem Hintergrund dieser, zunächst sehr eingängig formulierten und praxisnahen Konzeption ist es nicht überraschend, dass sich die Abusive Supervision Forschung als stetig wachsendes Feld präsentiert. Die folgende Abbildung visualisiert diese Entwicklung mit der kumulierten Zahl jener wissenschaftlichen Publikationen, die sich in international anerkannten Zeitschriften explizit mit Abusive Supervision auseinandersetzen:

Aryee et al. 2007), des *Journal of Management* (vgl. Tepper 2007) und in *Human Relations* (Bamberger & Bacharach 2006) belegen.
[10] Tepper 2000, S. 178.
[11] Im Rahmen dieser Arbeit wird aus zweierlei Gründen darauf verzichtet, eine wörtliche Übersetzung, wie etwa „missbräuchliche" Führung zu verwenden: Erstens würde eine solche Übersetzung den Kern des Konstruktes nicht treffen und zwangsläufig eine andere (neue) Konnotation hervorbringen, und zweitens schließt diese Arbeit unmittelbar an die Abusive Supervision Debatte an, zu der eine wörtliche Übersetzung nur unnötige Distanz aufbauen würde.

Einleitung 19

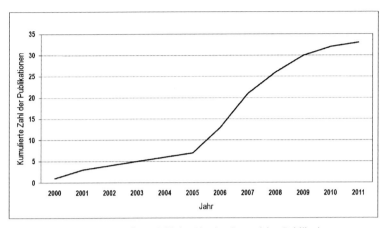

Abbildung 1: Kumulierte Zahl der Abusive Supervision Publikationen
(Quelle: eigene Darstellung)

Die bislang rein empirisch geführte Debatte lässt sich grob in zwei Felder differenzieren.[12] Der überwiegende Teil der Publikationen beschäftigt sich mit den Konsequenzen dieser Art feindseliger Führung, wobei verschiedenste Dimensionen denkbarer Einstellungs- und Verhaltensreaktionen exklusiv auf der Ebene des adressierten Mitarbeiters untersucht werden. Beispielhaft zu nennen wären hier negative Wirkungen auf Motivation und Zufriedenheit sowie nachlassende Produktivität und Kreativität des adressierten Mitarbeiters. Psychisches Stressempfinden sowie aggressives Verhalten gegenüber Kollegen, Vorgesetzten und dem privaten Umfeld nehmen zu. Deutlich geringere wissenschaftliche Resonanz hat bislang die Frage der Entstehung von Abusive Supervision erfahren. Dort werden vornehmlich Ungerechtigkeitserfahrungen der Führungskraft als auslösende Variable untersucht.

Bereits diese erste, zugegebenermaßen knappe Charakterisierung lässt die der Debatte implizit zugrunde liegende Vorstellung über die Ursache-Wirkungs-Konstellation erkennen: Die Führungskraft zeigt feindseliges Verhalten, gefolgt von negativen Verhaltens- und Einstellungswirkungen auf Seiten des Mitarbeiters. Die gegenwärtige Abusive Supervision Forschung wirft also – und diese Behauptung ist im Fortlauf der Arbeit eingehend zu prüfen – bislang nur den von Baecker trefflich herausgearbeiteten, „flüchtigen Blick"[13] auf die Interaktion zwischen Führungskraft und Mitarbeiter, indem sie vorschnell Opfer- und Täterrollen verschreibt und damit eine eindeutig lineare Kausalstruktur unterstellt.
Es wird im Detail zu zeigen sein, dass die Abusive Supervision Debatte in dieser gegenwärtigen konzeptionellen Ausrichtung gewissermaßen den Anschluss an

---

[12] Vgl. Abschnitt 1.2 in Kapitel B für einen umfassenden Überblick.
[13] Baecker 2005, S. 32 f.

aktuelle Perspektiven der Führungsforschung verloren hat, denn sie versteht Führung offenbar ganz im Sinne der traditionellen Führungs*stil*forschung. Diesem Paradigma folgend wird ein kausal eindeutiger Zusammenhang zwischen dem über die Zeit hinweg konsistenten Verhaltensmuster der Führungskraft als Ursache auf der einen Seite und den Reaktionen des Mitarbeiters als Wirkung auf der anderen Seite unterstellt. Die neuere Führungsforschung scheint dagegen mehrere Schritte weiter zu sein, indem sie zwischenzeitlich nicht nur dem Mitarbeiter ebenfalls aktiven Einfluss auf das Führungsgeschehen zugesteht, sondern Führung insgesamt zunehmend als wechselseitiges Phänomen der sozialen Interaktion versteht.[14] In ihrer aktuellen Konzeption verkennt die Abusive Supervision Forschung jedoch, dass auch der adressierte Mitarbeiter, solange er nicht bewusstlos ist, Gestaltungsspielräume besitzt und damit ebenfalls den Fortgang der Kommunikation beeinflusst.

Damit ist die Problemstellung der vorliegenden Arbeit einleitend umrissen. Es soll darum gehen, das Abusive Supervision Konstrukt aus den konzeptionellen Fängen des ihm zugrunde liegenden Führungsstilparadigmas zu befreien, um es anschließend auf ein angemesseneres (interaktions)theoretisches Fundament zu stellen. Die hier vorgreifend aufgestellte Behauptung, die Abusive Supervision Debatte befände sich gegenwärtig in diesem starren Korsett, muss also im Detail untersucht und begründet werden, nicht zuletzt, um die konzeptionelle Natur dieser Arbeit zu begründen. Denn lägen die Probleme der Debatte einzig in der konkreten Ausgestaltung empirischer Methodik, so relativierte sich die Bedeutung der hier angestrebten konzeptionellen Überarbeitung.

Ziel dieser Arbeit ist damit, im Anschluss an die detaillierte Markierung konzeptioneller Forschungslücken die wechselseitige, zirkuläre Dynamik von Führung als spezifische Form sozialer Interaktion anzuerkennen und in die Abusive Supervision Konzeption aufzunehmen, um den wissenschaftlichen Fokus vom einzelnen Individuum auf die Führungsbeziehung verlagern zu können. Aus diesem (neuen) Blickwinkel soll Abusive Supervision schließlich in Anerkennung der Interdependenz menschlicher Kommunikation als *persistentes Muster der Führungsinteraktion* rekonzeptionalisiert werden. Das Ergebnis dieser Rekonzeptionalisierung soll zugleich Anknüpfungspunkt für die empirische Erforschung von und auch den praktischen Umgang mit Abusive Supervision sein. Im Kern der vorliegenden Arbeit steht also – um ihr zentrales Anliegen zusammenzufassen – die Erarbeitung eines neuen, adäquateren *konzeptionellen* Rahmens der Abusive Supervision Forschung.

---

[14] Vgl. Emmerich 2001, S. 7; Grint 2000, S. 6; Neuberger 2002, S. 37, Steinmann & Schreyögg 2005, S. 683 f.

2. Struktur der Arbeit

Aus dieser Ziel- und Problemstellung ergibt sich die argumentative Struktur der Arbeit. Illustrierende Überlegungen zur praktischen Relevanz und Brisanz von Abusive Supervision stellen in *Kapitel A* den Ausgangspunkt der Argumentationslinie dar. Im Rahmen einer explorativen Untersuchung wurden Experteninterviews in einem großen deutschen, global agierenden Industrieunternehmen durchgeführt, um einerseits die Aktualität und den praktischen Stellenwert des Phänomens herauszustellen und andererseits erste Eindrücke über seine konkrete Gestalt zu gewinnen. Der Leser wird in die Lage versetzt, einen Blick durch die Brillen verschiedener Organisationsmitglieder zu werfen, wodurch Abusive Supervision als Phänomen der Führungsinteraktion über die bloße Definition hinaus einführend beleuchtet wird.

Vor diesem Hintergrund wendet sich die Arbeit in *Kapitel B* der wissenschaftlichen Debatte zu. Der erste Teil des Kapitels widmet sich zunächst der systematischen Verortung und der konzeptionellen Abgrenzung von Abusive Supervision im fragmentierten Forschungsfeld der dunklen Seite der Führung. Im Anschluss wird die Abusive Supervision Debatte selbst ins Licht der Betrachtung gerückt. Ausgehend von konkreten theoretischen Wurzeln des Konstrukts werden die empirischen Forschungsergebnisse differenziert nach Ursachen und Konsequenzen überblicksartig dargestellt. Schließlich wird Abusive Supervision von Mobbing als eng verwandtes Konstrukt abgegrenzt, bevor das für diese Arbeit maßgebliche Verständnis von Abusive Supervision resümierend diskutiert wird. Nach diesem in erster Linie darstellenden und abgrenzenden Teil dient die zweite Hälfte des Kapitels der kritischen Reflexion der Debatte. Zentrale Forschungslücken werden herausgearbeitet, wobei im Detail zu zeigen sein wird, dass diese in erster Linie grundsätzlich-konzeptioneller Natur und weniger spezifisch-methodischer Art sind. Im Ergebnis werden die sich aus dieser Reflexion ergebenden offenen Fragen an die Abusive Supervision Debatte zusammengefasst. Kern dieser offenen Fragen – das sollte angesichts der oben aufgerissenen Problemstellung der Arbeit wenig überraschen – wird die im bisherigen Diskurs unberücksichtigte Interaktivität von Führung und die daraus resultierende Notwendigkeit der interaktionsbezogenen Rekonzeptionalisierung von Abusive Supervision sein.

Kapitel C stellt den dazu notwendigen, konzeptionellen Rahmen zur Verfügung. Ausgangspunkt wird die Reflexion des Verhältnisses von Führung und Interaktion auf abstrakter Ebene sein. Im Anschluss werden jene Führungstheorien, die sich selbst als dezidiert interaktionistisch verstehen, daraufhin untersucht, inwieweit sie für die Rekonzeptionalisierung von Abusive Supervision Anwendung finden können. Aus (der zu zeigenden) Ermangelung einer geeigneten Führungstheorie, die die Mikroprozesse der Interaktion prozesshaft abzubilden vermag, werden im Hauptteil des dritten Kapitels die theoretischen Grundlagen einer solchen diskutiert. Konkret werden aufbauend auf konstruktivistischen und systemtheoretischen Überlegungen sowohl das Individuum, als auch das Interaktionssystem bestehend aus Führungskraft und Mitarbeiter ins Visier genommen und interaktionstheoretisch ausgeleuchtet. Im Zuge dieser Diskussion werden individuelle Erwartungen als zentrales Element einer systemtheoretischen Rekonzeptionalisierung von Abusive Supervision markiert, sind sie es doch, die soziale Interaktion als Antwort auf das sonst unlösbare Problem der doppelten Kontingenz überhaupt erst ermöglichen.

Im Anschluss an diese grundsätzlichen Überlegungen wird die interaktionstheoretische Rekonzeptionalisierung in *Kapitel D* schrittweise entwickelt. In einer zunächst statischen Betrachtung werden Funktionen und Dimensionen individueller Erwartungen diskutiert, bevor inhaltliche Bestimmungsfaktoren differenziert nach impliziten Theorien, früheren Interaktionserfahrungen und dem wahrgenommenen organisationalen Kontext thematisiert und in ihrer Bedeutung für Abusive Supervision reflektiert werden. Im zweiten Teil des Kapitels wird der dynamische Charakter der Führungsbeziehung in die Modellkonstruktion integriert, indem die Rückwirkung der Interaktion auf individuelle Erwartungen und anschließend auf das Interaktionssystem in die Analyse einbezogen wird. An diese, zunächst allgemeinen Überlegungen anknüpfend, werden die Entstehung sowie die Persistenz von Abusive Supervision als Muster der Führungsinteraktion im Detail diskutiert. Die Analyse wird dabei auf Ebene der (Erwartungen der) Individuen sowie auf Ebene des Interaktionssystems geführt. Den Abschluss des Kapitels bildet schließlich die Diskussion des Einflusses des inner- und außerorganisationalen Kontextes auf Entstehung und Persistenz von Abusive Supervision.

Kapitel E dient der abschließenden Diskussion von Implikationen, die sich aus der entwickelten Rekonzeptionalisierung ergeben. Zunächst werden Anknüpfungspunkte für die empirische Forschung analysiert, wobei insbesondere die Beobachtung und die Befragung als in Frage kommende, qualitative Untersuchungsmethoden näher diskutiert werden. Daran anknüpfend werden praktische Implikationen in Bezug auf Aspekte der Gestaltung von sogenannten Führungsgesprächen und Führungstrainings abgeleitet. Die Argumentationslinie der Arbeit schlägt damit in gewisser Weise eine Brücke zu ihrem Ausgangspunkt. Sie beginnt mit einem explorativen Blick in die Praxis und kehrt mit der Diskussion praktischer Implikationen dorthin zurück.

Ihren Abschluss findet die Arbeit in einer kurzen Schlussbetrachtung. Die folgende Abbildung visualisiert die Struktur der Arbeit:

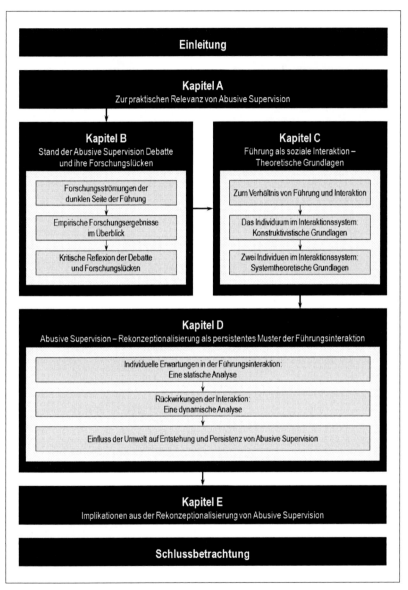

Abbildung 2: Struktur der vorliegenden Arbeit
(Quelle: eigene Darstellung)

A Zur praktischen Relevanz von Abusive Supervision

Abusive Supervision ist ein alltägliches und in seiner praktischen Relevanz kaum überschätzbares Phänomen in all jenen Organisationen, die hierarchische Strukturen aufweisen und damit verschiedenste Formen von Führungsbeziehungen beherbergen. Abusive Supervision ist dabei in vielerlei Hinsicht praktisch relevant: Zunächst ergeben sich zum Teil schwerwiegende psychische und physische Konsequenzen für den einzelnen, betroffenen Mitarbeiter.[1] Daraus wiederum folgen nicht zu verkennende negative Auswirkungen auf die Organisation[2] sowie auf weitere Kontextebenen des Individuums, wie etwa die Familie.[3] Die Reichweite der praktischen Relevanz scheint vollends mit der Erkenntnis auf, dass jeder ernste Fall von Abusive Supervision Kosten zwischen 17.000 und 24.000 US-Dollar verursacht und zwischen 10% und 16% aller US-amerikanischer Angestellten sich diesem Phänomen ausgesetzt sehen.[4]

Vor dem Hintergrund der Schlagkraft dieser „Fakten" scheint die weitreichende Bedeutung des Phänomens Abusive Supervision auf den ersten Blick kaum in Abrede gestellt werden zu können. Dennoch werfen die dargelegten Argumente einige Fragen auf: Erstens wird nicht eindeutig offengelegt, wie die statistischen Werte zustande kommen und auf welcher Basis sie berechnet wurden.[5] Zweitens beziehen sich die empirischen Erkenntnisse zumeist auf den amerikanischen Raum, Aussagen über das Ausmaß derartiger Führungsprobleme in Organisationen anderer geografischer Regionen können damit nicht unmittelbar getroffen werden. Drittens – und das ist, wie im zweiten Kapitel dieser Arbeit genauer aufgezeigt wird, ein gewichtiger Kritikpunkt – sind bisherige Untersuchungen zu Abusive Supervision rein quantitativ angelegt, während das Konstrukt über sämtliche Studien hinweg als ein subjektiv wahrgenommenes Phänomen definiert wird. Das wiederum bedeutet, dass es eben nicht digital im Sinne von „vorhanden" vs. „nicht vorhanden" gemessen werden kann; subjektive Wahrnehmung impliziert verschiedene, subjektive Schattierungen des Phänomens, deren Vielfalt im Rahmen quantitativer Untersuchungen jedoch

---
[1] Diese Folgen umfassen unter anderem psychischen Stress (vgl. Tepper 2000), emotionale Erschöpfung (vgl. Grandey et al. 2007), Suchtprobleme (vgl. Bamberger & Bacharach 2006) oder auch Aggressionen gegenüber dem Vorgesetzten (vgl. Inness et al. 2005); ein detaillierterer Abriss bisheriger Forschungsergebnisse zu den Konsequenzen von Abusive Supervision findet sich im zweiten Kapitel dieser Arbeit.
[2] Vgl. Harris et al. 2007; Duffy et al. 2002.
[3] Vgl. Hoobler & Brass 2006.
[4] Vgl. Tepper et al. 2006, S. 119; die Autoren beziehen sich hier auf Sheehan et al. 2001 und Namie & Namie 2000; vgl. auch Tepper et al. 2011, S. 279; Schat et al. 2006.
[5] So bleibt beispielsweise unklar, in welche Teilkosten sich die genannten Beträge ausdifferenzieren oder auf welche statistische Erhebung sich die Angabe über die Verbreitung von Abusive Supervision beruft.

zwangsläufig reduziert wird.[6] Viertens wurden bisher ausschließlich Mitarbeiter und Führungskräfte befragt, die sich in einer potentiell durch Abusive Supervision gekennzeichneten Führungsbeziehung befinden. Die Perspektiven dritter Mitglieder der Organisation, die aufgrund ihrer Positionen eine eigene, und zwar in erster Linie beobachtende und unbeteiligte Sicht auf das Phänomen besitzen, wurden bisher nicht untersucht, obwohl gerade diese Blickwinkel erweiternde und vertiefende Einblicke versprechen könnten. Fragen der praktischen Relevanz und Verbreitung innerhalb einer Organisation könnten so aus Sicht verschiedener organisationaler Fixpunkte adressiert werden.

Insbesondere den letzten Aspekt greift dieses einführende Kapitel der vorliegenden Arbeit auf. Der Leser soll mit dem Konzept Abusive Supervision näher vertraut gemacht werden, wurde es doch hier bislang kaum über die Rezeption der üblichen Definition hinaus spezifiziert oder illustriert. Das Kapitel wird einen explorativen und dabei differenzierten, empirischen Blick auf Abusive Supervision geben, wobei weder eine statistisch-repräsentative Darstellung noch eine dichte Beschreibung konkreter Einzelfälle Ziel der Ausführungen ist. Es geht vielmehr um eine vorbereitende Schärfung des Konzeptes und der organisationalen Relevanz von Abusive Supervision; die Brisanz und Aktualität des Phänomens sollen verdeutlicht werden. Um dies zu leisten, wird es durch die sprichwörtlichen Brillen verschiedener Organisationsmitglieder betrachtet, die sämtlich einen unmittelbar stellenbezogenen Zugang zu Fragen der Führungsinteraktion besitzen. Zusammengefasst vereinen die folgenden Überlegungen für die vorliegende Arbeit zweierlei Funktionen: Erstens soll das Konzept über seine Definition und die bislang sämtlich quantitativen Forschungsergebnisse hinaus illustrativ mit sprichwörtlichem Leben gefüllt werden. Zweitens lassen sich vor diesem Hintergrund die im folgenden Kapitel herauszuarbeitenden, der aktuellen Debatte anhängigen Forschungslücken sowohl vertiefend motivieren als auch interpretieren. Der Kern der Arbeit – das sei hier noch einmal betont – ist jedoch ein konzeptioneller. Die in diesem einführenden Kapitel vorgestellte Studie mutet in der Komposition der Arbeit insofern zunächst etwas unkonventionell an, erlaubt jedoch – und darauf liegt die Betonung – einen differenzierten und vor allem praxisnahen Blick auf das Konzept Abusive Supervision; sie stellt eine instruktive Einführung in die Thematik und das Problemfeld dieser Arbeit dar.

Experteninterviews wurden als Untersuchungsmethode gewählt, um diesen explorativen Einblick empirisch zu realisieren. Es wurden Interviews mit verschiedenen Mitgliedern eines großen deutschen, international agierenden Industrieunternehmens durchgeführt. Bevor die Untersuchungsergebnisse im Detail präsentiert und diskutiert werden, soll zunächst in knapper Form auf den methodischen Hintergrund der durchgeführten Studie eingegangen werden. Dazu werden die Methode des Experteninterviews vor dem Hintergrund des Untersu-

---

[6] Vgl. zu diesem Kritikpunkt vertiefend den dritten Abschnitt in Kapitel B.

chungsgegenstandes begründet und im Anschluss konkrete Fragen des Untersuchungsaufbaus, der Datenerhebung und der Auswertung adressiert.

1. Methodische Vorüberlegungen

Die Führungsforschung ist Teil der breit gefächerten Sozialforschung,[7] bei der es bekanntlich ganz allgemein nach Weber darum geht, „soziales Handeln deutend [zu] verstehen und dadurch in seinem Ablauf und in seinen Wirkungen ursächlich [zu] erklären"[8]. Während die theoretische Sozialforschung bestehende Theorien weiterentwickelt, sie zueinander in Beziehung setzt und in deduktiver Weise Folgerungen ableitet,[9] untersucht die empirische Sozialforschung Ausschnitte der sozialen Welt, um auf diesem Wege soziales Handeln zu verstehen und zur Weiterentwicklung bestehender Theoriegebäude beizutragen.[10] Um das generierte Wissen vor dem Hintergrund bestehenden Wissens einer Interpretation zugänglich zu machen, muss die Wahl und Beurteilung der Untersuchungs*methode* bestimmten methodologischen Prinzipien folgen. Diese methodologischen Grundprinzipien dienen – auf den Punkt gebracht – in erster Linie der Kommensurabilität generierten Wissens. Gläser und Laudel diskutieren in diesem Zusammenhang vier Grundprinzipien empirischer Sozialforschung, die hier nur benannt werden sollen[11]:

(1) Das Prinzip der Offenheit[12]

---

[7] Vgl. beispielsweise Neuberger 2002, S. 2 ff.; Wunderer 2006, S. 4 ff.; Lührmann 2006; Steinmann & Schreyögg 2005, S. 683 ff.; Schettgen 1991.
[8] Weber 1976, S. 1.; vgl. ferner stellvertretend Gläser & Laudel 2004, S. 22; Hopf 1979, S. 18; Singleton & Straits 2005, S. 1.
[9] Gläser & Laudel führen hier die Systemtheorie der Gesellschaft von Niklas Luhmann als eindrucksvolles Beispiel an (vgl. Gläser & Laudel 2004, S. 22); Luhmann selbst kommentiert seine Forschung mit: „Laufzeit: 30 Jahre, Kosten: keine." (Luhmann 1997b, S. 11).
[10] Vgl. Gläser & Laudel 2004, S. 22.
[11] Vgl. hierzu ausführlich Gläser & Laudel 2004, S. 27 ff.
[12] Das Prinzip der Offenheit bezieht sich auf die Forderung, dass empirische Forschungsprozesse offen sein müssen für Informationen, die dem theoretischen Vorverständnis entgegenstehen oder gar zuvor unerfasst waren. Die grundsätzliche Unterscheidung aufgenommener Informationen in die Kategorien ‚relevant' und ‚irrelevant' darf also genauso wenig vorschnell erfolgen, wie die inhaltliche Interpretation und Kategorisierung der gewonnenen Daten. Das Ausmaß der geforderten Offenheit ist jedoch nicht unumstritten. Zugespitzt wird teilweise die Ansicht vertreten, dass die Untersuchung lediglich durch den Untersuchungsgegenstand selbst und nicht durch Vorüberlegungen strukturiert werden soll (vgl. Glaser & Strauss 1967, S. 37; Hoffmann-Riem 1980, S. 346; Lamnek 1988, S. 22 f., S. 139 f.). Meinefeld stellt in diesem Diskurs jedoch klar, dass diese extreme Form der Unvoreingenommenheit als vorüberlegungs- und kategoriefreie Untersuchung

(2) Das Prinzip des theoriegeleiteten Vorgehens[13]
(3) Das Prinzip des regelgeleiteten Vorgehens[14]
(4) Das Prinzip vom ‚Verstehen' als Basishandlung[15]

Im Rahmen der durchgeführten Experteninterviews zur Relevanz von Abusive Supervision und deren Auswertung fanden diese grundsätzlichen Prinzipien empirischer Sozialforschung Berücksichtigung. Die Wahl des halb-standardisierten Experteninterviews als Untersuchungsmethode wird dabei dem Prinzip der Offenheit – Antwortmöglichkeiten der Interviewpartner und konkreter Verlauf der Interviews waren nicht vorbestimmt – sowie dem Prinzip des theoriegeleiteten Vorgehens – Untersuchungshypothesen und Leitfragen des Interviews wurden aus dem wissenschaftlichen Diskurs zu Abusive Supervision generiert – gerecht. Dem Prinzip des regelgeleiteten Vorgehens wiederum dient die Darstellung der Untersuchungsplanung und -vorgehensweise in den nächsten Teilabschnitten.

Wie oben bereits dargelegt wurde, soll als Ausgangspunkt dieser Arbeit die Brisanz und Praxisrelevanz des Phänomens Abusive Supervision aus unterschiedlichen Perspektiven innerhalb einer Organisation ausgeleuchtet werden. Einschlägige Publikationen im angloamerikanischen Raum weisen zwar auf eine statistisch signifikante Verbreitung des Phänomens hin,[16] basieren in der Regel aber auf standardisierten Mitarbeiterbefragungen und beantworten nicht, wie die Organisation selbst, respektive die Mitglieder der Organisation die Relevanz des Phänomens vor dem Hintergrund der jeweiligen eigenen (organisationalen) Realität beurteilen. Quantitative Methoden scheiden zur Beantwortung der genannten Untersuchungsfrage offensichtlich aus, da sie aufgrund ihrer Standardisie-

---

praktisch nicht umsetzbar sei, da der gesamte Forschungsprozess durch die Konstruktionen des Forschers geleitet sei (vgl. Meinefeld 1995, S. 287 ff.; ferner auch Meinefeld 2007, S. 268 ff.). Gläser und Laudel beziehen in diesem Spannungsfeld keine klare Stellung, aus ihrer Sicht hängt die konkrete Realisierung vom Einzelfall ab.

[13] Dieses Prinzip bezieht sich auf die Notwendigkeit der Anschlussfähigkeit neuen Wissens: „Theorien, so wird häufig gesagt, würden das Material verzerren, den Blick zu sehr einengen, würden ein ‚Eintauchen in das Material' verhindern. Begreift man jedoch Theorie als ein System allgemeiner Sätze über den zu untersuchenden Gegenstand, so stellt sie nichts anderes als die geronnen Erfahrungen anderer über diesen Gegenstand dar. Theoriegeleitetheit heißt nur, an diese Erfahrungen anzuknüpfen, um einen Erkenntnisfortschritt zu erreichen." (Mayring 1993, S. 48).

[14] Nicht nur die Untersuchungsergebnisse sollten theoriegeleitet interpretiert werden, sondern auch der Prozess der Wissensgenerierung selbst muss intersubjektiv kommunizierbaren Regeln folgen.

[15] Das ‚Verstehen' wird als unverzichtbare Leistung verstanden, die im Forschungsprozess erbracht werden und methodisch abgesichert sein muss (vgl. Meinefeld 1995, S. 83 ff.). Die eigenen Deutungen und Sinngebungen des Forschers gehen damit zwangsläufig in den Untersuchungsprozess ein, weshalb auch eine Realisation des Prinzips der Offenheit in seiner radikalsten Ausprägung schlichtweg unmöglich ist.

[16] Vgl. beispielsweise Tepper et al. 2006, S. 118; Sheehan et al. 2001; Namie & Namie 2000.

A   Zur praktischen Relevanz von Abusive Supervision

rung den unterschiedlichen Realitätskonstruktionen und Interpretationen der verschiedenen Organisationsmitglieder nicht gerecht werden können.[17] Stattdessen legt die Untersuchungsfrage die Wahl des Experteninterviews als qualitative Methode nahe, da dieses Instrument eine Tiefe der Analyse ermöglicht, die von standardisierten Methoden nicht erreicht werden kann.[18] Der folgende Abschnitt stellt das Experteninterview als Methode der qualitativen Sozialforschung zunächst knapp dar und dient ferner der Begründung seiner Wahl vor dem Hintergrund der genannten Untersuchungsziele.

1.1. Das Experteninterview als Erhebungsmethode empirischer Sozialforschung

Die Erhebungsmethoden qualitativer Sozialforschung lassen sich in vier Gruppen unterscheiden: die Beobachtungsmethoden, die Befragungsmethoden, die experimentellen Methoden und die Methoden der Inhaltsanalyse.[19] Das Experteninterview gehört zu den Befragungsmethoden, wobei sich mit Blick auf die Abgrenzung zu anderen Formen der Befragung in der Literatur sehr unterschiedliche Differenzierungen finden.[20] Atteslander systematisiert verschiedene Befragungsformen anhand der Dimensionen mündlich-schriftlich und dem zugrunde liegenden Strukturierungsgrad in folgender Abbildung.[21]

---

[17] So ist bereits im Vorfeld der Untersuchung anzunehmen, dass ein Betriebsrat das Phänomen und seine organisationale Relevanz anders einschätzen wird, als der Leiter einer größeren organisationalen Einheit. In Abschnitt 1.2 dieses Kapitels werden die Untersuchungshypothesen genauer vorgestellt und diskutiert. Vgl. zur Abgrenzung und Diskussion der grundsätzlichen Forschungsparadigmen quantitativer und qualitativer Forschung insbesondere Flick et al. 2007, S. 24 ff.; Kelle & Erzberger 2007; genauer auch Erzberger 1998, verkürzt auch Atteslander 2008, S. 5; ferner auch Denzin & Lincoln 1994 S. 4 ff.

[18] Vgl. Gläser & Laudel 2004, S. 35.

[19] Vgl. Atteslander 2008, S. 67ff., 101 ff., 165 ff., 181 ff.; Singleton und Straits (2005) differenzieren in der gleichen Weise. Gläser und Laudel weisen hingegen darauf hin, dass letztendlich alle soziologischen Erhebungsmethoden Beobachtungsmethoden sind. Experimente scheiden ihrer Ansicht nach aus, da sie eine Kontrolle einer Vielzahl von Variablen voraussetzen, was entweder unmöglich ist (im Feld) oder zu künstlichen Ergebnissen führt (im Labor). Inhaltsanalysen sehen sie eher als Auswertungsmethode, sodass aus ihrer Sicht nur die Grundformen der Beobachtung und der Befragung verbleiben (Gläser & Laudel 2004, S. 36 f.).

[20] Beispielsweise differenziert Hopf (2007, S. 352 ff.) Struktur-/Dilemma-Interviews, klinische Interviews, biographische Interviews, fokussierte Interviews und narrative Interviews und weist darauf hin, dass es daneben weitere Formen gibt. Gläser und Laudel benennen ferner freie Interviews, themenzentrierte Interviews, problemzentrierte Interviews, etc. (Gläser & Laudel 2004, S. 38). Eine abschließende Aufzählung aller Interviewarten und -kategorien muss an dieser Stelle dahinstehen.

[21] vgl. Atteslander 2008, S. 121 ff.

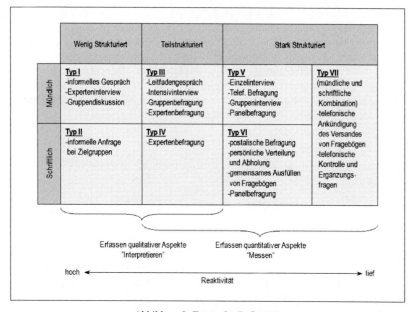

Abbildung 3: Typen der Befragung
(Quelle: Atteslander 2008, S. 123)

Beim Experteninterview handelt es sich demnach um eine wenig standardisierte, mündliche Form der Befragung. Da das spezifische Wissen des Experten im Vorfeld des Interviews nicht bekannt ist und auch nicht kategorisiert werden kann, scheiden sowohl teil- als auch stark strukturierte Interviews als Befragungsmethoden aus.[22]

In der Literatur besteht derzeit keine Einigkeit darüber, wie genau der Experte im Kontext des Experteninterviews zu definieren ist. Gläser und Laudel bezeichnen Experten ganz allgemein als „Menschen, die ein besonderes Wissen über soziale Sachverhalte besitzen"[23], während Experteninterviews die Methode sind, „dieses Wissen zu erschließen"[24]. Walter betont in diesem Zusammenhang, dass der Expertenstatus eine Zuschreibungsleistung des Forschers ist und damit eine rein subjektive Kategorie,[25] weshalb Meuser und Nagel auch vor der Gefahr

---

[22] Beim teilstandardisierten Interview wären zwar die Antwortmöglichkeiten des Experten nicht vorgegeben, Fragewortlaut und -reihenfolge wären jedoch standardisiert, wodurch eine individuelle Anpassung des Interviewers an den Interviewverlauf und die Interaktion mit dem Experten verhindert wäre. Vgl. hierzu auch Gläser & Laudel 2004, S. 39.
[23] Gläser & Laudel 2004, S. 10.
[24] Gläser & Laudel 2004, S. 10.
[25] Vgl. Walter 1994, S. 271.

einer inflationären Ausdehnung des Expertenbegriffes warnen.[26] Sie plädieren für einen enger gefassten Expertenbegriff, wonach Experten Personen sind, die aufgrund ihrer beruflichen Stellung über besonderes Wissen verfügen. Indem Experten Wissen über soziale Sachverhalte und Prozesse besitzen, sind sie selbst nicht das Objekt der Untersuchung; nicht der Experte soll erforscht werden, sondern das Wissen, das er sozusagen als Zeuge der interessierenden Prozesse besitzt.[27] So wurden im Rahmen dieser Untersuchung Organisationsmitglieder befragt, die aufgrund ihrer Position innerhalb der Organisation sowohl einen Bezug als auch eine differenzierbare, eigene Perspektive zum Phänomen Abusive Supervision haben, selbst aber nicht unbedingt in direktem Kontakt zu diesem Phänomen als Interaktionsbeteiligte stehen. Insofern schließt sich diese Arbeit dem Expertenbegriff von Meuser und Nagel an.[28]

Das Experteninterview selbst stellt eine besondere Form der sozialen Interaktion dar.[29] Interviewer und Experte bewegen sich üblicherweise in sehr unterschiedlichen Kontexten[30] und treffen erst im Rahmen des Experteninterviews aufeinander.[31] Wie oben bereits beschrieben, ist das Interview selbst kaum strukturiert. Die Interaktion folgt also nur in sehr begrenztem Umfang vorher festgelegten Regeln, weshalb die Methode auch als hoch reaktiv bezeichnet werden muss.[32] Die Interaktivität des Experteninterviews ist zugleich zentraler Anknüpfungspunkt der wichtigsten, in der Literatur diskutierten Vor- und Nachteile der Methode: Die hohe Reaktivität bewirkt, dass starke Interviewereinflüsse unvermeidbar sind, wodurch die Qualität der erhobenen Daten sehr eng an die Qualität des Interviewers geknüpft ist.[33] Es ist also von entscheidender Bedeutung für den Erfolg der Methode, dass der Experte dem Interviewer ein hinreichendes

---

[26] Vgl. Meuser & Nagel 2009, S 37.
[27] Vgl. Gläser & Laudel 2004, S. 10. Für eine weitere ausführliche Diskussion zur Identifizierung von Experten vgl. auch Pfadenhauer 2009, S. 108 ff.
[28] An dieser Stelle soll noch einmal unterstrichen werden, dass der Expertenbegriff in der methodologischen Debatte zum Teil heftig umstritten ist. Zur Strukturierung dieser Debatte tragen Bogner und Menz (2009a, S. 67 ff.) bei, indem sie in (1) den voluntaristischen Expertenbegriff, (2) den konstruktivistischen Expertenbegriff und (3) den wissenssoziologischen Expertenbegriff differenzieren und die jeweiligen Positionen verorten und gegenüberstellen. Für eine tiefgreifendere Diskussion dieser Perspektiven sei an diesen Aufsatz verwiesen.
[29] Vgl. Atteslander 2008, S. 104 ff.
[30] Der Experte bewegt sich nach der Definition von Meuser und Nagel und auch im Rahmen dieser Untersuchung in einem betrieblichen Kontext, während der Interviewer üblicherweise einem Hochschulkontext entstammt beziehungsweise ausgesetzt ist.
[31] Mieg und Brunner sprechen hier vom Funktionskontext des Experteninterviews, vgl. Mieg & Brunner 2001, S. 4.
[32] Vgl. Atteslander 2008, S. 123. Es besteht also immer die Möglichkeit, dass der Experte im Gespräch mit einem anderen Interviewer andere Schwerpunkte in seine Erzählungen legen könnte.
[33] Vgl. Atteslander 2008, S. 132.

Maß an Kompetenz zuschreibt.[34] Ein weiterer Punkt, der unmittelbar im Zusammenhang mit der Reaktivität empirischer Forschungsmethoden in der Literatur kritisch diskutiert wird, betrifft Aspekte der sozialen Erwünschtheit.[35] Gerade bei sensiblen Themen neigen Interviewpartner zu sozial erwünschtem Antwortverhalten.[36] Im Zuge der durchgeführten Experteninterviews wurde es daher bewusst vermieden, Führungskräfte zu ihrem *eigenen* Verhalten zu befragen, wäre doch das Bekenntnis zu Führungsverhalten, das als feindselig charakterisiert werden könnte, mit Blick auf Fragen der sozialen Erwünschtheit äußerst unwahrscheinlich, auch wenn die Mitarbeiter dieser Führungskraft möglicherweise ganz anderer Meinung wären.

Die Reaktivität des Experteninterviews ist zugleich jedoch der größte Vorteil der Methode im Vergleich zu anderen Befragungsformen. Durch Techniken des Nachfragens ermöglicht das Experteninterview eine Tiefe der Analyse sozialer Sachverhalte, wie sie in einer standardisierten Vorgehensweise nicht erreicht werden könnte. Es ist gerade das *besondere* Wissen des Experten, das von Interesse ist und im Funktionskontext des Interviews interaktiv zugänglich gemacht werden soll.[37] Insofern handelt es sich bei dem Experteninterview um kein starres Instrument der empirischen Sozialforschung. Auch der Experte hat jederzeit die Möglichkeit, Verständnis- und Interpretationsfragen zu den relevanten Konstrukten zu stellen, die er im Rahmen standardisierter Befragungen nicht hätte. Dies impliziert natürlich, dass im Vergleich zu hoch standardisierten Befragungen deutlich höhere Anforderungen an den Interviewer bestehen und er gegebenenfalls sogar geschult werden muss.[38]

Bisweilen wird das Experteninterview als Methode der empirischen Sozialforschung dahingehend kritisiert, dass nur eine eng begrenzte Zahl an Interviews

---

[34] Bogner und Menz differenzieren sechs verschiedene Typen von Wahrnehmungszuschreibungen des Experten auf den Interviewer. Demnach kann der Interviewer als (1) Co-Experte, (2) Experte einer anderen Wissenskultur, (3) als Laie, (4) als Autorität, (5) als potenzieller Kritiker oder (6) als Komplize wahrgenommen werden, was sich natürlich jeweils auf das Antwortverhalten auswirkt. Vgl. hierzu ausführlich Bogner & Menz 2009a, S. 77 ff.; Zur Diskussion der Relevanz der Beziehung zwischen Interviewer und Befragtem vgl. auch Seidman 1991, S. 31.

[35] Vgl. stellvertretend für die Vielzahl der Publikationen zu Problemen der sozialen Erwünschtheit in empirischer Sozialforschung insbesondere Hartmann 1991; Fisher 1993; Tourangeau & Smith 1996; Tourangeau & Yan 2007. DeMaio (1984) definiert systematische Verzerrungen durch sozial erwünschtes Antwortverhalten als „answers which reflect an attempt to enhance some socially desirable characteristics or minimize the presence of some socially undesirable characteristics. Sources of the expectations or values influencing answers can be the person himself, the perception of the interviewer, or society as a whole." (DeMaio 1984, S. 257).

[36] Vgl. Tourangeau & Yan 2007, S. 860 ff.

[37] In einem standardisierten Verfahren würde das besondere Wissen des Experten „abgeschnitten" werden; letztendlich wäre nur das zu erfahren, worüber bereits überprüfbare Hypothesen bestehen. Vgl. Gläser & Laudel 2004, S. 35.

[38] Vgl. Pfadenhauer 2009, S. 111; verkürzt auch Atteslander 2008, S. 132.

durchgeführt werden kann, was sowohl im Zeitaufwand des einzelnen Interviews, als auch in der Komplexität und Tiefe der erhobenen Daten begründet liegt.[39] Eine Repräsentativität der Ergebnisse scheint damit unerreichbar, ist hier aber – und darauf liegt im Rahmen dieses einführenden Kapitels der Arbeit die Betonung – auch gar nicht das Ziel der Untersuchung.[40] Es geht vielmehr um einen explorativen Zugang zu dem Phänomen Abusive Supervision mit der zentralen Frage, wie es aus verschiedenen organisationalen Blickwinkeln eingeschätzt und seine Entstehung gesehen wird.[41] Die im Zuge der Vorbereitung von Experteninterviews notwendigerweise zu erstellenden Leitfragen verhindern das Ausschweifen des Interviewpartners und damit das Ansammeln irrelevanter Informationen. Gleichzeitig lassen sie genügend Raum für die gegenüber anderen Methoden von Bogner und Menz so bezeichnete „konkurrenzlos dichte Datengewinnung"[42].

Die hier aufgerissene Diskussion weist darauf hin, dass das Experteninterview nicht als die ultimative Methode der empirischen Sozialforschung verstanden werden kann und darf. Im Gegenteil, steht es doch methodisch mit signifikanten Problemen und Grenzen in Verbindung. Auf der anderen Seite bietet das Experteninterview Möglichkeiten des tiefgreifenden und dichten Zugangs zu komplexen, empirischen Phänomenen. Kurz gesagt: Die Anwendung des Experteninterviews ist nur in bestimmten Anwendungsfeldern angebracht.[43] Bei Abusive Supervision handelt es sich um ein komplexes Phänomen der Führungsinteraktion, dessen Entstehungsprozess – wie im folgenden Kapitel detailliert zu zeigen sein wird – wissenschaftlich bislang kaum geklärt ist. Die vorliegende Arbeit soll auf in erster Linie konzeptionellem Wege Licht in dieses unterbelichtete Feld bringen, wobei die durchgeführten Experteninterviews dabei – wie oben bereits ausgeführt – der explorativen Bildung eines Vorverständnisses dienen und die Aktualität des Phänomens aufzeigen sollen. Die Wahl des Experteninterviews als Untersuchungsmethode lässt sich also zusammenfassend einerseits mit der sozialen Komplexität des zu untersuchenden Phänomens und anderseits mit dem explorativen Ziel der Untersuchung begründen. Im folgenden Abschnitt sollen die den Interviews inhaltlich zugrunde liegenden Untersuchungsziele und -hypothesen dargestellt und diskutiert werden.

---

[39] Vgl. Atteslander 2008, S.132.
[40] Gläser und Laudel machen zudem darauf aufmerksam, dass es mit Blick auf viele Sachverhalte und Prozesse nur wenige Experten gibt; Versuche einer Quantifizierungen würden in diesen Fällen zwangsläufig mit mangelnder statistischer Signifikanz einhergehen, vgl. Gläser & Laudel 2004, S. 35.
[41] Zur explorativen Funktion des Experteninterviews vgl. insbesondere Bogner & Menz 2009b, S. 64.
[42] Bogner & Menz 2009b, S. 7.
[43] Vgl. Meuser & Nagel 2009, S. 36; Gläser & Laudel 2004, S. 35; Atteslander 2008, S. 132.

1.2. Untersuchungsziele und -hypothesen

Im Sinne des oben bereits dargestellten Prinzips der Offenheit, wird die Formulierung von Ex-ante-Hypothesen in der qualitativen Methodologie weitestgehend abgelehnt.[44] Zwar sollte auch hier die Angemessenheit der vom Forscher verwendeten Kategorien sichergestellt werden, doch geschieht dies nicht – wie im Rahmen quantitativer Forschung – über zuvor explizit formulierte Hypothesen.[45] Insofern ist die Bezeichnung dieses Abschnittes möglicherweise etwas irreführend, denn hier soll es eben *nicht* darum gehen, Untersuchungshypothesen abzuleiten, die sich anschließend der potentiellen, statistischen Falsifizierung stellen. Der Begriff der Hypothese wird hier allgemeiner und weiter gefasst und bezieht sich demnach vielmehr auf die grundlegenden Prämissen und Annahmen der Untersuchung.

An erster Stelle steht die Annahme, dass es sich bei Abusive Supervision um ein für die Organisation relevantes Phänomen handelt.[46] Diese Grundhypothese ist aus den Ergebnissen bisheriger Forschungen zu den Konsequenzen für den individuellen Mitarbeiter und die Organisation abgeleitet.[47] So sehen sich nach Tepper et al. beispielsweise zwischen 10% und 16% aller amerikanischen Angestellten dem Phänomen Abusive Supervision ausgesetzt.[48] Die erste Hypothese bezieht sich also darauf, dass die befragten Experten Abusive Supervision als organisationales Phänomen ähnlich relevant einschätzen, wie es die in früheren Publikationen angegebenen Maßzahlen erwarten lassen.

Die zweite Hypothese bezieht sich auf die Annahme, dass die verschiedenen befragten Organisationsmitglieder unterschiedliche Perspektiven auf das Phänomen haben, wobei die einzelne Perspektive sehr stark von der jeweiligen Rolle innerhalb der Organisation abhängt.[49] Diese Hypothese steht unmittelbar mit

---

[44] Dagegen ist die Formulierung von spezifischen Hypothesen zu Beginn einer Untersuchung unverzichtbares Element jeder quantitativen Forschung, die dann selbst der Überprüfung eben dieser Hypothesen verschrieben ist. Dieses Vorgehen dient der Kontrolle des Vorwissens des Forschers, der Anknüpfbarkeit an bestehende Wissensbestände und der Strukturierung des Forschungsprozesses selbst. Vgl. Meinefeld 2007, S. 266.

[45] Vgl. zu dieser Diskussion und der Gegenüberstellung der beiden methodologischen Grundorientierungen Meinefeld 2007.

[46] Diese Annahme steht natürlich nicht nur hinter den durchgeführten Experteninterviews, sondern hinter der gesamten Arbeit. Insofern dienten die Experteninterviews schon der Überprüfung dieser Hypothese – die jedoch zu allgemein gehalten ist, um sie als Hypothese im engeren Sinne bezeichnen zu können.

[47] Vgl. für einen Überblick insbesondere Tepper 2007. Zur Relevanz des Phänomens ferner auch Tepper et al. 2006, S. 118; Namie & Namie 2000. Eine umfassende Darstellung und Diskussion bisheriger Forschungsergebnisse zu Konsequenzen und Ursachen von Abusive Supervision findet sich im zweiten Kapitel dieser Arbeit.

[48] Vgl. Tepper et al. 2006, S. 118.

[49] So wie die Deutungsprozesse des Forschers nur auf Basis seiner eigenen Kategorien erfolgen können, verstehen auch die Interviewpartner das zu beforschende Konstrukt vor dem Hintergrund ihres Wissens und ihrer eigenen organisationalen Sozialisation. Vgl. zu

A   Zur praktischen Relevanz von Abusive Supervision

der in Teppers Definition bereits festgehaltenen Subjektivität des Phänomens in Verbindung: Wenn zwei Mitarbeiter ein und dasselbe Führungsverhalten ganz unterschiedlich interpretieren können, kann auch davon ausgegangen werden, dass beispielsweise eine Führungskraft im oberen Leitungskreis die Relevanz ganz anders einschätzt, als ein Betriebsratsmitglied. Daraus abgeleitet ist auch zu erwarten, dass die Einschätzungen relevanter Einflussvariablen und des Entstehungsprozesses ebenfalls mit den befragten Experten variiert.

An dieser Stelle sei noch einmal explizit darauf hingewiesen, dass das primäre Ziel der Untersuchung in der explorativen, praxisnahen Einführung dieser Arbeit lag. Die zahlenmäßig bereits vielfältig belegte Relevanz sollte illustrativ aus verschiedenen organisationalen Blickwinkeln betrachtet und ausdifferenziert werden. Die vorgestellten Hypothesen waren also nicht im Sinne von Verifikation und Falsifikation dahingehend quantitativ zu überprüfen, ob sie zutreffen oder nicht. Vielmehr sollten verschiedenen Perspektiven *explorativ* ausgeleuchtet werden, um daraus *zusätzliche* Rückschlüsse auf die praktische Bedeutung und die Entstehung von Abusive Supervision ziehen zu können. Im folgenden Abschnitt werden die Expertenauswahl sowie die Entwicklung des Interview-Leitfades näher erläutert.

1.3. Auswahl der Interviewpartner und Entwicklung des Interviewleitfadens

Die der Auswahl der Interviewpartner zugrunde liegenden Prämissen lassen sich unmittelbar aus den in erster Linie explorativen Zielen der Untersuchung ableiten. Indem es eben nicht Ziel der Untersuchung war, generalisierbare Erkenntnisse bezüglich der Relevanz von Abusive Supervision zu realisieren, bestand auch nicht der Anspruch einer repräsentativen Stichprobe.[50] Die Maßgabe war

---

den Grundlagen dieser konstruktivistischen Argumentation stellvertretend für die Vielzahl der Veröffentlichungen: Foerster 1982, Glasersfeld 2002, Krieg & Watzlawick 2008. Nach Glasersfeld ist der Grundsatz des Konstruktivismus, „dass die Welt, die da konstruiert wird, eine Welt des Erlebens ist, die aus Erleben besteht und keinerlei Anspruch auf ‚Wahrheit' im Sinne einer Übereinstimmung mit einer ontologischen Wirklichkeit erhebt" (Glasersfeld 1991, S. 28). Vgl. zu den grundsätzlichen Überlegungen des Konstruktivismus insbesondere Kapitel C.

[50] Stattdessen wurde die Auswahl der Interviewpartner in Anlehnung an die schrittweise Strategie des Theoretical Sampling nach Glaser und Strauss und dem damit einhergehenden Kriterium der theoretischen Sättigung realisiert (vgl. Glaser & Strauss 1967; Ragin 1994; Strauss & Corbin 1994; ferner auch Flick 2007, S. 318; Singleton & Straits 2005, S. 313 f.). Die Auswahl der Interviewpartner folgte demnach rein inhaltlichen Kriterien: die Interviewpartner wurden aufgrund ihrer formalen Position innerhalb des Unternehmens ausgewählt (vgl. zu Grundfragen der Stichprobenzeihung stellvertretend für die Vielzahl der Veröffentlichungen Singleton & Straits 2005, S. 111 ff.; Schlittgen 2003; Backhaus 2008).

vielmehr, Interviewpartner auszuwählen, die aufgrund ihrer organisationalen Rolle Bezug zu Aspekten und Problemen der Führungsinteraktion in ihrem Unternehmen haben. Erste Ansprechpartner waren daher ein Betriebsratsleiter, ein Personalberater und ein Werksmanager des Industrieunternehmens.[51] Aus den ersten Gesprächen ergab sich, dass es neben dem Betriebsrat eine weitere Institution im Unternehmen gibt, die sich mit Problemen der Führungsinteraktion auf operativer Ebene beschäftigt: die sogenannte Sozialberatung. Daher wurde in einem zweiten Schritt auch ein Interview mit einer Sozialberaterin[52] durchgeführt. Ferner erschien es im Laufe der Interviews erkenntnissteigernd, mit einem weiteren Personalberater und zwei Mitarbeitern, genauer gesagt einem ehemaligen Mitarbeiter aus dem produzierenden Bereich[53] und einer Mitarbeiterin aus dem administrativen Bereich[54] des Unternehmens, zu sprechen. Beide wurden explizit nicht zu ihren eigenen Erfahrungen, sondern – genau wie die anderen Experten auch – zu ihren Beobachtungen im organisationalen Alltag befragt. Sie wurden also nicht als potentiell Betroffene betrachtet. Die insgesamt sieben befragten Experten wurden in diesem Sinne als „komplementäre Informationsquelle über die eigentlich interessierende Zielgruppe genutzt"[55]:

---

[51] Der Betriebsratsleiter vertrat an seinem Standort etwa 450 Mitarbeiter, das Werk des Werksmanagers umfasste ca. 200 Mitarbeiter. Der Personalberater betreute das gleiche Werk, wechselte allerdings unmittelbar vor dem Interview die Position und auch den Standort.
[52] Die Sozialberatungsstellen des Unternehmens knüpfen organisatorisch weder an die Personalabteilung, noch an den Betriebsrat an. Sie sind dem betriebsärztlichen Dienst zugeordnet und unterliegen der im Strafgesetzbuch geregelten Schweigepflicht.
[53] Es handelte sich um einen inzwischen berenteten Mitarbeiter, der im Werkzeugbau eines Tochterunternehmens beschäftigt war.
[54] Die Mitarbeiterin war zum Zeitpunkt des Interviews als Sachbearbeiterin und Assistentin der Abteilungsleitung tätig.
[55] Bogner & Menz 2009a, S.64. Die „eigentlich interessierende Zielgruppe" wären im Falle dieser explorativen Untersuchung Mitarbeiter und Führungskräfte, die sich in einer Interaktionsbeziehung befinden, die als „abusive" markiert werden kann.

A Zur praktischen Relevanz von Abusive Supervision 37

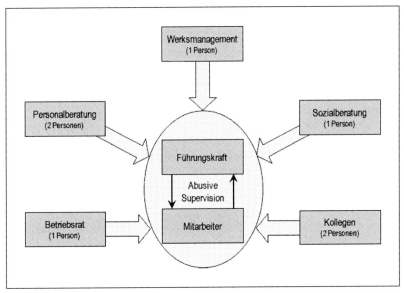

Abbildung 4: Ausgewählte Interviewpartner
(Quelle: eigene Darstellung)

Abbildung 4 illustriert die Konstellation der befragten Organisationsmitglieder.[56] Sie spiegelt damit das Ziel der Untersuchung wider: Anstelle der in bislang veröffentlichten Studien üblichen Befragung potentiell betroffener Mitarbeiter und feindseliger Führungskräfte sollten hier *beobachtende* Blickwinkel explorativ eingefangen werden.[57] Es ging um die qualitative Markierung organisationaler Relevanz und Brisanz und eben nicht um die zwischenzeitlich mehrfach geleistete explizite Quantisierung dieser dysfunktionalen Form der Führungsinteraktion.[58]

---

[56] Aufgrund ihrer diametralen Blickwinkel wurde demnach beispielsweise erwartet, dass Betriebsrat und Werksmanager sehr unterschiedliche Meinungen bezüglich der Relevanz und der Entstehung von Abusive Supervision besitzen.

[57] Mit Blick auf die oben bereits beschriebenen Reaktivitätseffekte wurde es absichtlich vermieden, Individuen als Teil eines möglicherweise problematischen Führungsinteraktionssystems zu befragen, denn insbesondere Einflüsse der sozialen Erwünschtheit würden die Reflexion eigenen Verhaltens möglicherweise sehr stark verzerren. Der interviewte Werksmanager hätte also beispielsweise sein eigenes Führungsverhalten nur sehr unwahrscheinlich als „abusive" markiert. Vgl. zu den oben bereits angesprochenen Verzerrungseffekten sozialer Erwünschtheit insbesondere Hartmann 1991; DeMaio 1984.

[58] Ginge es darum, ein repräsentative(re)s Bild zu zeichnen, hätten beispielsweise mehrere Betriebsräte des Unternehmens zufällig ausgewählt und befragt werden müssen. In weiteren Studien könnte dies durchaus interessant sein. Im Rahmen dieser explorativen Untersuchung wäre dies jedoch nicht zielführend gewesen.

Genau wie die Auswahl der Interviewpartner orientierte sich die inhaltliche Entwicklung des Interviewleitfadens ebenfalls an den genannten explorativen Zielen der Untersuchung.[59] Auf methodischer Ebene differenziert Hopf vier Anforderungen an die Konstruktion von Interviewleitfäden: Reichweite[60], Spezifität[61], Tiefe[62] und personaler Kontext[63], die jeweils in der Konstruktion Berücksichtigung fanden.[64] Inhaltlich wurde der Interviewleitfaden aller Interviews in vier Abschnitte differenziert, wobei während der Experteninterviews selbst keine trennscharfe Abgrenzung der Abschnitte angestrebt oder realisiert wurde.[65]

(1) Einstiegsabschnitt
Den Einstieg bildete jeweils die Erfassung von Rolle und Position im Unternehmen. Ziel war es in Anlehnung an die Anforderung des personalen Kontextes, den Karriereweg des Befragten innerhalb und gegebenenfalls auch außerhalb der Organisation nachzuvollziehen und die gegenwärtige Position strukturell auszuleuchten, um damit erste Rückschlüsse auf den spezifischen Blickwinkel des Befragten zu gewinnen. Ferner sollte den Interviewpartnern dadurch die Möglichkeit gegeben werden, sich in der für sie möglicherweise ungewöhnlichen Situation des Funktionskontextes des Experteninterviews zu akklimatisieren – das sprichwörtliche Eis sollte gebrochen werden.[66]

---

[59] Die Leitfadenkonstruktion wird damit dem Prinzip des theoriegeleiteten Vorgehens gerecht, denn „das aus der Untersuchungsfrage und den theoretischen Vorüberlegungen abgeleitete Informationsbedürfnis [wird] in Themen und Fragen des Leitfadens übersetzt" (Gläser & Laudel 2004, S. 111). Dem Prinzip der Offenheit wird offensichtlich durch die Offenheit der Fragen Rechnung getragen.

[60] Das inhaltliche Spektrum des Interviews muss hinreichende Reichweite besitzen, damit der Befragte genügend Raum zur Entfaltung seiner Perspektive besitzt. Es darf also nicht um das Abprüfen zuvor festgelegter Vorüberlegungen im Sinne standardisierter Befragungen gehen.

[61] Eine zu breite Reichweite ist ebenfalls nicht zielführend. Unter dem Stichwort der Spezifität versteht Hopf daher die Behandlung der aufgeworfenen Themen und Fragen in spezifizierter Form. Der Leitfaden muss also „das Erkenntnisinteresse in den Kontext des Erfahrungshintergrundes der Befragten übersetzen" (Gläser & Laudel 2004, S. 112).

[62] Der Leitfaden muss dem Befragten die Möglichkeit geben, die Fragen in angemessener Tiefe beantworten zu können. Affektive, kognitive und wertbezogene Bedeutungen sollen bei den Antworten des Befragten also ausreichende Darstellung finden.

[63] Der persönliche und soziale Kontext, vor dem die Antworten des Befragten zu interpretieren und verstehen sind, muss in ausreichendem Maße erfasst werden.

[64] Vgl. zu den Kategorien ausführlich Hopf 1978, S. 99 ff.; verkürzt auch bei Gläser & Laudel 2004, S. 111 f.

[65] Ein exemplarischer Leitfaden findet sich im Anhang dieser Arbeit.

[66] Vgl. Mayring 1999, S. 52.

(2) Relevanz von Abusive Supervision

Im zweiten Abschnitt ging es darum zu erfahren, wie das befragte Organisationsmitglied die Relevanz des Phänomens Abusive Supervision aus seiner Perspektive einschätzt. Dazu wurde zunächst gefragt, welche spontanen Assoziationen der Befragte zum Konstrukt Abusive Supervision besitzt.[67] Im Anschluss wurde gefragt, wie sich ein Mitarbeiter des Unternehmens üblicherweise verhält, wenn er sich dem Phänomen Abusive Supervision ausgesetzt fühlt und wie die Häufigkeit solcher Fälle eingeschätzt wird. Um der Anforderung der Reichweite gerecht zu werden, wurde bewusst darauf verzichtet, direkt zu fragen, wie die Relevanz des Phänomens eingeschätzt wird.[68] Schließlich wurde im zweiten Abschnitt gefragt, ob es einen vordefinierten, organisationalen Umgang mit dem Phänomen gibt und wie dieser gegebenenfalls aussieht.

(3) Konkrete Fälle von Abusive Supervision

Im dritten Abschnitt ging es um die Schilderung konkreter Fälle von Abusive Supervision. Dabei wurde Wert darauf gelegt, dass es sich um Fälle handelt, zu denen der Befragte einen konkreten Bezug basierend auf seiner organisationalen Rolle besitzt. Es wurde also nicht nur der Fall, sondern auch dessen Relation zum Befragten eruiert. Der Leitfaden wird in diesem Abschnitt insbesondere der Anforderung der Spezifität gerecht, indem der Bezug des Befragten zum beschriebenen Fall mit erfasst und damit der Interpretation zugänglich gemacht wird.

(4) Entstehung von Abusive Supervision

Der vierte Abschnitt des Leitfadens schlägt in gewisser Weise die Brücke zum konzeptionellen Kern dieser Arbeit, denn die Interviewpartner wurden jeweils gefragt, wie sie aus ihrer Perspektive die Entstehung von Abusive Supervision sehen. Dabei sollte die jeweilige Sicht auf mögliche Ursachen und erschwerende beziehungsweise begünstigende Einflussfaktoren erfasst werden. Im Rahmen des Interviews sollte dieser Abschnitt den Befragten darüber hinaus die Möglichkeit bieten, sowohl das Interview selbst, als auch den Gegenstand des Interviews zu reflektieren und eine abschließende Einschätzung zu geben.

Die einzelnen Fragen innerhalb der Interviewabschnitte wurden nach den Regeln von Schnell et al. formuliert[69] und enthielten demnach unter anderem einfache Wörter, keine doppelten Negationen und keine suggestiven Elemente. Sie

---

[67] Vor dem inhaltlichen Teil des Interviews wurde das Konstrukt vom Interviewer in knapper Form vorgestellt. Diese Vorstellung beinhaltete die gängige Definition Teppers (vgl. Tepper 2000, S. 178), einige Beispiele sowie elementare Forschungsergebnisse (vgl. hierzu das zweite Kapitel dieser Arbeit).

[68] Diese direkte Fragestellung hätte radikal verkürzte Antworten wie „hoch" oder „niedrig" provoziert.

[69] Vgl. Schnell et al. 2005, S. 306 f.

wurden kurz, neutral und nicht hypothetisch formuliert, um den Befragten nicht zu überfordern.[70]

1.4 Erhebung, Aufbereitung und Auswertung der Daten

Oben wurde bereits dargestellt, dass der gegenseitigen Wahrnehmung von Interviewer und Experten im Funktionskontext des Interviews eine besondere Bedeutung zukommt.[71] Um also den Erfolg des Interviews nicht zu gefährden, müssen bestimmte Regeln der Datenerhebung in der Interviewsituation beachtet werden. Die (methodischen) Erwartungen an den Experten sollten vor Beginn des Interviews klar kommuniziert werden, sodass der Experte einerseits als solcher respektiert und der Interviewer auf der anderen Seite als ein mit „einer bestimmten Professionalität ausgestatteter Wissenschaftler"[72] wahrgenommen wird.[73] Gläser und Laudel formulieren darüber hinaus spezifische Verhaltensregeln der Gesprächsführung, die in den einzelnen Interviews soweit als möglich Berücksichtigung fanden.[74]

Mit einer Ausnahme waren die Befragten dem Interviewer nicht näher bekannt. Die Kontaktaufnahme mit den ersten drei Gesprächspartnern erfolgte auf Empfehlung eines Mitgliedes des oberen Führungskreises des Unternehmens, der Kontakt zu den weiteren Gesprächspartnern ergab sich aus diesen ersten Interviews. Die Gesprächstermine wurden per Email beziehungsweise telefonisch vereinbart und fanden sämtlich in einer ruhigen, dienstlichen Umgebung des jeweiligen Interviewpartners statt.[75] Die Gespräche dauerten jeweils etwa zwischen 50 und 90 Minuten und waren dabei keinen nennenswerten Unterbrechungen oder Störungen ausgesetzt. Der Interviewleitfaden wurde den Interviewpartnern zur Sicherung der Spontaneität im Vorfeld des Interviews nicht zur Verfügung gestellt, was aber auch von keinem der Interviewpartner erwartet oder gewünscht wurde. Die Gespräche wurden bis auf eine Ausnahme mit Hilfe

---

[70] Vgl. hierzu im Überblick auch Atteslander 2008, S. 146.
[71] Vgl. Atteslander 2008, S. 132; Bogner & Menz 2009a, S. 77; Gläser & Laudel 2004, S. 167; Mieg & Brunner 2001, S. 5; Seidman 1991, S. 31.
[72] Gläser & Laudel 2004, S. 167.
[73] Trotzdem muss die Gesprächssituation natürlich sein. Ein zu starkes Herauskehren der Professionalität des Interviewers würde den Interviewpartner möglicherweise einschüchtern und führte dann zu verzerrtem Antwortverhalten (vgl. Gläser & Laudel 2004, S. 167).
[74] Diese Regeln lauten: (1) Zuhören, (2) flexibel fragen, (3) nicht Verstandenes klären, (4) Details erfragen, (5) kurze und eindeutige Nachfragen stellen, (6) Kompetenz zeigen und (7) Bewertungen vermeiden; vgl. hierzu ausführlich Gläser & Laudel 2004, S. 168 ff.
[75] Lediglich im Falle des inzwischen berenteten Mitarbeiters fand das Interview in den Privaträumen des Interviewpartners statt.

A Zur praktischen Relevanz von Abusive Supervision

eines Diktiergerätes aufgezeichnet.[76] Die Interviews begannen jeweils mit einer kurzen Vorstellung des Interviewers, gefolgt von einer etwa fünfminütigen Einführung in das Themenfeld des Interviews.[77] Im Anschluss daran wurde das Diktiergerät aktiviert und der inhaltliche Einstieg mit dem oben beschriebenen ersten Interviewabschnitt vollzogen.

Die Aufnahmen der Interviews wurden vollständig transkribiert, wobei sich die Transkriptionsregeln an denen Gläser und Laudels orientierten.[78] Die Transkripte wurden im Anschluss sprachlich geglättet, indem Füllworte entfernt und ortsbezogene Sprachfärbungen in Standardorthographie gewandelt wurden. Dabei wurde streng darauf geachtet, dass der Bedeutungsgehalt der Aussagen unverändert blieb. An die Transkription schloss sich unmittelbar die Auswertung der verschriftlichten Interviews an.[79]

Die Auswertung der Interviews erfolgte computergestützt mit dem Programm Atlas.ti.[80] Der Auswertungsprozess orientierte sich an den Empfehlungen Schmidts zur Analyse von Leitfadeninterviews.[81] In einem ersten Schritt wurden demnach durch wiederholtes Lesen Themen und Aspekte generiert, die schließlich in materialorientierte Auswertungskategorien mündeten. Diese Auswertungskategorien waren zwar einerseits durch theoretische Vorüberlegungen der Untersuchung beeinflusst, besaßen dabei aber andererseits Offenheit gegenüber neuen Perspektiven, die aus dem Material selbst heraus entstanden.[82] Die Auswertungskategorien wurden im zweiten Schritt zu einem Codierleitfaden zusammengestellt, der Beschreibungen zu den einzelnen Kategorien enthielt.[83] Da-

---

[76] Im Falle des auf Wunsch des Interviewpartners nicht aufgezeichneten Gesprächs wurden während des Interviews ausführliche Notizen angefertigt, die im Anschluss im Sinne eines Gedächtnisprotokolls ergänzt und vervollständigt wurden.

[77] Allen Interviewpartnern wurde im Vorfeld des Interviews Material zur Vorstellung des Konstrukts Abusive Supervision zur Verfügung gestellt. Zu Beginn des Interviews wurde dieses Material noch einmal durch den Interviewer vorgestellt und die Möglichkeit zur Stellung von Verständnisfragen gegeben.

[78] Diese Regeln beinhalten (1) die Verschriftlichung in Standardorthographie ohne Verwendung literarischer Umschrift, (2) nicht verbale Äußerungen wie Lachen, Räuspern etc. werden nur insoweit transkribiert, wie sie Bedeutungsgehalt besitzen, (3) Gesprächsunterbrechungen werden festgehalten und (4) unverständliche Passagen werden gekennzeichnet. Vgl. hierzu ausführlich Gläser & Laudel 2004, S. 188 f.

[79] Vgl. zur Theorie der Transkription einführend Kowal & O'Connell 2007; vertiefend auch Cook 1990; Ehlich & Switalla 1976; Ochs 1979; O'Connell & Kowal 1995.

[80] Atlas.ti wurde in der Version 5.2 verwendet.

[81] Vgl. Schmidt 2007, S. 448 ff. Zur Inhaltsanalyse von Dokumenten vgl. ferner Hodder 1994 oder auch Silverman 2000.

[82] Hier ist die Nähe zum methodischen Ansatz der sogenannten Grounded Theory nicht zu übersehen. Dieser Ansatz bietet sich insbesondere bei explorativen Forschungszielen – wie im Falle der zur Relevanz von Abusive Supervision durchgeführten Experteninterviews – an. Vgl. Glaser & Strauss 1967; im Kontext der Textanalyse und des Codierens auch Böhm 2007.

[83] Vgl. hierzu genauer Crabtree & Miller 1992.

raufhin wurde das Material im dritten Schritt codiert, wobei sich Rückwirkungen auf den zuvor erstellten Codierungsleitfaden ergaben – die Schritte wurden also nicht durchgängig im Sinne eines linearen Prozesses abgearbeitet.[84] Die Codierung erlaubte die übersichtliche, reorganisierte Darstellung des Materials im vierten Schritt des Prozesses und bot damit den Zugang zum letzten und wichtigsten Schritt der eigentlichen Analyse: die vertiefenden Fallinterpretationen. Hierzu wurden die als relevant identifizierten Interviewabschnitte mehrfach genau gelesen und vor dem Hintergrund anderer Äußerungen und der organisationalen Position des Befragten analysiert und interpretiert. Die Ergebnisse dieser Untersuchung werden im nächsten Abschnitt dargestellt und diskutiert.

2. Interviewergebnisse

Im Zuge der Analyse entstand ein vielschichtiges Bild der organisationalen Relevanz und der Entstehung von Abusive Supervision, welches als Erweiterung und Vertiefung der bereits vielfältig veröffentlichten Forschungsergebnisse verstanden werden muss. Es soll also keineswegs der Eindruck entstehen, es handele sich hier um Pionierforschung zu Abusive Supervision. Sinn und Zweck der hier dokumentierten Untersuchung liegt – das wurde nun schon mehrfach benannt – einerseits in der Illustration des Konzeptes und andererseits in der qualitativ-explorativen Eruierung organisationaler Beobachterperspektiven, die im Anschluss an die Diskussion der Interviewergebnisse in Form eines Zwischenfazits verdichtet werden.

Die in den folgenden Teilabschnitten aufscheinende und durchaus nicht unerwünschte Heterogenität der Ergebnisse liegt einerseits in der jeweiligen organisationalen Rolle und andererseits in den spezifischen, persönlichen Erfahrungen und Perspektiven der Interviewpartner begründet. Korrespondierend zu den dargestellten Fragekategorien des Interviewleitfadens werden die Ergebnisse hier im Detail dargestellt und diskutiert. Zunächst stehen die Fragen organisationaler Relevanz und Bedeutung im Vordergrund. Im Anschluss daran werden die jeweiligen Sichtweisen der befragten Experten auf mögliche, von Mitarbeitern gewählte Wege des Umgangs mit Abusive Supervision dargestellt, bevor schließlich die jeweiligen Perspektiven und Meinungen zur Entstehung des Phänomens diskutiert werden. Die Analyse stützt sich hierbei in erster Linie auf diejenigen Experten, die einen breiten und vielfältigen Zugang zu dem Phänomen haben, also auf den Betriebsrat, den Werksmanager, die beiden Personalberater und die Sozialberaterin. Die Perspektiven der beiden befragten Mitarbeiter wur-

---

[84] Vgl. zur Technik des Codierens neben Schmidt 2007, S. 454 auch Mayring 1983, S. 85 ff., der die inhaltsanalytische Technik der skalierenden Strukturierung detailliert beschreibt.

A Zur praktischen Relevanz von Abusive Supervision   43

den unterstützend in die Analyse mit einbezogen, da beide jeweils nur einen eng begrenzten Ausschnitt der Organisation und damit nur sehr wenige Führungsbeziehungen beobachten konnten.[85]

2.1. Organisationale Relevanz von Abusive Supervision

Die Bedeutung von Abusive Supervision im organisationalen Alltag wird von den befragten Experten aus ihrer jeweiligen Position heraus recht unterschiedlich gesehen, wobei sich zwei gegensätzliche Positionen markieren lassen. Damit wird, um diesen Aspekt vorwegzunehmen, die mit dem Phänomen Abusive Supervision verbundene Subjektivität unmittelbar deutlich: Es liegt im subjektiven Auge des Beobachters, ob gezeigtes Führungsverhalten als feindselig kategorisiert wird oder nicht, wobei aber auch nicht geleugnet werden kann, dass extreme Formen kaum Spielraum für subjektive Interpretationen lassen.

Der befragte Werksmanager[86] schätzte die organisationale Relevanz aus seiner Sicht eher niedrig ein. Ihm direkt unterstellt sind acht Führungskräfte, zu denen er äußert: *„[in] meinem Führungsteam, [...] da gibt es das Phänomen nicht"*[87]. Insgesamt sieht er in seinem Werk mit insgesamt etwa 200 Beschäftigten nur eine Person mit Führungsverantwortung, die er mit Abusive Supervision in Verbindung bringt: *„in der Fertigung [...] da gibt es einen Teamleiter, der regelmäßig auch mit den Mitarbeitern, aber auch mit dem Betriebsrat aneckt. Und zwar aneckt wegen seines Führungsstils."*[88]. Abusive Supervision ist für ihn kein alltägliches Phänomen, im Gegenteil, er ist *„öfter mal überrascht, dass*

---

[85] So war der inzwischen berentete Mitarbeiter sein gesamtes Arbeitsleben über in der gleichen Abteilung auf der gleichen Stelle beschäftigt und hatte in diesen knapp 40 Berufsjahren insgesamt zwei Meister als Vorgesetzte, zu denen nach seiner Auskunft sowohl er, als auch die gesamte Arbeitsgruppe eine sehr gute Beziehung hatte. Er kannte das Phänomen Abusive Supervision also nicht aus seinem direkten organisationalen Umfeld sondern nur aus ferneren Erzählungen heraus. Die befragte Mitarbeiterin ist erst seit fünf Jahren im Unternehmen und derzeit in ihrer dritten Abteilung beschäftigt. Sie kategorisierte das Verhalten ihrer ehemaligen Führungskraft als abusive; da sie damit jedoch selbst Teil des von ihr als negativ gekennzeichneten Interaktionssystems war, fließt diese konkrete Beschreibung, wie oben bereits begründet, nicht in die Analyse ein. Dennoch konnten beide Interviews das Bild abrunden und vervollständigen und dienten insofern dem der Auswahl der Interviewpartner zugrunde liegenden Kriterium der theoretischen Sättigung (vgl. Strauss & Corbin 1990, S.188; Glaser 1978, S. 124 ff.; Glaser & Strauss 1967, S. 61 f., S. 111 f.).
[86] Im Rahmen der Interviewzitate werden die befragten Experten folgendermaßen abgekürzt: Werksmanager = WM, Betriebsrat = BR, Personalberater 1 = PB1, Personalberater 2 = PB2, Sozialberaterin = SB, Mitarbeiter 1 = MA1, Mitarbeiterin 2 = MA2.
[87] WM, Z. 024.
[88] WM, Z. 024.

es mal wieder hochgepoppt ist."[89]. Einschränkend fügt er hinzu: *„es ist bisher noch nichts aufgepoppt, was – sagen wir mal – die nächste Eskalationsstufe gebraucht hätte. [...] Das kriegen wir alles intern geregelt.*"[90]. Über die unterstellten Mitarbeiter der betreffenden Führungskraft äußert er einerseits: *„hach Gott, in der Ebene muss man sich vorstellen, die müssen natürlich auch geführt werden. Wenn die nicht geführt werden, dann ist das Ganze führungslos, das heißt, da muss schon gewisse Strenge und Disziplin da sein.*"[91] und andererseits: *„man muss schon abwägen, ist das jetzt irgendwo in die Kategorie Abusive Supervision oder macht der einfach nur seinen Job und das Mimöschen ist mal wieder sensibel?*"[92]. Er scheint also wie selbstverständlich davon auszugehen, dass die betreffenden Mitarbeiter in der Wahrnehmung und Interpretation des Verhaltens ihrer Führungskraft zu sensibel sind, was sich auch in folgender Aussage deutlich widerspiegelt: *„die Führungskraft macht einen exzellenten Job, der ist eine gute Führungskraft, besser kann es gar nicht sein, aber er hat ab und zu mal Probleme – ja sagen wir mal – speziell die Frauen da zu überzeugen oder richtig mit den Samthandschuhen anzufassen.*"[93]. Die Wahrnehmung des Verhaltens einer Führungskraft durch die ihr unterstellten Mitarbeiter scheint bei seiner Beurteilung der Qualität der betreffenden Führungskraft also keine ausschlaggebende Rolle zu spielen. Dementsprechend sieht er als Werksmanager auch keine Notwendigkeit für die Sanktionierung oder nachhaltige Beeinflussung des Verhaltens dieser Führungskraft: *„Meine Empfehlung an dieser Stelle ist – als der Werkleiter hier, der verantwortlich ist für die ganze Operation – da sage ich immer so alle zwei Monate müssen wir den Kollegen mal wieder einnorden, und mal wieder darauf hinweisen, dass er mit den Mädels einen freundlichen Ton anlegt.*"[94].

Aus Sicht dieses Werksmanagers handelt es sich bei Abusive Supervision also um ein seltenes Phänomen, das, wenn es mal auftritt, eher auf die übermäßige Sensibilität der Mitarbeiter zurückzuführen ist, als auf tatsächlich negatives Verhalten der Führungskraft.[95] Dass er dem Konzept kaum organisationale Relevanz beimisst, lässt sich zudem indirekt an den Positionen aufzeigen, die er vertritt. Verhaltensweisen, die mit Abusive Supervision in Verbindung gebracht werden können, kategorisiert er offensichtlich als „normales" Führungsverhal-

---

[89] WM, Z. 028.
[90] WM, Z. 038; an anderer Stelle gibt er im Widerspruch zu dieser Aussage jedoch folgendes an: *„Das ist sogar schon soweit hochgeschaukelt, dass unser psychologischer Dienst betroffenen Frauen helfen musste, dieses zu verarbeiten und zu verkraften"* (WM, Z. 024).
[91] WM, Z. 036; hier zeigt sich eine Nähe zur Theorie X McGregor's (1960, S. 33 ff.).
[92] WM, Z. 036.
[93] WM, Z. 042.
[94] WM, Z. 042.
[95] Dieser Punkt wird im Rahmen der Diskussion der Entstehung von Abusive Supervision in Abschnitt 2.3. näher analysiert.

A Zur praktischen Relevanz von Abusive Supervision

ten.[96] Dies zeigt sich beispielsweise auch in der Beschreibung seines eigenen Verhaltens. Er scheint dabei nicht zu reflektieren, dass das beschriebene Verhalten als feindselig wahrgenommen werden könnte: *„Da habe ich mal irgendwann meinem Herzen Luft gemacht und habe vor der versammelten Mannschaft diese Leute, die extrem oft fehlen, Fehlzeiten haben, parasitär genannt."*[97].

Viel höher und damit vollkommen gegensätzlich schätzt der befragte Betriebsrat die Verbreitung und Relevanz des Phänomens ein. Aufbauend auf seiner Erfahrung: *„Mindestens achtzig Prozent der Mitarbeiter kommen nicht zu einem ins Büro, wenn sie ein Problem haben."*[98] und der Annahme, dass: *„Hier im Unternehmen – ich denke aber, dass ist in allen großen Unternehmen so – haben die Mitarbeiter schlichtweg Angst, dass es irgendwelche Konsequenzen hat, wenn sie mit anderen über ihre Probleme sprechen, die sie mit den Führungskräften haben."*[99] konstatiert er: *„Ich denke mal, dass die Dunkelziffer um ein vielfaches höher ist, als das was rauskommt."*[100]. Manchmal erfährt er als Betriebsrat nur zufällig von einem konkreten Fall von Abusive Supervision: *„Durch Zufall haben wir festgestellt, es gibt ein Problem und dann allerdings, was man bei den anderen Fällen nicht hatte, hast Du mit den Mitarbeitern gesprochen, und die haben dann, wahrscheinlich weil sie untereinander gesprochen haben und alle das gleiche Problem hatten, haben die dann wirklich gesagt, wir haben ein Problem."*[101].

Die beiden befragten Personalberater bewerten die Relevanz ganz ähnlich: *„Viele Führungskräfte zeigen ein solches Verhalten und wissen wahrscheinlich nicht einmal, was sie damit bewirken. Sie reflektieren sich selbst dabei nicht, merken gar nicht wie sie wahrgenommen werden."*[102] und *„kenn ich, bei bestimmt zwanzig Prozent der Leute, die ich betreue"*[103]. Der zweite Personalberater fügt noch hinzu, dass im Unternehmen *„sogenannte Führungsgespräche"*[104] institutionalisiert wurden, um den Führungskräften die Reflexion des eigenen Verhaltens zu ermöglichen. Unglücklicherweise sind die in solchen Führungsgesprächen befragten Mitarbeiter oftmals nur *„mittelmäßig ehrlich"*[105]; wirklich

---

[96] Dieser Aspekt unterstreicht den subjektiven Charakter des Phänomens noch einmal deutlich. Ein anderer Werksmanager hätte möglicherweise ganz andere implizite Kategorien von positivem und negativem Führungsverhalten, was wiederum hervorhebt, dass die durchgeführten Experteninterviews keine für die Organisation repräsentativen Erkenntnisse generieren können, was aber – wie oben bereits ausführlich diskutiert wurde – auch nicht Ziel der Untersuchung war.
[97] WM, Z. 078.
[98] BR, Z. 004.
[99] BR, Z. 020.
[100] BR, Z. 032.
[101] BR, Z. 056.
[102] PB1, Z. 019.
[103] PB2, Z. 027.
[104] PB2, Z. 047.
[105] PB2, Z. 055.

ernste Probleme werden aus der vom Betriebsrat benannten Angst der Mitarbeiter zumeist nicht adressiert, was den Nutzen solcher Gespräche stark limitiert.[106] Doch unabhängig vom Nutzen weist ihre Institutionalisierung auf die Bedeutung, die Problemen der Führungsinteraktion seitens der Organisation beigemessen wird, hin.

Die Mitarbeiterin der Sozialberatung schätzt die Relevanz des Phänomens ähnlich ein, wie Betriebsrat und Personalberater: *„Das ist mein Arbeitsalltag!"*[107]. Aus ihrer Erfahrung sieht sie eine hohe Bedeutung des Phänomens, da *„sehr viel [...] Kreativität verloren geht für das Unternehmen."*[108]. Darüber hinaus geht sie – wie auch der befragte Betriebsrat – davon aus, dass viele Fälle von Abusive Supervision erst gar nicht als solche markiert werden können, da sie schlichtweg nicht bekannt werden: *„es gibt auch immer eine Dunkelziffer, die auch mir nicht bekannt ist."*[109].

Zusammengefasst zeigt sich, dass jene Interviewpartner, die beratenden Kontakt zu einer Vielzahl von Mitarbeitern und eine beobachtende Position gegenüber einer Vielzahl von Führungsbeziehungen besitzen, die organisationale Relevanz des Phänomens Abusive Supervision durchgängig als sehr hoch einschätzen. Lediglich der befragte Werksmanager misst dem Phänomen aus seiner Sicht keine große Bedeutung zu.

2.2. Individueller Umgang mit Abusive Supervision

Mit Blick auf Fragen des Umgangs des einzelnen Mitarbeiters mit dem Phänomen Abusive Supervision zeigt sich ein ähnliches Bild. Korrespondierend mit seinen Ansichten über die Relevanz geht der befragte Werksmanager davon aus, das betroffene Mitarbeiter unmittelbar auf negatives Führungsverhalten reagieren: *„Die betroffene Mitarbeiterin beschwert sich natürlich, die geht dann ihre Eskalationsstufen durch. Normalerweise ist das zuerst einmal der Betriebsrat. Oder eine Vertrauensperson vom Betriebsrat wird dann informiert."*[110]. Eine Mitarbeiterin – so sein Bild – beruft sich also unmittelbar auf ihre Rechte und kontaktiert die strukturell dafür vorgesehenen Stellen, wenn sie sich dem Phänomen Abusive Supervision ausgesetzt sieht.

Ganz anders schätzen es Betriebsrat, Personalberater und Sozialberaterin ein: *„Mindestens achtzig Prozent der Mitarbeiter kommen nicht zu einem ins Büro,*

---

[106] Dieser Aspekt wird im Rahmen der Implikationen, die sich aus den Ergebnissen dieser Arbeit ableiten lassen, im zweiten Teil von Kapitel E wieder aufgegriffen und diskutiert.
[107] SB, Z. 041.
[108] SB, Z. 089; der Kreativitätsverlust lässt sich aus der Reaktion der Mitarbeiter auf anhaltende Abusive Supervision erklären, was im nächsten Abschnitt (2.2.) näher diskutiert wird.
[109] SB, Z. 045.
[110] WM, Z. 028.

A   Zur praktischen Relevanz von Abusive Supervision

wenn sie ein Problem haben."[111], konstatiert der Betriebsrat und begründet diese Aussage – wie unter 2.1. bereits dargestellt – mit der Angst, die Mitarbeiter haben, *„dass es irgendwelche Konsequenzen hat, wenn sie mit anderen über ihre Probleme sprechen, die sie mit den Führungskräften haben."*[112]. Die meisten Mitarbeiter reagieren also passiv und *„fressen es"* – laut Betriebsrat – *„wirklich jahrelang in sich rein"*[113]. So sehen es auch die beiden Personalberater: *„die meisten Mitarbeiter lernen damit umzugehen, schlucken es runter; oft gibt es jedoch psychische und auch physische Folgen, Medikamentenmissbrauch etc."*[114] und *„Resignation, [sie] kapseln sich ab und kriegen so ein Mindset: ‚macht eh alles keinen Sinn'."*[115]. Eine Vielzahl der Mitarbeiter verharrt also lange Zeit in einer passiven Haltung und meldet sich *„beim Betriebsrat eigentlich erst, wenn das Kind in den Brunnen gefallen ist, wenn sie psychische Probleme kriegen, wenn sie viele Fehlzeiten haben"*[116] oder bei der Sozialberatung: *„oft ist es erst eine längere Zeit der inneren Kündigung und Resignation, ein krank werden und dann traue ich mich irgendwie doch eine Beratung in Anspruch zu nehmen."*[117]. Die Länge des Zeitraums bis zur Kontaktaufnahme zu Betriebsrat oder Sozialberatung hängt nach Ansicht des Personalberaters sowohl von der Persönlichkeit der betreffenden Person, als auch von der wahrgenommenen Qualität und dem Vertrauen in jene Anlaufstellen ab.[118] Der Betriebsrat sieht darüber hinaus auch einen Einfluss des individuellen Bildungsgrades auf diesen Zeitraum: *„Im Angestelltenbereich, [...] gerade bei studierten Leuten ist es dann doch eher so, dass sie über einen langen Zeitraum sich schämen, dass sie Probleme haben und dann im Rahmen ihrer Scham tatsächlich versuchen die Schuld bei sich selbst zu suchen. Irgendwann stellen sie fest, nein ich bin nicht der Schuldige, [...] aber dann ist es meistens schon zu spät."*[119]. Die Sozialberaterin berichtet ferner, dass Mitarbeiter höherer Hierarchieebenen sich eher an die Sozialberatung als an den Betriebsrat wenden. Sie sieht die gesetzlich explizit geregelte Schweigepflicht der Sozialberatung als Ursache für diese Verschiebung.[120]

Eine weitere Gruppe von Mitarbeitern sucht auch die direkte Konfrontation mit der Führungskraft, um auf diesem Wege eine Verbesserung der Interaktionsbeziehung oder zumindest eine Verhaltensänderung herbeizuführen. Mit

---

[111] BR, Z. 004.
[112] BR, Z. 020.
[113] BR, Z. 032; eine ganz ähnliche Formulierung wählt die Sozialberaterin: *„Ich kenne Mitarbeiter, die fressen das in sich hinein, die sagen gar nichts und kommen zehn Jahre später zu mir"* (SB, Z. 045).
[114] PB1, Z. 034.
[115] PB2, Z. 039.
[116] BR, Z. 020.
[117] SB, Z. 085.
[118] Vgl. PB2, Z. 043.
[119] BR, Z. 080.
[120] Vgl. SB, Z. 053.

Ausnahme des Werksmanagers sind hier alle Experten der Meinung, dass dies die mit Abstand kleinste Gruppe darstelle: „*offene Konfrontation, das gibt es auch, aber seltener, unter zehn Prozent*"[121], „*die Einen sind sicherlich eher rebellierend, wenn sie jetzt noch einen gewissen Charakter mitbringen, die lehnen sich dagegen auf, auch in der direkten Auseinandersetzung mit der Führungskraft. Das sind aber eher die wenigsten.*"[122]. Den ausschlaggebenden Grund für die geringe Zahl sieht der Personalberater darin, „*dass die Führungskraft in vielen Dingen – wenn jetzt nicht noch irgendeine kontrollierende neutrale Instanz, wie die Personalabteilung oder Betriebsrat da wär – immer am längeren Hebel sitzen würde. Und das scheuen eben die Mitarbeiter, weil sie die Konsequenzen ihrer Rebellion nicht abschätzen können.*"[123].

Eingangs wurde bereits dargelegt, dass sich die Abusive Supervision Forschung bislang in erster Linie mit individuellen Konsequenzen feindseliger Führung beschäftigt hat. Abusive Supervision geht demnach unter anderem mit höheren Raten an arbeitsbezogenem Stress[124], geringerer Arbeitszufriedenheit[125], stärkerer Kündigungsabsicht[126], höheren Anteilen aggressiven und kontraproduktiven Verhaltens[127], etc. einher.[128] In vertiefender Ergänzung zu diesen, bislang exklusiv auf quantitativ gestützte Korrelationen rekurrierenden Forschungsergebnissen zeigten sich in der vorliegenden Untersuchung drei Wege des Umgangs mit Abusive Supervision: (1) die offene Konfrontation der Führungskraft, (2) die Kontaktaufnahme zu zuständigen Beratungsstellen wie Betriebsrat, Sozialberatung oder Betriebsarzt und (3) die innere Kündigung und Resignation.[129] Welchen Weg der einzelne Mitarbeiter wählt, hängt nach Ansicht der Experten von einer Vielzahl von Einflüssen ab. Genannt wurden beispielsweise die Persönlichkeit des Mitarbeiters, das Ausmaß der Angst, den Arbeitsplatz zu verlieren[130] und die spezifische Interaktionsgeschichte zwischen Führungskraft und Mitarbeiter. Während der Weg der offenen Konfrontation von den wenigsten der betroffenen Mitarbeiter gewählt wird, stehen die beiden anderen Handlungsalternativen oftmals in einem sequentiellen Verhältnis: Nach einer meist längeren Phase der Resignation und des Leidens nimmt ein Teil der

---

[121] SB, Z. 071/081.
[122] PB2, Z. 031.
[123] PB2, Z. 043.
[124] Vgl. etwa Aryee et al. 2007; Bamberger & Bacharach 2006; Harvey et al. 2007.
[125] Vgl. etwa Duffy et al. 2002; Harvey & Keashly 2006; Tepper 2000.
[126] Vgl. etwa Harvey et al. 2007; Tepper 2000.
[127] Vgl. etwa Dupré et al. 2006; Mitchell & Ambrose 2007; Thau et al. 2009.
[128] Vgl. dazu im Detail Abschnitt 1.2.3 in Kapitel B.
[129] An dieser Stelle sei noch einmal betont, dass diese Untersuchung nicht den Anspruch generalisierbarer und repräsentativer Ergebnisse hatte. Es ging vielmehr darum, bestehende quantitative Forschungsergebnisse, die sämtlich (streng genommen ohne Anspruch auf Kausalität) Korrelationen dokumentieren, explorativ zu vertiefen und den Blick auf das Phänomen Abusive Supervision damit zu erweitern.
[130] Vgl. hierzu auch Tepper 2000.

Mitarbeiter die eine oder andere Form der Beratung in Anspruch – der andere Teil verlässt die Abteilung oder gar das Unternehmen. Das Ausscheiden aus dem Unternehmen ist oft die allerletzte Option, wenn bereits psychische und physische Folgen eingetreten sind, *„weil sich die Mitarbeiter an ihren Arbeitsplatz klammern müssen, der Arbeitsmarkt ist so gut wie nicht vorhanden, gerade im Bereich der Fertigung."*[131]. Die Erkenntnis, dass die wenigsten Mitarbeiter die offene Konfrontation zur Lösung des wahrgenommenen Konflikts suchen, unterstreicht noch einmal die organisationale Relevanz des Phänomens Abusive Supervision: Indem es sich bei Abusive Supervision um ein anhaltendes Muster der Führungsinteraktion handelt – die Natur dieses Musters ist im Fortlauf dieser Arbeit noch zu bestimmen –, auf das die Mitarbeiter in der Regel zunächst mit steigender Resignation und Passivität reagieren, erleiden nicht nur die Mitarbeiter negative Folgen dieser Form der Interaktion. Dem Unternehmen geht ein in seinem Ausmaß nicht abzuschätzendes Maß an Kreativität verloren, da viele Mitarbeiter in dieser Passivität verharren und Beiträge zum Unternehmenserfolg liefern, die nach Ansicht der befragten Experten weit unter ihren eigentlichen Möglichkeiten liegen.[132] Diese Erkenntnisse korrespondieren mit bereits veröffentlichten Studien, die unter anderem negative Wirkungen auf das Organizational Citizenship Behavior nachweisen konnten.[133]

2.3. Entstehung von Abusive Supervision

Ein zunächst deutlich homogeneres Bild zeichnet sich bei der Frage der Entstehung von Abusive Supervision, die die Experten übereinstimmend als prozesshaft ansehen. Mit Blick auf den oben bereits skizzierten Fall des Teamleiters äußert der Werksmanager: *„Das schaukelt sich dann ab und zu mal hoch."*[134]. Der Betriebsrat beschreibt derartiges Hochschaukeln aus Sicht eines betroffenen Mitarbeiters etwas genauer: *„Da fangen Sie an, sich in einer Endlosschleife zu drehen, Sie haben Probleme mit der Führungskraft, Sie trauen sich mit niemanden drüber zu sprechen, das führt nach einem Zeitpunkt X zu einer innerlichen Kündigung, man macht nur noch das Nötigste, wenn überhaupt. Bei jeder Kleinigkeit gibt es einen Krankenfall, dann irgendwann hast Du einen Status erreicht, da sagst Du: ‚Jetzt geht gar nichts mehr mit meiner Führungskraft'. Dann nimmst Du auch ohne Grund einen Krankenschein und lässt dich krankschreiben. Was wiederum dazu führt, dass die Führungskraft noch unzufriedener mit dem Mitarbeiter wird und das dann auch in Form von Kommentaren*

---

[131] BR, Z. 020.
[132] Vgl. SB, Z. 089; Diese Erkenntnis korrespondiert mit den vielfältig untersuchten Konsequenzen von Abusive Supervision.
[133] Vgl. etwa Aryee et al. 2007 oder auch Zellars et al. 2002.
[134] WM, Z. 024.

und Ähnlichem nicht nur dem Mitarbeiter gegenüber auslässt, sondern es gibt Maßregelungen in der Öffentlichkeit, also im Team!"[135]. Die aufeinander bezogenen Verhaltensweisen von Führungskraft und Mitarbeiter führen also aus Sicht des Betriebsrats dazu, dass sich das durch Abusive Supervision gekennzeichnete Interaktionsmuster weiter verfestigt und die Situation immer prekärer wird. Der Personalberater berichtet in diesem Zusammenhang, dass Verhaltensweisen, die mit Abusive Supervision in Verbindung gebracht werden können, zunächst oft positive Effekte im Sinne eines Produktivitätszuwachses haben. Die unreflektierte Persistenz dieser Verhaltensweisen führt dann jedoch zu negativen Auswirkungen: *„Das Ironische dabei ist, dass das am Anfang dazu führt, dass die Fehler stark abnehmen. Das verstärkt dann die Führungskraft in der Überzeugung, dass das so schlecht nicht gewesen sein kann gerade. Wenn das eben nicht so ein momentaner einmaliger Wutausbruch war, sondern wenn das permanent so ist, dann führt es Tatsache zu einer Resignation, ja die Mitarbeiter stumpfen dann ab. Es ist keine weitere Steigerung der Produktivität, der Leistung mit dem gleichen Verhalten mehr möglich."*[136].

Der Entstehungsprozess ist aus Sicht der Experten zumeist nicht offen sichtbar. Die Sozialberaterin beschreibt ihn als *„eine längere Zeit der inneren Kündigung und Resignation"*[137], wenn betroffene Mitarbeiter den oben beschriebenen Weg des passiven Umgangs mit Abusive Supervision gehen. Die auslösende Führungskraft oder gar die Führungskraft der Führungskraft erfährt nach Ansicht des Werksmanagers oft erst verspätet über vermeintlich Außenstehende von dieser Art von Führungsproblemen: *„das geht dann erstmal diese Schleife außen rum, und bis es dann reinkommt sind wir öfter mal überrascht, dass es mal wieder hochgepoppt ist."*[138]. Ferner handelt es sich bei der Entstehung von Abusive Supervision nach Ansicht der Experten um einen langwierigen Prozess, was sich ebenfalls bereits in dem oben diskutierten, zumeist passiven Umgang betroffener Mitarbeiter zeigt. Zu einem konkreten Fall äußerte der Betriebsrat beispielsweise: *„Das ist ein Thema, was nicht irgendwie neu entstanden ist, sondern unterschwellig, [...] seit zehn zwölf Jahren brodelt das da"*[139]. Abusive Supervision ist also kein Phänomen, das von einem Tag auf den anderen entsteht, obwohl die benannte Zeitspanne von zehn bis zwölf Jahren offensichtlich nicht als repräsentativ verstanden werden kann. Dass Abusive Supervision über längere Zeiträume anhält und nicht als einmaliges Fehlverhalten der Führungskraft zu sehen ist, ist keine neue Erkenntnis, sondern bereits elementarer Bestandteil der Konzeption Teppers.[140] Gleichwohl gibt die Debatte – und das ist

---

[135] BR, Z. 020.
[136] PB2, Z. 136.
[137] SB, Z. 085.
[138] WM, Z. 028.
[139] BR, Z. 036.
[140] Vgl. Tepper 2000, S. 178 f.

A   Zur praktischen Relevanz von Abusive Supervision

im folgenden Kapitel der Arbeit im Detail zu zeigen – bislang nur unbefriedigende Antworten auf die Frage der Entstehung von Abusive Supervision. Deutlich differenzierter sind die Perspektiven der Experten bezüglich der Faktoren, die die Entstehung von Abusive Supervision überhaupt erst ermöglichen beziehungsweise im weitesten Sinne verursachen und beeinflussen. Der Werksmanager sieht aus seiner Position zunächst die oben bereits angesprochene übermäßige Sensibilität der betroffenen Mitarbeiter als Ursache: *„Also da gibt es schon Sensibilitäten, die muss man verstehen, und deswegen fragen wir dann auch, ja hat es denn irgendwas gegeben? Irgendwo ein Geburtstag vergessen wurde? Oder mal schief angeguckt?"*[141]. Auf Seiten der Führungskraft sieht er Charakterschwächen als Ursache für das Auftreten von Abusive Supervision und fügt unmittelbar hinzu: *„Wenn dann jemand so eine Charakterschwäche haben sollte, in der heutigen Zeit, der ist dann unten durch. Ich kann mir nicht vorstellen, dass jemand mit so einer Schwäche weiterkommt."*[142]. Seiner Ansicht nach werden also Führungskräfte, die Verhaltensweisen hervorbringen, die als Abusive Supervision zu markieren sind, sozusagen automatisch von der Organisation aufgrund ihrer Charakterschwächen negativ selektiert. Damit bleibt aus seiner Sicht letztlich nur die übermäßige Sensibilität der Mitarbeiter als Ursache von Abusive Supervision, wobei er dem allgemeinen Leistungsdruck zumindest eine moderierende Rolle zuschreibt: *„[...] natürlich ist in der heutigen Zeit der Leistungsspegel, oder die Messlatte schon sehr hochgelegt. Es ist jeder irgendwo gefordert, seine Contribution da mitzubringen. [...] die Empfindung der Betroffenen steigt natürlich, wenn der Druck größer wird, wenn das Hamsterrad sich schneller dreht."*[143].

Der Personalberater dreht das Verhältnis zwischen Persönlichkeit und herrschendem Druck um, sodass die Persönlichkeit der Führungskraft die moderierende Variable darstellt, die letztlich *„entscheidet, wie mit dem herrschenden Druck umgegangen wird"*[144]. Er spitzt diese Perspektive noch weiter zu: *„Solange das System so ist, wird sich da auch nichts ändern. Solange das Wichtigste in unserem Wirtschaftssystem die Ebit-Marge ist, weil wir diesem Zwang unterliegen, uns an den Börsen und an den Aktienkursen zu orientieren, werden Sie dieses Phänomen nicht in den Griff kriegen."*[145]. Ganz ähnlich sieht es auch die Sozialberaterin. Druck, der über die Hierarchie nach unten weitergegeben wird, kann dazu führen, das Vorgesetzte *„dazu neigen, auch mal mit dem Rücken an der Wand zu stehen und sich dann auszuagieren und das eben auch an die Mitarbeiter weiter zu geben. Es werden ständig neue Projekte angestoßen, es werden ständig neue Zielvorgaben gemacht, es wird ständig die Organisation umgeändert. Dann kann das einfach zu diesem Phänomen führen. Dass da die Füh-*

---

[141] WM, Z. 036.
[142] WM, Z. 054.
[143] WM, Z. 062/074.
[144] PB2, Z. 104.
[145] PB2, Z. 140.

rungskraft sich auch irgendwann keinen Rat mehr weiß und diesen Stress ausagiert."[146].

Sowohl Betriebsrat, als auch Personalberater schreiben der Persönlichkeit der Führungskraft zumindest in einigen Fällen eine aktivere Rolle zu, indem sie *„Machtbesessenheit"*[147] erkennen und beschreiben, *„dass es immer wieder die eine oder andere Führungskraft gibt, die – wie sagen wir so schön – karrieregeil ist, die so schnell wie möglich nach oben will und die dann sozusagen über Leichen geht, koste es was es wolle."*[148]. Andere Führungskräfte besitzen nach ihrer Ansicht keine genügenden *„Fähigkeiten der Selbstreflexion"*[149] und damit *„mangelnde Qualifikationen zum Thema Personalführung"*[150]. Diese Defizite liegen nach Ansicht des Betriebsrates zumindest ein Stück weit in den heute üblichen Praktiken der Führungskräfteauswahl und -schulung begründet: *„Heute gehst Du hin, guckst und sagst fachlich ist das der beste Mensch, also wird der eine Führungskraft, egal ob der da Kompetenz hat Personal zu führen oder nicht, vielleicht wird er mal zum einwöchigen Führungskräfteseminar geschickt, Umgang mit Mitarbeitern, und das war es."*[151].

In ihren Beschreibungen konkreter Fälle weist die Sozialberaterin auf eine weitere Charakteristik des Phänomens Abusive Supervision und seiner Entstehung hin: Ab einem bestimmten Punkt der Interaktion spielen die tatsächlichen Verhaltensweisen des Interaktionspartner keine vordergründige Rolle mehr, die betroffenen Mitarbeiter *erwarteten* Abusive Supervision und deuteten jedes Verhalten als Abusive Supervision aus. So beschreibt die Sozialberaterin den Fall einer Mitarbeiterin: *„Die sitzen dort in Großraumbüros, wenn man dann irgendwo plötzlich seinen Namen hört, hört man dann natürlich irgendwie zu, wenn die Führungskraft spricht. Und die Frau reimte sich subjektiv was zusammen und denkt: ‚der spricht jetzt ganz schlecht über mich'. Und bei der Führungskraft, da weiß man jetzt gar nicht, wen die gerade am anderen Ende am Telefon hat, und was er jetzt gerade genau am Telefon gesagt hat."*[152]. Ohne zu wissen, was die Führungskraft tatsächlich über die Mitarbeiterin denkt oder sagt, geht sie wie selbstverständlich davon aus, dass es etwas Negatives sei. Diese Erwartungshaltung der Mitarbeiterin speiste sich in dem konkreten Fall aus früheren Erfahrungen mit dieser Führungskraft und führte letztlich auch zur Auflösung der Führungsbeziehung. Solche Erwartungen können aus Sicht der Sozialberaterin auch aus früheren Führungsbeziehungen (beziehungsweise in zukünftige Führungsbeziehungen) übertragen werden, und zwar auf Seiten der Mitarbeiter: *„Manchmal nimmt man das ja mit, und verhält sich entsprechend der*

---

[146] SB, Z. 185.
[147] PB1, Z. 040.
[148] BR, Z. 064.
[149] PB1, Z.041.
[150] BR, Z. 064.
[151] BR, Z. 028.
[152] SB, Z. 125.

A Zur praktischen Relevanz von Abusive Supervision

Führungskraft, die dann in Zukunft mit ihr arbeitet, auch wieder entsprechend, und dann kann so ein Phänomen wieder ausgelöst werden."[153], wie auch auf Seiten der Führungskraft: *„Ja und umgekehrt. Die Führungskraft reagiert auf einen Mitarbeiter, der eine bestimmte Verhaltensweise hat, ähnlich."*[154]. Hier zeigt sich die Bedeutung aufeinander bezogener Erwartungen für die Entstehung und Stabilität von Abusive Supervision als Interaktionsmuster. Eben diese individuellen Erwartungen werden für die weitere Arbeit von entscheidender Bedeutung sein.[155]

Die Analyse der Experteninterviews konnte die aus den vielfältigen, bislang veröffentlichten Forschungsarbeiten zu Abusive Supervision abgeleitete Vermutung bestätigen, dass es sich bei diesem Phänomen um ein organisational praktisch relevantes Konzept handelt. Damit wurde auch die Motivation dieser Arbeit untermauert, sich mit dieser spezifischen Form prekärer Führungsinteraktion intensiv zu beschäftigen. Vor dem Hintergrund der Ergebnisse dieses und bereits publizierten Erkenntnissen der Debatte kann für den Fortlauf der Arbeit also davon ausgegangen werden, dass es sich bei Abusive Supervision um ein für Führungsbeziehungen in Organisationen verbreitetes und relevantes Phänomen handelt. Natürlich findet Führung und damit auch Abusive Supervision nicht im strukturfreien Raum statt. Insofern besitzt der organisationale Kontext Einfluss auf die Führungsinteraktion, wie auch Führung Einfluss auf die Organisation und den Organisationserfolg besitzt.[156] Diese Einflüsse sind, wie im Hauptteil dieser Arbeit im Detail zu zeigen sein wird, von entscheidender Bedeutung für die Emergenz von Abusive Supervision. Die folgende Tabelle fast die Ergebnisse der Experteninterviews noch einmal überblicksartig und in ihrer Komplexität reduzierten Form zusammen:

---

[153] SB, Z. 129.
[154] SB, Z. 133.
[155] Die eingangs angemerkte Zufriedenheit des befragten Mitarbeiters mit seinem Vorgesetzten lässt sich auf Ebene der Erwartungen sehr gut erklären. Er beschreibt seine Erwartungen an eine Führungskraft folgendermaßen: *„Eine Führungskraft sollte jedenfalls nicht dem Arbeiter, dem er eine Arbeit übertragen hat, über die Schulter gucken [...] Er sollte die Arbeit geben, sagen: «So das machst Du jetzt, wie Du es machst überlasse ich Dir!». Und die Führungskraft sollte ruhig und sachlich sein, auch wenn mal ein Problem da ist, nicht aufbrausend sein, das bringt ja nichts. [...] Vor allen Dingen sollte eine Führungskraft wissen was gemacht wird."* (MA1, Z. 159). An anderer Stelle beschreibt er eine typische Interaktion mit seinem Vorgesetzten: *„Er hat mir gesagt: «Das Werkzeug ist als Nächstes dran, Du machst jetzt das Werkzeug. Wie Du das machst, welches Teil Du zuerst machst, ist mir vollkommen egal. Hier hast Du Deine Zeichnung»"* (MA1, Z. 111). An diesem simplen Beispiel zeigt sich, dass das tatsächliche Verhalten der Führungskraft den (positiven) Erwartungen des Mitarbeiters entspricht. Die Rolle von Erwartungen für die Führungsinteraktion wird im dritten und vierten Kapitel der Arbeit ausführlich diskutiert.
[156] Vgl. Steinmann & Schreyögg 2005, S. 131 ff.

	Relevanz	Umgang des Mitarbeiters	Entstehung des Phänomens
Werksleiter	geringe Relevanz	unmittelbares Aufsuchen von Beratung	Übersensibilität der Mitarbeiter, allgemeiner Druck
Betriebsrat	hohe Relevanz	Resignation, Beratung in seltenen Fällen	mangelnde Qualifikation, Karriereziele
Personalberater	hohe Relevanz	selten Konfrontation, oft Resignation oder Beratung durch Betriebsrat	organisationaler Druck und mangelnder Fähigkeiten Druck zu filtern
Sozialberaterin	hohe Relevanz, Kreativitätsverlust	erst Passivität und Resignation, irgendwann Beratung, in seltenen Fällen Konfrontation	organisationaler Druck, stabilisierte negative Erwartungen

Tabelle 1: Untersuchungsergebnisse im Überblick
(Quelle: eigene Darstellung)

Neben der Bestätigung der aus der Literatur abgeleiteten Annahme, dass es sich bei Abusive Supervision um ein praktisch relevantes Konstrukt handelt, belegen die Analyseergebnisse auch, dass die jeweilige positionsspezifische Perspektive – und das ist der zentrale Erkenntnisfortschritt in der Differenz zu bisherigen Publikationen – signifikanten Einfluss auf die Bewertung des Phänomens besitzt. Der befragte Werksmanager ist aus seiner Rolle heraus in erster Linie an produktiver Arbeitsleistung interessiert. Wenn also eine Führungskraft produktive Arbeitsleistungen der Gruppe zu generieren vermag, dann ist die Führungsinteraktion zwischen dieser Führungskraft und den unterstellten Mitarbeitern aus Sicht des Werksmanagers erfolgreich; das „Wie" spielt dabei eine untergeordnete Rolle. Der Betriebsrat und die Sozialberaterin haben dagegen einen ganz anderen Blickwinkel auf die Führungsinteraktion. Für sie ist die Führungsinteraktion erfolgreich, wenn der einzelne Mitarbeiter nicht unzufrieden ist, wenn er sich respektiert fühlt und damit – salopp ausgedrückt – keinen Grund zur Inanspruchnahme einer Beratung oder Vertretung durch Betriebsrat oder Sozialberatung hat. Die beiden Personalberater stehen zwischen diesen beiden aufgezeigten Polen, erkennen aber die potenziell verheerenden Auswirkungen von Führungsbeziehungen, die durch Abusive Supervision gekennzeichnet sind und sind damit in der Tendenz eher der Perspektive von Betriebsrat und Sozialberatung zuzuordnen.

Die Analyse hat überdies gezeigt, dass die positionsspezifische Perspektive ebenfalls Einfluss auf die Bewertung und das Verständnis der Entstehung von Abusive Supervision besitzt. Während übermäßige Sensibilitäten der betroffenen Mitarbeiter aus Sicht des Werksmanagers die zentrale Ursache darstellen, sehen die anderen Experten den herrschenden Druck und den damit verbundenen Stress, der auf der Führungskraft wie auch auf dem Mitarbeiter lastet, als zentrale Ursachendimension. Die Persönlichkeitsstrukturen der Interaktionspartner haben ihrer Ansicht nach regulativen Einfluss darauf, wie mit Druck und Stress umgegangen wird. Die der Untersuchung zugrunde liegenden Hypothesen – auch wenn sie keine Untersuchungshypothesen im engeren Sinne darstellten – wurden mit dieser explorativen Untersuchung also bestätigt und der Blick auf das Phänomen Abusive Supervision konnte angereichert, vertieft und aus verschiedenen Perspektiven differenziert werden.

3. Erste Zwischenbilanz: Abusive Supervision als relevantes, komplexes Phänomen

An dieser Stelle können die folgenden Punkte im Sinne einer Zwischenbilanz festgehalten werden. Erstens handelt es sich bei Abusive Supervision um ein für die Organisation – und das ist dem gegenwärtigen Stellenwert der gesamten Debatte sowie der Vielzahl der bereits veröffentlichten Studien bereits zu entnehmen – *relevantes* Phänomen. Seine Relevanz speist sich, den hier analysierten Expertenmeinungen zufolge, aus dreierlei Aspekten. Zunächst ist eine Vielzahl von Führungsbeziehungen – darauf weisen vorliegende Publikationen mit Nachdruck hin – durch Abusive Supervision gekennzeichnet, es besteht also eine verbreitungs- beziehungsweise zahlenmäßige Relevanz. Darüber hinaus ist der einzelne Fall von Abusive Supervision durch negative Auswirkungen sowohl für das Individuum (Motivationsverlust, Resignation, Stress, etc.), als auch für die Organisation (Fehlzeiten, Produktivitäts- und Kreativitätsverlust) behaftet; die Relevanz besitzt also neben der Breite auch eine auf den Einzelfall bezogene Tiefe.[157] Schließlich – und dieser Aspekt unterstreicht die beiden vorgenannten noch einmal – sind Fälle von Abusive Supervision oft langfristiger Natur. Während das Konzept lediglich darauf abstellt, dass singuläre Verhaltensweisen nicht als Abusive Supervision bezeichnet werden können, zeigten die Experteninterviews deutlich, dass betroffene Mitarbeiter oft erst nach einer längeren Phase der Resignation Wege der Intervention suchen, meist jedoch mit dem Ergebnis der Auflösung der Führungsbeziehung. Die Relevanz besitzt also auch eine zeitliche Dimension. Die folgende Abbildung fasst diese Gedanken noch einmal zusammen und visualisiert die drei Dimensionen der Relevanz von Abusive Supervision: Breite, Tiefe und Dauer.

---

[157] Dieser Punkt zeigte sich in den Expertenmeinungen, war aber auch durch die in im folgenden Kapitel aufzuarbeitende Debatte bereits bekannt.

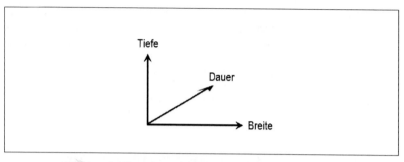

Abbildung 5: Dimensionen der Relevanz von Abusive Supervision
(Quelle: eigene Darstellung)

Zweitens handelt es sich bei Abusive Supervision, wie bereits von Tepper ursprünglich definiert, um ein *subjektives* Phänomen und ist als solches damit auch nicht mit objektiven Maßstäben und Kategorien messbar. Abusive Supervision kann nicht ohne weiteres, wie etwa die Zahl weiblicher und männlicher Mitarbeiter oder die durchschnittlichen Krankentage pro Mitarbeiter an einem Produktionsstandort, rein zahlenmäßig erfasst werden. Während sich der subjektive Charakter von Abusive Supervision bislang exklusiv – dieser Kritikpunkt ist als Forschungslücke zentraler Gegenstand des folgenden Kapitels – auf die Wahrnehmungsprozesse des betroffenen Mitarbeiters bezieht, hat die Analyse der Experteninterviews gezeigt, dass auch die Wahrnehmungsprozesse der Führungskraft und eben auch der nicht unmittelbar an der Führungsinteraktion beteiligten Individuen durch subjektive Kategorien und implizite Theorien gekennzeichnet sind, was aus sozialpsychologischer Perspektive kaum überraschend ist. Das Phänomen ist also auch außerhalb des Interaktionssystems aus Führungskraft und Mitarbeiter nicht unmittelbar interobjektiv fassbar, obwohl auch hier, wie oben bereits angedeutet, nicht zu leugnen ist, dass extreme Formen kaum Spielraum interpretativer Ausdeutung zulassen.

Drittens hat sich gezeigt, dass es sich bei Abusive Supervision um ein *komplexes* Phänomen handelt, wobei sich die Komplexität dabei wiederum auf dreierlei Aspekte bezieht: Zum einen lässt sich die Entstehung von Abusive Supervision nicht monokausal erklären. Es ist das komplexe Zusammenspiel von verschiedenen Variablen – wie den jeweiligen Persönlichkeitsstrukturen von Führungskraft und Mitarbeiter, den früheren Erfahrungen der beteiligten Interaktionspartner und insbesondere dem organisationalen Kontext – welches den Nährboden für die Entstehung solch dysfunktionaler Interaktionsmuster bildet. Darüber hinaus ist Abusive Supervision durch eine wechselseitige, zirkuläre Dynamik gekennzeichnet, die es fraglich erscheinen lässt, ob sich tatsächlich lineare Wirkungszusammenhänge identifizieren lassen. Schließlich sind die Auswirkungen sowohl auf die beteiligten Individuen, als auch auf die verschiedenen Kontextdimensionen nicht trivial. So kann beispielsweise nicht von einem

A   Zur praktischen Relevanz von Abusive Supervision

linearen Zusammenhang zwischen Abusive Supervision und dem Produktivitäts- sowie dem Kreativitätsverlust der Organisation ausgegangen werden. Aus diesen drei Punkten ergeben sich wesentliche Implikationen für das weitere Vorgehen dieser Arbeit. Die *Relevanz* von Abusive Supervision stand in bisherigen Forschungsarbeiten einerseits im Zentrum ihrer Legitimation, andererseits sind die meisten Arbeiten darauf gerichtet, die Bedeutung des Phänomens empirisch zu belegen und zu unterstreichen, indem sie Dimensionen von Konsequenzen ermitteln und diese auf quantitativem Wege überprüfen. Die zentrale These der vorliegenden Arbeit lautet, dass eben diese bisherige Forschung der *Subjektivität* und insbesondere der *Komplexität, Dynamik* und *Vielschichtigkeit* des Konstrukts Abusive Supervision nicht gerecht wird und in der gegenwärtigen Konzeption auch nicht gerecht werden kann. Nachdem dieses Kapitel nun einführend und illustrativ gezeigt hat, *dass* Abusive Supervision durch Subjektivität und durch Komplexität gekennzeichnet ist, ist es in einem nächsten Schritt erforderlich, die genannte These einer gründlichen Prüfung zu unterziehen und die Forschungslücken der Debatte in angemessener Deutlichkeit herauszuarbeiten. Im folgenden Kapitel werden also, ausgehend von einer systematischen Verortung des Konstrukts Abusive Supervision in der Führungsforschung und einem detaillierten Resümee der Debatte, die bisherigen Arbeiten mit dem kritischen Blick daraufhin reflektiert und analysiert, inwieweit sie die Subjektivität und Komplexität des Phänomens einfangen können. Anders ausgedrückt geht es um die zentrale Frage, ob sowohl die Entstehung, als auch die in den Experteninterviews aufscheinende und in bisheriger Forschung vielfach belegte Stabilität des Phänomens konzeptionell hinreichend erklärt werden kann. Ausgehend davon wird sich im Anschluss die Frage stellen, welche führungstheoretische Perspektive der Komplexität und Subjektivität von Führungsphänomenen wie Abusive Supervision generell gerecht werden kann. Diese Frage wird im dritten Kapitel mit dem (system)theoretischen Fundament einer Interaktionstheorie der Führung beantwortet. Den Höhepunkt der Arbeit bildet dann das vierte Kapitel mit der schrittweisen Neukonzeptionalisierung von Abusive Supervision, die die im folgenden Kapitel aufzureißenden Forschungslücken zu schließen vermag.

B Stand der Abusive Supervision Debatte und ihre Forschungslücken

Nachdem das vorangestellte Kapitel einen einführenden, explorativen Blick auf die *praktische* Relevanz und Brisanz des Phänomens Abusive Supervision geworfen und die damit verbundene komplexe Dynamik, Vielschichtigkeit und vor allem Subjektivität illustrativ aufgezeigt hat, wendet sich die Arbeit nun der *wissenschaftlichen* Debatte zu. Dieses Kapitel verfolgt dabei zwei konkrete Ziele: Erstens soll der Leser mit dem derzeitigen Stand der Debatte im Detail vertraut gemacht werden. Zweitens sollen darauf aufbauend die zentralen Forschungslücken in der notwendigen Schärfe herauspräpariert werden, um schließlich die angestrebte Neukonzeptionalisierung von Abusive Supervision zu motivieren. Im zweiten Teil dieses Kapitels soll also aufgezeigt werden, inwiefern die bisherige Forschung zu diesem Phänomen sowohl seiner in Kapitel A bereits aus praktischer Sicht belegten Subjektivität, als auch in besonderem Maße seiner komplexen Dynamik nicht gerecht wird und konzeptionell auch nicht gerecht werden kann. Vorbereitend dazu soll die Debatte inhaltlich entfaltet und dafür wiederum in einem ersten Schritt das Forschungsfeld, in das sich Abusive Supervision einordnen lässt, dargestellt werden. Konstruktübergreifend wird dieses Feld in der Literatur fast durchgängig als „*the dark side of leadership*"[1] bezeichnet.[2] Der Blick wird anschließend dem Fokus der vorliegenden Arbeit folgend insofern verengt, als dass nur die Forschungsergebnisse der Abusive Supervision Debatte als spezifischer, hier relevanter Ausschnitt der sogenannten dunklen Seite der Führung im Detail dargestellt werden. Im Anschluss wird *Mobbing* als weiteres Konstrukt in die Diskussion mit einbezogen, das als Phänomen sozialer Interaktion zwar kein originäres Führungsphänomen ist, aber dennoch gewisse konzeptionelle Überschneidungen mit dem Forschungsgegenstand dieser Arbeit aufweist, was eine systematische Abgrenzung erkenntnissteigernd erscheinen lässt. Als Zwischenergebnis wird das Abusive Supervision Konzept dann ein Stück weit von der bereits zitierten Definition Teppers gelöst und insoweit in seinen Kernelementen geschärft, wie es für den Fortgang dieser Arbeit von Bedeutung ist und notwendig erscheint.

Diese Überlegungen sind dann zugleich Ausgangspunkt und Referenz für die im Detail herauszuarbeitenden Forschungslücken und konzeptionellen Probleme

---

[1] Vgl. Aasland et al. 2010, S. 438; Aryee et al. 2007, S. 191; Ashforth 1994, S. 756; Calás 1993, S. 306; Conger 1990, S. 44; Einarsen et al. 2007, S. 207; Ferris et al. 2007, S. 195; Harris et al. 2007, S. 252; Higgs 2009, S. 166; Khoo & Burch 2008, S. 86; Padilla et al. 2007, S. 176; Schaubroeck et al. 2007, S. 236; Skogstad et al. 2007, S. 80; Tepper 2007, S. 262; Tierney & Tepper 2007, S. 171; Zellars et al. 2002, S. 1069.

[2] Es kann und soll also nicht die gesamte Führungsforschung aufgearbeitet werden; stattdessen beschränkt sich der Überblick auf die sogenannte dunkle Seite der Führung.

der Abusive Supervision Debatte. Im Ergebnis soll dieses Kapitel schließlich in angemessener Deutlichkeit aufzeigen, weshalb die Debatte dringend Abstand zur Reflexion ihrer sich selbst immer wieder reproduzierenden Empirie benötigt, um auf konzeptioneller Ebene weiterentwickelt zu werden. Die grundsätzlichen und übergreifenden Schwächen der Debatte – und eben diese These ist hier im Detail zu prüfen – liegen eben *nicht* in der Qualität der perfide ausgeklügelten, statistischen Auswertungsmethoden quantitativ erhobener Daten. Sie liegen vielmehr auf konzeptioneller Ebene und machen damit eine Zäsur der Debatte zwingend notwendig, um die im Fortlauf klar zu benennenden Schwächen zu überwinden und schließlich eine solidere Basis für zukünftige empirische Forschung bereitzustellen.

1. Die Abusive Supervision Debatte im Überblick

Die Abusive Supervision Debatte steht wie jede wissenschaftliche Debatte nicht eigenständig und unabhängig im Raum. Sie lässt sich sowohl in die Führungsforschung insgesamt, als auch innerhalb des bereits benannten Forschungsfeldes der dunklen Seite der Führung systematisch einordnen und besitzt eigene, konkrete konzeptionelle Vorläufer und Wurzeln. Dieser erste Teil des Kapitels dient nun der theoretischen Verortung des Konstrukts, um den Leser einerseits mit der Debatte vertraut zu machen und andererseits die für das Aufzeigen und Diskutieren konkreter Forschungslücken notwendige Grundlage zu schaffen.

1.1. Forschungsströmungen und -entwicklung der dunklen Seite der Führung

Trotz aller konzeptionellen Differenzen werden wissenschaftliche Publikationen, die der sogenannten dunklen Seite der Führung gewidmet sind, zumeist mit dem gleichen oder zumindest sehr ähnlichen Argument, die Führungsforschung kümmere sich de facto nicht um die Schattenseiten der Führung, eingeleitet. So schreiben Tierney und Tepper in ihrem Editorial des Special Issues des Leadership Quarterly zu „Destructive Leadership":

> "Although traditionally, the preponderance of leadership research has focused on its more *constructive* side, we are increasingly faced with the reality that those in leadership positions sometimes have the capacity, and motivation, to be *destructive*. Correspondingly, a growing body of inquiry has emerged with a focus on the darker side of leadership"[3]

---

[3] Tierney & Tepper 2007, S. 171 (Hervorhebung durch den Verfasser).

B   Stand der Abusive Supervision Debatte und ihre Forschungslücken 61

Die Autoren argumentieren hier mit der Differenz „konstruktiv/destruktiv" innerhalb der Führungsforschung. Der dominierende Teil der Führungsforschung – so das häufig strapazierte Argument – beschäftige sich mit der konstruktiven Seite des Phänomens Führung, während dessen dunkle beziehungsweise destruktive Seite erst seit kurzem adressiert wird. Einarsen et al. gehen in ihrem Artikel noch einen Schritt weiter:

> "Traditionally, leadership research focuses on factors associated with *effective* leadership, often with an implicit assumption that *ineffective* leadership simply reflects the absence of leadership"[4]

Die Differenz wird hier anhand der Dimensionen „effektiv/ineffektiv" aufgerissen, wobei offensichtlich die Annahme zugrunde gelegt wird, dass sich die Führungsforschung bisher nicht großartig mit ineffektiver Führung beschäftigt habe, schließlich würde ineffektive Führung in der Regel schlicht mit nicht vorhandener Führung gleichgesetzt. Tepper argumentiert auf ganz ähnliche Weise:

> "Literally thousands of studies have explored how supervisors interact with their subordinates and the consequences associated with using various supervisor behaviors. For the most part, this research has been motivated by a desire to understand the makings of supervisor *effectiveness* – to identify the supervisor characteristics and behaviors that are associated with favorable outcomes (e.g., high motivation, high individual and group performance, and favorable attitudes toward the job, organization, and leader) and to develop recommendations for improving management practice. However, within the past 15 years, researchers have turned their attention to the *dark* or *destructive* side of supervisory behavior such as sexual harassment, physical violence, and nonphysical hostility"[5]

Im Gegensatz zu den vorangestellten Aussagen gibt Tepper unmittelbar Beispiele für die von ihm angesprochenen Schattenseiten der Führung. Er erweitert das benannte Argument damit um explizit bösartige Verhaltensweisen mit dem Hinweis darauf, dass diese bisher nicht (ausreichend) betrachtet seien. Darauf wird im weiteren Verlauf der Arbeit noch einzugehen sein. An dieser Stelle könnte nun die Diskussion geführt werden, inwieweit die Ansätze der „klassischen" oder „traditionellen"[6] Führungsforschung tatsächlich blind für die Schat-

---

[4] Einarsen et al. 2007, S. 207; das Argument wurde von Ashforth (1994, S. 756) übernommen. (Hervorhebung durch den Verfasser).
[5] Tepper 2007, S. 261 f. (Hervorhebung durch den Verfasser).
[6] Die Bezeichnung „traditionelle Führungsforschung" wird hier als Oberbegriff für all jene Strömungen der Führungsforschung verwendet, von denen sich die Forschung der dunklen Seite der Führung abzugrenzen versucht. Üblicherweise wird der Begriff der traditionellen Führungsforschung etwas enger gefasst, so etwa bei Gordon (2002, S. 42): „Because of common characteristics, the trait, style, contingency and new leadership approaches are defined (...) as being traditional in orientation". Ähnlich sieht es Bryman (1996), indem „traditionelle" und „neuere" Führungsforschung unterscheidet. Vgl. ferner auch Schettgen 1991, S. 33 ff.

tenseiten der Führung sind. Da sich die vorliegende Arbeit jedoch mit der noch im Detail als notwendig zu markierenden Weiterentwicklung des Abusive Supervision Konzeptes beschäftigt, würde diese Diskussion zu weit vom hier zu beschreitenden Wege abführen. Dennoch sei zumindest der Hinweis darauf gegeben, dass sich die Führungsforschung immer mit der Unterscheidung „effektiv/ineffektiv" befassen musste, ist sie doch seit jeher auf der Suche nach dem Geheimnis *effektiver* Führung und damit von Beginn an gezwungen, das logische Gegenstück zumindest implizit mitzudenken.[7] Der zentrale Unterschied zur traditionellen Führungsforschung liegt jedoch darin, dass sämtliche Arbeiten zur dunklen Seite der Führung jeweils mit der Einsicht beginnen, dass Führung auch Schattenseiten besitzt und eben diese näher zu betrachten sind. Die zentralen Strömungen lassen sich inhaltlich folgendermaßen differenzieren:

1.1.1. Derailed Leadership

Forschungen, die explizit Fragen der Ineffektivität von Führung zu beantworten suchten, nahmen ihren Ursprung in den 1960er Jahren unter dem Stichwort „*Derailed Leadership*"[8]. Bentz betrachtete damals gescheiterte Führungskräfte des großen US-amerikanischen Handelsunternehmens *Sears, Roebuck and Company* und versuchte Gründe für ihr Scheitern zu identifizieren.[9] Lombardo et al. knüpften an diese Forschung an und definierten *Leadership Derailment* als „being involuntary plateaued, demoted, or fired below the level of anticipated achievement or reaching that level only to fail unexpectedly"[10], wobei dieses

---

[7] So zum Beispiel in der hier nur exemplarisch herausgegriffenen situativen Führungstheorie Fiedlers: Ziel seiner Forschung war es, zu situativen Gegebenheiten den passenden Führungsstil zu identifizieren. Er betrachtete dazu bekanntlich drei situative Variablen zur Beurteilung der Günstigkeit der Situation (vgl. Fiedler 1967, S. 22 ff.). Diese Günstigkeit wiederum moderiert in seiner Konzeption die Wirkung des Führungsstils auf die abhängige Variable des Modells: die Effektivität der Führung, die er mit „group performance on the group's primary assigned task" (Fiedler 1967, S. 9; zur Kritik dieses Effektivitätsbegriffs vgl. Schreyögg 1980, S. 169.) definiert. Auch wenn die Implikationen Fiedlers – die bewusste Anpassung der Situation an den Führungsstil der Führungskraft im Sinne des „organizational engineering" (vgl. hierzu Fiedler 1967, S. 15 und S. 247 f.) – auf die Erhöhung der Effektivität der Führung abzielen, betrachtet er implizit auch die Misfit-Situation ineffektiver Führung, die ganz einfach immer dann vorliegt, wenn die Günstigkeit der Situation eben *nicht* zum Führungsstil passt. Bereits im ersten Satz seiner prominenten „Theory of Leadership Effectiveness" wird deutlich, dass er auch ineffektive Führung im Auge hat: „We take it for granted that groups and organizations will succeed and thrive under good leadership and that they will fail under poor leadership." (Fiedler 1967, S. 3.). Die zitierten Ausgangsargumente der dunklen Seite der Führung sind also zumindest teilweise als fragwürdig zu sehen. Diese Diskussion soll hier aber dahinstehen.

[8] Vgl. Bentz 1985b; Boyatzis 1982; Campbell et al. 1970; McCall & Lombardo 1983a; Lombardo et al. 1988; van Velsor & Leslie 1995

[9] Vgl. Bentz 1967; 1985a; 1985b.

[10] Lombardo et al. 1988, S. 199.

B Stand der Abusive Supervision Debatte und ihre Forschungslücken

Scheitern durch "a lack of, or having less of, success characteristics"[11] hervorgerufen wird. Van Velsor und Leslie verkürzten diese Definition auf "a misfit between job requirements and personal skills"[12]. *Derailed Leadership* bezeichnet also das unfreiwillige Scheitern von Führungskräften auf einer bestimmten Stufe ihrer Karriereleiter, wobei die Ursachen dafür in den (mangelnden) Eigenschaften und Fähigkeiten der betreffenden Führungskräfte vermutet werden,[13] was wiederum dazu führt, dass sich dieser Forschungsstrang auf die Eigenschaften, Fähigkeiten und Persönlichkeitsmerkmale der betreffenden Führungskräfte beschränkt. Auswirkungen der als relevant identifizierten Eigenschaften – mal abgesehen von der „entgleisten" Karriere der Führungskraft – werden nicht näher betrachtet. Mit anderen Worten bleiben aufgrund dieser Zentrierung der Forschung auf die Person der Führungskraft jegliche Folgen auf beispielsweise unterstellte Mitarbeiter oder auch die Organisation vollkommen unbeachtet. Die Bezeichnung „Dark Side of Leadership" impliziert jedoch, dass „dunkle Auswirkungen" von Führung existieren und diese zu erforschen sind. Mit dem Ausblenden sämtlicher Auswirkungen kann die Derailment-Forschung daher streng genommen eigentlich kaum als Strömung der *Dark Side of Leadership* Forschung bezeichnet werden. Dennoch wurde sie hier aufgrund ihrer Pionierleistungen im Hinblick auf die explizite Fokussierung auf Führungs*versagen* mit aufgenommen.[14] Anzumerken ist ferner, dass zwar zumeist von *Leadership* Derailment gesprochen wird, de facto aber doch *Management* gemeint ist.[15] Tat-

---

[11] Lombardo et al. 1988, S. 199.
[12] van Velsor & Leslie 1995, S. 62.
[13] Bentz identifizierte folgende Gründe für das Scheitern von Führungskräften: (1) Mangel an administrativen Fähigkeiten, (2) fehlerhaftes Einschätzen von Ereignissen, (3) Unfähigkeit, mit der Größe und Vielfältigkeit großer Organisationen umzugehen, (4) mangelnder Führungsfähigkeiten, (5) mangelnde Fähigkeit, rational zu entscheiden, (6) mangelndes Wissen über die Branche und den Wettbewerb und (7) Persönlichkeitsdefekte (vgl. Bentz 1985b). McCall und Lombardo sahen dagegen die folgenden Ursachen: (1) spezifische Leistungsprobleme im Geschäftsfeld/Wettbewerb, (2) Insensibilität in Bezug auf andere Menschen, (3) Kälte, Distanziertheit und Arroganz, (4) Vertrauensbruch, (5) Unfähigkeit, zu delegieren, (6) übermäßige Ambitionen, (7) Unfähigkeit, strategisch zu denken, (8) Unfähigkeit, Mitarbeiter entsprechend ihrer Fähigkeiten einzusetzen, (9) Unfähigkeit, sich der eigenen Führungskraft gegenüber adäquat zu verhalten, (10) übermäßige Abhängigkeit von einem Mentor, (11) verschiedene Fähigkeitsdefizite und (12) Burn-out (vgl. McCall & Lombardo 1983b). Van Velsor und Leslie replizierten diese Untersuchungen mit folgenden Ergebnissen: (1) Probleme mit persönlichen Beziehungen, (2) unerreichte Geschäftsziele, (3) Unfähigkeit, Teams zu bilden und zu führen, (4) Unfähigkeit, sich an organisatorische Veränderungsprozesse anzupassen und (5) zu enge funktionale Orientierung (vgl. van Velsor & Leslie 1995).
[14] In Veröffentlichungen der jüngeren Strömungen wird sie zudem häufig als Ursprung oder als relevante Strömung innerhalb des Forschungsfeldes zitiert (vgl. etwa Einarsen et al. 2007, S 208; Aasland et al. 2010, S. 439; Higgs 2009, S. 167).
[15] Vgl. zu Fragen der konzeptionellen Abgrenzung der Begriffe Management und Leadership beispielsweise Yukl 2006, S. 5 f.; Während einige Forscher davon ausgehen, Management und Leadership würden sich gegenseitig ausschließen und wären damit nicht in

sächliches Führungsversagen ist in den verschiedenen, identifizierten Ursachen des Scheiterns zwar enthalten, allerdings nur als ein Teil der Ursachen. In jüngeren Studien dieser Strömung wird daher zumeist von „Managerial Derailment"[16] gesprochen oder zumindest zwischen Leadership und Management differenziert.[17]

1.1.2. Dark Side of Charisma & Narcissistic Leadership

Die erste Strömung, die sich tatsächlich den (potentiell) negativen *Auswirkungen* von Führung gewidmet hat, beschäftigt sich mit dem Mitte 1970er Jahre in die Führungsforschung aufgenommenen Charisma-Konstrukt.[18] Charismatische Führung wurde dabei zunächst positiv im Sinne gesteigerter Führungseffektivität diskutiert, wobei die Frage im Vordergrund stand, „was charismatische Führer von ‚normalen' Führern unterscheidet und welche besonderen Effekte eine charismatische Führungsbeziehung bei den Geführten provoziert"[19]. Neuberger fasst das Wirkungsprinzip charismatischer Führung folgendermaßen zusammen: „[E]s geht um Inspiration, Verzauberung und Transformation der Geführten: sie sind zu und von 'Höherem' berufen! Ein charismatischer Führer schlägt die Geführten in seinen Bann [...] das magische, irrationale und geheimnisvolle Element der Führung [wird] betont"[20]. Innerhalb der Führungsforschung eröffnete House die Diskussion mit einer aus dem Eigenschaftsansatz abgeleiteten Perspektive,[21] die jedoch schnell zugunsten verhaltenszentrierter und attribu-

---

einer Person vereinbar (vgl. Bennis & Nanus 1985; Zaleznik 1977), sehen die Autoren der Derailment-Studien Leadership als Teil(funktion) des Managements (Hickman 1990; Kotter 1988; Mintzberg 1973).

[16] Vgl. Gentry et al. 2007; Gentry et al. 2009; Hogan et al. 2010; Hogan 1994.
[17] Vgl. beispielsweise McCartney & Campbell 2006.
[18] Vgl. für einen Überblick über diesen Forschungsstrang innerhalb der Führungsforschung House & Shamir 1995; Steyrer 1995; verkürzt auch Steyrer 1999.
[19] Weibler 2001, S. 162.
[20] Neuberger 2002, S. 142 f.; Die Arbeiten basieren im Grundsatz auf den Überlegungen Webers, der Charisma in folgenderweise definiert: „Charisma soll eine als außeralltäglich [...] geltende Qualität einer Persönlichkeit heißen, um derentwillen sie als mit übernatürlichen oder übermenschlichen oder mindestens spezifisch außeralltäglichen, nicht jeden anderen zugänglichen Kräften oder Eigenschaften oder als gottgesandt oder als vorbildlich und deshalb als Führer gewertet wird." (Weber 1976, S. 140). Charisma ist demnach neben legaler und traditioneller Herrschaft einer der drei Gründe, die zu einer Legitimation von Herrschaft führen (vgl. Weber 1956, S. 151 ff.).
[21] Vgl. House 1977. Im Zentrum stehen hier die Eigenschaften Dominanz, Selbstvertrauen und Einflussstreben. Die Identifikation der Geführten mit der die Attraktivität der Zukunftsvision versinnbildlichenden Führungskraft führt schließlich zu einer höheren Zielerreichung (vgl. Steyrer 1999, S. 150 f.).

B Stand der Abusive Supervision Debatte und ihre Forschungslücken

tionstheoretischer Ansätze aufgegeben wurde.[22] Conger richtete schließlich den Blick auf die Schattenseiten charismatischer Führung:

> "There are potential problems in each of the elements distinguishing charismatic leaders [...] While some of these problems are common to many leaders, charismatic or not, we are likely to find more extreme forms among the charismatic"[23]

Angestoßen durch seine Diskussion prominenter charismatischer und gleichzeitig problematischer Führungskräfte[24] wurde die dunkle Seite charismatischer Führung in vielfältiger Weise empirisch untersucht und diskutiert. So differenzieren Howell und Avolio charismatische Führung in *Ethical Charismatic Leadership* und *Unethical Charismatic Leadership*, um die Diskussion sowohl positiver als auch negativer Auswirkungen analytisch separiert führen zu können.[25] Im negativen Falle nutzt der charismatische Führer unter anderem seine Macht, um persönliche Ziele zu erreichen und private Werte zu schaffen, er steht fremden Ansichten kritisch bis ablehnend gegenüber und ist im Kontakt mit seinen Mitarbeitern unsensibel bis taktlos.[26] Ohne dass an dieser Stelle die vielfältigen Forschungsarbeiten zu den (potentiellen) Schattenseiten charismatischer Führung erschöpfend resümiert werden könnten, bleibt festzuhalten, dass die Erforschung charismatischer Führerschaft – im positiven wie im negativen Sinne – beinahe ausschließlich auf die entsprechende Führungskraft fokussiert ist.[27] Quelle der desaströsen Folgen charismatischer Führung sind bestimmte Faktoren ihrer Persönlichkeit und die daraus resultierenden Verhaltensweisen. Diese Strömung innerhalb der dunklen Seite der Führung knüpft damit am Eigenschaftsansatz, am Führungsstilansatz sowie in begrenztem Umfang auch an kognitiven Führungstheorien an.

---

[22] Vgl. insbesondere Conger 1985; Conger & Kanungo 1987; Gardner & Avolio 1998; für einen Überblick auch Steyrer 1995 oder auch Neuberger 2002, S. 142 ff.

[23] Conger 1989, S. 137. Ganz ähnlich sieht es Pauchant: „[there is] the need for better understanding of the ‚darker' side of this phenomenon" (Pauchant 1991, S. 508).

[24] Vgl. Conger 1990. Er geht hierbei insbesondere auf Edwin Land (Gründer der Polaroid Company), Robert Lipp (ehemaliger Präsident der Chemical Bank) und John DeLorean (Vorstandsmitglied bei General Motors und anschließend Gründer der DeLorean Motor Company) ein.

[25] Vgl. Howell & Avolio 1992. Ihre Beschreibung der zentralen Charakteristika beider Formen charismatischer Führung basiert auf der Auswertungen von Interviews und öffentlichen Dokumenten von 25 nachweislich charismatischen Führungskräften, darunter auch bekannte Persönlichkeiten wie Walt Disney. Waldman und Javidan (2009) differenzierten kürzlich in ähnlicher Weise „personalized charismatic leadership" und „socialized charismatic leadership". Diese Differenzierung wurde ebenfalls bereits von O'Connor et al. (1995) verwendet.

[26] Vgl. Howell & Avolio 1992, S. 45.

[27] Abgesehen von den wenigen Geführten-zentrierten Ansätzen wie etwa jene von Meindl 1990; Mayo et al. 1994; Shamir 1995.

Der zentrale Persönlichkeitsfaktor, der innerhalb der Forschung zur dunklen Seite charismatischer Führung immer wieder diskutiert wird, ist Narzissmus beziehungsweise die narzisstische Persönlichkeitsstörung,[28] woraus sich ein eigenständiger Forschungsstrang innerhalb der dunklen Seite der Führung entwickelt hat.[29] Pathologischer Narzissmus ist nach Jorstad gekennzeichnet durch (1) ausgeprägte Egozentrik, (2) ausgeprägte Kränkbarkeit, wobei kleine Frustrationen Wut auslösen können, (3) ausgeprägte Projektionstendenz, wodurch eigene Fehler und Schwächen nicht reflektiert werden können, (4) mangelnde Empathie und (5) Größenphantasien.[30] Bezogen auf das Führungsverhalten bedeutet dies, dass narzisstische Führung entsteht, „when leaders' actions are principally motivated by their own egomaniacal needs and beliefs, superseding the needs and interests of the constituents and institutions they lead"[31]. Ähnlich wie schon im Bereich charismatischer Führung wurde auch narzisstische Führung hinsichtlich positiver und negativer Konsequenzen analytisch differenziert. So unterscheidet Lubit beispielsweise in *Healthy Narcissism* und *Destructive Narcissism* und diskutiert im Anschluss auf Basis zweier Fallstudien, unter welchen Bedingungen es Führungskräften mit ausgeprägtem destruktiven Narzissmus gelingt, in ihren Organisationen hierarchisch aufzusteigen.[32] Kets de Vries und Miller differenzieren dagegen in drei Formen narzisstischer Führung: *Reactive*, *Self-deceptive* und *Constructive* und diskutieren deren jeweilige Auswirkungen auf die Organisation.[33] Ohne dass an dieser Stelle auf die Vielzahl weiterer Studien näher eingegangen werden soll,[34] kann festgehalten werden, dass sich die Forschung zu den Schattenseiten narzisstischer Führung – in gleicher Weise wie bereits die Forschung zu den Schattenseiten charismatischer Führung – einerseits auf die Persönlichkeitsstruktur der betreffenden Führungskräfte bezieht und andererseits die daraus resultierenden Verhaltensweisen analysiert. Die Geführten als Rezipienten und gegebenenfalls sogar Opfer narzisstischer Führung spielen dabei

---

[28] Vgl. House & Howell 1992, S. 97 f.; Judge et al. 2009, S. 866 f.; Khoo & Burch 2008; Maccoby 2000; Maccoby 2004; Mcfarlin & Sweeney 2010; O'Connor et al. 1995, S. 533; Rosenthal & Pittinsky 2006, S. 622; Sankowski 1995; Shamir 1991, S. 85 f.; Waldman & Javidan 2009, S. 135; Campbell et al. 2010 (im Druck), S. 5 ff.

[29] Aufgrund der konzeptionellen Verbundenheit der Schattenseiten charismatischer und narzisstischer Führung werden beide hier zwar sequentiell, aber doch unter einem Gliederungspunkt diskutiert.

[30] Vgl. Jorstad 1995, S. 411. Für weiterführende Diskussionen pathologischen Narzissmus vgl. etwa Kohut 1976; zur Messung narzisstischer Persönlichkeitsmerkmale vgl. Raskin & Hall 1981; Raskin & Terry 1988.

[31] Rosenthal & Pittinsky 2006, S. 629.

[32] Vgl. Lubit 1993.

[33] Kets de Vries & Miller 1985.

[34] Dennoch sei zumindest verwiesen auf die folgenden Studien aus dem Bereich der Organisations- und Managementforschung: Chatterjee & Hambrick 2007; Kets de Vries 1999; Higgs 2009; Pullen & Rhodes 2008; im Bereich der psychologischen Politikwissenschaft wird Narzissmus im Zusammenhang mit katastrophalem Führungsverhalten diskutiert, so etwa bei Glad 2002; Moses 1985; Post 1993; Volkan & Fowler 2009.

keine nennenswerte Rolle.³⁵ Dieser Forschungsstrang kann daher – ähnlich wie schon die Forschung zu *Derailed Leadership* – als einseitig auf die Führungskraft beschränkt bezeichnet werden.

1.1.3. Petty Tyranny

Ashforth setzt nun genau an diesem Punkt an und beleuchtet neben den Voraussetzungen auch explizit die Auswirkungen der Schattenseiten von Führung unter dem Konzept der "Petty Tyranny".³⁶ Der *Petty Tyrant* wird von ihm „as one who lords his or her power over others"³⁷ definiert. Basierend auf dem von ihm entwickelten Messinstrument für tyrannisches Verhalten in Organisationen³⁸ beschreibt er *Petty Tyrants* anhand verschiedener Verhaltensdimensionen.³⁹ Mittels systematischer Auswertung einschlägiger Literatur stellte er zunächst ein Modell bezüglich der Ursachen und Auswirkung von *Petty Tyranny* auf und unterzog dieses dann in einem weiteren Schritt der empirischen Überprüfung.⁴⁰ Die folgende Abbildung visualisiert das Modell:

---

[35] Einzige Ausnahme bildet die Forschung von Kets de Vries: In seiner psychodynamischen Betrachtung pathologischer Interaktionsmuster in Führungsbeziehungen erkennt er, dass Führungskraft und Geführter in der Interaktion unterdrückte Aspekte der eigenen Persönlichkeit ausleben und so eine komplementäre, ja sogar symbiotische Beziehung aufbauen und stabilisieren. Er unterscheidet vier verschiedene Kollusionstypen – unter anderem die „narzisstische Kollusion" –, die diese pathologischen Beziehungen abbilden (vgl. Kets de Vries 1999). Dem Geführten wird hier eine aktivere Rolle zugeschrieben; ohne ihn gäbe es keine narzisstische Kollusion und die narzisstische Führungskraft könnte ihre destruktiven Wirkungen nicht entfalten. Im Grunde genommen sind diese destruktiven Wirkungen auch gar nicht mehr der Führungskraft zuzuschreiben, sondern vielmehr ist die Beziehung, also das Interaktionssystem aus Führungskraft und Geführtem, Quelle dieser Wirkungen. Dieser Aspekt wird im dritten und schließlich im vierten Kapitel dieser Arbeit wieder aufgegriffen und auf das Konzept Abusive Supervision übertragen.

[36] Vgl. Ashforth 1994, 1997.

[37] Ashforth 1994, S. 755.

[38] Vgl. Ashforth 1987.

[39] Petty Tyrants verhalten sich demnach: (1) willkürlich und selbstverherrlichend, (2) Untergebene herabsetzend, (3) rücksichtslos, (4) dominant in Konfliktsituationen, (5) entmutigend und (6) ungerechtfertigt bestrafend (vgl. Ashforth 1994, S. 757).

[40] Vgl. Ashforth 1997.

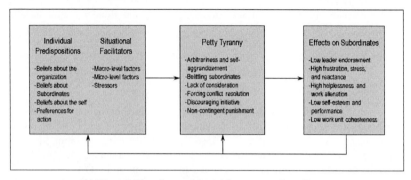

Abbildung 6: Ursachen und Auswirkungen von *Petty Tyranny*
(Quelle: Ashforth 1994, S. 758)

Ashforths Modell zeigt, dass er sich bewusst dafür entscheidet, die Auswirkungen – ähnlich wie es die Abusive Supervision Debatte vollführt – exklusiv in Bezug auf die Geführten zu diskutieren, denn sie befinden sich in der Regel in einem direkten Abhängigkeitsverhältnis und sind damit regelmäßige Projektionsfläche tyrannischen Führungsverhaltens.[41] Darüber hinaus wird deutlich, dass Ashforth auch situative Variablen in die Analyse mit einbezieht, die die Wirkung der Persönlichkeitsfaktoren der Führungskraft moderieren. Er geht also nicht von einem deterministischen Zusammenhang zwischen Persönlichkeit und wahrgenommenen Verhalten der Führungskraft aus. Insofern kann festgehalten werden, dass Ashforth unter dem Konstrukt *Petty Tyranny* negatives Führungsverhalten in der Tradition der situativen Führungsforschung – mit Blick auf Ursachen und Wirkungen auf die Geführten – untersucht.

1.1.4. Destructive Leadership

Während die Auswirkungen der Schattenseiten der Führung in den Arbeiten Ashforths konzeptionell auf die Mitarbeiter begrenzt waren, werden diese unter dem Stichwort „Destructive Leadership"[42] weiter gefasst. Einarsen et al. bieten in ihrer konzeptionellen Arbeit folgende Definition von *Destructive Leadership* an:

"The systematic and repeated behaviour by a leader, supervisor or manager that violates the legitimate interest of the organisation by undermining and/or sabotaging the

---

[41] Vgl. Ashforth 1994, S. 765. Konsequenterweise wurden in seiner empirischen Untersuchung auch Mitarbeiter befragt, vgl. Ashforth 1997, S. 130 f.

[42] Vgl. Einarsen et al. 2007. Neuere Arbeiten zu diesem Konstrukt finden sich auch im Herausgeberband von Schyns und Hansbrough (2010), vgl. insbesondere Einarsen et al. 2010; Eubanks & Mumford 2010; Mulvey & Padilla 2010; Wang et al. 2010.

B Stand der Abusive Supervision Debatte und ihre Forschungslücken 69

organisation's goals, tasks, resources, and effectiveness and/or the motivation, wellbeing or job satisfaction of subordinates."[43]

Neben der Motivation, dem Wohlbefinden und der Zufriedenheit der Mitarbeiter werden hier auch explizit unmittelbare Auswirkungen auf die Organisation mit einbezogen. Ferner beziehen sie sich – anders als die bisherige Abusive Supervision Forschung – auf verbales *und* physisches Verhalten.[44] Während Ashforth nicht näher spezifiziert, ob *Petty Tyranny* intendiertes Verhalten ist oder nicht, lassen Einarsen et al. diese Frage explizit bewusst offen, denn die Bezeichnung „destructive" impliziere bereits, dass in erster Linie die Auswirkungen von Interesse sind und nicht die Frage, ob das auslösende Verhalten intendiert war. Abgeleitet aus ihrer Definition differenzieren sie in Anlehnung an Blake und Moutons Managerial Grid[45] Führungsverhalten anhand zweier Dimensionen: (1) „Pro vs. Anti-Organisation Behaviour" und (2) „Pro vs. Anti-Subordinate Behaviour", woraus sich die folgenden prototypischen Führungsstile ergeben:

	Anti-Organisation Behaviour	Pro-Organisation Behaviour
Anti-Subordinate Behaviour	Derailed Leadership	Tyrannical Leadership
Pro-Subordinate Behaviour	Supportive-Disloyal Leadership	Constructive Leadership

Tabelle 2: Constructive und Destructive Leadership
(Quelle: eigene Darstellung in Anlehnung an Einarsen et al. 2007, S. 211)

Im Falle von Führungsverhalten mit negativen Auswirkungen auf die Organisation *und* die Geführten sprechen die Autoren von *Derailed Leadership*, wodurch sie dieses oben bereits dargestellte Konstrukt in gewisser Weise um die beiden Auswirkungsdimensionen erweitern.[46] Während Einarsen et al. *Destructive Leadership* als in jedem Fall aktives Verhalten konzipieren, schließen andere passives Verhalten – also sogenannte Laissez-faire Führung – mit ein.[47]

Insgesamt zeigt sich, dass *Destructive Leadership* im Vergleich zu *Petty Tyranny* zwar ein verbreitetes Spektrum an Auswirkungen in Betracht zieht,

---

[43] Einarsen et al. 2007, S. 208.
[44] Vgl. Einarsen et al. 2007, S. 209; sie beziehen sich dabei auf die Klassifikation aggressiven Verhaltens von Buss (1961).
[45] Vgl. Blake & Mouton 1985.
[46] Weder Bentz (1967; 1985b) noch McCall und Lombardo (1983a) differenzierten die Auswirkungen von *Derailed Leadership* auf Organisation und Mitarbeiter.
[47] Vgl. Skogstad et al. 2007: Basierend auf einer Fragebogenuntersuchung zeigen die Autoren, dass Laissez-faire Führung vielfältige Konflikte auslöst und positiv mit dem Auftreten von Mobbing korreliert.

gleichzeitig aber in gewisser Weise zum Paradigma der Führungs*stil*forschung zurückkehrt und situative Einflüsse damit wieder außen vorgelassen werden.[48] Oftmals wird *Destructive Leadership* aber auch als Oberbegriff für mehrere Erscheinungsformen der dunklen Seite der Führung verwendet und büßt damit wiederum an konzeptioneller Schärfe ein.[49] Insofern ist der engere Begriff vorzuziehen, auch wenn er konzeptionell in der Führungsstilforschung zu verorten ist.

1.1.5. Weitere Konstrukte

Neben den bereits dargestellten Strömungen und Konzeptionen der dunklen Seite der Führung haben weitere Konstrukte Eingang in die wissenschaftliche Diskussion gefunden. Diese stießen jedoch auf verhältnismäßig geringere Resonanz oder waren in ihrer Konzeption so breit angelegt, dass sie im Grunde lediglich ein Synonym für die Bezeichnung „dunkle Seite der Führung" in die Diskussion brachten. Dennoch sollen sie hier der Vollständigkeit halber zumindest knapp benannt werden, wohlweislich, dass auch dieser Überblick nicht den Anspruch auf Vollständigkeit erheben kann. Lipman-Blumen prägte den Begriff der „Toxic Leaders" und definiert diese als „leaders, who engage in numerous destructive behaviors and who exhibit certain dysfunctional personal characteristics. To count as toxic, these behaviors and qualities of character must inflict some reasonably serious and enduring harm on their followers and their organization."[50]. In ihrer Arbeit rückt sie jedoch die Geführten in den Vordergrund und bearbeitet an prominenten Beispielen die Frage, weshalb sich diese von den narzisstischen und größenwahnsinnigen Allüren toxischer Führer angezogen fühlen und das Ausmaß ihrer Destruktivität nicht abzuschätzen vermögen.[51] Die Nähe zu Ansätzen charismatischer Führung ist also nicht zu übersehen. Der Begriff der toxi-

---

[48] Die Ausnahme bildet hier das Modell von Padilla et al. (2007). Die Autoren greifen genau diesen Kritikpunkt auf und formulieren ihr Modell des „Toxic Triangle" in der Tradition situativer Führungsforschung: Destruktive Führer allein – so das zentrale Argument – könnten ihre destruktive Wirkung nicht entfalten. Empfängliche Geführte seien dazu ebenso notwendig, wie eine zuträgliche Umgebung (die Autoren sprechen von „susceptible followers" und „conducive environment"). Das Modell wurde jedoch in der Debatte zu *Destructive Leadership* nicht wieder aufgenommen und wird hier daher nur am Rande erwähnt.

[49] So ist beispielsweise eingangs bereits erwähnte Special Issue des Leadership Quarterly mit „Destructive Leadership" betitelt und enthält Artikel zu Destructive Leadership im engeren Sinne (vgl. Einarsen 1999; Padilla et al. 2007; Schaubroeck et al. 2007), zu Abusive Supervision (vgl. Harris et al. 2007; Harvey et al. 2007) und Mobbing (vgl. Ferris et al. 2007).

[50] Lipman-Blumen 2005, S. 18.

[51] Vgl. Lipman-Blumen 2005, S. 29 ff.

schen Führung wurde an anderer Stelle ebenfalls verwendet,[52] ohne dabei jedoch eine einheitliche Definition zu erfahren.

Unter dem Stichwort „Social Undermining" untersuchten Duffy et al. „behavior intended to hinder, over time, the ability to establish and maintain positive interpersonal relationships, work-related success, and favorable reputation"[53] und differenzierten dieses Verhalten analytisch in *Supervisor Undermining* und *Coworker Undermining*. In ihrer Studie untersuchten sie Auswirkungen auf die Geführten und konnten negative Konsequenzen für diverse Variablen nachweisen.[54] Die Geführten werden dort wiederum lediglich als Rezipienten unterminierenden Verhaltens gesehen, etwaige Effekte des aktiven Verhaltens der Geführten bleiben unberücksichtigt. Weitere, hier nicht näher zu sezierende Konstrukte sind schließlich „Bad Leadership"[55], „Aversive Leadership"[56] und „Harassing Leadership"[57].

Die folgende Tabelle fasst die einzelnen, hier vorgestellten, zentralen Strömungen der dunklen Seite der Führung noch einmal überblicksartig zusammen:

---

[52] Vgl. etwa Goldman 2006; Pelletier 2008; Whicker 1996.
[53] Duffy et al. 2002, S. 332.
[54] Für eine detaillierte Diskussion der Ergebnisse vgl. Duffy et al. 2002, S. 341 ff.
[55] Vgl. Kellerman 2004.
[56] Vgl. Bligh et al. 2007.
[57] Vgl. Brodsky 1976.

Konstrukt	Definition	Ursache(n)	Wirkung(en)	Intentionalität	Forschungsparadigma
Derailed Leadership	"misfit between job requirements and personal skills" (van Velsor & Leslie 1995, S. 62)	Mangel an erfolgsrelevanten Eigenschaften und Fähigkeiten	"entgleiste" Karriere der betreffenden Führungskraft	nein	Eigenschaftsansatz
Dark Side of Charismatic Leadership	"blind fanatism in the service of megalomaniacs and dangerous values" (Howell & Avolio 1992, S. 44)	Persönlichkeitsfaktoren und resultierende Verhaltensweisen der Führungskraft	nicht näher spezifierte oder untersuchte desastrose Folgen für die Umwelt	nicht spezifiziert	Eigenschaftsansatz Führungsstilansatz
Narcissistic Leadership	"occurs when leaders' actions are principally motivated by their own egomaniacal needs and beliefs" (Rosenthal & Pittinsky 2006, S. 629)	pathologisch narzisstische Persönlichkeit und resultierende Verhaltensweisen der Führungskraft	nicht näher spezifierte oder untersuchte desastrose Folgen für die Umwelt	nicht spezifiziert	Eigenschaftsansatz Führungsstilansatz
Petty Tyranny	"one who lords his or her power over others" (Ashforth 1994, S. 755)	tyrannische Verhaltensweisen der Führungskraft	verschiedene negative Wirkungen auf die Geführten	nicht spezifiziert	Führungsstilansatz Situativer Ansatz
Destructive Leadership	"behaviour [...] that violates the legitimate interest of the organisation [...] and/or the motivation, well-being or job satisfaction of subordinates" (Einarsen et al. 2007, S. 208)	Destruktives Verhalten der Führungskraft	negative Wirkungen auf Organisation und untergebene Mitarbeiter	bewusst offen gelassen	Führungsstilansatz

Tabelle 3: Strömungen der dunklen Seite der Führung im Überblick
(Quelle: eigene Darstellung)

B Stand der Abusive Supervision Debatte und ihre Forschungslücken

Der zusammenfassende Überblick in Tabelle 3 zeigt, dass die einzelnen Strömungen Führung sämtlich im Sinne traditioneller Führungstheorien konzipieren. Es sind entweder die Eigenschaften der Führungskraft, ihr Verhalten oder im Einzelfall auch situative Einflüsse, die die beschriebenen Schattenseiten der Führung hervorrufen. Die Geführten werden entweder gar nicht betrachtet oder auf bloße Rezipienten negativen Führungsverhaltens reduziert; aktiver Einfluss auf das Führungsgeschehen wird ihnen nicht zugestanden.[58] Unterschiede zeigen sich hinsichtlich der Intentionalität des betreffenden Führungsverhaltens. Während in der Diskussion um *Derailed Leadership* implizit davon ausgegangen wird, dass die „entgleisten" Führungskräfte dieses für sie negative Ergebnis nicht beabsichtigten, spielt in der Diskussion um die Schattenseiten *charismatischer Führung* und *narzisstischer Führung* die Intentionalität hinsichtlich der Wirkungen des Verhaltens keine Rolle, denn die Forschung konzentriert sich fast ausschließlich auf Eigenschaftsdispositionen und Verhaltensweisen betreffender Führungskräfte. In der Debatte um *Petty Tyranny* wird die Intentionalität hinsichtlich der Handlungsergebnisse ebenfalls nicht näher thematisiert und offengelassen, was mit Blick auf die Tatsache, dass negative Auswirkungen auf Geführte explizit modelliert werden, mindestens verwundert.[59] Hinsichtlich der Intentionalität ist *Destructive Leadership* von Einarsen et al. dagegen bewusst offen gehalten. Sie machen konzeptionell also keinen Unterschied zwischen intentional schädigendem und nicht intentional schädigendem Verhalten.[60] Nachdem das breite Forschungsfeld der dunklen Seite der Führung für die Zwecke der vorliegenden Arbeit damit in hinreichendem Maße systematisiert wurde, kann der Blick nun verengt und auf die Abusive Supervision Debatte als jüngster und zwischenzeitlich dominierender Teil dieses Feldes fokussiert werden.

1.2. Empirische Befunde zu Abusive Supervision

Ausgangspunkt der Aufarbeitung der Debatte soll eine knappe Diskussion des konkreten theoretischen Hintergrundes – abgesehen von Einflüssen der bereits diskutierten Strömungen – des Konstrukts sein.[61] Im Anschluss werden die em-

---

[58] Vgl. Meyer 2000, S. 46; Emmerich 2001, S. 8 ff.; Im weiteren Verlauf dieses Kapitels wird insbesondere zu diskutieren sein, wie die Rolle der Geführten innerhalb der Abusive Supervision Debatte konzipiert wird.
[59] Vgl. Ashforth 1994, S. 758; Ashforth 1997, S. 128. Die Frage, ob *Petty Tyrants* ihre Geführten also intentional schädigen oder ob dies „nur" Nebeneffekte ihre Handlungen sind, die eigentlich auf ganz andere Ziele gerichtet sind, bleibt in der Konzeption Ahsforths im Dunkeln.
[60] Vgl. Einarsen 1999, S. 209 f.
[61] Diese Darstellung bezieht sich auf die ursprüngliche Konzeptionalisierung Teppers. Erst zum Abschluss dieses ersten Teils des Kapitels löst sich die Arbeit ein Stück weit von

pirischen Ergebnisse der inzwischen zehnjährigen Debatte systematisierend aufgearbeitet und dargestellt. Da sich die vorliegende Arbeit in erster Linie mit der Frage beschäftigt, auf welcher konzeptionellen Basis Fragen der Entstehung und der Persistenz von Abusive Supervision zu erklären sind, werden jene Studien, die sich mit Ursachen und Einflussfaktoren beschäftigen, deutlich ausführlicher dargestellt als jene, die Konsequenzen feindseliger Führung thematisieren.

1.2.1. Theoretischer Hintergrund und Vorläufer des Konstruktes Abusive Supervision

Tepper konzipiert Abusive Supervision als eine Form von *Deviant Workplace Behavior* und bezieht sich dabei auf die Arbeit von Robinson und Bennett, die *Deviant Behavior* definieren als "voluntary behavior that violates significant organizational norms and in so doing threatens the well-being of an organization, its members, or both"[62]. Die beiden Autoren schlagen eine Typologie devianten Verhaltens anhand der Dimensionen „Organizational" vs. „Interpersonal" und „Minor" vs. „Serious" vor.[63] Zu den ernsthaften, interpersonalen, devianten Verhaltensweisen zählen nach Robinson und Bennett unter anderem „Sexual harassment" und „Verbal abuse". Tepper greift diese Typologie insoweit auf, als dass er Abusive Supervision ebenfalls als ernsthaftes, interpersonales Verhalten konzipiert. Während sich Robinson und Bennett primär mit deviantem Verhalten unter Kollegen beschäftigen, wird Abusive Supervision als Führungsphänomen konzipiert.

Desweiteren stützt Tepper seine Konzeption auf die Arbeiten Keashlys zu *Emotional Abuse at Work*.[64] Die dazugehörige Konzeption erinnert sehr stark an Abusive Supervision:

> „interactions between organizational members that are characterized by repeated hostile verbal and nonverbal, often nonphysical behavior directed at a person such that the target's sense of him/herself as a competent worker and person is negatively affected"[65]

[ ] diesen konzeptionellen Vorstellungen, um die wesentlichen, den Fortlauf der Arbeit bestimmenden Elemente des Konzeptes zusammenzufassen.
[62] Robinson & Bennett 1995, S. 556.
[63] Vgl. Robinson & Bennett 1995, S. 565.
[64] Vgl. stellvertretend Keashly et al. 1994; Keashly et al. 1997; Keashly 1998; Keashly 2001.
[65] Keashly 2001, S. 233. Auch die an anderer Stelle gegebenen Beispiele überschneiden sich sehr stark mit denen Teppers: „Examples of these behaviors include yelling or screaming, use of derogatory names, the «silent treatment», withholding of necessary information, aggressive eye contact, negative rumors, explosive outbursts of anger, and ridiculing someone in front of others" (Keashly 1998, S. 85).

Im Unterschied zu Tepper schließt Keashly physische Kontakte nicht explizit aus, weist aber bereits in ihrer Definition darauf hin, dass diese vergleichsweise eher selten vorkommen.[66] *Emotional Abuse* ist in der vorliegenden Definition konzeptionell sehr nah an gängigen Mobbingdefinitionen,[67] nicht zuletzt weil hierarchische Beziehungen zwischen Sender und Adressat nicht näher spezifiziert werden. Hier grenzt sich Teppers Definition ebenfalls ab, indem sie sich explizit auf feindseliges Verhalten von Führungskräften bezieht, in diesem Sinne also das Konzept Keashlys in die Führungsforschung transplantiert und ihm damit eine neue Konnotation verschreibt. Ein weiterer konzeptioneller Unterschied liegt darin, dass *Emotional Abuse at Work* ähnlich wie Mobbing mit der Intention einhergeht, den Adressaten der feindseligen Handlungen zu schädigen,[68] was Tepper wiederum nicht als notwendige Bedingung für Abusive Supervision konzipiert.

Schließlich sei noch festgehalten, dass Tepper seine Konzeption vor dem Hintergrund der Forschung zu *Workplace Aggression*[69] formuliert. Er versteht Abusive Supervision also als aggressives Verhalten, wobei – wie nun bereits mehrfach erwähnt – physische Aggressivität konzeptionell ausgenommen ist.[70] Daneben ist *Workplace Aggression* ebenfalls nicht auf die Führungsbeziehung fokussiert, sondern befasst sich mit Aggressivität und Aggressionen in sämtlichen Arbeitsbeziehungen innerhalb von Organisationen. Damit ist der theoretische Hintergrund des Konzeptes ausgeleuchtet, sodass nun die bisherigen Erkenntnisse der empirischen Forschung aufgearbeitet werden können.

Tepper eröffnete mit seiner Publikation im *Academy of Management Journal* im Jahre 2000 die wissenschaftliche Debatte um Abusive Supervision,[71] indem er einerseits das Konzept definitorisch vor dem hier wiedergegebenen Hintergrund etablierte und andererseits erste empirische Ergebnisse präsentierte. Seitdem veröffentlicht er mit verschiedenen Kollegen nahezu jährlich neue empiri-

---

[66] Ihr geht es in ihrer Arbeit in erster Linie um subtilere Formen feindlichen Verhaltens: „However, recent surveys of workplaces suggest there is another form of violence that is more frequent, has similar effects as physical, sexual, and racial violence, yet appears to be more socially acceptable. Emotional abuse is the term coined in this review to capture the hostile verbal and nonverbal behaviors that are not explicitly tied to sexual or racial content yet are directed at gaining compliance from others." (Keashly 1998, S. 85).

[67] Vgl. zu der Abgrenzung beider Konstrukte im Detail Abschnitt 1.3 in diesem Kapitel.

[68] Vgl. Keashly 1998, S. 95.

[69] Vgl. Baron & Neuman 1996; Baron et al. 1999; LeBlanc & Barling 2004. Workplace Aggression wird definiert als "efforts by individuals to harm others with whom they work or the organizations in which they are employed. This harm-doing is intentional and includes psychological as well as physical injury" (Baron & Neuman 1996, S. 161, zitiert nach Keashly & Jagatic 2003, S. 33).

[70] Baron und Neuman fanden in diesem Zusammenhang raus, dass die meisten aggressiven Handlungen tatsächlich nicht physischer Natur sind, vgl. Baron & Neuman 1996.

[71] Vgl. Tepper 2000

sche Ergebnisse.[72] Daneben beteiligt sich eine Vielzahl weiterer Autoren an der regen Debatte[73] – es handelt sich also um ein stetig wachsendes, lebendiges Forschungsfeld, bei dem vorerst keine Sättigung in Sicht zu sein scheint. Insofern ist eine Bestandsaufnahme, so wie sie hier erfolgen soll, zwangsläufig unbefriedigend, ist sie doch dazu verdammt, binnen kürzester Zeit unvollständig und veraltet zu sein. Abgesehen davon ist sie für den Fortgang dieser Arbeit schlichtweg unerlässlich, denn nur die konsequente Aufarbeitung bisheriger Forschung kann Forschungslücken, offene Fragen und Anknüpfungspunkte freilegen und damit zukünftiger Forschung den Weg weisen. In diesem Abschnitt sollen die bisherigen Erkenntnisse der Abusive Supervision Debatte nun differenziert nach Ursachen und Konsequenzen dargestellt werden.[74] In der folgenden Darstellung wird bewusst darauf verzichtet, die Forschungsergebnisse kritisch zu reflektieren, geht es doch zunächst darum, einen inhaltlichen Überblick über die bisherigen, ausschließlich empirischen Forschungsbemühungen zu erarbeiten. Analytisch getrennt davon wird die Debatte im zweiten Teil des Kapitels der angekündigten kritischen Reflexion unterzogen, um die zentralen Forschungslücken aufzudecken und den konzeptionellen Fortgang der Arbeit zu legitimieren.

1.2.2. Die Ursachen von Abusive Supervision

Insgesamt wurden bis zur Veröffentlichung dieser Arbeit sechs Studien zu den Ursachen von Abusive Supervision publiziert. Einige der Studien betrachten Ursachen auf Seiten des Vorgesetzten wie auch auf Seiten der Mitarbeiter, wodurch eine Differenzierung der Ergebnisse in diese Kategorien zu undurchsichtig und daher wenig zielführend erscheint. Stattdessen sollen die Studien in der Chronologie ihrer Veröffentlichung dargestellt werden.

(1) Tepper et al. 2006
In ihrer Studie „Procedural injustice, victim precipitation, and abusive supervision"[75] betrachteten die Autoren folgende Variablen[76]: (i) *Procedural Justice*[77]

---

[72] Vgl. Tepper et al. 2001; Zellars et al. 2002; Tepper & Taylor 2003; Tepper et al. 2004; Tepper et al. 2006; Tepper et al. 2007; Tepper et al. 2008; Tepper et al. 2009; Tepper et al. 2011.
[73] Vgl. stellvertretend Aryee et al. 2007; Bamberger & Bacharach 2006; Mitchell & Ambrose 2007; Wu & Hu 2009; Yagil 2006.
[74] Diese Unterscheidung orientiert sich an der Tatsache, dass sich die meisten der Veröffentlichungen entweder exklusiv mit Ursachen oder mit Konsequenzen beschäftigen; vgl. dazu auch den Review-Artikel Teppers im Journal of Management, vgl. Tepper 2007, S. 269 ff.
[75] Vgl. Tepper et al. 2006.
[76] Wörtliche Übersetzungen der Variablen bergen immer die Gefahr des Verlusts an Aussagekraft gegenüber den Originalbezeichnungen. Daher werden die englischen Bezeich-

Wahrnehmungen der Führungskräfte, (ii) *Depression*[78] der Führungskräfte, (iii) *Negative Affectivity*[79] der Geführten und (iv) Abusive Supervision. Ihre zentrale Hypothese war dabei, dass eine kausale Beziehung zwischen der *Procedural Injustice* Wahrnehmung der Führungskraft und der Abusive Supervision Wahrnehmung des Geführten vorläge. Darüber hinaus besitze diese Beziehung die Mediator-Variable der *Depression* der Führungskraft. Die Stärke des Mediator-Effektes hänge wiederum von einer Moderator-Variable ab: die *Negative Affectivity* des Geführten. Die folgende Abbildung veranschaulicht diesen „moderated-mediation framework"[80] der Studie:

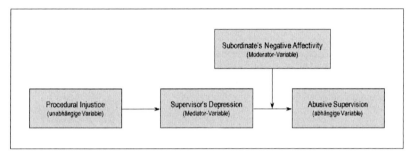

Abbildung 7: Moderated-Mediation Framework von Tepper et al. 2006
(Quelle: eigene Darstellung basierend auf Tepper et al. 2006)

Die Ergebnisse der Studie konnten die Hypothese bestätigen, dass die Depression des Vorgesetzten tatsächlich die Beziehung zwischen Procedural Injustice und Abusive Supervision vermittelt.[81] Diese Wirkungskette konnte jedoch nur für jene Mitarbeiter nachgewiesen werden, die hohe *Negative Affectivity* Werte besaßen. Die Autoren interpretierten diese Besonderheit dahingehend, dass Füh-

---

nungen der Variablen verwendet, um eventuelle, übersetzungsbedingte Missverständnisse zu vermeiden. Nichtsdestotrotz werden sinngemäße Übersetzungen und Erklärung in Fußnoten gegeben.

[77] *Procedural Justice* bezieht sich auf die wahrgenommene Fairness, mit der die Organisation und dessen oberen Führungskräfte Entscheidungen treffen. Diese liegt dann vor, wenn diejenigen, die von einer Entscheidung betroffen sind, auch Einfluss auf die Entscheidung nehmen können und dabei mit Neutralität, Vertrauen und Respekt behandelt werden. Vgl. Thibaut & Walker 1975.

[78] *Depression* bezieht sich hier nicht nur auf klinisch diagnostizierte Formen, sondern auch auf leichtere Formen, die durch ein allgemeines Gefühl der Traurigkeit, Interessenlosigkeit, etc. gekennzeichnet sind, vgl. Tepper et al. 2006, S. 103 f.

[79] *Negative Affectivity* bezieht sich auf die persönlichkeitsbedingte Tendenz, negative Gefühle wie Ärger, Aggression, Wut, Traurigkeit und Angst verstärkt wahrzunehmen und auch ein negatives Selbstbild zu besitzen, vgl. Watson & Clark 1984, S. 465.

[80] Tepper et al. 2006, S. 106.

[81] Vgl. Tepper et al. 2006, S. 115 für die Diskussion der Ergebnisse.

rungskräfte, die sich in ihrer Organisation ungerecht behandelt fühlen und deswegen depressiv sind, ihre Frustration eher an „leichten Zielen" auslassen – und eben solche stellen Mitarbeiter mit hoher *Negative Affectivity* dar. Offen bleibt, ob Führungskräfte jenen Mitarbeitern mit Positive *Affectivity* gegenüber dieselben Verhaltensweisen an den Tag legen und diese Mitarbeiter diese feindseligen Verhaltensweisen aufgrund ihrer positiven Grundeinstellung nicht als Abusive Supervision wahrnehmen, oder ob sich die Führungskräfte „schweren Zielen" gegenüber schlicht anders verhalten. Diese Frage kann an dieser Stelle nicht näher diskutiert werden, wird aber im Rahmen der kritischen Reflexion der Ursachenforschung im nächsten Abschnitt wieder aufgegriffen. Neben dem beschriebenen Mediator-Effekt der *Depression* der Führungskraft fanden die Autoren auch einen direkten Effekt von *Procedural Injustice* auf Abusive Supervision. Dieser Effekt ließ sich ebenfalls nur für Mitarbeiter hoher *Negative Affectivity* nachweisen. Kurzum: Wahrgenommene organisationale Ungerechtigkeit und Depression auf Seiten der Führungskraft wurden von Tepper et al. als Ursachen von Abusive Supervision identifiziert. Ihre Wirkung wird durch die emotionalen Grundeinstellungen der Mitarbeiter beeinflusst.

(2) Hoobler & Brass 2006
Die Studie von Hoobler und Brass – „Abusive supervision and family undermining as displaced aggression"[82] – betrachtet die folgenden Variablen: (i) wahrgenommene *Psychological Contract Violation*[83] der Führungskraft, (ii) *Hostile Attribution Bias*[84] der Führungskraft, (iii) Abusive Supervision und (iv) *Family Undermining*[85] des Geführten. Die zentrale Hypothese der Studie ist, dass der

---

[82] Vgl. Hoobler & Brass 2006.
[83] *Psychological Contract Violation* bezieht sich auf verletzte implizite Vereinbarungen zwischen Arbeitgeber und Mitarbeiter. Im Kontext dieser Studie ging es um implizite Vereinbarungen und daraus resultierende Erwartungen, die die befragten Führungskräfte mit ihren eigenen Vorgesetzten besaßen (vgl. Hoobler & Brass 2006, S. 1126). Robinson und Rousseau (1994) konnten zeigen, dass 79% der von ihnen befragten Mitarbeiter, die ihre Arbeitsstelle aufgegeben haben, eben solchen Vertragsbruch verspürten. Interessanterweise waren es auf Seiten der im Unternehmen verbliebenen Mitarbeiter 48%, die psychologischen Vertragsbruch erlitten (vgl. zum Konstrukt des psychologischen Vertrages auch Rosseau 1995).
[84] *Hostile Attribution Bias* bezieht sich auf die Tendenz, wahrgenommenes Verhalten anderer als feindselig zu interpretieren, auch wenn es nicht feindselig (gemeint) ist. Hoobler und Brass schreiben hierzu: „Hostile attribution bias is an extrapunitive mentality where individuals tend to project blame onto others" (Hoobler & Brass 2006, S. 1126; sie beziehen sich dabei auf Adams & John 1997).
[85] *Family Undermining* bezieht sich auf Aggressionen, die der (von Abusive Supervision betroffene) Mitarbeiter in seinem persönlichen Kontext auslebt. Zur Illustration zitieren Hoobler und Brass die „kick-the dog"-Metapher der *Displaced Aggression Theory*: „a man is berated by his boss but does not retaliate because he fears losing his job. Hours later, when he arrives home to the greeting barks of his dog he responds by kicking it"

wahrgenommene Vertragsbruch der Führungskraft positiv mit der Abusive Supervision Wahrnehmung der Geführten korreliert. Die Hintergrundannahme ist dabei, dass Führungskräfte, die sich ungerecht behandelt fühlen, die Quelle des Vertragsbruch – also den eigenen Vorgesetzten – nicht konfrontieren, sondern stattdessen ungefährliche(re) Ziele attackieren. Insofern handelt es sich also um eine ganz ähnliche Argumentation wie bereits bei Tepper et al.[86] Diesen Effekt nehmen sie umso stärker an, je stärker der *Hostile Attribution Bias* (hier also als Moderator-Variable) bei der Führungskraft ausgeprägt ist. Ferner untersuchen sie, inwieweit die Wahrnehmung von Abusive Supervision auf Seiten der Geführten zu *Family Undermining* führt, wobei sie Abusive Supervision als Mediator-Variable ansahen. Da dieser Effekt zu den Konsequenzen von Abusive Supervision zu zählen ist, sei er hier nicht näher diskutiert. Insgesamt nahmen die Autoren also folgende Wirkungskette an:

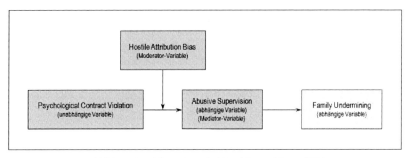

Abbildung 8: Wirkungskette bei Hoobler und Brass 2006
(Quelle: eigene Darstellung basierend auf Hoobler & Brass 2006, S. 1126 f.)

Die Ergebnisse der Studie bestätigten die aus der *Displaced Aggression Theory*[87] abgeleiteten Hypothese: Wahrgenommener psychologischer Vertragsbruch auf Seiten der Führungskraft korrelierte positiv mit Abusive Supervision. War dabei der *Hostile Attribution Bias* hoch ausgeprägt, so waren die Effekte zwischen unabhängiger Variable und abhängiger Variable deutlich stärker, als im Fall eines niedrigen *Hostile Attribution Bias*. Dieses Ergebnis bestätigte also die Annahme, dass die Ausprägung der Moderator-Variable einen Effekt auf den Zusammenhang zwischen *Psychological Contract Violation* und *Abusive Supervision* besitzt. Die Mediator-Wirkung von Abusive Supervision auf *Family Undermining*

(Marcus-Newhall et al. 2000, S. 670). Das Konstrukt Family Undermining bezieht sich zunächst jedoch nur auf aggressives Verhalten gegenüber der Familie.
[86] Vgl. Tepper et al. 2006.
[87] Vgl. Marcus-Newhall et al. 2000; Melburgm & Tedeschi 1989.

konnte indes nicht unmittelbar nachgewiesen werden.[88] Zusammengefasst hat diese Studie somit den psychologischen Vertragsbruch – als Konzept nicht überschneidungsfrei mit dem von Tepper et al. untersuchten *Procedural (In)Justice* – als Ursache von Abusive Supervision ermittelt, wobei die Stärke der als kausal angenommenen Beziehung wiederum davon abhängt, ob die Führungskraft wahrgenommenen Vertragsbruch als feindselig und gegen die eigene Person gerichtet interpretiert.

(3) Aryee et al. 2007
In der Studie „Antecedents and outcomes of Abusive Supervision: Test of a trickle-down model"[89], vorgelegt von Aryee et al., werden folgende Variablen betrachtet: (i) *Interactional Justice*[90] Wahrnehmung der Führungskraft, (ii) *Authoritarian Leadership Style*[91] der Führungskraft und (iii) Abusive Supervision. Da Aryee et al. sowohl Ursachen, als auch Auswirkungen von Abusive Supervision untersuchten, fanden in ihrer Studie weitere Variablen Berücksichtigung, die an dieser Stelle jedoch vernachlässigt werden sollen.[92] Die Ausgangshypothesen ihrer Untersuchung waren, dass *Interactional Injustice* und *Authoritarian Leadership Style* jeweils positiv mit Abusive Supervision korrelieren. Besonderen Wert legen sie jedoch auf die Interaktion dieser beiden Variablen und nehmen an, dass das autoritäre Führungsverhalten *zusätzlich* die Wirkung der wahrgenommenen Ungerechtigkeit moderiert, und zwar in dem Sinne, dass die Wir-

---

[88] obwohl die Einzelzusammenhänge durchaus signifikant waren; Abusive Supervision korrelierte also sowohl mit psychologischem Vertragsbruch, als auch mit familiärer Gewalt.
[89] Vgl. Aryee et al. 2007.
[90] *Interactional Justice* ist verwandt mit dem von Tepper et al. bereits untersuchten *Procedural Justice*. Aryee et al. beziehen sich hier auf Masterson et al. (2000), die Procedural Justice als strukturelle Gerechtigkeit definierten, Interactional Justice bezieht sich dagegen auf die persönliche Interaktion (vgl. Masterson et al. 2000, S. 739). Aryee et al. beziehen sich hier also darauf, inwieweit die Führungskraft die Interaktion mit ihrer eigenen Führungskraft als gerecht wahrnimmt.
[91] *Authoritarian Leadership Style* bezieht sich auf stabile Verhaltensmuster der Führungskraft. Aryee et al. zitieren hier Fiedler (Fiedler 1967, S. 23): „the underlying need structure of the individual which motivates his (her) behavior in various leadership situations". Den autoritären Führungsstil beschreiben Aryee et al. folgendermaßen: "such behaviors as ignoring subordinate suggestions, belittling subordinate contribution, and insisting on absolute obedience [...] an authoritarian leadership style stresses personal dominance over subordinates, centralizes authority on him- or herself, and makes unilateral decisions" (Aryee et al. 2007).
[92] Dies sind Variablen, die sich wiederum aus der Abusive Supervision Wahrnehmung ergeben. Hierbei handelt es sich um die *Interactional Justice* Wahrnehmung der Geführten, die *Procedural Justice* Wahrnehmung der Geführten, *Organizational Commitment* und *Organizational Citizenship Behavior*, vgl. Aryee et al. 2007, S. 193 f., oder auch Abbildung 9.

kung umso stärker ist, je autoritärer die Führung ist. Die folgende Abbildung veranschaulicht das gesamte Untersuchungsdesign[93]:

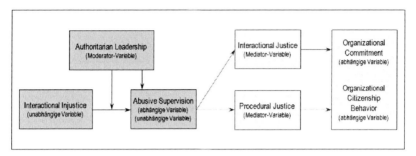

Abbildung 9: "Trickle-down model" von Aryee et al. 2007
(Quelle: eigene Darstellung in Anlehnung an Aryee et al. 2007, S. 192)

Die Ergebnisse der Studie bestätigten die Hypothesen insoweit, als dass hohe Werte von *Interactional Injustice* auch mit hohen Werten von Abusive Supervision einhergingen, allerdings nur in Gegenwart von stark autoritär geprägtem Führungsstil der Führungskraft. Die isolierte Wirkung von *Interactional Injustice* konnte also nicht nachgewiesen werden. Der angenommene isolierte Effekt von autoritärer Führung konnte dagegen nachgewiesen werden: je autoritärer die Führung, desto höher die Abusive Supervision Wahrnehmung auf Seiten der Geführten. Im Fall niedriger Werte autoritärer Führung[94] hatte die *Interactional Injustice* Wahrnehmung ebenfalls keinen Einfluss auf Abusive Supervision. Die Autoren sprechen daher von *Interactional Injustice* als notwendige, aber nicht hinreichende Bedingung von Abusive Supervision.[95] Die scheinbar wirklich relevante Variable ist jedoch das autoritäre Führungsverhalten, das einen direkten Effekt und daneben auch den beschriebenen moderierenden Effekt besitzt.

(4) Wu und Hu 2009
In ihrer Studie „Abusive Supervision and employee emotional exhaustion: Dispositional antecedents and boundaries"[96] wählten Wu und Hu ein ähnliches Design wie Aryee et al., indem auch sie nicht nur Ursachen von Abusive Super-

---

[93] Die schwächer gezeichneten Teile beziehen sich auf die Auswirkungen von Abusive Supervision und werden an dieser Stelle nicht näher diskutiert.
[94] also de facto demokratische Führung, wenn man diese als Gegenstück autoritärer Führung auffasst.
[95] Vgl. Aryee et al. 2007, S. 197. Die Tatsache allerdings, dass isolierte Effekte von autoritärer Führung nachgewiesen wurden, wirft die Frage auf, inwieweit Interactional Injustice tatsächlich notwendig ist, um Abusive Supervision zu erklären. Für Diskussion dieser Frage wird wiederum auf den nächsten Abschnitt verwiesen.
[96] Vgl. Wu & Hu 2009.

vision untersuchten, sondern auch Konsequenzen, in diesem Fall die Konsequenzen auf den emotionalen Zustand betroffener Mitarbeiter. Als unabhängige Variable wählten sie auf der Ursachenseite ihrer Untersuchung die *Core Self-Evaluations*[97] der befragten Mitarbeiter. Ihre Hypothese lautete nun, dass *Core Self-Evaluations* eine negative Beziehung zu Abusive Supervision aufweisen. Die Annahme dahinter ist, dass Mitarbeiter mit niedrigen *Core Self-Evaluations* dazu neigen, negative Informationen ihres Arbeitsumfeldes – und dazu gehört der Vorgesetzte, wenn er feindseliges Verhalten zeigt – stärker wahrzunehmen. Mitarbeiter, die höhere *Core Self-Evaluations* besitzen, nehmen also ähnliche Verhaltensweisen ganz anders wahr,[98] so jedenfalls die These der Autoren. Das vollständige Modell hat folgende Struktur:

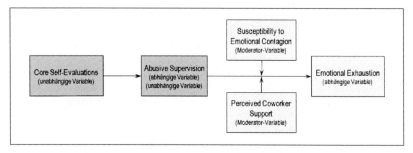

Abbildung 10: Das Modell von Wu und Hu 2009
(Quelle: Wu & Hu 2009, S. 146)

Die Ergebnisse der Studie bestätigten die Hypothese insoweit, als dass Core Self-Evaluations tatsächlich negativ mit der Wahrnehmung von Abusive Supervision korreliert sind. Auch wenn Fragen der Kausalität insbesondere bei dieser Konstellation sehr kritisch zu betrachten sind, ist der Studie zumindest zugute zu halten, dass sie die Geführten in die Position der unabhängigen Variable setzt, immerhin sind sie es, die Abusive Supervision subjektiv wahrnehmen. Festgehalten werden kann an dieser Stelle also zumindest, dass Abusive Supervision negativ mit *Core Self-Evaluations* korreliert.[99]

(5) Rafferty et al. 2010

---

[97] *Core Self-Evaluations* beziehen sich nach Judge et al. (2003, S. 304) auf: „basic, fundamental appraisal of one's worthiness, effectiveness, and capacity as a person". Diese Selbstbewertung setzt sich aus den Faktoren Selbstvertrauen, Selbstwirksamkeitseinschätzung, Neurotizismus und Kontrollüberzeugung zusammen, vgl. Wu & Hu 2009, S. 148.

[98] Vgl. Wu & Hu 2009, S. 149.

[99] Dies ist in der Tat wenig überraschend, betrachtet man die vielfältigen negativen Auswirkungen von Abusive Supervision auf das psychische Wohlbefinden von Mitarbeitern; vgl. zu den *Auswirkungen* von Abusive Supervision den folgenden Abschnitt.

B Stand der Abusive Supervision Debatte und ihre Forschungslücken

Die Studie von Rafferty et al. – „Losing sleep: Examining the cascading effects of supervisors' experience of injustice on subordinates' psychological health"[100] – betrachtet folgende Variablen: (i) *Distributive Injustice*[101] Wahrnehmung der Führungskraft, (ii) *Interactional Injustice*[102] Wahrnehmung der Führungskraft, (iii) *Psychological Distress*[103] der Führungskraft und (iv) Abusive Supervision. Ähnlich wie die vorgenannten Studien wendeten Rafferty et al. ein sogenanntes „Trickle-down model"[104] an. Sie untersuchten also neben den genannten Ursachenvariablen auch Auswirkungen von Abusive Supervision, die hier jedoch ebenfalls nicht Gegenstand der Diskussion sein sollen. Hinsichtlich der Ursachen ist ihre zentrale Hypothese, dass *Distributive Injustice* und *Interactional Injustice* als unabhängige Variablen Abusive Supervision verursachen. Sie erweitern diese Erwartung um die Moderator-Wirkung von *Psychological Distress* der Führungskraft: Je höher der wahrgenommene Stress ist, desto stärker nehmen die Autoren die Wirkung der beiden Injustice Variablen auf die Abusive Supervision Wahrnehmung der Geführten an. Insgesamt stellt sich ihr Modell folgendermaßen dar:

---

[100] Vgl. Rafferty et al. 2010.
[101] *Distributive Injustice* bezieht sich, im Gegensatz zu den beiden anderen, bereits vorgestellten Formen von Injustice, auf die wahrgenommene Fairness bezüglich des Verhältnisses von geleistetem Input und erhaltenem Output in sozialen Austauschbeziehungen. Ob das Verhältnis als fair wahrgenommen wird oder nicht, hängt von Verhältnissen ab, die Vergleichspersonen – also Kollegen – realisieren. Vgl. hierzu beispielsweise Cohen-Charash & Spector 2001, S. 280; zur Gegenüberstellung der drei Formen von Injustice auch van Knippenberg et al. 2007, S. 116 f.
[102] S.o.
[103] *Psychological Distress* bezieht sich auf Stress, der mit negativen Gefühlszuständen wie Angst, Schuld, Nervosität und Panik einhergeht. Ursache für diese Stresswahrnehmung können entweder objektiv nachweisbare Stressoren oder aber Persönlichkeitsmerkmale sein. Vgl. Rafferty et al. 2010, S. 38 f.
[104] Vgl. Rafferty et al. 2010, S. 37.

84　　　　B　Stand der Abusive Supervision Debatte und ihre Forschungslücken

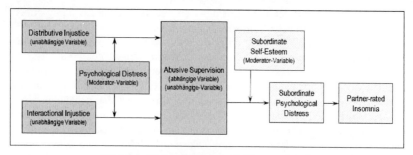

Abbildung 11: Das Modell von Rafferty et al. 2010
(Quelle: eigene Darstellung in Anlehnung an Rafferty et al. 2010, S. 46)

Der Einfluss von wahrgenommenem *Interactional Injustice* der Führungskraft auf die Wahrnehmung von Abusive Supervision konnte nachgewiesen werden. Dieser Effekt wurde wiederum verstärkt von hohem *Psychological Distress* der Führungskraft – die Annahme der verstärkenden Moderatorwirkung wurde also bestätigt. *Distributive Injustice* hatte dagegen keine Auswirkungen auf Abusive Supervision, beide Variablen stellten sich als unabhängig voneinander heraus, sie korrelierten nicht. Auch die Einbeziehung von *Psychological Distress* als Moderator konnte in dieser Wirkungsbeziehung keine signifikanten Effekte hervorbringen. Insgesamt hat die Studie von Rafferty et al. also insbesondere die oben vorgestellten Ergebnisse von Aryee et al. bestätigt.

(6) Tepper et al. 2011
In ihrer neuesten Studie „Predictors of abusive supervision: Supervisor perceptions of deep-level dissimilarity, relationship conflict, and subordinate performance"[105] untersuchten die Autoren die folgenden, bisher nicht betrachteten Variablen: (i) *Deep-level Dissimilarity*[106] Wahrnehmung der Führungskraft, (ii) *Relationship Conflict*[107] Wahrnehmung der Führungskraft, (iii) *Subordinate Performance*[108] Wahrnehmung der Führungskraft und (iv) Abusive Supervision. Die Hypothesen bezüglich der einzelnen Wirkungspfade dieser Variablen sind im

---

[105] Vgl. Tepper et al. 2011.
[106] *Deep-level Dissimilarity* bezieht sich auf die Wahrnehmung (der Führungskraft) von tiefgreifenden Unterschieden in Bezug auf Werte, Einstellungen und Persönlichkeit zwischen Führungskraft und Mitarbeiter, vgl. Tepper et al. 2011, S. 281.
[107] *Relationship Conflict* bezieht sich auf von der Führungskraft wahrgenommene Konflikte zwischen Führungskraft und Mitarbeiter, dessen Ursachen – so jedenfalls die Annahme hier – in den unterschiedlichen Werten und Einstellungen der Beziehungspartner begründet liegen. Tepper et al. beziehen sich hier insbesondere auf die Arbeit von Jehn und Mannix (2001, S. 240 f.).
[108] *Subordinate Performance* bezieht sich auf die Einschätzung der Mitarbeiterleistung durch die Führungskraft. Tepper et al. operationalisieren diese Variable über die 4-Item Skala von Liden et al. (1993, S. 666).

B Stand der Abusive Supervision Debatte und ihre Forschungslücken

Vergleich zu früheren Studien deutlich komplexer. Ausgangspunkt der Hypothesenstruktur ist die Annahme, dass *Deep-level Dissimilarity* Abusive Supervision verursacht. Da die Forschungsergebnisse zu den Auswirkungen von *Deep-level Dissimilarity* ambivalent sind, führen Tepper et al. zwei Mediator-Variablen ein, deren Beziehungen zu den tiefen Wert- und Einstellungsdifferenzen geklärter sind: *Relationship Conflict* und *Subordinate Performance*. Tiefgreifende Unterschiede in Werten und Einstellungen führen einerseits zu Beziehungskonflikten und beeinflussen andererseits die Leistungsbeurteilung der Mitarbeiter.[109] Neben der direkten Wirkung von Deep-level Dissimilarity auf die Beurteilung der Subordinate Performance modellieren die Autoren auch eine Mediatorwirkung von *Relationship Conflict* in dieser Beziehung. Ferner wird angenommen, dass die Mitarbeiterbeurteilung eine moderierende Wirkung auf den Zusammenhang zwischen *Relationship Conflict* und Abusive Supervision besitzt. Die folgende Abbildung veranschaulicht diese recht komplexe Variablenstruktur:

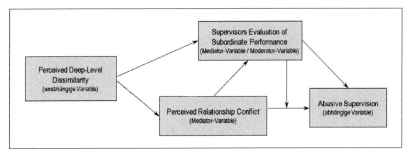

Abbildung 12: Variablenstruktur bei Tepper et al. 2011
(Quelle: Tepper et al. 2011, S. 280)

Im Rahmen der durchgeführten Korrelationsanalyse ergaben sich signifikante Beziehungen in allen gezeichneten Verbindungen des Modells: *Perceived Dissimilarity* war positiv mit *Relationship Conflict* und Abusive Supervision und negativ mit *Subordinate Performance* korreliert. *Relationship Conflict* war positiv mit Abusive Supervision und negativ mit *Subordinate Performance* korreliert und *Subordinate Performance* war wiederum negativ mit Abusive Supervision korreliert. Die Kausalanalyse der durchgeführten Regression konnte den direkten Mediator-Effekt von *Relationship Conflict* jedoch nicht nachweisen, wohingegen der direkte Mediator-Effekt von *Subordinate Performance* belegt werden konnte.[110] Der indirekte Mediator-Effekt von *Relationship Conflict* (über *Subordinate Performance*) konnte ebenfalls nachgewiesen werden. Die moderierende

---
[109] Vgl. Tepper et al. 2011, S. 281 f.
[110] Vgl. Tepper et al. 2011, S. 287.

Wirkung der *Subordinate Performance* auf den Mediator-Effekt von *Relationship Conflict* konnte indes nur für den Fall niedriger Leistung belegt werden. Festgehalten werden kann an dieser Stelle, dass die Wirkung von *Perceived Deep-level Dissimilarity* auf Abusive Supervision auf verschiedenen Wirkungspfaden über *Subordinate Performance* und *Relationship Conflict* nachgewiesen werden konnte.

(7) Zusammenfassung
Im Zuge der Darstellung der einzelnen Studien zur Entstehung von Abusive Supervision haben sich auf inhaltlicher Ebene einige interessante Gemeinsamkeiten gezeigt.[111] Die folgende Tabelle gibt noch einmal einen Überblick über die bisher untersuchten Variablen:

Studie	unabhängige Variable(n)	Mediator-Variable(n)	Moderator-Variablen	abhängige Variablen
Tepper et al. 2006	Procedural Justice (F)	Depression (F)	Negative Affectivity (G)	Abusive Supervision (G)
Hoobler & Brass 2006	Psychological Contract Violation (F)		Hostile Attribution Bias (F)	Abusive Supervision (G)
Aryee et al. 2007	Interactional Injustice (F) Authoritarian Leadership Style (F)		Authoritarian Leadership Style (F)	Abusive Supervision (G)
Wu & Hu 2009	Core Self-Evaluations (G)			Abusive Supervision (G)
Rafferty et al. 2010	Interactional Injustice (F) Distributive Injustice (F)		Psychological Distress (F)	Abusive Supervision (G)
Tepper et al. 2011	Deep-Level Dissimilarity (F)	Relationship Conflict (F) Subordinate Performance (G)	Subordinate Performance (G)	Abusive Supervision (G)
F = Führungskraft G = Geführte(r)				

Tabelle 4: Ursachen von Abusive Supervision: Erfasste Variablen im Überblick
(Quelle: eigene Darstellung)

Zunächst fällt das Verhältnis von Mitarbeitervariablen zu Führungskraftvariablen auf. Abgesehen von der abhängigen Variable, die selbstverständlich in allen Studien die Abusive Supervision Wahrnehmung der Geführten war, finden sich (nur) drei Variablen, die sich explizit auf die Mitarbeiter beziehen. Tepper et al. (2006) untersuchten die negative Grundeinstellung der Mitarbeiter als Moderatorvariable und später (2011) die Leistung der Mitarbeiter als Moderator- und als Mediatorvariable.[112] Wu und Hu untersuchten die Selbstbewertung der Mit-

---

[111] Die Gemeinsamkeiten methodischer Natur werden im Rahmen der kritischen Auseinandersetzung mit der Debatte im zweiten Abschnitt dieses Kapitels diskutiert.
[112] Wobei die Einschätzung der Mitarbeiterleistung durch die befragten Führungskräfte erfolgte (vgl. Tepper et al. 2011, S. 285); insofern ist zumindest streitbar, ob es sich dabei wirklich um eine Mitarbeitervariable handelt.

arbeiter als unabhängige Variable der Abusive Supervision Wahrnehmung. Die Führungskraft auf der anderen Seite erhält deutlich mehr Gewicht, was konzeptionell zunächst nicht verwunderlich ist, schließlich ist es doch die Führungskraft die feindseliges Verhalten zeigt. Also liegt die Frage nahe, *weshalb* die Führungskraft feindseliges Verhalten zeigt. Die einstimmige Antwort über fast alle Studien hinweg lautet: wahrgenommene Ungerechtigkeit,[113] wobei verschiedene Spielarten wahrgenommener Ungerechtigkeit untersucht wurden. Die Stärke der Wirkung wird nach Ansicht der Autoren durch verschiedene Variablen moderiert, von denen wiederum auch die meisten auf Seiten der Führungskraft zu finden sind.[114]

Die Betonung wahrgenommener Ungerechtigkeit auf Seiten der Führungskraft könnte den Schluss nahelegen, dass die sich feindselig verhaltende Führungskraft selbst „Opfer" von Abusive Supervision ist. Und da Opfer feindseliger Handlungen den Aggressor in der Regel nicht konfrontieren, wenn dieser in einer mächtigeren Position ist – darauf weisen die Studien in ihren, der Darstellung der Untersuchungsergebnissen vorangestellten, konzeptionellen Überlegungen fast ausnahmslos hin – wird die entstandene Frustration auf dem leichtesten Weg, also nach unten, weitergegeben.[115] Die Kaskaden-Hypothese würde also lauten: Die Abusive Supervision Wahrnehmung auf Seiten der Führungskraft ist positiv korreliert mit der Abusive Supervision Wahrnehmung der Geführten. Interessanterweise wird die Frage der Ungerechtigkeit unter diesem Blickwinkel (bisher) nicht diskutiert. Deutlich differenzierter stellt sich im Gegensatz dazu die Konsequenzenforschung dar, die im nun folgenden Abschnitt überblicksartig resümiert wird.

1.2.3. Die Konsequenzen von Abusive Supervision

Die Darstellung der empirisch nachgewiesenen Konsequenzen von Abusive Supervision kann und soll – im Gegensatz zur Darstellung der erforschten Ursachen – aus zweierlei Gründen in deutlich dichterer Form erfolgen. Erstens beschäftigt sich der weitaus überwiegende Teil der Abusive Supervision Debatte mit den Auswirkungen des Phänomens.[116] Das führt dazu, dass die detaillierte

---

[113] Einzig die neueste Studie von Tepper et al. geht nicht von erfahrender Ungerechtigkeit auf Seiten der Führungskraft als Ursache von Abusive Supervision aus. Hier werden die Ursachen sozusagen endogen in der Beziehung zwischen Mitarbeiter und Führungskraft gesehen – eine Perspektive, die im weiteren Verlauf dieser Arbeit im Zentrum stehen wird.

[114] Einzige Ausnahme ist hier die Studie von Tepper et al. (2006), die die negative Grundeinstellung der Mitarbeiter als moderierende Variable in ihr Modell aufnehmen.

[115] Ausformuliert in der oben angeführten „kick the dog" Metapher der Displaced Aggression Theory (vgl. Marcus-Newhall et al. 2000, S. 670).

[116] Vgl. Tepper 2007, S. 269. Für die Aufarbeitung der Debatte wurden hier 25 relevante Studien identifiziert, von denen sich 19 exklusiv mit Konsequenzen von Abusive Super-

Diskussion einzelner Studien den Rahmen jenen Raumes sprengen würde, der der Aufarbeitung der Debatte hier beigemessen werden kann. Zweitens steht diese Arbeit im einleitend bereits benannten Lichte der Frage, wie Abusive Supervision angemessen konzeptionalisiert werden kann, um sowohl den Entstehungsprozess, als auch die Persistenz des Phänomens theoretisch (besser) erklären zu können. Für die im zweiten Teil dieses Kapitels herauszuarbeitenden Forschungslücken ist die breitere Konsequenzenforschung daher zwangsläufig von untergeordnetem Interesse. Dennoch ermöglicht ihre zumindest überblicksartige Rezeption eine Schärfung des Blickes darauf, wie Abusive Supervision als Führungsphänomen derzeit konzeptionalisiert wird. Außerdem soll dieses Kapitel – wie eingangs dargestellt – die Debatte rekapitulieren, weshalb die Konsequenzen hier nicht ausgeklammert werden können. Gleichwohl ist ihre Darstellung für die Argumentationslinie der Arbeit eher exkursartiger Natur als elementare Zwischenetappe.

Die Auswirkungen von Abusive Supervision wurden bis auf eine Ausnahme ausschließlich auf der individuellen Ebene des betroffenen Mitarbeiters untersucht, was ausgehend vom gegenwärtigen konzeptionellen Verständnis nicht weiter verwunderlich ist. Die Führungskraft verhält sich feindselig, betroffene Mitarbeiter leiden darunter. Dieses Leiden, beziehungsweise wertfrei ausgedrückt: diese Auswirkungen wurden mittels unterschiedlichster Konstrukte gemessen[117] und sollen im Rahmen dieses Überblicks in folgende Domänen ausdifferenziert werden. Ein großer Teil der in den Studien untersuchten Variablen bezieht sich auf kognitive und emotionale Auswirkungen von Abusive Supervision und damit also *nicht* auf resultierendes Verhalten. Die restlichen untersuchten Variablen sind sämtlich Verhaltensvariablen. Aus Systematisierungsgründen wird die Darstellung der Konsequenzen also in Nicht-Verhalten und Verhalten differenziert – und das auch in dieser Reihenfolge, da Auswirkungen auf der Nicht-Verhaltens-Ebene oftmals als der Verhaltensebene im Sinne von Mediatorenwirkungen vorgeordnet untersucht wurden. In die Darstellung gehen nur jene Studien ein, die (1) explizit Abusive Supervision als Ursache annehmen und (2) in wissenschaftlichen Zeitschriften veröffentlicht wurden. Arbeiten zu verwandten Konstrukten wie beispielsweise Mobbing werden also genauso wenig berücksichtigt, wie Konferenzbeiträge oder unveröffentlichte Manuskripte.

(1) Auswirkungen von Abusive Supervision auf Nicht-Verhaltens-Dimensionen
Die Studien, die sich mit Auswirkungen auf Nicht-Verhaltensebene, also auf kognitiver und emotionaler Ebene beschäftigen, können in drei Unterkategorien unterschieden werden. Die Mehrzahl der Studien beschäftigt sich mit Auswir-

---

vision beschäftigen. Demgegenüber ließen sich nur die sechs oben diskutierten Studien zu den Ursachen von Abusive Supervision identifizieren.
[117] Vgl. für den bisher einzigen Review-Artikel der Abusive Supervision Debatte den bereits mehrfach zitierten Artikel Teppers (2007).

kungen auf arbeitsbezogene Variablen, ein geringerer Teil mit kontextunspezifischen Auswirkungen und (immerhin) zwei Studien betrachten explizit Auswirkungen auf die private Sphäre des Mitarbeiters. Innerhalb der arbeitsbezogenen Ebene wird insbesondere das *Organizational Commitment* des Mitarbeiters in Gegenwart von Abusive Supervision untersucht.[118] Commitment wird hierbei bei allen Studien in die von Meyer und Allen vorgeschlagenen Dimensionen *Affective*, *Continuance* und *Normative Organizational Commitment* unterschieden,[119] wobei insbesondere erstere Form mit einbezogen wird. Duffy et al. weisen in ihrer Studie negative Auswirkungen auf das *Affective Organizational Commitment* nach und meinen damit „the strengths of an individual's agreement with, or attachment to, the underlying goals and values of her or his employing organization"[120]. Daneben beschäftigten sich Aryee et al.[121], Harvey und Keashly[122] und Tepper et al.[123] mit dieser Dimension des Organizational Commitments. In seiner ersten Studie betrachtete Tepper[124] daneben auch die beiden anderen Dimensionen und konnte Einflüsse auf alle drei nachweisen.

In zwei Studien wurden arbeitsbezogene Stressvariablen untersucht. Harvey et al. wiesen die Wirkung von Abusive Supervision auf *Job Tension* nach,[125] während Hobman et al. *Project Anxiety* als Folge identifizierten.[126] In anderen Studien konnte die Auswirkung von Abusive Supervision auf die Absicht nachgewiesen werden, das Unternehmen zu verlassen.[127] Daneben wurden auch positiv besetzte Konstrukte untersucht. So wiesen sowohl Tepper, als auch Harvey und Keashly eine negative Korrelation mit empfundener Arbeitszufriedenheit

---

[118] Vgl. Aryee et al. 2007; Duffy et al. 2002; Harvey & Keashly 2006; Tepper 2000; Tepper et al. 2008.
[119] Vgl. Meyer & Allen 1997; Allen & Meyer 1990a. *Affective Commitment* bezieht sich auf die emotionale Verbundenheit, die Identifikation und das Involvement des Mitarbeiters mit dem Unternehmen. *Continuance Commitment* bezieht sich auf die subjektiven Kosten des Mitarbeiters im Falle seines Verlassens der Organisation. *Normative Commitment* bezieht sich auf die empfundene Verpflichtung des Mitarbeiters, im Unternehmen zu bleiben. Vgl. Allen & Meyer 1990a, S. 1.
[120] Duffy et al. 2002, S. 335.
[121] Vgl. Aryee et al. 2007, S. 193.
[122] Vgl. Harvey & Keashly 2006, S. 4.
[123] Vgl. Tepper et al. 2008, S. 721.
[124] Vgl. Tepper 2000, S. 183.
[125] Vgl. Harvey et al. 2007, S. 265. Sie beziehen sich dabei auf folgende Definition: „the psychological reaction of workers to disturbances in the objective or perceived work environment" (Chisholm et al. 1983, S. 387).
[126] Vgl. Hobman et al. 2009. Die Autoren führten ihre Studie nicht in dem sonst üblichen Arbeitskontext durch. Stattdessen untersuchten sie akademische Ausbildungsbeziehungen zwischen Doktoranden und Professoren. Project Anxiety „refers to unpleasant emotional arousal resulting from the stressful demands of the project" (Hobman et al. 2009, S. 236).
[127] Vgl. Harvey & Keashly 2006; Tepper 2000. Die Absicht, das Unternehmen zu verlassen, ist damit konzeptionell sehr nah an nicht vorhandenem *Continuance Organizational Commitment*.

nach.[128] Duffy et al. wiesen schwach negative Auswirkungen auf die Selbstwirksamkeitswahrnehmung der Mitarbeiter nach,[129] während Hobman et al. *Project Satisfaction* untersuchten.[130] Schließlich untersuchten Aryee et al. die Auswirkungen von Abusive Supervision auf die wahrgenommene Ungerechtigkeit in Bezug auf die oben bereits definierten Dimensionen *Interactional* und *Procedural Justice*.

Innerhalb der kontextunspezifischen Auswirkungen lassen sich die untersuchten Variablen ebenfalls in positiv und negativ besetzte unterscheiden. Die positiven bewegen sich im Bereich Zufriedenheit und Selbstwirksamkeit. Hobman et al. untersuchten die Wirkungen von Abusive Supervision auf *Psychological Well-Being* und *Self-Esteem*.[131] *Self-Esteem* war auch Gegenstand der experimentellen Studie von Burton und Hoobler.[132] Sie befragten Studierende, wie sie sich in hypothetischen, arbeitsrelevanten Situationen verhalten würden.[133] Unter der Annahme, dass die Studierenden in echten Situationen vergleichbare Verhaltensweisen an den Tag legen würden, konnte ein signifikanter, negativer Einfluss auf das Selbstvertrauen identifiziert werden.[134] Die negativ besetzten Variablen behandelten jeweils Dimensionen psychologischen Stresses, die sich jedoch sehr stark ähneln. Einflüsse auf *Emotional Exhaustion* wurden von Aryee et al.[135], Harvey et al.[136] und Wu und Hu[137] festgestellt. *Psychological Distress* wurde hingegen von Rafferty et al.[138], Tepper[139] und auch noch einmal von Tepper et al.[140] mit signifikanten Ergebnissen untersucht. Schließlich konnte Yagil für verschiedene *Employee Burnout*-Dimensionen signifikante Einflüsse nachweisen.[141]

---

[128] Vgl. Harvey & Keashly 2006, S. 5; Tepper 2000, S. 184.
[129] Vgl. Duffy et al. 2002, S. 342.
[130] Project Satisfaction „refers to satisfaction in relation to the thesis project" (Hobman et al. 2009, S. 236); Die negative Wirkung konnte hier nur nachgewiesen werden für den Fall niedriger Unterstützung im Team, vgl. Hobman et al. 2009, S. 247.
[131] Die negative Wirkung auf *Psychological Well-Being* und auf *Self-Esteem* konnte jedoch nur für den Fall hoher Unterstützung durch den Advisor (Vorgestzten) nachgewiesen werden (vgl. Hobman et al. 2009, S. 247 f.).
[132] Vgl. Burton & Hoobler 2006.
[133] Vgl. zur angewandten Methode Burton & Hoobler 2006, S. 343 ff.
[134] Vgl. Burton & Hoobler 2006, S. 348.
[135] Vgl. Aryee et al. 2008, S. 401 ff.; die Autoren untersuchten Emotional Exhaustion als Mediatorvariable.
[136] Vgl. Harvey et al. 2007, S. 272 ff..
[137] Vgl. Wu & Hu 2009, S. 155 ff.
[138] Vgl. Rafferty et al. 2010, S. 42 ff.
[139] Vgl. Tepper 2000, S. 183 ff.
[140] Vgl. Tepper et al. 2007, S. 1173 ff.
[141] Vgl. Yagil 2006; die Dimensionen waren *Emotional Exhaustion, Depersonalization* und *Personal Accomplishments*. Die angenommene Mediatorwirkung von Burnout auf weitere Variablen konnte indes nicht nachgewiesen werden, vgl. Yagil 2006, S. 57 f.

Ebenfalls dem Bereich des Nicht-Verhaltens zuzuordnen, und dabei in die Kategorie kontextunspezifisch gehörend, sind körperliche Folgen von Abusive Supervision. Hier untersuchten Duffy et al. *Somatic Complaints* der befragten Mitarbeiter und Die Autoren konnten signifikante Einflüsse nachweisen.[142] Bamberger und Bacharach untersuchten in ihrer Studie den Einfluss von Abusive Supervision auf den Missbrauch von Alkohol beziehungsweise den übermäßigen Genuss von Alkohol. Sie nahmen *Somatic Stress* dabei als Mediator-Variable an, die aus Abusive Supervision resultiert. Wenn ein Mitarbeiter also körperlich unter Abusive Supervision leidet, neigt er eher zum Alkoholmissbrauch – so jedenfalls die Hypothese der Autoren. Zwar konnte dieser Wirkungspfad nicht vollständig nachgewiesen werden, die Korrelation von Abusive Supervision und körperlichen Beschwerden war jedoch signifikant.[143]

Im Bereich privater Auswirkungen untersuchten Rafferty et al. *Partner-rated Insomnia*, also eine Beurteilung der Schlafqualität durch den Partner des betroffenen Mitarbeiters.[144] In ihrem Modell nahmen sie dabei die Mediatorwirkung von psychologischem Stress an und konnten hohe Korrelationen sowohl zwischen Abusive Supervision und *Psychological Distress*, als auch zwischen *Psychological Distress* und *Partner-rated Insomnia* feststellen.[145] Tepper untersuchte in seiner Pionierstudie ebenfalls Auswirkungen auf den privaten Bereich. Er unterschied dabei Konflikte, die ausgehend von der hohen Arbeitsbelastung in den privaten Bereich eindringen (*Work-to-Family Conflict*) und Konflikte, die umgekehrt dadurch entstehen, dass familiäre Verpflichtungen auf mangelndes Verständnis der Führungskraft treffen (*Family-to-Work Conflict*) und damit im Falle von Abusive Supervision vorliegen können.[146] Beide Konfliktarten gingen tatsächlich mit Abusive Supervision einher, wobei der Effekt auf *Work-to-Family Conflict* etwas höher ausgeprägt war.[147] Auf allgemeinerer Ebene untersuchte Tepper ebenfalls *Life Satisfaction* und stellte auch dort signifikante Auswirkungen fest.[148]

Die folgende Tabelle fasst die untersuchten Konstrukte der Nicht-Verhaltens-Dimensionen noch einmal zusammen:

---

[142] Vgl. Duffy et al. 2002, S. 342.
[143] Vgl. Bamberger & Bacharach 2006, S. 736 f.
[144] Vgl. Rafferty et al. 2010.
[145] Vgl. Rafferty et al. 2010, S. 46.
[146] Inwieweit *Family-to-Work* Konflikte dann tatsächlich als Konsequenz von Abusive Supervision verstanden werden können, sei an dieser Stelle nicht näher diskutiert.
[147] Vgl. Tepper 2000, S. 184.
[148] Diese Auswirkungen – wie auch jene auf die beiden vorgenannten Konfliktarten – wurden durch Job Mobility derart moderiert, dass sie stärker für jene Mitarbeiter ausgeprägt waren, die von einer geringere Job Mobility berichteten. Vgl. Tepper 2000, S. 185.

Kontext	Gruppe	Variable	Autor(n)
Arbeitsbezogen			
	Organizaional Commitment		
		Affective Commitment	Aryee et al. 2007; Duffy et al. 2002; Harvey & Keashly 2006; Tepper 2000; Tepper et al. 2008
		Continuance Commitment	Tepper 2000
		Normative Commitment	Tepper 2000
	Stress		
		Job Tension	Harvey et al. 2007
		Project Anxiety	Hobman et al. 2009
	Verhaltensabsichten		
		Intentions to Quit	Harvey & Keashly 2006; Harvey et al. 2007; Tepper 2000
	Zufriedenheit/Selbstwahrnehmung		
		Job Satisfaction	Harvey & Keashly 2006; Tepper 2000
		Project Satisfaction	Hobman et al. 2009
		Self-Efficacy	Duffy et al. 2002
	Gerechtigkeitswahrnehmungen		
		Interactional Justice	Aryee et al. 2007
		Procedural Justice	Aryee et al. 2007
Ohne Bezug			
	Zufriedenheit/Selbstwahrnehmung		
		Psychological Well-Being	Hobman et al. 2009
		Self-Esteem	Hobman et al. 2009; Burton & Hoobler 2006
	Stress		
		Emotional Exhaustion	Aryee et al. 2008; Harvey et al. 2007; Wu & Hu 2009
		Employee Burnout	Yagil 2006
		Psychological Distress	Rafferty et al. 2010; Tepper 2000; Tepper et al. 2007
		Somatic Complaints/Stress	Bamberger & Bacharach 2006; Duffy et al. 2002
Privatsphäre			
	Konflikte		
		Family-to-Work Conflict	Tepper 2000
		Work-to-Family Conflict	Tepper 2000
	Sonstiges		
		Partner-rated Insomnia	Rafferty et al. 2010
		Life Satisfaction	Tepper 2000

Tabelle 5: Auswirkung von Abusive Supervision: Variablen des Nicht-Verhaltens
(Quelle: eigene Darstellung)

(2) Auswirkungen von Abusive Supervision auf Verhaltens-Dimensionen
Auf Verhaltensebene beschäftigen sich nahezu alle Studien mit arbeitsbezogenen Verhaltenswirkungen. Dennoch auf den privaten Bereich beziehen sich Bamberger und Bacharach, indem sie – wie oben bereits im Rahmen der von ihnen angenommenen Mediatorwirkung von körperlichem Stress dargestellt – die Auswirkung von Abusive Supervision auf Alkoholmissbrauch untersuchen. Das Mediator-Modell konnte nicht nachgewiesen werden, wohl aber die signifi-

kante Korrelation von Alkoholmissbrauch und Abusive Supervision.[149] Ferner beschäftigten sich Hoobler und Brass mit familiären Auswirkungen von Abusive Supervision, genauer gesagt mit der Variable *Family Undermining*. Im Bereich der Ursachenforschung wurde die zentrale Argumentationslinie bereits diskutiert, dass Mitarbeiter (im obigen Fall die Führungskräfte) sich in den wenigsten Fällen direkt gegen die Quelle der ungerechten Behandlung zur Wehr setzen, wenn dieses zur Wehr setzen weiteres ungerechtes Verhalten erwarten lassen würde.[150] Auf Ebene der Konsequenzen von Abusive Supervision wird dieses Argument nun auf den betroffenen Mitarbeiter übertragen, dessen Aggressionen sich nun auf die eigene Familie richten anstatt auf den eigentlich verursachenden Vorgesetzten. Hoobler und Brass konnten in ihrer Studie diese Art von Auswirkungen nachweisen.[151]

Im arbeitsbezogenen Kontext beschäftigten sich einige der Studien mit deviantem Verhalten.[152] Oben wurde einführend dargestellt, dass Tepper das Konstrukt Abusive Supervision selbst als eine Form devianten Verhaltens versteht.[153] Es wird also untersucht, inwieweit deviantes Verhalten der Führungskraft deviantes Verhalten des Mitarbeiters verursacht. Mitchell und Ambrose untersuchen deviantes Verhalten des Mitarbeiters in drei Sub-Dimensionen: *Interpersonal Deviance*, *Organizational Deviance* und *Supervisor-directed Deviance*[154] und konnten jeweils signifikante Effekte nachweisen.[155] Tepper untersuchte mit seinen Kollegen in einer Studie *Organizational Deviance* und *Supervisor-related Deviance*,[156] in einer anderen Studie konzentrierten sie sich dagegen auf *Organizational Deviance*.[157] In beiden Studien konnten jeweils sig-

---

[149] Vgl. Bamberger & Bacharach 2006, S. 742 f.
[150] Diese Argumentation basiert auf den klassischen Arbeiten zur Frustrations-Aggressions-Theorie um Dollard und Miller, vgl. Dollard et al. 1939; Miller 1941; Das zentrale Argument lieferten Dollard et al. (1939, S. 37): „the inhibition of any act of aggression varies directly with the strength of the punishment anticipated for the expression of that act".
[151] Die Auswirkungen auf die Familie waren umso höher, je niedriger die Arbeitsleistung der Mitarbeiters von der Führungskraft eingeschätzt wurde, vgl. Hoobler & Brass 2006, S. 1129.
[152] Vgl. Dupré et al. 2006; Mitchell & Ambrose 2007; Thau et al. 2009; Tepper et al. 2008; Tepper et al. 2009.
[153] Vgl. Tepper 2000, S. 179.
[154] Deviantes Verhalten wird – wie oben bereits knapp dargestellt – differenziert in Verhalten, das gegen die Organisation gerichtet ist (Organizational Deviance), und Verhalten, das gegen Individuen gerichtet ist (Interpersonal Deviance) (vgl. Robinson & Bennett 1995, S. 565). Mitchell und Ambrose unterteilen Interpersonal Deviance noch einmal in gegen die direkte Führungskraft gerichtetes Verhalten (Supervisor-directed Deviance) und gegen andere Personen gerichtetes Verhalten (vgl. Mitchell & Ambrose 2007, S. 1160).
[155] Vgl. Mitchell & Ambrose 2007, S. 1163.
[156] Vgl. Tepper et al. 2009, S. 162 f.
[157] Vgl. Tepper et al. 2008, S. 727.

nifikante Effekte nachgewiesen werden. Thau et al. replizierten diese Studien und fanden ebenfalls signifikante Effekte für die beiden von Robinson und Bennett definierten Grundformen devianten Verhaltens am Arbeitsplatz.[158] Obwohl sie das resultierende Verhalten anders bezeichnen, kann an dieser Stelle auch die Studie von Dupré et al. aufgeführt werden. Die Autoren untersuchen die Auswirkung von Abusive Supervision auf *Workplace Aggression* bei Teenagern und betrachten dabei insbesondere die moderierende Wirkung der individuellen Gründe für die Beschäftigung.[159] Im Ergebnis konnten die aufgestellten Hypothesen bestätigt werden: Abusive Supervision verursacht *Workplace Aggression*, insbesondere psychische Aggressionen, und das wiederum umso stärker, wenn die Gründe der Beschäftigung finanzieller Natur sind, also eine gewisse materielle Abhängigkeit von der Arbeitsstelle besteht.[160]

Ein weiterer Block innerhalb der untersuchten Konsequenzen auf Verhaltensebene beschäftigt sich mit Auswirkungen auf die Produktivität des von Abusive Supervision betroffenen Mitarbeiters.[161] Harris et al. untersuchten in diesem Kontext die Auswirkung auf *Job Performance*. Basierend auf der *Social Exchange Theory*[162] nehmen die Autoren an, dass Mitarbeiter auf feindseliges Verhalten der Führungskraft mit dem Absenken ihrer Produktivität reagieren.[163] Zur Messung der Arbeitsleistung verwendeten sie drei verschiedene Operationalisierungen und konnten zwei signifikante Effekte feststellen, die noch verstärkt wurden, wenn die betreffenden Mitarbeiter ihrer Arbeit eine hohe Bedeutung zumaßen.[164] Duffy et al. untersuchten in ihrer Studie die Auswirkungen auf *Counterproductive Behavior*[165] und konnten dabei starke Effekte nachweisen.[166]

---

[158] Vgl. Thau et al. 2009, S. 86 f.
[159] Vgl. Dupré et al. 2006, S. 989. Zum Konstrukt der *Workplace Aggression* schreiben die Autoren: „Aggressive behaviors at work can take a variety of forms [...] These acts include physical behaviors (e.g., punching, damaging property) as well as psychological and verbal behaviors (e.g., verbal insults, ignoring the target), and they can be active or passive (i.e., initiating or withholding actions), overt or covert (i.e., obvious or anonymous acts of aggression), and direct or indirect (i.e., targeting the intended target directly or a third party), focusing on both people in organizations and the organizations themselves." (Dupré et al. 2006, S. 987 f).
[160] Vgl. Dupré et al. 2006, S. 993.
[161] Vgl. Aryee et al. 2008; Detert et al. 2007; Duffy et al. 2002; Harris et al. 2007.
[162] Vgl. Blau 1964; Cropanzano & Mitchell 2005.
[163] Die Autoren beziehen sich hier auf Cropanzano und Mitchell: „A negative reciprocity orientation involves the tendency to return negative treatment for negative treatment" (Cropanzano & Mitchell 2005, S. 878).
[164] Die Autoren untersuchten *Formal Performance Appraisal Ratings*, *Supervisor Ratings* und *Self-Ratings*. Lediglich für die *Self-Ratings* konnte keine signifikante Korrelation nachgewiesen werden. Vgl. Harris et al. 2007, S. 259.
[165] Sie grenzen diesen Begriff folgendermaßen ein: „we focus broadly on passive manifestations, like lazy work habits and extended breaks, and active ones, such as theft" (Duffy et al. 2002, S. 336).
[166] Vgl. Duffy et al. 2002, S. 342.

B Stand der Abusive Supervision Debatte und ihre Forschungslücken 95

Ähnliche Effekte konnten Detert et al. nachweisen, mit dem nennenswerten Unterschied, dass sie die bislang einzige Studie vorlegten, die sich explizit mit Auswirkungen auf Gruppenebene beschäftigt. Sie konnten zeigen, dass sich das Führungsverhalten von Restaurantmanagern auf die Produktivität des gesamten Personals, also auf kollektiver Ebene auswirkt.[167] Schließlich beschäftigten sich Aryee et al. in ihrer jüngeren Studie mit *Employee Contextual Performance*[168]. Auf beide Subdimensionen dieses Konstrukts konnten signifikante Auswirkungen nachgewiesen werden, und zwar einerseits auf direktem Wirkungsweg und andererseits über die Mediator-Variable der emotionalen Erschöpfung.[169] Die Variable der *Contextual Performance* ist konzeptionell sehr eng verwandt mit *Organizational Citizenship Behavior*, welches in weiteren Studien untersucht wurde.[170]

Während auf Ebene der Arbeitsleistung bereits Verhalten diskutiert wurde, das durch das bewusste oder unbewusste Absenken der Produktivität einen indirekten Umgang mit Abusive Supervision darstellt, diskutierten andere Autoren Verhalten, das sich direkt auf den Umgang mit Abusive Supervision bezieht. Tepper et al. untersuchten in diesem Zusammenhang die Wirkungen auf *Constructive Resistance* und *Dysfunctional Resistance*[171] und nahmen dabei an, dass die Dimensionen *Conscientiousness* und *Agreeableness* des *Big-Five* Persönlichkeits-Modells[172] diese Wirkungen moderieren. *Conscientiousness* bezieht sich auf das Pflichtbewusstsein des Mitarbeiters und hat also einen Aufgabenbezug, während *Agreeableness* sich auf Kooperationswillen und vertrauensvolle Zusammenarbeit bezieht, also Beziehungsbezug besitzt.[173] Die Autoren weisen die moderierende Wirkung insoweit nach, als dass Mitarbeiter mit niedrigen Werten beider Persönlichkeitsdimensionen am ehesten zu dysfunktionalen Reaktionen neigen, während konstruktives Verhalten eher von Mitarbeitern ge-

---

[167] Vgl. Detert et al. 2007, S. 1001.
[168] *Contextual Performance* setzt sich aus zwei Verhaltensdimensionen zusammen. *Job Dedication* „centres on self-disciplined behaviours such as following rules, working hard, and taking initiative to solve a problem at work" (van Scotter & Motowidlo 1996, S. 525), während *Interpersonal Facilitation* "interpersonally oriented behaviours that contribute to organizational goal accomplishment" (van Scotter & Motowidlo 1996, S. 525) beschreibt. Vgl. ferner auch Motowidlo & Van Scotter 1994.
[169] Vgl. Aryee et al. 2008, S. 405. Moderiert wurde der direkte Wirkungsweg noch von der Organisationsstruktur. Die Wirkung im Falle mechanistischer Strukturen fiel höher aus als im Falle organischer Strukturen.
[170] Vgl. Aryee et al. 2007; Zellars et al. 2002.
[171] *Constructive Resistance* meint direkte Reaktionen auf feindseliges Verhalten, die darauf abzielen, Klarheit herbeizuführen und gegebenenfalls Missverständnisse auszuräumen, in dem Sinne einen reflektierenden Dialog herbeizuführen. *Dysfunctional Resistance* bezieht sich dagegen auf passiv aggressive Verhaltensweisen, wie etwa das Ignorieren von dienstlichen Anweisungen, wodurch der Arbeitsfluss gestört wird. Vgl. zu diesen Definitionen Tepper et al. 2001, S. 975; ferner auch Falbe & Yukl 1992.
[172] Vgl. beispielsweise Judge et al. 1997.
[173] Vgl. Tepper et al. 2001, S. 976.

wählt wird, die hohe Werte auf diesen Skalen erzielen.[174] In einer späteren Studie untersuchten Tepper et al. ähnliche Verhaltensweisen und konnten nachweisen, dass Mitarbeiter im Falle von Abusive Supervision eher (emotionalen) Abstand zum Vorgesetzten aufbauen und arbeitsinhaltliche Probleme weniger direkt ansprechen, als im Falle der Abwesenheit von Abusive Supervision.[175]
Die folgende Tabelle fasst die untersuchten Variablen der Verhaltensebene zusammen:

Kontext	Gruppe	Variable	Autor(n)
Arbeitsbezogen			
	Deviantes Verhalten		
		Organizational Deviance	Mitchell & Ambrose 2007; Tepper et al. 2008; Tepper et al. 2009; Thau et al. 2009
		Interpersonal Deviance	Mitchell & Ambrose 2007; Thau et al. 2009
		Supervisor-Directed Deviance	Mitchell & Ambrose 2007; Tepper et al. 2009
		Workplace Aggression	Dupré et al. 2006
	Leistungsverhalten		
		Job Performance	Harris et al. 2007
		Counterproductive Behaviors	Detert et al. 2007; Duffy et al. 2002
		Contextual Performance	Aryee et al. 2008
	Organizational Citizenship Behavior		
		Organizational Citizenship Behavior	Zellars et al. 2002
		Individual-Directed Citizenship Behavior	Aryee et al. 2007
		Organization-Directed Citizenship Behavior	Aryee et al. 2007
	Bewältigungsverhalten		
		Direct Maintenance Tactics	Tepper et al. 2007; Yagil 2006
		Regulative Maintenance Tactics	Tepper et al. 2007
		Constructive Resistance	Tepper et al. 2001
		Dysfunctional Resistance	Tepper et al. 2001
Privatsphäre			
	Sonstige		
		Family Undermining	Hoobler & Brass 2006
		Problem Drinking	Bamberger & Bacharach 2006

Tabelle 6: Auswirkung von Abusive Supervision: Variablen des Verhaltens
(Quelle: eigene Darstellung)

Die Diskussion der untersuchten Auswirkungen von Abusive Supervision hat gezeigt, dass eine Vielzahl von Variablen bereits untersucht wurde. Neben den aufgeführten Konstrukten wurde eine Vielzahl von Moderator-Variablen in die Studien mit einbezogen, die hier – weil sie nicht als *Folge* von Abusive Supervi-

---

[174] Vgl. Tepper et al. 2001, S. 978 ff.
[175] Vgl. Tepper et al. 2007. Die Autoren untersuchten *Direct Maintenance Tactics* (offenes Ansprechen von Problemen) und *Regulative Maintenance Tactics* (Abstand aufbauen). Yagil untersuchte ebenfalls *Upward Influence Tactics*, vgl. Yagil 2006.

B Stand der Abusive Supervision Debatte und ihre Forschungslücken 97

sion untersucht wurden – zumeist außen vor gelassen wurden.[176] Auffällig ist, dass sämtliche Studien die Folgen von Abusive Supervision auf Ebene des betroffenen Mitarbeiters analysieren. Lediglich eine Studie betrachtete auch Auswirkungen auf aggregierter Ebene der gesamten Arbeitsgruppe beziehungsweise Organisation.[177] Ansonsten finden Aggregationen der Auswirkungen nur pauschalisierend statt und dienen in erster Linie der Legitimation der Abusive Supervision Forschung insgesamt, wenn beispielsweise von alarmierender Verbreitung des Phänomens gesprochen wird und Kosten sowohl für den Einzelfall, als auch für die gesamte Volkswirtschaft angegeben werden.[178] Interessanterweise wurden Auswirkungen, beziehungsweise Rückwirkungen auf die sich feindselig verhaltenden Führungskräfte bisher nicht untersucht, was die im Rahmen der Forschungslücken noch genauer herauszuarbeitende Einseitigkeit der bisherigen Debatte unterstreicht.

Nachdem die Abusive Supervision Debatte hier in ihrer derzeitigen Gestalt detailliert entfaltet wurde, kann der Blick nun auf die Ebene der dahinterliegenden Konzeption verlagert werden und damit dem Kern der Arbeit einen weiteren Schritt angenähert werden. Dazu erscheint es zunächst sinnvoll, eine systematische Abgrenzung zwischen Mobbing[179] und Abusive Supervision vorzunehmen. Obwohl es kein originäres Konstrukt der Führungsforschung darstellt, wird Mobbing dennoch im Rahmen der dunklen Seite der Führung diskutiert. Als Konstrukt zog es in den letzten beiden Jahrzehnten signifikantes wissenschaftliches (und auch insbesondere populärwissenschaftliches) Interesse auf sich[180] und besitzt – mal abgesehen von Fragen der hierarchischen Beziehung beteiligter Personen – durchaus konzeptionelle Überschneidungen mit Abusive Supervision.[181] Die nun folgende, konzeptionelle Abgrenzung verfolgt zweierlei Ziele. Erstens dient sie der klaren Unterscheidung beider Konzepte, die oberflächlich betrachtet sehr ähnlich erscheinen mögen. Insofern ist die Abgrenzung ein not-

---

[176] Hier wurden auf individueller Ebene Persönlichkeitsmerkmale einbezogen (vgl. bspw. Bamberger & Bacharach 2006; Harvey et al. 2007; Mitchell & Ambrose 2007; Rafferty et al. 2010; Wu & Hu 2009), daneben auch das Geschlecht (vgl. Burton & Hoobler 2006), die Arbeitsmobilität (vgl. Tepper 2000) und die Gründe für die Arbeit (vgl. Dupré et al. 2006). Auf Ebene der Organisation wurde der Management-Stil (vgl. Thau et al. 2009), Unterstützung im Team (vgl. Hobman et al. 2009) und die Organisationsstruktur (vgl. Aryee et al. 2008) integriert.
[177] Vgl. Detert et al. 2007.
[178] Vgl. beispielsweise Tepper et al. 2006, S. 119.
[179] In angloamerikanischer Forschung als *Bullying*, beziehungsweise *Workplace Bullying* bezeichnet (vgl. Zapf 1999b).
[180] Vgl. etwa Fox & Stallworth 2010; Harvey et al. 2008; Parzefall & Salin 2010; Teuschel 2010; Vega & Comer 2005. Auf die Zitation populärwissenschaftlicher, zumeist ratgeberartiger Literatur soll an dieser Stelle verzichtet werden.
[181] Vgl. beispielsweise den Titel des Herausgeberbands von Einarsen et al. (2003b): „Bullying and emotional abuse in the workplace". Ferner zeigte sich auch in den oben ausgewerteten Experteninterviews, dass einige Gesprächspartner Abusive Supervision zunächst als eine Art Unterkategorie von Mobbing verstanden hatten.

wendiger Schritt in Richtung der konzeptionellen Überarbeitung des Abusive Supervision Konstruktes. Das Abusive Supervision Konzept gewinnt zweitens durch die im Laufe des Vergleichs aufscheinende Differenz zusätzlich an Schärfe und kann anschließend sowohl resümierend, als auch überleitend zum zweiten Teil des Kapitels diskutiert werden.

1.3. Abusive Supervision und Mobbing – Alter Wein in neuen Schläuchen?

Im Gegensatz zu Abusive Supervision ist der Begriff des *Mobbings* im Laufe der letzten Jahre immer mehr zu einem festen Bestandteil des alltäglichen Sprachgebrauchs geworden.[182] Er wird im Allgemeinen verwendet, um feindselige Handlungen am Arbeitsplatz zu bezeichnen,[183] bezog sich ursprünglich aber ganz allgemein auf soziale Feindseligkeit unter Gleichen. Da sich die Abusive Supervision Forschung ebenfalls mit feindseligen Handlungen in organisationalem Kontext beschäftigt, soll mit dieser Abgrenzung auch dem zumindest denkbaren Vorwurf begegnet werden, die Abusive Supervision Debatte sei im Grunde die bloße Fortsetzung der Mobbing Diskussion unter neuem Etikett.[184] Zunächst wird der theoretische Hintergrund der Mobbingforschung zumindest insoweit ausgeleuchtet, wie es für eine fundierte Abgrenzung beider Konstrukte notwendig erscheint.[185] Im Anschluss daran werden beide dann auf Basis ihrer jeweiligen Konzeptionen anhand geeigneter Dimensionen gegenübergestellt.

1.3.1. Theoretischer Hintergrund und Stand der Mobbingforschung

Seinen Ursprung hatte der Begriff „Mobbing" zu Beginn des letzten Jahrhunderts in der vergleichenden Verhaltensforschung unter Tieren.[186] In den Bereich menschlicher Beziehungen wurde er von Heinemann[187] übertragen und durch sein populärwissenschaftliches Bestsellerbuch zunächst der breiten Öffentlichkeit Schwedens zugänglich gemacht. Leymann übertrug das Konzept schließlich auf den Arbeitskontext.[188] Zuvor entwickelte sich jedoch eine breit diskutierte

---

[182] Vgl. Neuberger 1999, S. 1; Niedl 1995, S. 3; Gockel 2004, S. 11. In den öffentlichen Sprachgebrauch wurde Mobbing in Deutschland von Moebius (1988) eingeführt.
[183] Vgl. Schnecke 2003, S. 11 ff. Eine genauere Definition wird weiter unten gegeben.
[184] Damit erklärt sich auch die Wahl der Metapher im Titel dieses Abschnitts.
[185] Darüber hinaus gehendes Interesse ist beispielsweise bei Neuberger (1999) zu befriedigen.
[186] Vgl. Niedl 1995, S. 12.
[187] Vgl. Heinemann 1972, S. 9 (zitiert nach Niedl 1995, S. 12).
[188] Vgl. Leymann 1986; Zuvor veröffentlichte Brodsky (1976) ihr Buch „The harassed worker", das jedoch nur auf unwesentliche wissenschaftliche Resonanz stieß (vgl. Einarsen et al. 2003a, S. 4). Für einen umfassenden Überblick über die Entwicklungsgeschichte des

B Stand der Abusive Supervision Debatte und ihre Forschungslücken 99

Mobbingforschung im Schulbereich, bei der es vor allem darum ging, präventive und kurative Maßnahmen zu entwickeln.[189] Die Ursachen von Mobbing unter Schülern wurden dabei zunächst in verschiedenen Persönlichkeitstypen der mobbenden und gemobbten Schüler gesehen, später wurden situative Bedingungen in die Analyse mit aufgenommen.[190]

Während die Mobbing Debatte im skandinavischen beziehungsweise europäischen Raum insofern als einheitlich zu bezeichnen ist, als das weitestgehend Einigkeit über das Konstrukt bestand, entwickelte sich in den USA eine Vielzahl von Konstrukten und Konnotierungen in verschieden Forschungsbereichen.[191] Bis auf wenige Ausnahmen lassen diese sich jedoch unter den Begriff „Workplace Bullying" subsumieren. Obwohl in den ursprünglichen Konzeptionen Mobbing von einer Gruppe von Menschen (vom Mob) und Bullying von einer Person (dem Bully) ausgeht, hat sich die daraus ergebene Differenzierung nicht durchgesetzt; heute werden im internationalen Forschungskontext beide Bezeichnungen synonym verwendet.[192]

Als Konstrukt wurde Mobbing in vielfacher Weise definiert, als wegweisend gilt dabei die Definition Leymanns:

> „Psychoterror oder Mobbing im Arbeitsleben stellt eine feindliche und unethische Arbeitskommunikation dar, welche systematisch von einer oder mehreren Personen vorwiegend gegen ein Individuum gerichtet ist. Mobbing erfordert, dass eine Person in diesem Konflikt sehr unterlegen ist, und dass die Aktionen oft stattfinden (fast jeden Tag, doch mindestens einmal in der Woche) und über einen langen Zeitraum (während mehrerer Monate)."[193]

Mobbingbegriffs sei an Neuberger 1999, S. 2 ff. oder auch Niedl 1995, S. 16 ff. verwiesen.

[189] Niedl 1995, S. 13.

[190] Wie beispielsweise Rahmenbedingungen der Schule, Verhalten des Aufsichtspersonals, etc. (vgl. Munthe 1989, S. 77). Niedl resümiert die schulischen Forschungsergebnisse dahingehend, dass die isolierte Betrachtung von Tätern und Opfern der Komplexität und dem oftmals zirkulären Charakter des Phänomens nicht gerecht werden kann (vgl. Niedl 1995, S. 15).

[191] Vgl. Keashly & Jagatic 2003, S. 32 ff. Die Autorinnen zählen hier unter anderem die Konzepte *Harassment, Workplace Deviance, Workplace Aggression* und *Emotional Abuse* auf.

[192] Vgl. Schnecke 2003, S. 39; genauer auch Zapf 1999a.

[193] Leymann 1993, S. 5 (zitiert nach Neuberger 1999, S. 20). Einarsen et al. definieren das Konzept des Bullyings zwar differenzierter, aber doch in ganz ähnlicher Weise: „Bullying at work means harassing, offending, socially excluding someone or negatively affecting someone's work tasks. In order for the label bullying (or mobbing) to be applied to a particular activity, interaction or process it has to occur repeatedly and regularly (e.g. weekly) and over a period of time (e.g. about six months). Bullying is an escalating process in the course of which the person confronted ends up in an inferior position and becomes the target of systematic negative social acts. A conflict cannot be called bullying if the incident is an isolated event or if two parties of approximately equal 'strength' are in conflict" (Einarsen et al. 2003a, S. 15).

Aus wissenschaftlicher Perspektive ist diese Definition zwar nicht unproblematisch,[194] weist aber doch auf die zentralen Elemente des Konzeptes hin: Mobbing beschreibt anhaltend feindseliges Verhalten, das von Gruppen oder Individuen im sozialen Kontext ausgeht und auf die bewusste psychische oder physische Schädigung der oder des Adressaten gerichtet ist. Die in Leymanns Definition explizierten Bedingungen der Frequenz und Dauer sind dagegen weniger einleuchtend, ziehen sie doch eine offensichtlich willkürliche, theoretisch nicht begründbare Grenze des Konzeptes. Die Mobbingforschung kann und soll an dieser Stelle nicht in ihrer vollen Breite aufgearbeitet werden, zentrale Erkenntnisse werden dennoch differenziert nach empirisch erforschten Ursachen und Auswirkungen in gröbstem Filter dargestellt, bevor im Anschluss die hier interessierende Abgrenzung von Abusive Supervision erfolgt.[195]

(1) Entstehung von Mobbing
Obwohl heute weitestgehend Einigkeit darüber besteht, dass die Entstehung von Mobbing durch monokausale Ursachen nicht hinreichend erklärt werden kann, wurden in der Literatur doch individuelle Ursachen auf Seiten des Mobbenden als auch auf Seiten des Gemobbten diskutiert.[196] Demnach neigen Personen insbesondere dann dazu zu mobben, wenn sie sich in ihrem Selbstwertgefühl bedroht fühlen, es also schützen oder sogar aufbauen wollen[197] oder wenn sie defizitäre Sozialkompetenzen besitzen und daher in Situationen besonderen Drucks Menschen ihres Umfelds als Ventil nutzen.[198] Deutlich vorsichtiger werden da-

---

[194] So diskutiert Neuberger diese Definition kritisch und bemerkt zu Recht, dass ihre Spezifität einerseits konzeptionelle Schärfe generiert, gleichzeitig jedoch Alternativen ausschließt. Er schlägt also eine kürzere und damit weitaus offenere Definition vor: „*Jemand spielt einem übel mit und man spielt wohl oder übel mit.*" (Neuberger 1999, S. 18). Die Elemente dieser ihrerseits nicht unproblematischen Definition beschreibt er folgendermaßen: „Jemand" bedeutet, dass Mobbing von einer Person oder Personengruppe ausgeht, „einem" bezieht sich auf den Adressat von Mobbing, „übel" charakterisiert die (subjektiv) negative Natur der Mobbinghandlungen, „mitspielen" bezieht sich auf Mobbingaktivitäten und -handlungen, „und" bedeutet, dass Mobbing nicht nur durch Täterhandlungen bestimmt wird, sondern auch durch Reaktionen des Adressaten und/oder Beobachter. Das zweite „mitspielen" bezieht sich schließlich darauf, dass Mobbing systemisch zu betrachten sei, es also ein dynamisches Wechselspiel zwischen Angriffs- und Verteidigungshandlungen gibt (vgl. Neuberger 1999, S. 18 f.). Eine tiefgreifendere Diskussion der Definitionen scheint hier nicht zielführend zu sein.

[195] Diese Darstellung stellt insofern eine subjektive, hier für relevant erachtete Auswahl des Autors dar; für breitere Darstellungen vgl. Neuberger 1999; aktueller und näher an empirischen Erkenntnissen auch Einarsen et al. 2003a; Einarsen & Mikkelsen 2003; Hoel et al. 2003; Hoel & Salin 2003; Keashly & Jagatic 2003; Neuman & Baron 2003; Zapf & Einarsen 2003; Zapf et al. 2003.

[196] Vgl. Zapf & Einarsen 2003, S. 166.

[197] Vgl. Baumeister et al. 1996, S. 26.

[198] Vgl. Zapf & Einarsen 2003, S. 170ff.

B Stand der Abusive Supervision Debatte und ihre Forschungslücken

gegen Ursachen in der Person des Gemobbten diskutiert.[199] Personen werden insbesondere dann Opfer von Mobbing, wenn sie eine Außenseiterposition im Gruppengefüge besitzen,[200] wenn es ihnen schwer fällt, sich selbst zu verteidigen,[201] oder wenn sie von Gruppennormen abweichen, wie etwa das regelmäßige Übertreffen oder Unterschreiten üblicher Arbeitsleistungen.[202] Neben individuellen Ursachen wurden vielfältige situative Einflüsse diskutiert, die wiederum in soziale Einflüsse und organisationale Einflüsse unterschieden werden.[203] Auf der Ebene sozialer Einflüsse werden beispielsweise Ungerechtigkeitswahrnehmungen diskutiert, die ein Mobbing-zuträgliches Klima der Aggression nach sich ziehen können.[204] Auf organisationaler Ebene werden insbesondere Aspekte der Organisationskultur und des Organisationsklimas betrachtet.[205]

Darüber hinaus werden neuerdings auch Ansätze diskutiert, die die Entstehung von Mobbing als systemisches Phänomen zu rekonstruieren versuchen.[206] So plädiert Neuberger dafür, die eindeutigen Rollenzuschreibungen des aktiven Täters und des passiven Opfers aufzugeben und beiden Parteien Aktivität wie auch Kreativität im „Spiel" zuzuschreiben.[207] Die Ursachen von Mobbing lassen sich dann nicht mehr auf einzelne Elemente reduzieren, wie etwa der Persönlichkeit des Mobbers oder des Organisationsklimas oder auch die Interaktion dieser beiden Variablen. Mobbing ist dann als Ergebnis beziehungsweise Zustand des sozialen Systems zu betrachten.[208]

(2) Auswirkungen von Mobbing
In der Regel werden die Auswirkungen von Mobbing in Form von Statistiken der Frequenz, der absoluten Häufigkeit, der Geschlechterverteilung, der Dauer, der Zahl der Mobbenden, dem organisatorischen Status des/der Mobbenden, etc.

---

[199] Man möchte natürlich vermeiden, dem ohnehin leidenden Opfer eine aktive Rolle im und damit möglicherweise Schuld am Mobbinggeschehen zuzuschreiben (vgl. zur Diskussion dieser Frage insbesondere Neuberger 1999, S.45 ff.).
[200] Vgl. Zapf & Einarsen 2003, S. 174 f.
[201] Vgl. Zapf 1999a, S. 16 f.; Einarsen & Skogstad 1996, S. 187.
[202] Vgl. Resch 1994, S. 136 ff.; oder auch Brodsky 1976, S. 89.
[203] Vgl. zu den sozialen Einflüssen Neuman & Baron 2003 und zu den organisationalen Hoel & Salin 2003.
[204] Vgl. Neuman & Baron 2003, S. 187.
[205] Vgl. Hoel & Salin 2003, S. 210 ff. – Die Grenzen zwischen den beiden Subdimensionen situativer Einflüsse verschwimmen hier offensichtlich deutlich: Ein aggressives Klima kann genauso gut kulturelles Artefakt sein, wie es auch Folge sozialer Ungerechtigkeitswahrnehmungen sein kann.
[206] So beispielsweise die Dissertation Gockels (2004).
[207] Nämlich dann, wenn Mobbing als mikropolitisches Phänomen gelesen wird, vgl. Neuberger 1999, S. 18 und S. 190 ff.
[208] Was den empirischen Zugang nicht unbedingt erleichtert, gleichzeitig aber der Komplexität des Phänomens eher gerecht wird, als sogenannte Personen-Umwelt-Ansätze (vgl. Niedl 1995, S. 56).

präsentiert und diskutiert.[209] An dieser Stelle soll jedoch darauf verzichtet werden, diese Zahlensammlungen detailliert aufzuführen.[210] Stattdessen sollen die Themen erforschter Auswirkungen differenziert nach individuellen und organisationalen Auswirkungen knapp wiedergegeben werden. In Bezug auf individuelle Auswirkungen werden in erster Linie Wirkungen auf Mobbingopfer untersucht und dabei insbesondere gesundheitliche Folgen näher betrachtet. Auf der psychischen Ebene umfassen diese Auswirkungen Aspekte wie Stressempfinden, Arbeitszufriedenheit, Angst, Depressionen, Schlafprobleme, Konzentrationsprobleme, Nervosität, Suizidgedanken und Burn-out; physische Folgen werden insbesondere im Hinblick auf Störungen des Bewegungsapparates und stressbedingter Folgeerkrankungen untersucht.[211] Einige Studien beschäftigen sich mit der Frage, wie gemobbte Personen mit den Belastungen umgehen,[212] wobei sich zeigte, dass Mobbingopfer in frühen Konfliktphasen oft versuchen, pro-aktive konstruktive Strategien anzuwenden, diese dann aber im Laufe der Konfliktsteigerung gegen passive Strategien austauschen, bis hin zum Verlassen des Unternehmens.[213] Darüber hinaus wurden auch Effekte auf unbeteiligte Beobachter von Mobbingsituationen untersucht.[214]

Auf organisationaler Ebene wurde der Zusammenhang zwischen Mobbing und Abwesenheitsraten vielfach untersucht, allerdings mit sehr unterschiedlichen Ergebnissen. Einige Studien konnten kaum einen Zusammenhang nachweisen, andere verzeichneten signifikante Steigerungsraten, verursacht durch Mobbingfälle in der Organisation.[215] Die meisten Studien widmeten sich jedoch Hoel et al. zufolge der Turnover-Rate in Organisationen, wobei diese in der Regel in Kündigungsabsichten und tatsächliche Kündigungen differenzieren; die Raten der Kündigungsabsichten fallen dabei regelmäßig deutlich höher aus, als die tatsächlichen Kündigungen.[216] Daneben wurde auch versucht, Einflüsse auf die Produktivität zu erfassen. Hier konnten zwar signifikante Auswirkungen er-

---

[209] Vgl. hierzu zusammenfassend Zapf et al. 2003; oder auch Leymann 2009, S. 82 ff.; Namie & Namie 2000, S. 4 ff.; Neuberger 1999, S. 69 ff.; Niedl 1995, S. 41 ff.; Schnecke 2003, S. 18 f.
[210] Dafür mangelt es ihnen auch viel zu sehr an Konsistenz.
[211] Vgl. Einarsen & Mikkelsen 2003, S. 128 ff.; die Autoren weisen darauf hin, dass die meisten der einschlägigen Studien lediglich Korrelationen messen und damit Schlussfolgerungen über Ursache-Wirkungs-Zusammenhänge mit sprichwörtlicher Vorsicht zu genießen sind.
[212] Vgl. Hogh & Dofradottir 2001; Rayner 1998.
[213] Vgl. Zapf & Gross 2001, S. 512.
[214] Vgl. Einarsen & Mikkelsen 2003, S. 136 f.
[215] Vgl. Hoel et al. 2003, S. 146 ff.
[216] Vgl. Hoel et al. 2003, S. 149 f.; den Autoren zufolge liegt diese Differenz in den individuell wahrgenommenen Alternativen des Arbeitsmarktes begründet.

fasst werden, diese basieren jedoch zumeist auf nicht sonderlich aussagekräftigen Nominalskalen.[217]

Nachdem der theoretische Hintergrund und die zentralen Ansatzpunkte empirischer Mobbingforschung abrissartig dargestellt wurden, kann nun die konkrete Abgrenzung von Abusive Supervision erfolgen.

1.3.2. Konstruktdimensionen von Abusive Supervision und Mobbing im Vergleich

Der Vergleich zwischen Abusive Supervision und Mobbing soll hier anhand verschiedener Dimensionen vollzogen werden. Im Einzelnen handelt es sich dabei um: (1) Rolle der Hierarchie, (2) Gestalt des Verhaltens, (3) zeitliche Dimension, (4) Bewertungsanker und (5) Intentionen des Senders.

(1) Rolle der Hierarchie
Abusive Supervision ist eindeutig daraufhin konzeptionalisiert, dass es Verhalten von Vorgesetzten gegenüber untergebenen Mitarbeitern abbildet. Die Hierarchie spielt also insofern eine Rolle, als dass es sich um ein hierarchisches Phänomen handelt. Mit anderen Worten: Ohne Hierarchie gäbe es keine Personalführung im managementbezogenen Sinne und damit auch keine Führung, die als Abusive Supervision bezeichnet werden könnte. Mobbing auf der anderen Seite ist (zwischenzeitlich) als Phänomen des Arbeitslebens konzipiert, wodurch zwar ebenfalls ein organisationaler Kontext vorgegeben, gleichzeitig aber keine hierarchische Beziehung zwischen „Täter" und „Opfer"[218] impliziert wird. Die verschiedenen Studien, die die hierarchische Beziehung zwischen Mobbingtäter und Mobbingopfer erfassen, liefern keine konsistenten Ergebnisse hinsichtlich des Anteils hierarchischen Mobbings. Es kann jedoch davon ausgegangen werden, dass ein nicht unerheblicher Anteil von Mobbinghandlungen von Vorgesetzten ausgeht.[219] Mit Blick auf die Rolle der Hierarchie ist das Mobbing-Konstrukt also eindeutig weiter gefasst als Abusive Supervision.

(2) Gestalt des Verhaltens
Die derzeit gängige Konzeption von Abusive Supervision schließt physischen Kontakt explizit aus, körperliche Übergriffe sind also nicht gemeint und stattdessen eher in anderen, verwandten Konstrukten abgebildet.[220] Mobbing auf der

---

[217] Also standardisierte Fragen an Mobbingopfer oder –beobachter wie „Mobbing reduziert die Produktivität bei uns am Arbeitsplatz" (vgl. Hoel et al. 2003, S. 150).
[218] Diese Rollenbezeichnungen sind in der Mobbing-Debatte üblich, wissenschaftlich angemessener wäre die Bezeichnung „Sender" und „Empfänger" feindseliger Botschaften.
[219] Vgl. Zapf et al. 2003, S. 115 f.; gleichzeitig sind aber auch nicht wenige Mobbingfälle gegen den Vorgesetzten gerichtet.
[220] Vgl. Tepper 2000, S. 182.

anderen Seite wird oft als kommunikative Handlung verstanden und legt damit den Schluss nahe, dass physische Übergriffe nicht unter Mobbing zu subsumieren und damit ebenfalls ausgeschlossen sind.[221] De facto werden physische Übergriffe und auch deren Androhung in der Mobbingforschung durchaus untersucht,[222] obwohl dazu anzumerken ist, dass sie statistisch gesehen eher die Ausnahme denn die Regel darstellen.[223] Mit Blick auf die Gestalt des Verhaltens ist das Mobbing-Konstrukt also ebenfalls weiter gefasst, obwohl die Exklusion physischen Verhaltens in Bezug auf das Abusive Supervision Konzept theoretisch nicht begründet und stattdessen einfach gesetzt wird.[224] Dieser Punkt wird noch aufzugreifen sein.

(3) Zeitliche Dimension

Abusive Supervision bezieht sich auf „the sustained display of hostile behavior"[225] und setzt damit explizit voraus, dass es sich um *anhaltendes* Verhalten handelt. Die vereinzelt schlechte Laune des Vorgesetzten führt also noch nicht dazu, dass sein Verhalten als Abusive Supervision charakterisiert werden kann. Verletzende Verhaltensweisen müssen dazu erst in seinem regelmäßigen Handlungsrepertoire zu finden sein.[226] Ähnliches gilt für das Mobbing Konstrukt, wobei Leymann sogar explizite Angaben über die notwendigen zeitlichen Bedingungen macht. Von Mobbing kann demnach erst gesprochen werden, wenn entsprechende Handlungen regelmäßig (mindestens einmal pro Woche) und andauernd (über einen Zeitraum mehrerer Monate) erfolgen. Mit dem Hinweis auf die Relativität der individuellen Wahrnehmung und des Umgangs mit Mobbinghandlungen kritisiert Neuberger zwar die „pseudoexakte Festlegung von Fristen und Frequenzen"[227], sieht aber auch die Notwendigkeit einer hinreichenden, situationsübergreifenden Konsistenz. Mit Blick auf die zeitliche Dimension besitzen die Konstrukte also deutliche Ähnlichkeit, denn singuläre Akte feindseligen Verhaltens sind jeweils nicht gemeint.

---

[221] Es sei denn, man legt den Begriff der Kommunikation sehr weit aus und versteht damit körperliche Übergriffe ebenfalls als kommunikative Handlungen (vgl. Neuberger 1999, S. 21).

[222] Vgl. Einarsen 2000, S. 383.

[223] Eine Ausnahme bilden militärische Organisationen. So berichten Turchik und Wilson (2010, S. 268), dass zwischen 9,5% und 33% aller Frauen im US-amerikanischen Militär in ihrer Laufbahn Opfer einer (versuchten) Vergewaltigung werden. Nicht alle diese Fälle können unter dem Begriff Mobbing subsumiert werden, die Zahlen weisen jedoch auf eine signifikante Bedeutung physischer Übergriffe hin. Vgl. ferner auch Archer (1999) für eine Studie über Mobbing unter Feuerwehrleuten.

[224] Tepper legt die Grenze des Konzeptes fest, ohne diese konzeptionell nachvollziehbar zu legitimieren (vgl. Tepper 2000, S. 178 ff.). Jüngere Publikationen greifen sämtlich diese Abgrenzung auf, ohne sie zu hinterfragen.

[225] Tepper 2000, S. 178.

[226] Vgl. Tepper 2007, S. 265.

[227] Neuberger 1999, S. 19.

(4) Bewertungsanker

Ob Vorgesetztenverhalten als Abusive Supervision zu charakterisieren ist oder nicht, hängt in erster Linie von der Bewertung des Adressaten dieses Verhaltens ab. Es handelt sich also um ein *subjektives* Phänomen, was bereits von Tepper sehr deutlich zum Ausdruck gebracht wird:

> „This definition characterizes abusive supervision as a subjective assessment. The same individual could view a supervisor's behavior as abusive in one context and as non-abusive in another context, and two subordinates could differ in their evaluations of the same supervisor's behavior."[228]

Ähnlich verhält es sich auch auf Ebene des Mobbing-Konstruktes. Feindliche Handlungen, die vom Adressaten der Handlungen überhaupt nicht als feindlich wahrgenommen werden, können nicht ohne Weiteres als Mobbing bezeichnet werden. Neuberger greift diesen Punkt auf und sieht es als notwendige Bedingung der Bezeichnung von Mobbing, dass Beobachter – entweder das Opfer selbst oder aber auch Außenstehende – die betreffenden Handlungen als „übel" bewerten.[229] Sowohl Mobbing, als auch Abusive Supervision können also erst beruhend auf der subjektiven Einschätzung des Adressaten der Handlungen als solche bezeichnet werden und zeichnen sich daher durch einen zunächst einmal subjektiven Bewertungsanker aus. So wäre die Lautstärke oder der Schalldruckpegel der verbalen Kommunikation mittels physikalischer Messgeräte problemlos zu erfassen und unter Berufung auf Referenzwerte *objektiv* sicherlich als „extrem laut" zu markieren. Ob die wiederholte, extreme Lautstärke jedoch als Abusive Supervision *wahrgenommen* wird, lässt sich eben nicht objektiv bestimmen. Das liegt im Auge des Betrachters, beziehungsweise in diesem Fall im Ohr des Hörers. Auf der anderen Seite kann natürlich auch nicht negiert werden, dass extreme Formen der Feindseligkeit, wie etwa eine ständige Verletzung geltender Menschenrechte, auf objektiver, dritter Ebene als Abusive Supervision oder Mobbing zu markieren sind. Aus Sicht des Adressaten der Handlung – und die ist von vordergründiger Bedeutung für den Fortgang der sozialen Beziehung beider Akteure – kommt es jedoch ausschließlich auf die eigene und insofern subjektive Wahrnehmung an.

(5) Intentionen des Senders

Deutliche Unterschiede ergeben sich bei der Frage der Intention des Senders. Im Falle von Abusive Supervision wird davon ausgegangen, dass die gezeigten Verhaltensweisen der Führungskraft nicht zufällig, sondern sehr wohl gewollt sind.[230] Das Konzept geht also davon aus, dass sämtliches Führungsverhalten auf Ziele gerichtet ist, beispielsweise die Erreichung von definierten Zielvorga-

---

[228] Tepper 2000, S. 178.
[229] Vgl. Neuberger 1999, S. 18.
[230] Vgl. Tepper 2007, S. 265.

ben der Abteilung. In Bezug auf die Wirkung des Verhaltens ist dagegen nicht spezifiziert, ob und welche Intention vorliegt. Abusive Supervision trennt die Intention des Senders also analytisch in Ziel und Wirkung.[231] Es kann also sein, dass eine Führungskraft seinen Mitarbeiter verbal attackiert, ohne dass er ihn damit zu verletzen beabsichtigt.[232] In Bezug auf das Konstrukt Mobbing stellt sich dies ganz anders dar: Es wird ebenfalls davon ausgegangen, dass das Handeln des/der Mobber beabsichtigt ist und ein Ziel verfolgt. Dieses Ziel deckt sich dort aber mit und bezieht sich eindeutig auf die Verhaltenswirkung, nämlich psychischen beziehungsweise physischen Schaden beim Adressaten hervorzurufen. Der Mobber weiß also um die Wirkungen seiner Handlungen und nimmt sie mindestens billigend in Kauf, der abusive Supervisor hingegen *kann* um die Wirkungen seiner Handlungen wissen, muss es – so jedenfalls der gegenwärtigen Konzeption folgend – aber nicht. Auch dieser Aspekt wird noch genauer zu hinterfragen sein.

---

[231] Tepper schreibt dazu: „abusive supervision falls within the domain of willful behavior, meaning that supervisors perpetrate abusive behavior for a purpose; however, he [Tepper selbst, er bezieht sich hier auf seinen eigenen Aufsatz (2000), Anm. des Verfassers] does not define abusive supervision in terms of the perpetrator's intended outcomes (e.g., to cause harm)." (Tepper 2007, S. 265).

[232] Die Definition lässt aber wie gesagt offen, ob Schaden auf Seiten des Einflussadressaten gewollt ist.

Kriterium \ Konstrukt	Abusive Supervision	Mobbing / Workplace Bullying
Rolle der Hierarchie	hierarchisches Phänomen	nicht zwingend hierarchisches Phänomen
Gestalt des Verhaltens	physischer Kontakt ausgeschlossen	physischer Kontakt inbegriffen
Zeitliche Dimension	regelmäßiges und anhaltendes Phänomen	regelmäßiges und anhaltendes Phänomen
Bewertungsanker	subjektives Phänomen	subjektives Phänomen
Intentionen	Ziel intendiert, Wirkung nicht zwingend intendiert	Ziel intendiert, Wirkung intendiert

Tabelle 7: Abusive Supervision und Mobbing im Vergleich
(Quelle: eigene Darstellung)

Der Vergleich beider Konstrukte anhand der fünf veranschlagten Dimensionen hat sowohl deutliche Differenzen als auch Überschneidungen offengelegt, die in Tabelle 7 noch einmal überblicksartig zusammengefasst sind. Die Diskussion hat ebenfalls bereits erste konzeptionelle „Ungereimtheiten" ans Tageslicht befördert. So legt die Abusive Supervision Debatte nicht überzeugend dar, warum physisches Verhalten konzeptionell ausgeschlossen sein soll. Ferner lässt die gegenwärtige Konzeption auch offen, ob sich das Führungsverhalten absichtlich gegen den Mitarbeiter richtet – in diesem Fall wäre die konzeptionelle Überschneidung mit dem dargestellten Mobbing Konstrukt erdrückend – oder ob der Führungskraft gar nicht bewusst ist, welche Wirkung ihr Verhalten besitzt. Diese Aspekte werden im folgenden Abschnitt aufgegriffen und fließen damit in die Erarbeitung des für den Fortlauf der Arbeit maßgeblichen konzeptionellen Verständnisses von Abusive Supervision ein.

1.4. Zwischenfazit: Abusive Supervision als Phänomen der Führungsinteraktion

Dieser erste Teil des Kapitels hatte den Zweck, das zugegebenermaßen breite Forschungsfeld der „dunkle Seite der Führung" zu systematisieren, in seinen wichtigen Strömungen darzustellen und schließlich die Abusive Supervision Debatte einerseits darin theoretisch zu verorten und andererseits in ihren zentralen Forschungsergebnissen zu rekapitulieren. Zunächst wurden die einzelnen Strömungen des Forschungsfeldes resümiert und in Tabelle 3 zusammenfassend gegenübergestellt. Im Anschluss wurde die Abusive Supervision Debatte inhaltlich im Detail entfaltet und schließlich auf Konstruktebene von Mobbing, als prominente verwandte Spielart ebenfalls negativer, sozialer Interaktion im betrieblichen Kontext, abgegrenzt. Vor dem Hintergrund der Problem- und Zielstellung dieser Arbeit ist damit ein erster wichtiger Meilenstein erreicht: Neben dem einführenden, in erster Linie illustrativen Schlaglicht auf die praktische Aktualität des Phänomens Abusive Supervision (Kapitel A) ist der Leser nun mit der dazugehörigen, wissenschaftlichen Debatte in dem Maße vertraut gemacht, wie es für das Verständnis der sich anschließenden Überlegungen zu den Forschungslücken notwendig erscheint. Die inhaltliche Ebene der Abusive Supervision Debatte kann damit nun zugunsten der konzeptionellen Diskussion verlassen werden. Bevor im zweiten Teil des Kapitels die zentralen Probleme und Lücken der Debatte herausgestellt werden, soll Abusive Supervision in diesem Abschnitt nun als Konstrukt von der eingangs zitierten Definition Teppers ein Stück weit gelöst und geschärft werden, um damit einen Fixpunkt für die weiteren Überlegungen der Arbeit zu setzen. Zusammengefasst rekurriert das Konzept in der Debatte bislang auf folgende vier Kernelemente:

(1) Abusive Supervision bezieht sich auf *feindseliges Führungsverhalten*, das von der Führungskraft ausgeht und vom betroffenen Mitarbeiter *wahrgenommen* wird.[233]

(2) Die Wahrnehmung des betroffenen Mitarbeiters ist *anhaltend* und situationsübergreifend, es geht also nicht um singuläre „Ausrutscher" der Führungskraft.[234]

(3) *Physischer Kontakt* ist aus der Konzeption explizit *ausgeschlossen* und wird anderen Konstrukten zugeordnet.[235]

(4) Es handelt sich um *absichtliches Verhalten* der Führungskraft, wobei sich die Absicht auf *ein* Ziel und nicht auf die Wirkung des Verhaltens bezieht.[236]

Abusive Supervision bezieht sich in vorliegender Konzeption also sowohl auf die Führungskraft, als auch auf den Mitarbeiter, denn das feindselige Verhalten allein genügt nicht, um Abusive Supervision als solches markieren zu können,

---

[233] „[...] subordinates' perceptions of [...] hostile [...] behavior" (Tepper 2000, S. 178).
[234] „[...] sustained display of hostile [...] behaviors" (Tepper 2000, S. 178).
[235] „[...] excluding physical contact" (Tepper 2000, S. 178).
[236] Abusive Supervision „falls within the domain of willful behavior [...]; not define[d] [...] in terms of the perpetrator's intended outcomes" (Tepper 2007, S. 265).

B Stand der Abusive Supervision Debatte und ihre Forschungslücken

dazu braucht es einen (subjektiv) wahrnehmenden Adressaten des Verhaltens. Aktives Verhalten des Mitarbeiters wird von der bisherigen Konzeption jedoch nicht erfasst. Der Mitarbeiter wird in seiner Rolle stattdessen insofern trivialisiert, als dass er lediglich Rezipient feindseligen Verhaltens ist. Versteht man Führung dagegen – was zwischenzeitlich in der Führungsforschung kaum mehr bestritten wird[237] – als wechselseitige Einflussbeziehung und damit als spezifische Form sozialer Interaktion, so kommt man nicht umhin, dem Mitarbeiter in der Führungsbeziehung auch eigenständigen Einfluss zuzugestehen.[238] In Anbetracht der Tatsache, dass Abusive Supervision als anhaltendes, längerfristiges Phänomen zu sehen ist – einmalige Fehltritte sind bekanntlich nicht gemeint –, erscheint es vor diesem Hintergrund zielführender, es konsequenterweise auch als Ausdruck der Führungs*interaktion* zu begreifen. Insofern soll Abusive Supervision hier aus dem Korsett seiner bisherigen linearen Einseitigkeit gehoben und fortan als Interaktionsphänomen verstanden werden.

Ein weiterer Aspekt, der konzeptionell überdacht werden muss, bezieht sich auf den Zusammenhang zwischen dem als feindselig wahrgenommen Führungsverhalten und der vorgelagerten Intention der Führungskraft. Im Rahmen der Abgrenzung vom Konstrukt des Mobbings wurde bereits festgestellt, dass Abusive Supervision bislang offen lässt, ob es von Seiten der Führungskraft darauf gerichtet ist, dem Mitarbeiter zu schaden oder nicht, während sehr wohl davon ausgegangen wird, dass das gezeigte Verhalten grundsätzlich eine Absicht verfolgt und damit zielgerichtet ist.[239] Daraus ergibt sich, dass in analytischer Weise zwei prototypische Formen von Abusive Supervision voneinander unterschieden werden können.[240] Einerseits kann feindseliges Verhalten von der Führungskraft bewusst gewählt werden, um dem unterstellten Mitarbeiter zu schaden, ihn beispielsweise absichtlich vor der Gruppe zu diskreditieren, ihn bewusst übermäßigem psychischen Stress auszusetzen, etc. In diesem Fall ist Abusive Supervision eindeutig gegen die Person des Mitarbeiters gerichtet. Andererseits kann Führungsverhalten aber auch als feindselig wahrgenommen werden, obwohl dies gar nicht in der Absicht der Führungskraft liegt. Stattdessen ist das Verhalten in diesem Fall darauf gerichtet, organisationale Ziele zu erreichen und die wahrgenommene Wirkung ein unbeabsichtigter Nebeneffekt.

Das konkret gegen die Person des Mitarbeiters gerichtete, feindselige Führungsverhalten wird in der wissenschaftlichen Literatur unter dem Stichwort

---

[237] Vgl. dazu beispielsweise die verschiedenen Führungsdefinitionen, die bei Neuberger 2002, S. 11 ff. oder auch bei Weibler 2001, S. 28 ff. überblicksartig aufbereitet sind.
[238] Das Verhältnis von Führung und Interaktion wird im folgenden Kapitel im Detail seziert.
[239] Vgl. Tepper 2007, S. 265.
[240] Eine trennscharfe Abgrenzung beider – so viel sei an dieser Stelle bereits vorweggenommen – ist wohl nur in konzeptioneller Weise möglich. Da es sich bei der vorliegenden Arbeit jedoch um eine konzeptionelle handelt, ist dies hier weniger problematisch.

Mobbing (beziehungsweise Bullying) diskutiert,[241] obwohl dieses Konstrukt – wie oben bereits aufgezeigt wurde – die hierarchische Beziehung zwischen den Akteuren nicht spezifiziert. Mobbinghandlungen, die von Vorgesetzten ausgehen – Leymann berichtet hier immerhin von 37% aller Mobbingfälle[242] – werden populärwissenschaftlich auch als Bossing bezeichnet.[243] Diese in ihrer negativen Wirkung auf den Mitarbeiter intendierte Form von Abusive Supervision soll an dieser Stelle aus zweierlei Gründen nicht weiter vertieft werden. Erstens ist sie unter anderer Bezeichnung bereits Gegenstand vielfältiger, zum Teil auch interaktionstheoretischer Forschungen und zweitens ist die Schuldfrage – wenn sie denn gestellt wird – doch relativ leicht zu beantworten, sodass sich damit auch die kausale Verursachung in den meisten Fällen weitestgehend klären lässt.[244] Komplizierter stellt sich dagegen die zweite Form von Abusive Supervision dar. Indem das Verhalten nicht absichtsvoll gegen den Mitarbeiter gerichtet ist, ist auch die Schuldfrage nicht unmittelbar zu klären, was wiederum die kausal eindeutige Rekonstruktion umso schwieriger gestaltet und vielleicht sogar unmöglich macht.

Im Rahmen empirischer Forschung wird es sich wahrscheinlich schwierig gestalten, die wahren Motive der Führungskraft zu ermitteln, um das feindselige Verhalten in die hier differenzierten Kategorien einzuordnen. Dennoch sei die klare analytische Trennung in die intendierte und die unintendierte Form von Abusive Supervision hier aufrechterhalten, geht es in dieser Arbeit doch um konzeptionelle Fragen. Die folgende Abbildung visualisiert die Abgrenzung beider Formen:

---

[241] Vgl. Neuberger 1999, S. 77 ff.; Niedl 1995, S. 51 ff., S. 110 f.; Seydl 2007, S. 45 ff.; vgl. auch Abschnitt 1.3. in Kapitel B.
[242] Vgl. Leymann 2009, S. 47.
[243] Vgl. stellvertretend für die Vielzahl populärwissenschaftlicher (Ratgeber-)Literatur Brinkmann 2002.
[244] Neuberger ist einer der wenigen Mobbingforscher, die ein interaktives Verständnis von Mobbing vorschlagen und eine eindeutige Zuordenbarkeit des Verursachers negieren: Indem Handlungen von Opfern und Tätern sequentiell und als aufeinander bezogen verstanden werden, gerät die Frage, wer einmal den Stein ins Rollen gebracht hat, im Laufe des Interaktionsprozesses immer mehr in den Hintergrund, „sodass man nahezu beliebig interpunktieren kann; die Streitparteien werfen sich die Verwechslung von Ursache und Wirkung gegenseitig vor" (Neuberger 1999, S. 48); ebenfalls systemisch argumentiert Gockel 2004.

B Stand der Abusive Supervision Debatte und ihre Forschungslücken   111

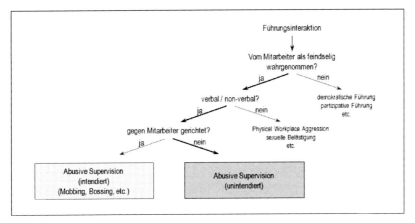

Abbildung 13: Abusive Supervision in intendierter und unintendierter Form
(Quelle: eigene Darstellung)

Die in ihrer Wirkung auf den Mitarbeiter nicht beabsichtigte, also unintendierte Form von Abusive Supervision soll nicht zuletzt auch deshalb weiterverfolgt werden, weil sie aus praktischer Perspektive problematischer und damit für die Diskussion von Implikationen relevanter erscheint. Denn ist intendiertes Mobbing erst einmal als solches aufgedeckt und rekonstruiert, lassen sich ob der damit geklärten Schuldfrage auch unmittelbar disziplinarische Maßnahmen ableiten.[245] Ist die Schuldfrage dagegen schwieriger zu beantworten, weil die Führungskraft überzeugt ist, im Sinne der Organisation und damit nach bestem Wissen und Gewissen zu handeln, lassen sich geeignete, organisatorische Reaktions- und Interventionsmöglichkeiten nur deutlich schwerer finden.[246] In dieser Weise scheint der in Kapitel A zitierte Werksmanager das Verhalten seines Teamleiters einzuschätzen, denn jener eckt zwar regelmäßig mit Mitarbeitern und Betriebsrat an, macht aber gleichzeitig – bezogen auf die ihm vorgegebenen Ziele und Steuerungsaufgaben – aus Sicht des Werksmanagers einen „exzellenten Job"[247]. Würde der Werksmanager die von ihm als übermäßige Sensibilität abgestempelten Wahrnehmungen der Mitarbeiter ernstnehmen, stünde er vor dem Dilemma, dass er als Beobachter zweiter Ordnung[248] die Ursache für diese Wahrnehmungen nicht unmittelbar rekonstruieren und kausal zuordnen kann, wenn er gleich-

---

[245] Hier soll indes nicht der Eindruck entstehen, Mobbinghandlungen wären als solche leicht zu identifizieren. Vor dem Hintergrund ihrer mikropolitischen Qualität ist oft das Gegenteil der Fall, vgl. Neuberger 1999, S. 190 ff.

[246] Vgl. dazu insbesondere die in Kapitel E zu diskutierenden Implikationen der Ergebnisse dieser Arbeit.

[247] WM, Z. 042; vgl. für das genaue Zitat des Werksmanagers Abschnitt 2.1. in Kapitel A.

[248] Auf den Begriff des Beobachters zweiter Ordnung wird im folgenden Kapitel im Detail einzugehen sein.

zeitig überzeugt ist, sein Teamleiter mache einen „exzellenten Job". Diesem Dilemma geht er jedoch aus dem Weg, indem er die Situation offensichtlich einseitig rekonstruiert und die Lösung darin sieht, den betreffenden Teamleiter immer „mal wieder ein[zu]norden und [...] darauf hin[zu]weisen, dass er mit den Mädels einen freundlichen Ton anlegt"[249]. Diese Arbeit konzentriert sich im weiteren Verlauf auf den Fall des in ihrer Absicht *nicht* gegen den Mitarbeiter gerichteten, verbalen oder non-verbalen, als feindselig wahrgenommenen Verhaltens, wohlweislich, dass die in Abbildung 13 dargestellte, konzeptionelle Trennung in erster Linie analytischer Natur ist.

Physischer Kontakt wird bislang zwar konzeptionell ausgeschlossen, diese Trennung ist für den weiteren Verlauf der Arbeit jedoch von untergeordneter Bedeutung, da sie theoretisch ohnehin nicht überzeugend begründet werden kann. Lediglich extreme Formen gewalttätiger Übergriffe sollten je nach Inhalt eher unter andere Konstrukte wie sexuelle Belästigung oder körperliche Gewalt am Arbeitsplatz subsumiert werden. Da diese extremen Formen ohnehin nicht auf das Erreichen eines organisationales Ziels und stattdessen gegen das adressierte Individuum gerichtet sind, fallen sie aus dem Rahmen dessen, was hier als unintendierte Form von Abusive Supervision weiterverfolgt werden soll. Die disziplinierende „Kopfnuss" des Vorgesetzten kann jedoch genauso feindselig wahrgenommen werden, wie eine cholerische Maßregelung, und soll daher konzeptionell auch nicht ausgeschlossen werden beziehungsweise unbeachtet bleiben.

Abusive Supervision wird im Rahmen dieser Arbeit also zusammenfassend – um auch den zuvor diskutierten und im Fortlauf noch näher auszulotenden Aspekt der Interaktivität von Führung noch einmal zu unterstreichen – als *Interaktionsmuster* zwischen Führungskraft und Mitarbeiter verstanden. Dieses Muster reguliert das aufeinander bezogene Verhalten von Führungskraft und Mitarbeiter und wird mindestens vom beteiligten Mitarbeiter als negativ wahrgenommen. Die sich nun anschließende Frage ist, ob die gegenwärtige Abusive Supervision Debatte die Entstehung eines solchen Musters konzeptionell erklären kann.

2. Reflexion der Abusive Supervision Debatte und ihre Forschungslücken

Nachdem im ersten Teil des Kapitels der Stand der gegenwärtigen Abusive Supervision Forschung differenziert dargestellt wurde, soll es nun darum gehen, die Schwächen der Debatte mit dem Blick darauf zu identifizieren, inwieweit sowohl die Entstehung des Phänomens, als auch seine empirisch beobachtete Stabilität erklärt werden können. Die eingangs bereits benannte und nun im Detail zu prüfende These ist hierbei, dass die Probleme der Debatte nicht in erster

---
[249] WM, Z. 042.

Linie auf Ebene der angewandten statistischen Auswertungsmethodik liegen, sondern vielmehr der die gesamte Debatte übergreifend betreffenden, dahinterliegenden, konzeptionellen Ebene zuzurechnen sind. Lägen die Schwächen vornehmlich in technischen Details der verwendeten, empirischen Methodik, so erübrigte sich das konzeptionelle Anliegen dieser Arbeit, denn dann wäre die Debatte durch die Verfeinerung empirischer Methodik voranzubringen. Insofern ist dieser Teil des Kapitels notwendigerweise in zwei sequentielle Abschnitte gegliedert: Zunächst werden jene inhaltlich oben bereits ausführlich dargestellte Studien, die sich explizit mit der Entstehung von Abusive Supervision beschäftigen, auf sozusagen endogener Ebene mit Blick auf ihren empirischen Erklärungsgehalt im Detail untersucht. Aspekte der Aussagekraft, Reliabilität und Validität[250] der publizierten Ergebnisse werden adressiert, wobei zu zeigen sein wird, dass der – noch als unbefriedigend zu markierende – Erklärungsgehalt eben nicht den angewendeten Methoden zuzuschreiben ist. Daran schließt sich die damit erst notwendig gewordene Reflexion der übergeordneten und insofern rahmenden Konstruktebene an. Die beiden Ebenen stehen in enger Beziehung zueinander, sollen hier aber aus Gründen der Übersichtlichkeit analytisch getrennt voneinander diskutiert werden.

2.1. Endogene Reflexion empirischer Ergebnisse

Die Reflexion der empirischen Ergebnisse auf endogener Ebene wird in folgender Weise differenziert erfolgen: Zunächst wird die Aussage- und Erklärungskraft der statistischen (Zusammenhangs)Maße betrachtet. Diese stellt die notwendige Bedingung der im Anschluss zu diskutierenden Generalisierbarkeit der Ergebnisse dar. Schließlich wird die Frage untersucht, inwieweit die in den jeweiligen Studien untersuchten Ursachenvariablen beziehungsweise die vorgeschlagenen Modelle tatsächlich kausale Erklärungskraft besitzen (können). Die diesen Überlegungen zugrunde gelegte und damit ständig mitlaufende Frage ist – um das noch einmal zu betonen –, inwieweit die Probleme der Debatte möglicherweise auf endogener Ebene der eingesetzten Methodik oder aber eben auf exogener Ebene der dahinterliegenden Konzeption liegen.

2.1.1. Aussage- und Erklärungskraft der (statistischen) Zusammenhangsmaße

Da sämtliche Studien quantitativer Natur und damit in ähnlicher Weise gestaltet sind, lassen sich die oben bereits inhaltlich benannten Ergebnisse hinsichtlich

---

[250] Vgl. Häder 2010, S. 108 ff.

der berechneten statistischen Größen[251] sehr übersichtlich zusammenfassen. Die Ergebnisdarstellung erfolgt in diesen Studien zumeist zweigeteilt. Einerseits werden neben der Stichprobengröße (n) Maßzahlen der deskriptiv-statistischen Auswertung tabellarisch abgebildet, in der Regel unter Angabe des arithmetischen Mittelwertes (M), der Standardabweichung (SD), der Korrelationen zwischen den Variablen (K) und der Angabe der Reliabilität der verwendeten Skalen mittels Cronbachs-α[252] (α). Andererseits werden die im Rahmen der durchgeführten Regressionsanalysen errechneten Regressionskoeffizienten (β) wie auch die erklärte Varianz des jeweils vorgeschlagenen Regressionsmodells (R^2) angegeben. Die einzelnen Werte sollen hier in der gebotenen Tiefe diskutiert werden, ohne dabei zu sehr ins Detail zu gehen, schließlich dient diese Diskussion nicht der Vorbereitung einer empirischen Studie. Die nun folgenden Ausführungen stützen sich auf Tabelle 8:

---

[251] Auf ausführliche Darstellungen von Definitionen, Beschreibungen und Berechnungsformeln der verschiedenen Maßzahlen sei an dieser Stelle aus zweierlei Gründen verzichtet: Erstens wurde dies an anderer Stelle bereits mehrfach geleistet und zweitens würde es den Rahmen dieser Arbeit überschreiten. Daher sei verwiesen auf aktuelle, einschlägige Standardwerke von Backhaus (2008) und Schlittgen (2003), einführend auch auf Kuckartz et al. (2010), beziehungsweise das entsprechende Kapitel bei Diekmann (2010, S. 658 ff.).
[252] Vgl. Cronbach 1951; einführend auch Diekmann 2010, S. 254 ff.

B Stand der Abusive Supervision Debatte und ihre Forschungslücken 115

Studie	Variable	n	Deskriptive Statistik der Stichproben						Regressionsanalysen						
			M	SD	α	K_1	K_2	K_3	β_MeV	R²_MeV	β_aV	R²_aV	β_MoE	R²_ges	R²_KV
Tepper et al 2006	1. Procedural Justice	334	1,65	0,80	0,89	-	-	-	-0,24	0,08	-0,09	0,14	-	0,21	na
	2. Depression (MeV)		2,13	0,67	0,72	-0,28**	-	-	-		0,08 (ns)		0,17		
	3. Negative Affectivity (MoV)		2,16	0,82	0,72	-0,03	0,03	-	-		-		-		
	4. Abusive Supervision		1,65	0,67	0,90	-0,13*	0,11*	0,32**	-		-		-		
Hoobler & Brass 2006	1. Psychological Contract Violation	210	2,00	1,06	0,95	-	-	-	-		0,19**	0,17	0,78**	0,21	0,11
	2. Hostile Attribution Bias (MoV)		2,40	0,60	0,81	0,20**	-	-	-		0,11 (ns)		-		
	3. Abusive Supervision		1,50	0,62	0,88	0,23**	0,19**	-	-		-		-		
Aryee et al 2007	1. Interactional Injustice	178	3,35	0,71	0,88	-	-	-	-		-0,10 (ns)	0,19	-0,21**	0,23	0,06
	2. Authoritarian Leadership Style		2,70	0,64	0,84	-0,26**	-	-	-		0,33**		-		
	3. Abusive Supervision		1,49	0,54	0,89	-0,20**	0,38**	-	-		-		-		
Wu & Hu 2009	1. Core Self-Evaluations	290	3,26	0,48	0,80	-	-	-	-		-0,17*	0,13	-	0,13	0,11
	2. Abusive Supervision		1,53	0,72	0,95	-0,13*	-	-	-		-		-		
Rafferty et al 2010	1. Distributive Injustice	175	2,55	0,90	0,93	-	-	-	-		-0,05 (ns)	0,58	0,20**	0,61	0,32
	2. Interactional Injustice		2,11	0,84	0,93	0,20**	-	-	-		0,28**		-		
	3. Psychological Distress (MoV)		2,60	0,96	0,79	0,06	0,30**	-	-		0,41**		-		
	4. Abusive Supervision		2,09	1,17	0,97	-0,11	0,56**	0,56**	-		-		-		
Tepper et al 2010 (im Druck)	1. Deep-Level Dissimilarity	183	2,51	1,25	0,96	-	-	-	-		0,04*	na	-	0,37	na
	2. Relationship Conflict		1,42	0,64	0,81	0,40**	-	-	-0,12*		0,09 (ns)		-		
	3. Sub. Performance (MeV/MoV)		4,01	0,7143	0,87	-0,29**	-0,31**	-	-0,40**	0,15	-		-0,17*		
	4. Abusive Supervision		1,27	0,47	0,96	0,29**	0,37**	-0,39**	-		-0,11**		-		

n = Stichprobengröße, M = Mittelwert, SD = Standardabweichung, α = Cronbachs-α, K_m = Korrelation mit Variable m, β_MeV/aV/MoE = Regressionskoeffizient β in Bezug auf Mediator-Variable / abhängige Variable / Moderator-Effekt, R²_MeV/aV/MoE/ges/KV = erklärte Varianz des Regressionsmodells in Bezug auf Mediator-Variable / abhängige Variable / Moderator-Effekt / gesamtes Modell / Kontrollvariablen.
* = p < 0,05, ** = p < 0,01, ns = nicht signifikant, na = nicht angegeben, kursiv = unstandardisierte Regressionskoeffizienten

Tabelle 8: Deskriptive Statistiken und Regressionsergebnisse
(Quelle: eigene Darstellung)

Tabelle 8 stellt die wichtigsten Werte der deskriptiven Statistik und der Regressionsanalysen der betrachteten Studien dar. Aus Gründen der Übersichtlichkeit wurde darauf verzichtet, die in den Untersuchungen erhobenen Kontrollvariablen aufzuführen.[253] Ferner wurden sowohl die Mittelwerte, als auch die Standardabweichungen der einzelnen Skalen insoweit standardisiert und damit vergleichbar gemacht, als dass sämtliche angegebenen Werte nun vor dem Hintergrund von 5-Punkt-Likertskalen zu interpretieren sind.[254]

Zu den grundsätzlich notwendigen Bedingungen aussagekräftiger beziehungsweise signifikanter statistischer Maßzahlen gehören einerseits eine hinreichende Stichprobengröße und andererseits die interne Konsistenz der verwendeten Skalen.[255] Je größer der Stichprobenumfang, desto geringer die Wahrscheinlichkeit singulärer, in Bezug auf die betrachtete Grundgesamtheit zufälliger und damit wiederum insignifikanter Ergebnisse. Die Stichproben variieren bei den betrachteten Studien zwischen 175 und 334 Dyaden und besitzen damit jeweils Größen, die gute Schätzungen ermöglichen.[256] Bei einem angemessenen Stichprobenumfang ist weiterhin entscheidend, dass die verwendeten Skalen hinreichende interne Konsistenz, also Zuverlässigkeit besitzen, die in der Regel über den jeweiligen Cronbachs-α-Wert bestimmt wird.[257] Werte über 0,7 gelten als brauchbar, Werte über 0,8 als gut und Werte über 0,9 als sehr gut.[258] Drei der verwendeten Skalen liegen im brauchbaren Bereich,[259] alle weiteren im guten oder sogar sehr guten Bereich. Damit sind mit Stichprobenumfang und Reliabili-

---

[253] Diese umfassen beispielsweise bei Hoobler und Brass die Zahl der unterstellten Mitarbeiter der betrachteten Führungskraft, die Leistung der Mitarbeiter, das Geschlecht der Führungskraft, das Geschlecht des Mitarbeiters und die Dauer der Führungsbeziehung (vgl. Hoobler & Brass 2006, S. 1129); Aryee et al. kontrollieren darüber hinaus das Alter von Mitarbeiter und Führungskraft, die Ausbildung und die Zeit in der Organisation (vgl. Aryee et al. 2007, S. 195).

[254] Im einzelnen handelt es sich dabei um die Werte folgender Skalen: *Psychological Contract Violation* bei Hoobler und Brass (2006, S. 1128), *Core Self-Evaluations* und *Abusive Supervision* bei Wu und Hu (2009, S. 153), sämtliche Skalen bei Rafferty et al. (2010, S. 153), *Deep-Level Dissimilarity* und Subordinate Performance bei Tepper et al. (Tepper et al. 2011, S. 285 f.).

[255] Vgl. Diekmann 2010, S. 401 ff., ferner auch S. 254 f.

[256] Vgl. Kuckartz et al. 2010, S. 132. Der Standardfehler sinkt bekanntlich mit der Stichprobengröße. Für n > 30 verteilen sich die geschätzten Mittelwerte der Skalen normal um den wahren Mittelwert der Grundgesamtheit, wobei die Streuung mit steigendem Stichprobenumfang abnimmt.

[257] Dieser Koeffizient kann Werte zwischen 0 und 1 annehmen; vgl. zu seiner Berechnung Kuckartz et al. 2010, S. 223, oder zur mathematischen Herleitung auch direkt bei Cronbach (1951, S. 323).

[258] Vgl. Kuckartz et al. 2010, S. 223.

[259] *Depression* der Führungskraft (0,72) und *Negative Affectivity* der Mitarbeiter (0,72) bei Tepper et al. (2006, S. 109) und *Psychological Distress* (0,79) bei Rafferty et al. (2010, S. 43).

tät der verwendeten Skalen die notwendigen Bedingungen signifikanter Zusammenhänge in allen Studien gegeben.[260]

Bevor die Zusammenhangsmaße eingehender betrachtet werden, sei noch ein Blick auf die Mittelwerte und Standardabweichungen der Messungen geworfen. Auffällig ist, dass Abusive Supervision über alle Studien hinweg als abhängige Variable nur sehr geringe Mittelwerte und geringe Streuung aufweist. So nimmt M Werte zwischen 1,27 und 2,09[261] und SD Werte zwischen 0,47 und 1,17 an, was im beispielhaften Falle eines Mittelwertes von 1,5 bedeutet, dass im Durchschnitt lediglich die Hälfte der Items mit der zweitschwächsten Antwortmöglichkeit bedacht werden. Tepper et al. sprechen daher in diesem Zusammenhang von einem „Low Base-Rate" Phänomen.[262] Dieser geringe durchschnittliche Mittelwert könnte einerseits darauf zurückgeführt werden, dass sämtliche Studien die gleiche Skala verwenden[263] und daher in gewisser Weise systematisch ähnliche Daten produziert werden. Aufgrund der durchgängig hohen Reliabilität der Skala liegt der Schluss jedoch näher, dass es sich tatsächlich um ein Phänomen handelt, das entweder zumeist in schwächerer Ausprägung vorkommt oder von den betroffenen Mitarbeitern aus bestimmten Gründen – wie etwa sozial erwünschtem Antwortverhalten – als eher schwach ausgeprägt angegeben wird.[264] Die mit diesem Aspekt zwangsläufig in Zusammenhang stehenden Fragen der Inhaltsvalidität werden im folgenden Abschnitt näher diskutiert.

Ziel sämtlicher statistischer Berechnungen innerhalb der betrachteten Studien ist die Erklärung möglichst großer Anteile der Varianz von Abusive Supervision unter der Anwendung der Regressionsanalyse als multivariatem Verfahren. Als notwendige Voraussetzung dieser Anwendung muss zunächst ein signifikanter Zusammenhang zwischen den als unabhängig angenommenen Variablen und Abusive Supervision bestehen.[265] Die Korrelationsanalysen der einzelnen Studien weisen weitestgehend auf signifikante Zusammenhänge hin. Lediglich für Distributive Injustice konnten Rafferty et al. keinen signifikanten Zusammenhang nachweisen.[266] Alle weiteren Zusammenhänge konnten mit Irrtumswahrscheinlichkeiten von 5% beziehungsweise 1% nachgewiesen und damit der Weg multivariater Analysen geebnet werden.[267]

---

[260] Dies ist vor dem Hintergrund der zumeist hochrangig platzierten Publikationen und der damit einhergehenden methodischen Qualitätssicherung nicht überraschend.
[261] Im Mittel über die Studien, gewichtet nach den Stichprobenumfängen liegt M bei 1,59.
[262] Tepper et al. 2011, S. 291; die Autoren fügen damit einhergehend an, dass Abusive Supervision „a costly workplace phenomenon in terms of lost productivity, absenteeism, turnover, and health-care expenditures" ist (Tepper et al. 2011, S. 291). Ähnliche Argumente finden sich bereits bei Tepper et al. 2006, S. 119.
[263] Vgl. Tepper 2000, S. 189 f.
[264] Vgl. hierzu die in Kapitel A ausgewerteten Experteninterviews.
[265] Vgl. Kuckartz et al. 2010, S. 233.
[266] Vgl. Rafferty et al. 2010, S. 43.
[267] Vgl. Kuckartz et al. 2010, S. 133.

Die (standardisierten) Regressionskoeffizienten (β) geben an, inwieweit die jeweilige unabhängige Variable zur Erklärung der Ausprägung der abhängigen Variable beiträgt, wobei die Werte im Betrag möglichst hoch sein sollten.[268] Tepper et al.[269] schlagen in ihrer ersten Studie das oben bereits beschriebene moderierende Mediator-Modell vor und trennen dabei in die Erklärung der Mediator-Variable (*Depression*) und der abhängigen Variable. In Bezug auf *Depression* besitzt *Interactional Justice* ein β in Höhe von -0,24, was dazu führt, dass 8% der Varianz der Mediator-Variable dadurch erklärt werden kann. In Bezug auf die abhängige Variable besitzt *Depression* jedoch nur unter der moderierenden Wirkung von *Negative Affectivity* der Geführten eine Wirkung (β = 0,17). Insgesamt können mit dem Modell von Tepper et al. nur 14% der Varianz von Abusive Supervision erklärt werden. Hoobler und Brass geben in ihrer Studie nur unstandardisierte Regressionskoeffizienten an, sodass diese mit der Erklärungskraft anderer Studien nicht unmittelbar verglichen werden können. Ihr Modell besitzt insgesamt eine erklärte Varianz in Höhe von 21%, wobei jedoch allein 10% bereits durch die mit einbezogenen Kontrollvariablen erklärt wurden.[270] Aryee et al. können in ihrer Studie lediglich für *Authoritarian Leadership Style* einen signifikanten β-Koeffizienten errechnen (β = 0,33), wodurch 19% der Varianz von Abusive Supervision nachgewiesen werden können. Durch Einbeziehung des angenommenen Moderatoreffektes erhöht sich die erklärte Varianz des Gesamtmodells auf 23%, wobei davon 6% bereits durch Kontrollvariablen erklärt werden. Ohne dass auf die weiteren Modelle im Detail eingegangen werden soll,[271] zeigt sich, dass die erklärte Varianz in Bezug auf Abusive Supervision recht differenziert ausfällt, insgesamt dabei jedoch recht niedrig ist.[272] Das wiederum bedeutet, dass möglicherweise eine Vielzahl weiterer Einflussgrößen besteht, die in den Modellen jedoch unberücksichtigt geblieben sind. Tepper et al. adressieren diese Limitation ihrer Studie folgendermaßen:

> „the effects we uncovered explained relatively small amounts of variance in abusive supervision (i.e., the hypothesized model explained 14% of the variance in abusive supervision and the moderating effect explained only 2% of incremental variance beyond a mediation-only model). Although the effect sizes were relatively small, utility analysis demonstrates the value of reducing abusive supervision by even a small amount"[273]

Die Autoren sehen also diese Schwäche ihrer Untersuchung, weisen aber auf Basis der hohen Kosten, die mit einzelnen Fällen von Abusive Supervision ver-

---

[268] Vgl. Kuckartz et al. 2010, S. 236 f.
[269] Vgl. Tepper et al. 2006.
[270] Vgl. Hoobler & Brass 2006, S. 1129.
[271] Vgl. hierzu Tabelle 8 beziehungsweise die Ergebnisdarstellungen innerhalb der Studien.
[272] Mit Ausnahme der Studie von Rafferty et al, die mit ihrem Modell über die Kontrollvariablen hinaus eine Varianz von 29% erklären konnten, vgl. Rafferty et al. 2010, S. 48.
[273] Tepper et al. 2006, S. 119.

bunden sind, darauf hin, dass auch die Erklärung kleinerer Anteile der Varianz von Abusive Supervision wichtige Beiträge liefert.

Zusammenfassend kann festgehalten werden, dass sämtliche notwendigen Bedingungen für eine hohe Aussagekraft der Studien – hinreichender Stichprobenumfang, verlässliche Skalen, signifikante Variablenkorrelationen – gegeben sind, die Modelle gleichwohl aber nur verhältnismäßig geringe Anteile der Varianz von Abusive Supervision zu erklären vermögen. Das weist darauf hin, dass die zumeist vermutete Quelle – wahrgenommene Ungerechtigkeit auf Seiten der Führungskraft – nur einen (kleinen) Teil der Erklärung liefern kann.[274] Für die Zielstellung dieses Abschnitts und die Argumentationslinie der Arbeit bedeutet dies, dass die bislang aufgedeckten Probleme – die geringen Anteile erklärter Varianz – *nicht* in der spezifischen Anlage der Studien begründet sind. Ihr Erklärungsgehalt ließe sich wenn überhaupt nur in geringem Maße durch größere Stichproben oder Skalen höherer Reliabilität steigern. Die Ursachen der Probleme müssen also auf anderer, übergeordneter Ebene liegen. Neben dem Erklärungsgehalt der Regressionsmodelle ist auch die im Folgenden zu diskutierende Frage der Generalisierbarkeit der empirischen Ergebnisse für die kritische Reflexion der Debatte relevant.

2.1.2. Generalisierbarkeit der empirischen Ergebnisse

Die vorangestellten Überlegungen zeigen, dass die Erklärungskraft der bisherigen Forschung zur Entstehung von Abusive Supervision zwar nicht als umfassend oder gar abschließend bezeichnet werden kann, dennoch aber in gewissem, wenn auch eher geringem Maße gegeben ist. An dieser Stelle schließt sich die Frage an, inwieweit diese Erkenntnisse generalisierbar sind. Die einzelnen Stichproben müssen dazu – unabhängig von ihrem bereits angesprochenen Umfang – einer genaueren Betrachtung unterzogen werden. Drei der sechs betrachteten Studien rekrutierten ihre Untersuchungsteilnehmer aus Studierenden, die neben oder vor ihrem Studium einer nicht selbstständigen Beschäftigung nachgegangen sind. Rafferty et al. befragten Teilzeit-MBA-Studenten verschiedener philippinischer Universitäten und deren Vorgesetzte,[275] während Hoobler und Brass MBA-Studenten amerikanischer Universitäten und deren Führungskräfte

---

[274] In ihrer neuesten Studie betreten Tepper et al. einen neuen Pfad, indem sie die Führungsbeziehung selbst als Ursache modellieren und dabei immerhin 37% der Varianz erklären können, ohne dabei jedoch anzugeben, wie groß jener Anteil der Varianz ist, der durch die erhobenen Kontrollvariablen bereits erklärt wird. Eine Verknüpfung beider Perspektiven hat bislang nicht stattgefunden, könnte jedoch zu aussagekräftigeren Ergebnissen führen (vgl. Tepper et al. 2011, S. 289 f.).
[275] Vgl. Rafferty et al. 2010, S. 40. Die Studierenden erhielten zwei verschlossene Fragebögen, von denen sie einen selbst beantworteten und den anderen mit der Bitte um Bearbeitung an ihre jeweiligen Vorgesetzten weiterleiteten. Die Fragebögen wurden codiert, um das spätere Matching sicherzustellen.

ansprachen.[276] Wu und Hu sprachen in Taiwan einerseits Studierende des ersten Semesters an, die in ihrer Vergangenheit bereits einer Vollzeittätigkeit nachgegangen sind, andererseits nutzten sie persönliche Kontakte in Firmen, um auskunftsfreudige Arbeitnehmer zu identifizieren.[277] Die anderen Studien stützen sich auf (fast ausschließlich männliche) Mitglieder einer paramilitärischen Organisation in den USA,[278] Mitarbeiter und deren Führungskräfte einer Telefongesellschaft im Süden Chinas[279] und Führungsdyaden verschiedener Organisationen der Gesundheitsbranche in den USA.[280] Aus diesen knappen Ausführungen wird bereits deutlich, dass die Ergebnisse hinsichtlich ihrer Generalisierbarkeit einen recht engen Radius besitzen, wurden die einzelnen Stichproben doch aus sehr spezifischen Populationen gezogen. So ist die in der Sozialforschung weit verbreitete Praktik, Studierende als Probanden einzusetzen, nicht unumstritten,[281] eine Generalisierung auf nicht-studentische beziehungsweise nichtstudierte Arbeitnehmer ist jedenfalls nicht ohne Weiteres möglich. Ähnliches gilt natürlich auch für Stichproben in der Gesundheitsbranche als auch insbesondere für paramilitärische Organisationen – eine Übertragung der Erkenntnisse auf nicht-militärische Organisationen ist aufgrund der unterschiedlichen Bedeutung von Hierarchie und deren Durchsetzung problematisch.[282] Auch der kulturelle Kontext jeder einzelnen Studie hat Einfluss auf die Generalisierbarkeit der Ergebnisse. So können die Ergebnisse von Aryee et al. beispielsweise nicht ohne Weiteres auf Telefongesellschaften in Deutschland, Großbritannien oder Spanien übertragen werden.[283] In Bezug auf die Relevanz der jeweiligen Organisationskultur weisen Hoobler und Brass explizit auf die damit einhergehende Schwäche ihrer Studie hin.[284]

---

[276] Vgl. Hoobler & Brass 2006, S. 1127. Hier wurde das gleiche Verfahren angewendet wie bei Rafferty et al. (2010).
[277] Vgl. Wu & Hu 2009, S. 152. Die beiden Gruppen wiesen sich den Autoren zufolge mit Blick auf verschiedene Kontrollvariablen als nicht signifikant unterschiedlich aus, sodass sie im Rahmen der statistischen Analyse nicht getrennt voneinander behandelt wurden.
[278] Vgl. Tepper et al. 2006, S. 106. Das Matching zwischen Mitglied und direktem Vorgesetzen wurde über die Zuordnung militärische Identifikationsnummern erreicht.
[279] Vgl. Aryee et al. 2007, S. 194. Hier wurden 50 Führungskräfte und je vier dazugehörige Mitarbeiter befragt.
[280] Vgl. Tepper et al. 2011, S. 284 f. Diese Organisationen umfassten Krankenhäuser und Altersheime im Südosten der USA.
[281] Vgl. hierzu insbesondere die „Second-Order Meta-Analyse" von Peterson (2001); für den Bereich der Organisationspsychologie auch Barr & Hitt 1986.
[282] Vgl. Tepper et al. 2006, S. 118.
[283] Die Autoren sehen diese Problematik und benennen sie im Rahmen der Betrachtung der Limitationen ihrer Studie: „data were obtained from a single indigenous (locally owned) organization so the extent to which our findings are generalizable to other organizations in China (e.g., state-owned enterprises and joint ventures), let alone to other cultural contexts, remains an empirical question" (Aryee et al. 2007, S. 198).
[284] Sie schreiben hierzu: „Another limitation is our lack of understanding of respondents' organizational cultures. Certain cultures may tolerate or even promote behaviors that in

Zusammenfassend kann festgehalten werden, dass jegliche empirische Studie hinsichtlich der Gültigkeit ihrer Erkenntnisse mindestens auch aus dem Blickwinkel der Generalisierbarkeit und der interessierenden Grundgesamtheit betrachtet werden muss.[285] Ohne dass die Ergebnisse der sechs hier relevanten Studien generell in Frage gestellt werden sollen, sei darauf hingewiesen, dass sie stets nur vor dem Hintergrund der jeweiligen Stichproben zu interpretieren sind. Und diese Stichproben sind hier – wie bereits angemerkt – aus Perspektive der hypothetischen Gesamtheit aller Mitarbeiter in einem Angestelltenverhältnis als Nischen zu charakterisieren. Diese Schwäche liegt jedoch in der konkreten Anlage der einzelnen Studie begründet und würde für sich genommen keinen hinreichenden Grund darstellen, das konzeptionelle Fundament der Studien in Frage zu stellen. Das Problem der Generalisierbarkeit ließe sich also durch eine angemessenere Konzeptionalisierung von Abusive Supervision nicht lösen und spielt für die weitere Argumentation der Arbeit als Forschungslücke eine untergeordnete Rolle. Als weitere Dimension der endogenen Reflexion wird im Folgenden auf die Kausalität der untersuchten Variablenbeziehung eingegangen.

2.1.3. Kausalität in den Variablenbeziehungen

Mit Publikationstiteln wie „Antecedents of Abusive Supervision"[286] oder „Predictors of Abusive Supervision"[287] suggerieren die hier zu untersuchenden Studien, dass sie kausale Beziehungen zwischen den als verursachend angenommenen Variablen und Abusive Supervision aufzudecken und nachzuweisen suchen. Zu prüfen ist also, ob dies tatsächlich gelingt beziehungsweise mit den jeweils gewählten Untersuchungsdesigns gelingen kann. Notwendige Bedingung kausaler Beziehungen ist bekanntlich die signifikante Korrelation der entsprechenden Variablen.[288] Diese Bedingungen erfüllen die Studien – wie oben gezeigt – bis auf wenige Ausnahmen.[289] Hinreichende Bedingung kausaler Beziehungen ist, dass der abhängigen Variablen die verursachende Variable zeitlich vorausgeht und die Wirkungsrichtung eindeutig ist. Soll also mit Hilfe empirischer Methoden die Kausalbeziehung zwischen Variablen nachgewiesen werden, so muss

---

other cultures would be deemed abusive. For instance, in strong, militaristic cultures, such as in police departments, it is likely that aggressive behavior is modeled and even rewarded, whereas in the typical office setting these supervisor behaviors may be inappropriately employed. Whether the tolerance of abusive behavior in different cultures has an effect on subordinate perceptions remains unexplored." (Hoobler & Brass 2006, S. 1131).

[285] Vgl. Diekmann 2010, S. 430 ff.
[286] Vgl. Aryee et al. 2007.
[287] Vgl. Tepper et al. 2011.
[288] Vgl. Kuckartz et al. 2010, S. 203.
[289] Diese Ausnahmen sind jedoch konsequenterweise auch nicht in die jeweiligen multivariaten Analysen eingegangen.

die Untersuchung in ihrer Gestaltung diesen Bedingungen Rechnung tragen. Tepper et al. beispielsweise vermuteten in ihrer Untersuchung – wie oben bereits dargestellt –, dass *Negative Affectivity* durch moderierende Wirkung zur Auslösung von Abusive Supervision beitragen würde. Es kann jedoch nicht ausgeschlossen werden, dass Mitarbeiter, die sich durch *Negative Affectivity* auszeichnen, eher dazu neigen, feindseliges Verhalten als solches überhaupt erst wahrzunehmen und dieses im Rahmen einer Befragung auch zu dokumentieren. In diesem Fall hätte *Negative Affectivity* keinen Einfluss auf das Verhalten der Führungskraft, sondern „nur" auf die Wahrnehmungsstrukturen der Mitarbeiter.[290] Darüber hinaus kann auch die umgekehrte Wirkungsrichtung nicht ausgeschlossen werden. Die bereits dargestellten Forschungsergebnisse zu den Konsequenzen von Abusive Supervision zeigten unter anderem negative Auswirkungen auf psychisches Wohlbefinden, Selbstvertrauen und allgemeiner Zufriedenheit betroffener Mitarbeiter.[291] Eben diese Auswirkungen könnten demnach auch zu *Negative Affectivity* führen und damit die angenommene Wirkungsrichtung umkehren. Genauso ist nicht auszuschließen, dass sich *Negative Affectivity* und Abusive Supervision wechselseitig kausal beeinflussen.[292] Ähnliche Beispiele ließen sich für die anderen Studien ebenfalls diskutieren, sollen hier allerdings nicht näher thematisiert werden. Interessanterweise geben sämtliche Autoren in der Diskussion der Limitationen ihrer Studien an, dass sie streng genommen keine kausalen Beziehungen nachweisen können und begründen dies regelmäßig damit, dass die Messungen nur zu einem Zeitpunkt durchgeführt wurden.[293] Tepper et al. sehen daher, dass ihre Ergebnisse „merely *suggestive* of the causal ordering "[294] sind. Damit einher geht zumeist der Vorschlag, in Zukunft longitudinale Forschungsdesigns anzuwenden, um Wirkungsrichtungen der betrachteten Variablen eindeutig bestimmen zu können. Tatsächlich umgesetzt wurde dies bislang nicht.

Neben der Problematik der singulären Zeitpunktbezogenheit zeigt sich auch, dass einige Studien jene Variablen, bei denen kausale Zusammenhänge vermutet werden, aus ein und derselben Quelle erheben, was wiederum systematische Verzerrungen nach sich ziehen kann. Der sogenannte *Single Source Bias* wird im Rahmen der Debatte um *Common Method Variance*[295] diskutiert und bezieht sich auf systematisches Antwortverhalten, das in signifikantem Maße unabhängig vom Untersuchungs-gegenstand ist. Als Ursachen für diese Verzerrungen

---

[290] Tepper et al. diskutieren diese Problematik in ihrem Artikel (vgl. Tepper et al. 2006, S. 117 f.).
[291] Vgl. Burton & Hoobler 2006; Hobman et al. 2009; Tepper 2000.
[292] Vgl. zur wechselseitig kausalen Beeinflussung von Variablen Kuckartz et al. 2010, S. 204.
[293] Vgl. etwa Aryee et al. 2007, S. 198; Hoobler & Brass 2006, S. 1131; Rafferty et al. 2010, S. 51.
[294] Tepper et al. 2011, S. 289.
[295] Vgl. vor allem Podsakoff et al. 2003; für einen Überblick auch Söhnchen 2007.

diskutieren Podsakoff et al. unter anderem Konsistenzmotive, implizite Theorien, soziale Erwünschtheit und positive oder negative Grundeinstellungen.[296] Konkret auf die vorliegenden Studien bezogen bedeutet dies, dass beispielsweise die von Tepper et al.[297] in ihrer jüngsten Studie vermutete kausale Beziehung zwischen *Perceived Deep-Level Dissimilarity* und *Relationship Conflict* kritisch hinterfragt werden muss, denn beide Variablen wurden durch die Befragung des Vorgesetzten gemessen. Es kann also nicht ausgeschlossen werden, dass die Ergebnisse verzerrt sind und dadurch Beziehungen zwischen den Variablen generiert wurden, die eigentlich nicht im gemessenen Ausmaß vorhanden sind. Ähnliches gilt auch für die Studie von Wu und Hu[298], die sowohl die vermutete Ursache (Core Self-Evaluations), als auch die Wirkung (Abusive Supervision) aus der Befragung der Mitarbeiter erheben und damit ebenfalls *Common Source* Verzerrungen nicht ausschließen können. Die Wirkung des *Common Source Bias* setzt streng genommen bereits bei der notwendigen Bedingung kausaler Beziehungen an, indem Korrelationen vorgegaukelt werden, die bei der Verwendung unterschiedlicher Quellen möglicherweise niedriger ausfallen würden. Da kausale Beziehungen durch die Zeitpunktbezogenheit ohnehin nur vermutet und nicht nachgewiesen werden können, schwächt die Befragung ein und derselben Quelle diese Vermutungen also zusätzlich, indem sogar ermittelte Korrelationen in Frage gestellt werden können.

Für die Suche nach der zentralen Quelle der Forschungslücken der Debatte lässt sich das hier aufgerissene Kausalitätsproblem in zwei Richtungen interpretieren. Man könne einerseits konstatieren, dass die Probleme einzig in der angewandten Methodik zu verorten sind. Würde man tatsächlich Longitudinalstudien verwenden und daneben Verzerrungen durch *Single Source* Befragungen vermeiden, so ließen sich möglicherweise tatsächlich kausale Variablenbeziehungen nachweisen. Andererseits weist aber gerade die querschnittsbezogene Anlage der Studien und die hypothesierten Variablenstrukturen auf eine stark simplifizierende – dieser Punkt ist im folgenden Abschnitt im Detail zu prüfen – Konzeptionalisierung von Abusive Supervision und den Vorstellungen seiner Entstehung hin. Insofern motiviert auch der Aspekt zweifelhafter Kausalstrukturen die intensive Auseinandersetzung mit den dahinterliegenden, konzeptionellen Basisannahmen der Abusive Supervision Debatte.

Insgesamt zeigt die Reflexion der empirischen Forschung auf endogener Ebene, dass sie methodisch insoweit ausgefeilt und ausgereift ist, dass Stichproben genügenden Umfang aufweisen, verwendete Skalen hinreichende Reliabilität besitzen und Korrelationen durch Signifikanz gekennzeichnet sind. Mit Blick auf die Aussage- und Erklärungskraft zeigten sich jedoch deutliche Schwächen, die eben nicht mit Anpassungen der methodischen Ausgestaltung einfach ausgebessert werden können: Das Ausmaß erklärter Varianz an Abusive Supervision ist

---
[296] Vgl. Podsakoff et al. 2003, S. 881 ff.
[297] Vgl. Tepper et al. 2011.
[298] Vgl. Wu & Hu 2009.

zumeist recht niedrig und die vermutete Kausalität muss aufgrund der gewählten Untersuchungsdesigns eine (zumindest jedoch argumentativ begründete) Vermutung bleiben.[299] Diese Probleme sind zwar nicht unabhängig von der quantitativen Untersuchungsmethodik, weisen aber deutlich auf konzeptionelle Schwächen der Debatte insgesamt hin. Insofern schließt sich hier zwangsläufig die Reflexion der Debatte vor dem Hintergrund des Konstruktes selbst an.

2.2. Exogene Reflexion vor dem Hintergrund des Konstruktes Abusive Supervision

Nachdem bestätigt wurde, dass die zentralen Schwachpunkte der bisherigen Forschung nicht auf endogener Ebene zu suchen sind, sondern vielmehr grundsätzlicherer Natur sind, soll der konzeptionelle Hintergrund der Debatte nun ins Licht der Reflexion gestellt werden. Ein wichtiger Punkt wurde oben bereits thematisiert und soll hier noch einmal aufgegriffen werden. Abusive Supervision wird als Führungsphänomen derzeit in seiner Komplexität radikal verkürzt. Zwar wird – im Gegensatz zu anderen Konstrukten der dunklen Seite der Führung – dem Mitarbeiter Beachtung geschenkt, allerdings nur in Bezug auf seine Rezeption des Vorgesetztenverhaltens. Aktiver Einfluss wird systematisch ausgeklammert. Die folgende Abbildung visualisiert diese Einseitigkeit:

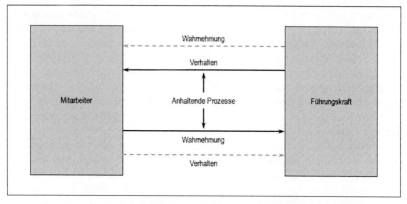

Abbildung 14: Abusive Supervision in der gegenwärtigen Konzeptionalisierung
(Quelle: eigene Darstellung)

---

[299] Die Tatsache, dass die Stichproben sehr spezifischen Populationen entzogen sind, spielt hier, wie oben bereits begründet, eine untergeordnete Rolle.

Die dunklen, durchgezogenen Linien stellen die Elemente der der Debatte gegenwärtig zugrunde liegenden Konzeption dar, die gestrichelten, schwächer gezeichneten Linien dagegen die für ein tatsächlich interaktives Verständnis von Führung fehlenden Elemente. Besonders deutlich wird diese Einseitigkeit bei der genauen Betrachtung des durchgängig verwendeten Messinstrumentes zur Erfassung von Abusive Supervision. Es besteht aus 15 Items, die ausschließlich Beispiele feindseligen Führungsverhaltens abbilden.[300] Über eine 5-stufige Likert-Skala geben die Befragten an, wie oft die einzelnen Verhaltensweisen erlebt werden, wobei die Antwortmöglichkeiten von „I cannot remember him/her ever using this behavior with me" bis zu „He/she uses this behavior very often with me"[301] reichen. Die Skala beschränkt sich also offenkundig auf zwei der in Abbildung 14 dargestellten Elemente: die Wahrnehmung der Geführten und deren Häufigkeit. Das tatsächliche Verhalten und die korrespondierenden Absichten – immerhin als Auslöser der Wahrnehmung konzipiert und Namensgeber des Konstruktes – bleiben streng genommen unerfasst, was problematisch erscheint.

Mit Bezug auf den oben bereits angeführten *Single Source Bias* lässt sich eine Differenz zwischen tatsächlichem Verhalten und wahrgenommenen Verhalten nicht ausschließen. Obwohl diese Art systematischer Messfehler eigentlich in Bezug auf die Beantwortung von Fragen verschiedener Skalen durch ein und dasselbe Individuum diskutiert wird,[302] kann sie insoweit übertragen werden, als dass der befragte Mitarbeiter zwar hier nur über seine Wahrnehmung informiert, gleichzeitig aber in den Studien eine hohe Korrelation mit dem tatsächlichen Verhalten der Führungskraft implizit vorausgesetzt wird.[303] Es wird also de facto versucht, tatsächliches, absichtliches Verhalten des einen Interaktionspartners und deren Wahrnehmung durch den anderen Interaktionspartner gleichzeitig zu messen. Dazu kommt, dass nicht direkt die Wahrnehmung gemessen werden kann, sondern streng genommen nur das, was der Befragte *angibt*, wahrzunehmen. Es handelt sich also um drei Stufen, wobei zwischen den letzten beiden insbesondere Einflüsse sozialer Erwünschtheit[304] oder auch andere Reaktivität-

---

[300] Zum Beispiel „My boss (1) ridicules me, (2) tells me my thoughts or feelings are stupid, (3) gives me the silent treatment, (4) puts me down in front of others, (5) invades my privacy [...]" (Tepper 2000, S. 189 f.).
[301] Tepper 2000, S. 189.
[302] Vgl. Podsakoff et al. 2003, S. 881 ff.
[303] Diese implizite Annahme lässt sich sehr gut in den von Tepper et al. diskutierten praktischen Implikationen ihrer letzten Studie erkennen: Die empathischen Fähigkeiten potentieller Führungskräfte sollen in deren Auswahlprozess eine wichtige Rolle einnehmen, beziehungsweise bei bereits eingestellten Führungskräften gezielt trainiert werden (vgl. Tepper et al. 2011, S. 290 f.). Die Möglichkeit, dass Mitarbeiter psychologisch betreut werden könnten, um ihre möglicherweise übertriebene Wahrnehmung zu ändern, wird nicht erwähnt. Insofern wird wie selbstverständlich davon ausgegangen, dass die Ursache der Abusive Supervision Wahrnehmung einzig im Verhalten der Führungskraft liegt.
[304] Vgl. Crowne & Marlowe 1964, S. 109 ff.

seffekte[305] auftreten können. Zwar wurde den Probanden in sämtlichen hier diskutierten Studien eine anonyme Auswertung auf aggregierter Ebene versichert, tatsächlich kontrolliert wurden systematische Verzerrungen des Antwortverhalten jedoch in keiner der Studien.[306] Neben sozial erwünschtem Verhalten könnten auch kognitive Schemata und implizite Theorien zu Verzerrungen führen, schließlich kann nicht davon ausgegangen werden, dass jeder Befragte die vorgelegten Items in gleicher Weise versteht.[307] Im Falle der vorliegenden Studien scheint dies aufgrund der sehr klaren Formulierungen der Items jedoch eher von untergeordneter Bedeutung zu sein.[308]

Abbildung 14 illustriert außerdem, dass es sich bei Abusive Supervision um anhaltende und sich wiederholende Prozesse sowohl des feindseligen Verhaltens der Führungskraft, als auch der dazugehörigen Wahrnehmung der Geführten handelt. Anders ausgedrückt ist Abusive Supervision grundsätzlich schon als dynamisches, wechselseitiges Phänomen konzipiert, was wiederum impliziert, dass es sich bei seiner Entstehung ebenfalls um einen dynamischen, wechselseitigen Prozess handeln muss.[309] Es entsteht nicht von einem Tag auf den anderen. Damit schließt sich die Frage an, inwieweit die Debatte eben dieser Prozesshaftigkeit des Phänomens beziehungsweise einem interaktiven Führungsverständnis gerecht wird. Unter dem Stichwort der Kausalität wurde bereits diskutiert, dass die Erhebungen in sämtlichen Studien lediglich zu jeweils einem Zeitpunkt durchgeführt wurden, wodurch streng genommen allenfalls Korrelationen nachgewiesen werden konnten. Mit Blick auf die Prozesshaftigkeit bedeutet dies, dass von den betrachteten Variablen letztendlich nur singuläre, statische Bestandsaufnahmen erhoben wurden.[310] Der Prozess, wie beispielsweise *Perceived Deep-Level Dissimilarity* zu *Relationship Conflict* führt (oder selbst überhaupt erst entsteht) und schließlich unter der moderierenden Wirkung der *Performance* des Mitarbeiters in feindseligem Verhalten der Führungskraft und dessen Wahr-

---

[305] Vgl. Webb et al. 1966. Zum Problem reaktiver Methoden schreiben die Autoren: „So long as one has only a single class of data collection, and that class is the questionnaire or interview, one has inadequate knowledge of the rival hypotheses grouped under the term "reactive measurement effects". [...] As long as the research strategy is based on a single measurement class, some flanks will be exposed. [...] No single measurement class is perfect. When a hypothesis can survive the confrontation of a series of complementary methods of testing it contains a degree of validity unattainable by one tested within the more constricted framework of a single method." (Webb et al. 1966, S. 173 f.).

[306] Tepper et al. weisen in ihrer neuesten Studie zumindest darauf hin, dass sie die Tendenz sozial erwünschten Antwortverhaltens nicht als Kontrollvariable integriert haben und diese Einflüsse daher auch nicht ausschließen können (Tepper et al. 2011, S. 290).

[307] Vgl. Podsakoff et al. 2003, S. 881.

[308] Ähnliche Diskussionen könnten für sämtliche, verwendete Skalen geführt werden, sollen an dieser Stelle jedoch dahinstehen, da es hier in erster Linie um das Konstrukt Abusive Supervision gehen soll.

[309] Die Prozesshaftigkeit zeigte sich ebenfalls in den in Kapitel A analysierten Experteninterviews.

[310] Vgl. zu diesem Problem aus allgemeinerer Perspektive Conger 1998, S. 110.

nehmung auf Seiten der Mitarbeiter mündet, muss unter diesen Umständen zwangsläufig ungeklärt bleiben. Streng genommen vermögen es die vorliegenden Studien also nicht, auf Basis der gegenwärtigen Konzeption viel Licht ins Dunkel des Entstehungs*prozesses* von Abusive Supervision zu bringen. Stattdessen werden nur kurze Schlaglichter auf Variablen geworfen, die den Prozess durchaus beeinflussen – deren dynamisches, prozesshaftes Zusammenspiel bleibt jedoch im Dunkeln.

Das Problem der unerfassten Prozessualität liegt einerseits in der trivialisierenden Konzeption, anderseits aber auch in der angewandten quantitativen Methodik begründet, wobei beide Ebenen einander bedingen. Eine detaillierte und vor allem kritische Auseinandersetzung mit der empirischen Methodik würde an dieser Stelle zu weit vom zu beschreitenden Weg abführen, denn sie fiele letztendlich eher grundsätzlich aus und ließe sich damit nur sehr locker an die Argumentationslinie dieser Arbeit koppeln.[311] Stattdessen seien die identifizierten Probleme der konzeptionellen Ebene der Abusive Supervision Debatte in ihren wesentlichen Punkten noch einmal in der folgenden, zweiten Zwischenbilanz dieser Arbeit zusammengefasst.

3. Zweite Zwischenbilanz: Offene Fragen an die Abusive Supervision Debatte

In der Argumentationslinie dieser Arbeit erfüllte dieses Kapitel zweierlei Zwecke. Erstens sollte die Abusive Supervision Debatte im Detail und in ihrer Einbettung in die Führungsforschung inhaltlich entfaltet werden, um den Leser umfassend zu informieren und das in Kapitel A entstandene Bild des Phänomens in den Kontext seines wissenschaftlichen Diskurses zu stellen. Konkret wurden zunächst jene zentralen Forschungsströmungen vorgestellt, die sich explizit den Schattenseiten der Führung annehmen. Im Anschluss an diesen Überblick wurde der aktuelle Stand der Abusive Supervision Debatte aufgearbeitet und systematisiert. Dazu wurden 25 bislang veröffentlichte Studien in die Analyse einbezogen und diese wiederum nach erforschten Ursachen und Konsequenzen differenziert. Mit Blick auf die Ursachen und die Entstehung von Abusive Supervision beschäftigt sich die Debatte bisher hauptsächlich mit Ungerechtigkeitserfahrungen auf Seiten der Führungskraft, neuerdings aber zumindest im Ansatz auch mit der Führungsbeziehung selbst, indem Tepper et al. grundlegende Einstellungs- und Wertedifferenzen zwischen Führungskraft und Mitarbeiter als auslösende Vari-

---

[311] Vgl. für eine grundsätzliche Diskussion quantitative Untersuchungsmethodik im Feld sozial komplexer Variablen insbesondere Downey & Ireland 1979 und Morgan & Smircich 1980. Für einen konkreten Bezug zur Führungsforschung daneben auch Conger 1998, sowie Bryman 2004.

able modellieren.[312] Die bislang deutlich umfassender erforschten Konsequenzen beschäftigen sich ausschließlich mit Auswirkungen auf die Arbeits- und die Privatsphäre betroffener Mitarbeiter und wurden hier differenziert in Verhaltens-Auswirkungen und Nicht-Verhaltens-Auswirkungen dargestellt. Nach dieser sehr detaillierten und im notwendigen Maße inhaltlich informierenden Darstellung konnte der Fokus schließlich zugunsten der zugrunde gelegten Konzeption verschoben werden. Dazu wurde Abusive Supervision zunächst von Mobbing als verwandtes Konstrukt abgegrenzt und schließlich selbst als Interaktionsmuster, das das aufeinander bezogene Verhalten von Führungskraft und Mitarbeiter in anhaltender Weise beeinflusst, konzeptionell geschärft. Dabei wurde insbesondere darauf hingewiesen, dass Abusive Supervision analytisch in zwei Formen differenziert werden kann. Lediglich die in ihrer konkreten Wirkung auf den Mitarbeiter unintendierte Form soll hier weiter verfolgt werden, da das bewusste Schädigen des unterstellten Mitarbeiters bereits mit dem Mobbing (beziehungsweise Bossing) Konstrukt erfasst wird.

Der zweite Teil des Kapitels stand im Lichte der Frage, inwieweit die gegenwärtige Forschung Entstehung und Stabilität von Abusive Supervision zu erklären vermag. Anders ausgedrückt ging es um die Ermittlung zentraler Forschungslücken, wobei die folgende These argumentationsleitend war: Die zu identifizierenden Schwächen liegen nicht in der Qualität angewandter Untersuchungs- und Auswertungsmethoden, sie betreffen vielmehr in übergreifender Art und Weise den konzeptionellen Hintergrund der gesamten Debatte. Zur Prüfung dieser These wurde zunächst auf endogener Ebene jener Studien, die sich dezidiert mit der Entstehung und den Ursachen von Abusive Supervision beschäftigen, untersucht, inwieweit diese in sich – also ohne Infragestellen des konzeptionellen Rahmens – konsistent sind und ob sich ihr Erklärungsgehalt durch methodische Rekalibrierung signifikant steigern ließe. Im Ergebnis konnte gezeigt werden, dass sämtliche notwendigen Bedingungen signifikanter Ergebnisse zwar gegeben sind, der Erklärungsgehalt in zweierlei Hinsicht aber dennoch problematisch erscheint: Einerseits ist der Anteil erklärter Varianz in den hypothesierten Modellen recht gering und andererseits konnten die angenommenen Kausalstrukturen nicht bewiesen werden. Dieser Beweismangel liegt zwar zunächst einmal in der quantitativen Querschnittsmethodik begründet,[313] weist aber, in Kombination mit den geringen Anteilen erklärter Varianz, gleichzeitig auf ein simplifizierendes, konzeptionelles Verständnis von Abusive Supervision und seinen Auslösern hin.

Daher wurde daraufhin der konzeptionelle Rahmen der Debatte in den Mittelpunkt der Reflexion gestellt. Hier zeigte sich in aller Deutlichkeit, dass Abusive

---

[312] Vgl. Tepper et al. 2011.
[313] Die jeweiligen Autoren weisen zwar darauf hin, dass Longitudinalstudien diesem Problem in Zukunft begegnen sollten, tatsächliche Ambitionen in dieser Richtung sind jedoch bisher nicht ersichtlich. Vgl. Aryee et al. 2007, S. 198; Hoobler & Brass 2006, S. 1131; Tepper et al. 2011, S. 289 f.; Wu & Hu 2009, S. 163.

B Stand der Abusive Supervision Debatte und ihre Forschungslücken

Supervision bislang nicht als Phänomen der Führungs*interaktion* charakterisiert wird, sondern streng genommen in seiner Konzeption dem Paradigma der Führungsstilforschung[314] zuzuordnen ist. Dieser konkrete konzeptionelle Rahmen hat natürlich zur Folge, dass in der gegenwärtigen Debatte das Individuum – entweder die agierende Führungskraft oder der rezipierende Geführte – die zentrale Analyseeinheit darstellt und eben nicht – wie es jüngere Ansätze der Führungsforschung mit guten Gründen vorschlagen – die Führungsbeziehung.[315] Im Sinne des Führungsstilparadigmas liegt sämtlichen Studien die Vorstellung eines mono-kausalen Ursache-Wirkungs-Verhältnisses zugrunde, in dem einzig das feindselige Verhalten der Führungskraft zur Etablierung von Abusive Supervision notwendig ist. Ob Abusive Supervision tatsächlich vorliegt, hängt wiederum nur von der Wahrnehmung des Geführten ab, die Wahrnehmung der Führungskraft spielt bislang genauso wenig eine Rolle, wie das aktive (und reaktive) Verhalten des Geführten. Mit anderen Worten bleibt die soziale Komplexität von Führung in der gegenwärtigen Konzeption von Abusive Supervision weitestgehend außen vor, ihre Prozessualität und wechselseitige Dynamik kann nicht erfasst werden. Kurzum: Die interaktive Natur der Führungsbeziehung bleibt in der Abusive Supervision Debatte bislang außer Acht.

Damit kann an dieser Stelle festgestellt werden, dass weitere empirische Studien unter den aktuellen, konzeptionellen Vorzeichen der Debatte kaum weiteren Erkenntnisgewinn erwarten ließen. Die Diskussion der Schwächen hat deutlich aufgezeigt, dass die Debatte auf konzeptioneller Ebene fundamentale Forschungslücken besitzt und dringend einer neuen, adäquateren Fundierung bedarf: Führung muss als Interaktion verstanden werden und Abusive Supervision damit als Phänomen, das aus der Interaktion zwischen Führungskraft und Mitarbeiter heraus entsteht und eben nicht einseitig und simplifizierend auf die Führungskraft oder beispielsweise ihre individuellen Ungerechtigkeitswahrnehmungen zurückzuführen ist. Insbesondere die Forschung zur Entstehung von Abusive Supervision ist an ihre paradigmatischen Grenzen geraten, die eben nur durch ein Überdenken der konzeptionellen Grundannahmen überwunden werden können. Und eben dieser, für die gesamte Debatte als notwendig markierte Schritt der Rekonzeptionalisierung soll im folgenden Kapitel vorbereitet und in Kapitel D schließlich schrittweise vollzogen werden.

---

[314] Vgl. hierzu überblicksartig und kritisierend Steinmann & Schreyögg 2005, S. 650 ff.; Staehle 1999, S. 338 ff.; detaillierter auch Wunderer & Grunwald 1980, S. 222 ff.
[315] Vgl. hierzu das folgende Kapitel.

C Führung als soziale Interaktion – Theoretische Grundlagen

Mit Abschluss des zweiten Kapitels wurde Abusive Supervision bislang mit einem einführend illustrativen Blick in die Praxis als aktuelles brisantes Phänomen gekennzeichnet und anschließend in seiner wissenschaftlichen Bearbeitung rekapituliert. Dabei offenbarten sich zentrale Forschungslücken, deren Schließung nun aus den dort genannten Gründen auf konzeptioneller Ebene diskutiert werden soll. Konkret befindet sich die Arbeit an dem Punkt, an dem der in der Einleitung bereits angegebene, wissenschaftliche Bedarf einer Rekonzeptionalisierung des Konstruktes motiviert ist. Dieses Kapitel dient nun der Diskussion der dazu notwendigen theoretischen Grundlagen. An verschiedenen Stellen der Arbeit wurde bereits der Hinweis darauf gegeben, dass eine solche Rekonzeptionalisierung interaktionstheoretischer Natur sein sollte, da eine Fundierung dieser Art einerseits die wechselseitige Dynamik, Komplexität und Subjektivität des Phänomens zugänglich macht und andererseits neuere Erkenntnisse der Führungsforschung deutlich adäquater widerspiegelt als es die derzeitige Führungsstilkonzeption leisten kann.

Sollen die theoretischen Grundlagen einer solchen Rekonzeptionalisierung ausgebreitet werden, stellt sich zunächst die Frage, inwieweit die derzeit diskutierten, dezidert interaktionstheoretischen Führungsansätze für dieses Unterfangen geeignet erscheinen. Im ersten Abschnitt des Kapitels werden daher diese Theorien daraufhin geprüft, inwieweit die Interaktionsprozesse zwischen Führungskraft und Geführten die für die angestrebte Rekonzeptionalisierung hinreichende Berücksichtigung in den jeweiligen Ansätzen finden. Die zu überprüfende These wird dabei sein, dass selbst die dezidert interaktionsbasierten Führungstheorien den Mikroprozessen der Interaktion zwischen Führungskraft und Mitarbeiter (bisher) nicht die notwendige Beachtung schenken und daher als Erklärungsgrundlage für Abusive Supervision nur in eng begrenztem Rahmen herangezogen werden können. Zuvor wird jedoch einleitend auf das Verhältnis von Führung und Interaktion einzugehen sein, um zu prüfen, inwieweit es tatsächlich gerechtfertigt erscheint, Führung als Phänomen sozialer Interaktion zu charakterisieren. Bislang stellte dieser Aspekt im Rahmen der Arbeit nicht viel mehr als eine Behauptung dar. Auf dieser Diskussion aufbauend werden interaktionsbezogene Führungstheorien reflektiert, die Anforderungen an ein interaktionstheoretisches Führungsmodell zusammengefasst und daran anschließend konstruktivistische und systemtheoretische Überlegungen als Grundlage einer solchen interaktionstheoretischen Perspektive diskutiert.

1. Zum Verhältnis von Führung und Interaktion

Bereits im Jahre 1974 stellte Stogdill treffend fest: „there are almost as many definitions of leadership as there are persons who have attempted to define the concept"[1] – und auch bis heute gibt es keine eindeutige, endgültige, umfassende oder abschließende Definition von Führung, stattdessen eine Vielzahl verschiedener Perspektiven und Konnotationen des Phänomens.[2] Während viele, insbesondere frühere Definitionen Führung als einseitiges Phänomen beschreiben, andere dagegen Fragen der Interaktion bewusst oder unabsichtlich offen lassen, stellen zumindest einige explizit darauf ab, dass es sich bei Führung um eine Form der sozialen Interaktion handelt. So etwa bei Lattmann:

> „Führung ist eine *Interaktionsbeziehung*, bei welcher der eine Beteiligte (der Führer) ein auf die Erreichung eines von ihm gesetzten Zieles gerichtetes Verhalten beim anderen Beteiligten (dem Geführten) auslöst und aufrecht erhält"[3],

oder auch bei Wunderer:

> „Führung wird verstanden als wert-, ziel- und ergebnisorientierte, aktivierende und *wechselseitige, soziale Beeinflussung* zur Erfüllung gemeinsamer Aufgaben in und mit einer strukturierten Arbeitssituation. Mitarbeiterführung gestaltet die Einflussbeziehungen in führungsorganisatorisch differenzierten Rollen im Rahmen von Arbeitsverträgen."[4]

Die Interaktivität von Führung einzig auf Basis verschiedener Definitionen festzustellen, erscheint vor dem Hintergrund ihrer Uneinheitlichkeit unbefriedigend. Gleichwohl werfen die beiden zitierten bereits etwas Licht auf das Verhältnis von Führung und Interaktion. Um das Verhältnis genauer ausleuchten zu können, soll sich dem Führungsbegriff – unabhängig von den vielfältigen Definitionen – von seiner Funktion im Kanon des Managementprozesses her konzeptionell genähert werden.[5]

---

[1] Stogdill 1974, S. 259.
[2] Vgl. für einen umfassenden Überblick über verschiedene Definitionen des Führungsbegriffes insbesondere Neuberger 2002, S. 12., oder auch Weibler 2001, S. 28 ff.
[3] Lattmann 1982, S. 49 (Hervorhebung durch den Verfasser).
[4] Wunderer 2009, S. 4 (Hervorhebung durch den Verfasser).
[5] Führung kann daneben auch institutionell im Sinne der *Unternehmens*führung betrachtet werden. In diesem Fall wäre die mit Anweisungsbefugnissen ausgestattete Personengruppe – das Management – im Blickpunkt des Interesses (vgl. Steinmann & Schreyögg 2005, S. 6; für institutionelle Managementforschung vgl. stellvertretend auch Albach 1989 und Hartmann 2002). Hier soll es jedoch um *Personal*führung gehen, also jene Aktivität, die von Individuen innerhalb der Organisation als Steuerungsleistung wahrgenommen wird. Diese Arbeit trennt somit Management und Führung klar voneinander, obwohl das Verhältnis im wissenschaftlichen Diskurs keinesfalls eindeutig und abschließend geklärt ist. Zwar besteht Einigkeit darüber, dass Führen und Managen nicht ein und dieselbe Aktivi-

C Führung als soziale Interaktion – Theoretische Grundlagen

Der linearen Grundlogik des klassischen Managementprozesses nach Koontz & O'Donnell folgend, schließt sich Führung den Funktionen Planung, Organisation und Personaleinsatz an und ist der abschließenden Kontrolle vorgelagert.[6] Abgeleitet aus den vorangegangenen Prozessschritten dient Führung der „konkreten Veranlassung der Arbeitsausführung und ihre[r] zieladäquate[n] Feinsteuerung im vorgegebenen Rahmen"[7]. Innerhalb des Managementprozesses kommt Führung scheinbar eine gewichtige Bedeutung zu, denn ohne Führung wäre der Prozess schlichtweg unterbrochen. Tatsächlich ist Führung in dieser Konzeption jedoch kompensierbar. Eine detailliertere, widerspruchsfreiere Planung, spezifiziertere Organisationsstrukturen, bedachtere Personalauswahl und rigorosere Kontrolle reduzierten die Bedeutung von Führung auf ein Minimum, sodass sie aus dem Prozess – zumindest konzeptionell – auch ausgeschlossen werden könnte.[8] In der von Schreyögg vorgeschlagenen, auf systemtheoretischen Argumenten und der Kritik an der klassischen Konzeption beruhenden Reformulierung des Managementprozesses wird die Unternehmenssteuerung durch die abstrakten Systemprozesse Selektion, Kompensation und Entwicklung umrissen.[9] Die ehemals reinen Umsetzungsfunktionen treten aus dem Schatten der Planung und übernehmen selbstständige Steuerungsaufgaben. Auch Führung besitzt in dieser Perspektive eigenständige Steuerungspotentiale und erfährt damit einen erheblichen Bedeutungsgewinn. Türk beschreibt Führung in diesem Zusammenhang als funktionales Äquivalent[10] und meint damit die Fähigkeit von Führung, die Defizite anderer Managementfunktionen in der Steuerung zu kompensieren und im Bedarfsfalle sogar an ihre Stelle treten zu können. Konkret bezieht er sich darauf, dass die Organisation ihrer Logik nach auf Dauer ausgerichtete, stabile Strukturen schafft, die eben nicht dazu geeignet sind, unerwartete Umweltveränderungen unmittelbar aufzufangen. Angesichts hinreichender Umwelt-

---

tät beschreiben, der Grad der Überschneidung ist jedoch nach wie vor umstritten (Yukl 2006, S. 5 ff.). Während einige Autoren davon ausgehen, dass sich Management und Führung auf der Ebene der Person gegenseitig vollkommen ausschließen (vgl. Bennis & Nanus 1985, S. 21 ff.; Zaleznik 1977), differenzieren andere die damit in Zusammenhang stehenden Prozesse, ohne jedoch dabei auszuschließen, dass ein Manager gleichzeitig führt (vgl. Bass 1990; Kotter 1990; Mintzberg 1973). Im deutschen Sprachgebrauch hat sich die Unterscheidung in „Unternehmensführung" und „Personalführung" etabliert (vgl. Weibler 2004, S. 295; Neuberger 2002, S. 48 ff.). Im Rahmen dieser Arbeit rekurriert Führung, wie gesagt, regelmäßig auf die Personalführung als Teilaufgabe des Managements.

[6] Vgl. Koontz & O'Donnell 1955; frühere Konzeptionen des Managementprozesses finden sich bei Fayol (1929) und Gulick (1937); für eine ausführliche Diskussion vgl. Steinmann & Schreyögg 2005, S. 8 ff.
[7] Steinmann & Schreyögg 2005, S. 11.
[8] Vgl. zur Kritik an der klassischen, plandeterminierten Konzeption des Managementprozesses Schreyögg 1991a, S. 264 f.; verkürzt auch Steinmann & Schreyögg 2005, S. 133 ff.
[9] Vgl. Schreyögg 1991a, S. 276 ff.
[10] Vgl. Türk 1981, S. 66 ff.

dynamik besitzt die Organisationsstruktur also unübersehbare Schwächen,[11] die nun (unter anderem) von der Führung aufgefangen werden können. Führung ist in dem Sinne somit als Ergänzung zur Organisationsfunktion (und den anderen Funktionen) zu verstehen: Wenn die Abstimmung individueller Handlungen mit den Zielen des Systems nicht auf der Ebene der Organisationsstruktur entindividualisiert vorgeregelt werden kann, entsteht ein Steuerungsbedarf, der von der Personalführung befriedigt wird.[12] Damit ist Führung als Managementfunktion umrissen,[13] sodass sich zusammenfassend festhalten lässt, dass sie als organisationales Phänomen Steuerungsfunktionen besitzt und damit einen entscheidenden und vor allem eigenständigen Beitrag zum Systemerfolg leistet. Inwieweit diese Steuerungsleistung tatsächlich interaktiv ist, bleibt auf diesem Abstraktionsniveau weitestgehend unbetrachtet und soll nun anhand konkreter Funktionen von Führung näher diskutiert werden.

Personalführung als Steuerungsaufgabe macht „konkrete, aktive Führungsanstrengungen notwendig"[14], die Weibler exemplarisch benennt mit: Ereignisse des externen und internen Organisationsgeschehens interpretieren, Mitarbeiter motivieren, Fähigkeiten entwickeln, Zielsetzungen verdeutlichen, Belohnungen in Aussicht stellen, Anerkennung gewähren, individuelle Bedürfnisse erkennen und Vertrauen schaffen.[15] Etwas abstrakter wiederum lassen sich die Funktionen von Führung aus der bewährten Konzeption von Yukl ableiten:

> „Leadership is the process of influencing others to understand and agree about what needs to be done and how to do it, and the process of facilitating individual and collective efforts to accomplish shared objectives."[16]

Führung besitzt zunächst einmal eine *Koordination*sfunktion[17] („facilitating individual and collective efforts"). Ein Teil ihrer Steuerungsaufgabe besteht also darin, individuelle Handlungen zu koordinieren und damit lenkend in das Verhalten von Organisationsmitgliedern einzugreifen. Führung besitzt darüber hinaus eine *Motivation*sfunktion („influencing others to understand and agree") und trägt damit der Erkenntnis Rechnung, dass die Organisationsmitglieder individuelle Bedürfnisse und Ziele mit in die Organisation hineintragen und somit

---

[11] Vgl. Luhmann 1999, S. 284 f.
[12] Bei Türk entsteht zwangsläufig der Eindruck, Führung könne sich nur in dem von der Organisation vorbestimmten Freiräumen entfalten. Lührmann (2006, S. 41) greift diesen Punkt auf und verdeutlicht, dass Führung aus systemtheoretischer Perspektive auch jenseits dieser Freiräume und jenseits der anderen Managementfunktionen denkbar sein muss.
[13] Für weitergehende Diskussionen sei an die bereits zitierten Quellen verwiesen.
[14] Weibler 2001, S. 111.
[15] Vgl. Weibler 2001, S. 111.
[16] Yukl 2006, S. 8.
[17] Vgl. zu den verschiedenen Funktionen von Führung dieser Abstraktionsebene Lührmann 2006, S. 43 ff.

C Führung als soziale Interaktion – Theoretische Grundlagen 135

zwei potentiell verschiedene Zielsysteme aufeinander abgestimmt werden müssen.[18] Ferner besitzt Führung eine *Innovations*funktion, was sich darauf bezieht, dass sie im Bedarfsfalle auch vor die Organisationsfunktion treten kann, um Strukturveränderungen zu veranlassen.[19] Schließlich besitzt Führung eine *Improvisations*funktion („what needs to be done"), die sich auf die Kompensation der Starrheit der Organisationsstrukturen angesichts akuter, nicht vorgeregelter oder voregelbarer Situationen bezieht.[20]

Wie auch immer die Funktionen von Führung differenziert werden,[21] es zeigt sich deutlich, dass sie sämtlich ohne *soziale Interaktion* zwischen Führungskraft und Mitarbeiter in letzter Konsequenz nicht denkbar wären. Die Führungskraft koordiniert das Verhalten und beeinflusst die Motivation der Geführten – anders als die Managementfunktion der Organisation – in direktem face-to-face Kontakt. Wenn Führung als Improvisationsinstrument genutzt wird, formale Regeln also im Sinne brauchbarer Illegalität[22] überbrückt werden, geschieht dies durch direkte Anweisungen der Führungskraft. Sämtliche Funktionen der Führung stellen somit auf eine Einflussnahme der Führungskraft auf das Verhalten des Geführten ab, wodurch zunächst ein gewisser Eindruck der Einseitigkeit von Führung entsteht. Die Wechselseitigkeit als notwendige Bedingung der Interaktivität scheint jedoch deutlich auf, wenn jene Kraft in die Betrachtung mit einbezogen wird, die jedem Einflussversuch zugrunde liegt: Macht[23].

Der Führungskraft als Beeinflusser stehen verschiedene Machtgrundlagen im Sinne von Einflusspotentialen zur Verfügung, mit denen der einzelne Einflussversuch aufgeladen wird.[24] In Anlehnung an French und Raven[25] diskutieren Steinmann und Schreyögg hier Macht durch Legitimation, Macht durch Belohnung, Macht durch Bestrafung, Macht durch Wissen und Fähigkeiten, Macht durch Persönlichkeitswirkung und schließlich Informationsmacht.[26] Das Ent-

---

[18] Vgl. Vroom 1964.
[19] Im klassischen Managementprozess wäre dies natürlich exklusiv der Planung vorbehalten. Hier zeigt sich also noch einmal in aller Deutlichkeit der Bedeutungsgewinn der Führungsfunktion in der systemtheoretischen Perspektive der Unternehmenssteuerung.
[20] Vgl. Luhmann 1999, S. 284 f.
[21] Weibler differenziert diese auf noch abstrakterer Ebene beispielsweise in Verhaltensselektion, Verhaltensstabilisierung und Verhaltensveränderung (vgl. Weibler 2001, S. 114 ff.); weitere Differenzierungen finden sich beispielsweise bei Chemers 1997, S. 151 ff.
[22] Vgl. Luhmann 1999, S. 304 ff.
[23] In Anlehnung an Weber definiert als „die Chance, in einer sozialen Beziehung den eigenen Willen auch gegen Widerstreben durchzusetzen" (Steinmann & Schreyögg 2005, S. 688; vgl. ferner auch Weber 1976, S. 28). Vgl. zu einer umfassenden Diskussion des Verhältnisses der Begriffe Führung und Macht insbesondere Wunderer & Grunwald 1980, S. 65 ff.
[24] Vgl. zum sogenannten Einflussprozess-Modell der Führung Steinmann & Schreyögg 2005, S. 686 ff.
[25] Vgl. French & Raven 1959.
[26] Auf eine genauere Darstellung der einzelnen Machtgrundlagen sei an dieser Stelle verzichtet und stattdessen auf Steinmann und Schreyögg (2005, S. 689 ff.) verwiesen. Yukl

scheidende jedoch ist, dass die Geführten auf der anderen Seite als Einflussadressaten ebenfalls Macht und damit eigene Sanktionspotentiale besitzen: Sie können sich beispielsweise einem Einflussversuch durch den Verweis auf geltende, formale oder informale Normen widersetzen oder auch den Vorgesetzten ihrer Führungskraft mit einbeziehen und damit versuchen, das Interaktionsgeschehen in ihrem Sinne zu beeinflussen.[27] Das Ausmaß der Einflusschancen steht dabei in unmittelbarem Zusammenhang mit der „horizontalen Macht" des einzelnen Mitarbeiters.[28] Kontrolliert er beispielsweise eine für die Organisation relevante Unsicherheitsquelle und ist zudem noch schwer zu ersetzen, so besitzt er eine nicht zu unterschätzende (informale) Macht.[29] Die Gegenmacht der Geführten wird in der Literatur auch unter dem Stichwort „Führung von unten" diskutiert.[30] Relevant an dieser Stelle ist die Tatsache, dass sowohl Führungskraft, als auch Geführte aktiven Einfluss auf das Führungsgeschehen besitzen, solange sie am Kommunikationsprozess teilnehmen.[31] Damit Führung langfristig im Sinne ihrer diskutierten Funktionen erfolgreich sein kann, muss das Einflusspotential der Führungskraft systematisch überwiegen. Andernfalls wäre jeglicher Führungserfolg zufällig oder gar unmöglich – „Führung entspringt somit einer asymmetrischen Machtverteilung zwischen Führer und Geführten"[32], in der dennoch *beide* Interaktionspartner – und darauf kommt es hier an – Handlungsspielräume besitzen.[33] Durch formale organisatorische Regeln in Arbeitsverträgen oder der hierarchischen Struktur wird diese Asymmetrie langfristig abgesichert. Beide Interaktionspartner wählen ihr Verhalten in Abhängigkeit vom erwarteten Handlungsspielraum des anderen. Die Führungskraft wird also jene Machtgrundlage zur Aufladung ihres Einflussversuches verwenden, von der sie erwartet, dass sie im Falle des konkreten Adressaten Erfolg verspricht. Die Geführten wiederum verfolgen ihre Interessen mit Hilfe ihrerseits erfolgsversprechender Potentiale. Das führungsbezogene Verhalten beider ist also immer aufeinander bezogen, auch im Falle der rigorosen Ausübung von Macht ist Führung immer ein interaktiver Prozess. Führung ist also ein sowohl asymmetrisches als auch symmetrisches Phänomen.[34] Vor dem Hintergrund dieser zwar

---

und Falbe (1991) modifizierten die Typologie von French und Raven und führten die Bezugspunkte Position und Person des Beeinflussenden ein (vgl. hierzu auch Weibler 2001, S. 68 f.).

[27] Vgl. Weibler 2001, S. 70.
[28] Vgl. Hickson et al. 1971.
[29] Vgl. Schreyögg 2008, S. 354.
[30] Vgl. hierzu beispielsweise Kipnis et al. 1980; Weibler 1998; Wunderer & Weibler 1992; Yukl et al. 1996.
[31] Vgl. Baecker 2009, S. 32.
[32] Lührmann 2006, S. 48.
[33] Vgl. sehr anschaulich auch Scott 1992.
[34] Vgl. Baecker 2009, S. 32 ff.; in Anlehnung an Luhmann formuliert Baecker: „Die Ausübung von Macht beruht auf der Möglichkeit der Androhung von physischer Gewalt, die den Machtunterworfenen in die unangenehme Lage bringt, zwischen dem einen Übel, der

nicht unbedingt überraschenden, aber dennoch zentralen Erkenntnis soll nun genauer untersucht werden, inwieweit die Interaktivität von Führung in neueren Theorieperspektiven tatsächlich Berücksichtigung findet. Die Austauschtheorien, die kognitiven Theorien und die Identitätstheorie der Führung werden im Detail betrachtet, um zu eruieren, welchen Beitrag sie jeweils zur interaktionstheoretischen Fundierung von Abusive Supervision zu leisten in der Lage sind.[35]

1.1. Die Rolle der Interaktion in den Austauschtheorien der Führung

Die Austauschtheorie der Führung stellt die Transaktionsprozesse zwischen Führungskraft und Mitarbeiter in den Mittelpunkt. An dieser Stelle sollen sie und insbesondere die Leader-Member-Exchange Forschung (LMX) etwas tiefer diskutiert werden, um anschließend zu prüfen, welche Rolle die Interaktion in der Konzeption tatsächlich spielt und wie geeignet sie für die interaktionstheoretische Rekonzeptionalisierung von Abusive Supervision sind.[36] Die LMX-Theorie von Graen et al.[37] als explizit interaktionistische Führungstheorie[38] greift dabei einerseits auf den aus der Sozialpsychologie stammenden Social-

---

Befolgung eines Befehls, und einem noch größeren Übel, der Hinnahme von Gewaltausübung, wählen zu dürfen" (Baecker 2009, S. 28; ferner auch Luhmann 1975). „Schwer zu akzeptieren wird diese Einsicht in die Symmetrie der Macht vor allem dann, wenn Gewalt ausgeübt wird, weil die Aufdeckung der Symmetrie in der Asymmetrie sogar bei der Misshandlung, der Vergewaltigung und der Folter eine Mittäterschaft des Opfers zu belegen vermag, solange dies noch bei Bewusstsein ist und sich an einer Kommunikation beteiligt, die in jedem Schritt erst noch darüber entscheiden muss, wie es weitergeht. [...] Der Schritt von der Gewalt zur Brutalität findet erst dann statt, wenn die Wechselseitigkeit der Wahrnehmung und damit die Kommunikation aufgekündigt wird und der andere nur noch als physischer Gegenstand behandelt wird." (Baecker 2005, S. 33 f.)

[35] Ältere, in der Literatur als „traditionell" bezeichnete Ansätze (vgl. Gordon 2002, S. 42; Schettgen 1991, S. 33 ff.) bleiben hier außen vor, da sie der Interaktion von vornherein keine große Bedeutung zumessen. Führung wird dort einseitig auf Eigenschaften und Verhalten der Führungskraft reduziert, während die Rolle der Geführten auf die passiver Rezipienten reduziert ist.

[36] Sie werden dennoch nur insoweit diskutiert, wie es für die Diskussion der Bedeutung von Interaktion von Nöten ist. Für breitere Diskussionen – insbesondere der empirischen Ergebnisse, der Methodik und neuerer Adaptionen – vgl. etwa die Literatur beziehungsweise die Standardwerke von Graen und Uhl-Bien (1995a), Neuberger (2002, S. 334 ff.), Schettgen (1991, S. 206 ff.), Steinmann und Schreyögg (2005, S. 694 ff.), Weibler (2001, S. 177 ff.), Yukl (2006, S. 117 ff.), Zalesny und Graen (1995).

[37] Vgl. insbesondere Dansereau et al. 1975; Dansereau 1995; Engle & Lord 1997; Graen 1976; Graen & Cashman 1975; Graen & Scandura 1987; Graen & Uhl-Bien 1995b; Liden et al. 1997.

[38] Daneben wäre noch das Idiosynkrasie-Kredit-Modell von Hollander als weitere explizit interaktionstheoretische Führungstheorie zu nennen, auf das an dieser Stelle jedoch nicht vertiefend eingegangen werden soll. Vgl. insbesondere Hollander 1958; Hollander 1960; Hollander 1964; Hollander 1978; Hollander 1992.

Exchange Ansatz[39] und andererseits auf rollentheoretische Überlegungen[40] zurück und beschreibt in Abgrenzung zu früherer Führungsforschung, dass Führungskräfte jeweils distinkte Beziehungen zu ihren Untergebenen ausbilden.[41] Frühe Longitudinalstudien[42] zeigten, dass sich Untergebene aus Sicht der Führungskraft in zwei Gruppen differenzieren lassen: „in-group" und „out-group".[43] Im Laufe der Zeit vollzog die LMX-Forschung einen Wandel von deskriptiver zu präskriptiver Forschung mit der zentralen Frage, wie sich „in-group"-Beziehungen herbeiführen lassen.[44]

---

[39] Vgl. Blau 1964; Cook 1987; Emerson 1981; Homans 1958; 1978; Thibaut & Kelley 1959; Interaktion als zwischenmenschlicher Austausch ist demnach durch jeweils gewinnbringenden Austausch von Ressourcen zu verstehen, wobei zwischen ökonomischem und sozialem Austausch unterschieden werden muss (vgl. Blau 1964 oder auch Foa & Foa 1980). Ökonomischer Austausch ist durch direkte, konkrete und verhaltensspezifische Belohnungen gekennzeichnet, während sozialer Austausch zusätzlich durch indirekte Belohnungen und Beziehungsbelohnungen charakterisiert werden kann (vgl. Zalesny & Graen 1995, S. 862).

[40] Vgl. vor allem Katz & Kahn 1978; Biddle 1979; Biddle 1986.

[41] Zunächst unter dem Titel der „Vertical Dyad Linkage Theory" (vgl. Dansereau et al. 1975; Graen & Cashman 1975; Graen 1976; Liden & Graen 1980).

[42] Vgl. stellvertretend Cashman et al. 1976; Duchon et al. 1986.

[43] Die Interaktion mit Mitgliedern der so genannten „in-group" ist durch einen hohen Grad an Vertrauen, Respekt und gegenseitiger Bindung gekennzeichnet, während sich der Austausch mit Mitgliedern der „out-group" durch einen vergleichsweise niedrigeren Grad auszeichnet (vgl. Graen & Uhl-Bien 1995b, S. 227). Begrenzte Ressourcen – insbesondere Zeit und soziale Ressourcen – der Führungskraft wurden als Ursache dafür angesehen, dass nur eine begrenzte Zahl hochwertiger Austauschbeziehungen realisiert werden kann.

[44] Vgl. zur ausführlichen Darstellung der einzelnen Stufen Graen & Uhl-Bien 1995b, S. 226 ff. Während sich die erste Stufe der LMX-Forschung rein deskriptiv dem Nachweis der Existenz unterschiedlicher Beziehungsqualitäten widmete, lag der Fokus der zweiten Stufe mehr auf der empirischen Untersuchung von Auswirkungen auf organisationale Variablen (Graen & Uhl-Bien 1995b, S. 228 f.). Diese beinhalteten u.a. „performance" (vgl. etwa Graen et al. 1982; Scandura & Graen 1984), „turnover" (vgl. etwa. Graen & Ginsburgh 1977; Ferris 1985), „job satisfaction" (vgl. etwa Turban et al. 1990; Stepina et al. 1991) und „organizational citizenship behavior" (vgl. etwa Scandura et al. 1986). Hochqualitative Austauschbeziehungen – so das generalisierte Ergebnis dieser Studien – gehen in der Regel mit höherer Leistung, geringerer Fluktuation, höherer Arbeitszufriedenheit, schnellerem Karriereaufstieg, etc. einher (vgl. Northouse 2001, S. 115). Mit der nächsten Stufe der LMX-Forschung vollzog sich schließlich ein Wandel hin zu präskriptiver Forschung. Unter der Annahme, dass hochqualitative Beziehungen erstens positive Auswirkungen auf Führungskraft, Geführte, Gruppe und Organisation besitzen und zweitens grundsätzlich mit allen Untergebenen möglich sind, stand die Frage im Mittelpunkt, wie es der Führungskraft gelingen kann, die Entwicklung von hochqualitativen Beziehungen zu steuern (vgl. Graen & Uhl-Bien 1995b, S. 229). Das so genannte „Leadership Making Model" von Graen und Uhl-Bien beschreibt den prototypischen Entstehungsprozess solch wünschenswerter Beziehungen (Graen & Uhl-Bien 1991; Uhl-Bien & Graen 1993). Im Laufe der drei Phasen „stranger", „acquaintance" und „partnership" steigt die Beziehungsqualität, während das Ausmaß sozialen Austauschs immer mehr zunimmt.

Soziale Austauschtheorien sind zunächst insofern unmittelbar als interaktiv zu bezeichnen, als dass sie Austauschprozesse zwischen Menschen thematisieren und dabei von der Grundthese ausgehen, sämtliche zwischenmenschlichen Beziehungen beruhten auf dem Bedürfnis des Menschen, im weitesten Sinne lohnende Erfahrungen im Austausch mit anderen Individuen zu suchen (und zu finden).[45] Ausgetauscht werden dabei Ressourcen, die für den jeweiligen Interaktionspartner attraktiv erscheinen, wobei für beide sowohl Kosten als auch Nutzen mit den Austauschprozessen verbunden sind. Wie oben bereits erwähnt, wird im Rahmen des LMX-Ansatzes davon ausgegangen, dass Führungskräfte zu verschiedenen Mitarbeitern Beziehungen unterschiedlicher Qualität aufbauen.[46] Austauschbeziehungen niedriger Qualität („out-group") sind dabei durch den Austausch vornehmlich ökonomischer Ressourcen, ganz im Sinne transaktionaler Führung, gekennzeichnet: Der Mitarbeiter wird für seine geleistete Arbeit materiell entlohnt. Austauschbeziehungen höherer Qualität sind dagegen durch den zusätzlichen Austausch sozialer Ressourcen gekennzeichnet, wobei sich diese Ebene des Austausches für die Interaktionspartner wichtiger und verhaltensrelevanter darstellt. Auch in diesen „in-group"-Beziehungen entstehen Kosten für die Führungskraft (Abhängigkeit vom Mitarbeiter, Reduktion der Kontrolle über den Mitarbeiter), gleichzeitig aber auch Nutzen (effizientere und effektivere Leistung der Mitarbeiter). Für den Mitarbeiter wiederum entstehen ebenfalls Kosten (Verantwortungsübernahme, Risiko des Vertrauens in den Vorgesetzten) und Nutzen (bessere Leistungsbeurteilung, weniger Konflikte mit der Führungskraft, größere Arbeitszufriedenheit).[47] Den sozialen Austauschtheorien zufolge entstehen hochqualitative Führungsbeziehungen nur dann, wenn beide Interaktionspartner darin einen positiven Netto-Nutzen sehen. In der LMX-Forschung werden verschiedene Ressourcen diskutiert, die Führungskräfte jenen Mitarbeitern anbieten, bei denen sie hohe Austauschqualität erwarten: Informationen, Teilhabe an Entscheidungsprozessen, attraktive Aufgaben, Gestaltungsspielraum bei der Aufgabenerfüllung, Unterstützung und Aufmerksamkeit.[48] Nimmt der Mitarbeiter diese Angebote an, so reagiert er seinerseits mit größerer Investition an Energie und Zeit und der Übernahme größerer Verantwortung – Ressourcen also, die wiederum für die Führungskraft von Nutzen sind.[49] Die Entwicklung zu einer hochqualitativen Austauschbeziehung verläuft im LMX-Ansatz prozesshaft, konzeptionalisiert in drei aufeinanderfolgenden Stufen, wie die folgende Abbildung verdeutlicht:

Die Rollen der Beteiligten werden im Laufe des Interaktionsprozesses immer weiter ausgehandelt, ausdifferenziert und definiert.

[45] Vgl. hierzu die grundlegenden Werke von Blau 1964; Gergen 1969; Jones 1990.
[46] Vgl. Cashman et al. 1976; Duchon et al. 1986.
[47] Vgl. Graen & Cashman 1975, S. 154; die hier angegebenen Beispiele wurden Schettgen (1991, S. 212) entnommen.
[48] Vgl. Graen & Scandura 1986, S. 165 f.; Graen & Scandura 1987, S. 182 ff.
[49] Vgl. Schettgen 1991, S. 213.

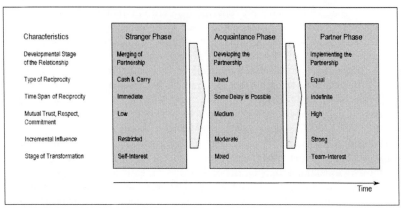

Abbildung 15: Phasen des Leader-Member-Exchange Prozesses
(Quelle: Graen & Uhl-Bien 1995b, S. 231)

Die Entwicklung der Führungsbeziehung wird in der LMX-Forschung als dyadische Rollendefinition konzipiert, bei der von beiden Interaktionspartnern immer wieder aufeinander bezogene Rollenerwartungen gesendet werden, mit denen das daraufhin wahrgenommene Verhalten abgeglichen wird.[50] Dabei muss nicht immer die *Partner Phase* erreicht werden.[51] Der Entwicklungsprozess kann beispielsweise bereits in der *Acquaintance Phase* zum Erliegen kommen, wenn nämlich entweder Führungskraft oder Mitarbeiter die an sie gesendeten Erwartungen wiederholt nicht erfüllen (können) und daraufhin der Rollensender die eigenen Investitionen in die Beziehungsentwicklung reduziert, wodurch die Entwicklung der Beziehungsqualität ihr (vorläufiges) Maximum erreicht.

Die LMX-Forschung betrachtet Führung als das Ergebnis der Beziehung zweier Individuen, die in hierarchischer Relation zueinander stehen.[52] Die Realisierung dieses Ergebnisses wird wiederum nur durch die ständigen, aufeinander bezogenen Austauschprozesse beider Interaktionspartner ermöglicht. Die Interaktion kann also in einem ersten Zugriff als das zentrale Element der LMX-Forschung bezeichnet werden – ohne sie gäbe es keinen Austausch, keine Beziehung und damit wiederum keine(n) Führung(serfolg). Somit wäre der zentrale Erkenntnisfortschritt gegenüber den traditionellen Führungsansätzen skizziert.[53]

---

[50] Vgl. Steinmann & Schreyögg 2005, S. 694.
[51] Tatsächlich gingen die früheren LMX-Studien davon aus, dass es aufgrund begrenzter (sozialer) Ressourcen der Führungskraft zwangsläufig zur Differenzierung in „in-group" und „out-group" kommen muss (vgl. Cashman et al. 1976).
[52] Die LMX-Theorie wird von Graen und Uhl-Biehl daher auch dem „relationship-based" approach" zugeordnet. Vgl. für eine Gegenüberstellung und Diskussion von „leader-based", „follower-based" und „relationship-based" Führungsforschung insbesondere Graen & Uhl-Bien 1995b, S. 223 ff.
[53] Vgl. Erdogan & Liden 2002, S. 66.

C Führung als soziale Interaktion – Theoretische Grundlagen

Lührmann schätzt die Bedeutung der Interaktion im Rahmen der Austauschtheorien und insbesondere der LMX-Forschung dennoch sehr kritisch ein – seine Argumentation sei an dieser Stelle zunächst nachgezeichnet und soll anschließend als vorbereitende Basis der hier relevanteren Diskussion dienen, inwieweit die Austauschtheorien als theoretischer Bezugsrahmen einer Neukonzeptionalisierung von Abusive Supervision herangezogen werden können.

Lührmann basiert seine Argumentation auf der These, dass die Austauschtheorien zwar einerseits einen signifikanten Bedeutungsgewinn der Interaktion gegenüber den traditionellen Ansätzen bieten, die Interaktion selbst aber gleichzeitig marginal bleibt.[54] Er führt die Diskussion anhand dreier, voneinander nicht unabhängiger Punkte. Erstens entfaltet sich die Interaktion im Rahmen des LMX-Verständnisses in einem organisatorisch bereits vorbestimmten Rahmen. Konkret bedeutet dies, dass die Rollen – Führungskraft und Geführter – bereits vor Beginn jeglicher Interaktion durch Arbeitsverträge und Organisationspläne festgelegt sind. Sie werden also nicht erst in der Interaktion selbst ausgehandelt beziehungsweise verändert. Im Laufe des Entwicklungsprozesses hin zu Austauschbeziehungen höherer Qualität werden die Rollen(erwartungen) lediglich um informale Aspekte ergänzt und damit angereichert, wodurch lediglich zusätzliche Ressourcen in die Austauschprozesse integriert werden. Aufgrund dieses „prästabilisierten organisatorischen Rahmens"[55] funktioniert Führung streng genommen auch ohne die Entwicklung hin zu einer qualitativ höherwertigen Beziehung, wodurch die Bedeutung der LMX-Forschung insgesamt deutlich relativiert wird. Mit Blick auf die Interaktion ist der entscheidende Punkt jedoch, dass sie letztendlich nur dazu dient, „innerhalb eines stabil gedachten Gerüsts marginale Modifikationen herbeizuführen"[56].

Zweitens werden die im Rahmen der fortlaufenden Interaktion auszutauschenden Ressourcen von vornherein als gegebene Größen konzipiert:[57] Es wird als Ausgangsbedingung jeglicher Führungsinteraktion angenommen, dass die Führungskraft über – aus Sicht des Geführten – attraktive Ressourcen verfügt, die sie dann je nach Bedarf einsetzt, um den Entwicklungsprozess der Austauschbeziehung voranzutreiben beziehungsweise zu stabilisieren. Je nach Beziehungstyp werden demnach unterschiedliche Machtmittel und Einflusspotentiale mobilisiert, die jedoch ohnehin sämtlich zur Verfügung stehen.[58] Auf der anderen Seite sind sowohl die Intentionen, als auch die Ressourcen der Geführten bereits im Vorfeld der Interaktion festgelegt und werden je nach Bedarf in den Austauschprozess eingebracht. Die Interaktion selbst hat damit in letzter Konsequenz keinen Einfluss auf Bestand und Wirkungskraft der jeweils vorhandenen Ressourcen, denn „[d]ie Ressourcen beider Beziehungsparteien werden

---

[54] Vgl. zur gesamten Argumentationslinie Lührmann 2006, S. 19 ff.
[55] Lührmann 2006, S. 19.
[56] Lührmann 2006, S. 20.
[57] Vgl. Graen & Scandura 1987, S. 185.
[58] Vgl. Graen & Cashman 1975, S. 160 f.; Dienesch & Liden 1986, S. 624 ff.

zwar als Interaktions*bedingungen*, nicht aber als Interaktions*resultate* begriffen"[59].

Der dritte Aspekt steht damit in engem Zusammenhang: Indem die Bedeutung der eingesetzten Ressourcen von vornherein feststeht und auch während des Interaktionsprozesses keine Veränderung erfährt, verbleibt sämtliche Interaktion auf der Inhaltsebene der Kommunikation. Lührmann bezieht sich dabei auf die klassischen Arbeiten von Watzlawick et al., wonach jegliche Interaktion gleichzeitig auf zwei Ebenen stattfindet, nämlich der Inhaltsebene und der Beziehungsebene.[60] Beide Ebenen sind insofern voneinander abhängig, als dass auf der Inhaltsebene interpretationsbedürftige Rohdaten transportiert werden, deren Bedeutung sich erst auf der Beziehungsebene erschließen lässt.[61] Zwar geht es im Rahmen der Austauschprozesse zwischen Führungskraft und Geführten um die Entwicklung der *Beziehungs*qualität, die LMX-Forschung verzichtet jedoch darauf, die Beziehungsebene in den Fokus zu rücken. Die Entwicklung der Beziehungsqualität ist stattdessen einzig eine Funktion des Austausches auf inhaltlicher, instrumenteller Ebene. Tatsächlich hänge die individuelle Bewertung der in Aussicht gestellten Ressourcen – so Lührmann – jedoch entscheidend von der Beziehungsebene der Interaktion ab, insbesondere vor dem Hintergrund, dass sich mit der Entwicklung der Beziehungsqualität auch die individuellen Bewertungsmuster bezüglich der vom Interaktionspartner in Aussicht gestellten Ressourcen verändern.[62] Indem die Beziehungsebene der Kommunikation jedoch vollkommen ausgeblendet wird, kann sie keinen Einfluss auf die Bewertung ausgetauschter Ressourcen besitzen; deren individuell zugeschriebene Attraktivität ist in der LMX-Forschung daher, wie oben bereits diskutiert, stabil und unabhängig von der Beziehungsqualität.

Zusammenfassend kann festgestellt werden, dass die Bedeutung der Interaktion in der LMX-Forschung in dem Sinne marginalisiert wird, als dass sie zwar das notwendige Medium des Austausches zwischen Führungskraft und Geführtem darstellt, sie aber auf die bereits im Vorfeld der Interaktion feststehenden „Zutaten" nicht zurückwirken kann und damit „in letzter Konsequenz eine [bedeutungslose] Residualgröße"[63] bleibt. Interaktive Aushandlungsprozesse verbleiben durch die Fokussierung auf den Austausch instrumentell bedeutungsstabiler Ressourcen zwangsläufig im Hintergrund, da „nicht der Prozess der Interaktion, sondern [lediglich] das Ergebnis der Interaktion"[64] thematisiert wird.

---

[59] Lührmann 2006, S. 21.
[60] Vgl. Watzlawick et al. 2007, S. 53 ff.
[61] Die Kommunikation auf der Beziehungsebene ist demnach eine Form der Metakommunikation in Relation zur Inhaltsebene, vgl. Watzlawick et al. 2007, S. 55 f.; diese Ebenen der Kommunikation werden im weiteren Verlauf der Arbeit noch eine zentrale Rolle einnehmen.
[62] Vgl. Lührmann 2006, S. 22.
[63] Lührmann 2006, S. 23.
[64] Gebert 2002, S. 144.

Die Kritikpunkte Lührmanns liefern einige gewinnbringende Anschlusspunkte für die in diesem Abschnitt besonders relevante Frage nach dem Beitrag, den die LMX-Konzeption zu einer interaktionstheoretischen Rekonzeptionalisierung von Abusive Supervision zu liefern vermag.

Zunächst ist hier die nicht konzipierte Rückwirkung der Interaktion auf die individuellen „Zutaten" des Austausches zu betrachten. Abusive Supervision wurde im vorangestellten Kapitel als Phänomen charakterisiert, das sich prozesshaft, oft über längere Zeiträume, entwickelt und stabilisiert. Mitarbeiter, die sich anhaltend feindseligem Führungsverhalten ausgesetzt sehen, reagieren ihrerseits auf dieses Verhalten, den in Kapitel A zitierten Experten nach zumeist mit Resignation und Passivität. In der LMX-Sprache bedeutet dies, dass sie ihr Ressourcenangebot im Austauschprozess radikal zurückfahren und außerdem die von der Führungskraft angebotenen Ressourcen vollkommen anders (nämlich negativer) interpretieren.[65] Ein interaktionstheoretischer Bezugsrahmen, der in der Lage sein soll, Abusive Supervision adäquat einzufangen, muss also die Rückwirkungsprozesse der Interaktion auf die Interaktion selbst bearbeiten können. Es darf nicht lediglich das Ergebnis der Interaktion erfassbar sein. Gewichtiger noch ist der Kritikpunkt der ausgeblendeten Beziehungsebene der Kommunikation. Abusive Supervision wurde von Anfang an als subjektives Phänomen charakterisiert, von Tepper verdeutlicht mit dem Beispiel, dass Mitarbeiter A die täglichen Wutausbrüche und Beleidigungen seines Vorgesetzten möglicherweise als vollkommen normales Führungsverhalten interpretiert, während sich Mitarbeiter B systematisch feindseligen Attacken ausgesetzt sieht.[66] Unter Bezugnahme der beiden Kommunikationsebenen Inhalt und Beziehung wird hier unmittelbar deutlich, dass beide Mitarbeiter zwar dieselben Informationen auf der Inhaltsebene empfangen, diese jedoch auf Ebene der Beziehung mit ganz unterschiedlichen Bedeutungen besetzen und damit fundamental unterschiedlich interpretieren. Die Beziehungsebene der Interaktion ist also essentiell für die Bereitstellung eines interaktionstheoretischen Bezugsrahmens, denn genau auf dieser Ebene spielt sich Abusive Supervision vordergründig ab. Veränderungen der Beziehungsebene, als Rückwirkungsergebnis von Interaktionssequenzen zwischen Führungskraft und Mitarbeiter, müssen also zwingend konzeptionell zugänglich sein. Schließlich – und dieser Punkt ist die implizite Basis und zugleich das Fazit Lührmanns Kritik – ist die Interaktion in der LMX-Konzeption „nur" das Medium des Austausches, nichts weiter als eine Residualgröße: Der Prozess der Interaktion wird nicht näher thematisiert. Gerade die Mikroprozesse des Interaktionsgeschehens – die Bildung und Stabilisierung gegenseitiger Erwartungen jenseits der vordefinierten, organisationalen Rollen – müssen weiter

---

[65] Auch wenn sie anders reagieren, beispielsweise mit der offenen Konfrontation der Führungskraft oder dem Hinzuziehen von beratenden Instanzen (Betriebsrat), werden sie sowohl ihr Ressourcenangebot, als auch die Interpretation der ihnen angebotenen Ressourcen verändern.

[66] Vgl. Tepper 2000, S. 178.

in den Vordergrund gerückt werden, will man Abusive Supervision interaktionstheoretisch ausleuchten.

Festzuhalten bleibt damit, dass die Austauschtheorien und insbesondere die hier stellvertretend diskutierte LMX-Theorie einen ersten Schritt in die Richtung eines interaktionstheoretisch fundierten Bezugsrahmens der Analyse von Abusive Supervision darstellen, und zwar insofern, als dass sie explizit die Interaktion zwischen Führungskraft und Mitarbeiter in den Ausgangs- und Mittelpunkt ihrer Argumentation stellen. Indem jedoch lediglich das Ergebnis der Interaktion in Gestalt der Beziehungsqualität betrachtet und der Interaktionsprozess selbst vernachlässigt wird, erscheint die LMX-Konzeption dennoch als theoretisches Fundament der weiteren Diskussion ungeeignet. Einerseits bliebe die mit der Interaktion auf der Beziehungsebene untrennbar verbundene Subjektivität des Konstruktes Abusive Supervision dadurch unerfassbar, andererseits könnte die prozesshafte Entstehung des Phänomens – wenn überhaupt – nur sehr oberflächlich auf Ebene angebotener und ausgetauschter instrumenteller Ressourcen erklärt werden. Die Rolle der Interaktion selbst muss also über die des bloßen Mediums der Übermittlung von Ressourcen hinausgehen. Ihr muss ein eigener, nicht von vornherein vorbestimmter Einfluss auf die Führungsbeziehung zugestanden werden. Im Anschluss werden die kognitiven Theorien der Führung daraufhin überprüft, welchen Beitrag sie zur interaktionstheoretischen Neukonzeptionalisierung von Abusive Supervision leisten können.

1.2. Die Rolle der Interaktion in den kognitiven Theorien der Führung

Der konzeptionelle Kern der kognitiven Führungsforschung liegt in der radikalen Verlagerung des Erkenntnisinteresses auf individuelle Wahrnehmungs- und Zuschreibungsprozesse. Die beiden Grundrichtungen der Zentrierung auf die Geführten und die Führungskraft seien hier im Anschluss an die knappe Darstellung attributionstheoretischer Grundprinzipien etwas genauer diskutiert, um daraufhin wiederum die potentiellen Beiträge für das weitere Vorgehen dieser Arbeit abzuleiten.[67] Die Attributionsforschung als Teilbereich der kognitiven Sozialpsychologie geht auf die Arbeiten Heiders[68] zurück: Aufbauend auf der grundlegenden Annahme, dass Menschen das anhaltende Bedürfnis besitzen, ihre soziale Umwelt zu strukturieren und damit für sich selbst überschaubar zu machen,

---

[67] Aus Platzgründen erfolgt die Darstellung theoretischer Grundlagen wiederum auf wesentliche, für die weitere Argumentation zwingend notwendige Aspekte reduziert; für umfassende Darstellungen und weiterführender Literaturhinweise vgl. insbesondere Neuberger 2002, S. 545 ff.; Schettgen 1991, S. 100 ff., Waldmann 1999, S. 166 ff.

[68] Vgl. Heider 1958; in der deutschen Übersetzung auch Heider 1977; Attribution lässt sich „als jener Interpretationsprozeß der Erfahrungswelt definieren, durch den der einzelne sozialen Ereignissen und Handlungen Gründe beziehungsweise Ursachen zuschreibt." (Six 1997, S. 122).

formulierte er sein Modell der naiven Handlungsanalyse. Das Individuum schreibt darin – verkürzt formuliert – wahrgenommene Handlungen anderer den relativen Einflüssen von Person- und Umweltkräften zu.[69] Für die Attributionsansätze der Führungsforschung unmittelbar relevanter sind jedoch die an Heider anknüpfenden, varianzanalytischen Arbeiten Kelleys[70], die sich in ihren Grundzügen folgendermaßen darstellen.

Ausgangspunkt der Argumentation ist das Kovariationsprinzip: „An effect is attributed to the one of its possible causes with which, over time, it covaries"[71] – die wahrgenommene Wirkung wird also derjenigen Ursache zugeordnet, mit der sie über die Zeit hinweg gemeinsam auftritt und sich verändert. Hinreichende Bedingung für die eindeutige Ursachenzuschreibung ist dabei nach Kelley die Kenntnis dreier Kategorien von Informationen[72]:

(1) Entitäten (isolierbare Größen der Wahrnehmung, beispielsweise die Aufgabe)

(2) Personen (mit Entitäten in Kontakt stehende Individuen)

(3) Zeitpunkte und Umstände (Kontextwahrnehmung)

Diese drei Dimensionen stellen die unabhängigen Variablen des Modells dar, wobei ihre jeweils wahrgenommene Stabilität schließlich darüber entscheidet, auf welche Ursache die abhängige Variable – also die wahrgenommene Handlung – attribuiert wird. *Distinktheit* bezieht sich in diesem Zusammenhang auf die Entitäten; sie ist hoch, wenn die wahrgenommene Handlung nur in Zusammenhang mit einer oder wenigen Entitäten steht.[73] *Konsensus* bezieht sich darauf, ob andere Personen in Bezug auf dieselbe Entität vergleichbares Verhalten zeigen, wobei der Konsensus als hoch bezeichnet werden kann, wenn sich sämtliche in Frage kommenden Personen gleich verhalten, beziehungsweise gleiche Handlungsergebnisse erzielen.[74] *Konsistenz* bezieht sich schließlich auf die Frage, ob das beobachtete Verhalten gegenüber der bestimmten Entität zu verschiedenen Zeitpunkten wiederholt wird; die Konsistenz ist hoch, wenn dies der Fall ist.[75] Aus der von Kelley vorgeschlagenen Dichotomisierung dieser Variablen

---

[69] Vgl. Heider 1977, S. 102; für eine ausführlichere Darstellung der Konzeptionen Heiders vgl. Schettgen 1991, S. 101 ff.
[70] Vgl. insbesondere Kelley 1967, 1971, 1972, 1973; zusammenfassend auch Kelley & Michela 1980.
[71] Kelley 1973, S. 108.
[72] Vgl. Kelley 1973, S. 109 ff.; Kelley & Michela 1980, S. 462 ff.
[73] Vgl. Kelley & Michela 1980, S. 465.
[74] Vgl. Kelley & Michela 1980, S. 463.
[75] Vgl. Kelley & Michela 1980, S. 465; vgl. für weiterführende Erläuterungen dieser drei Dimensionen auch Neuberger 2002, S. 547 f.; Waldmann 1999, S. 170; Weibler 2001, S. 144.

ergeben sich insgesamt neun Möglichkeiten, von denen jene drei zu relativ eindeutigen kausalen Schlussfolgerungen führen,[76] die in der folgenden Abbildung visualisiert werden:

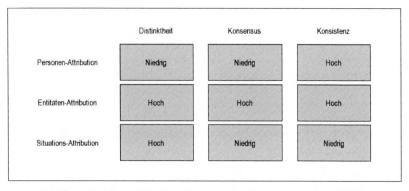

Abbildung 16: Schematische Darstellung des Attributionsprozesses nach Kelley
(Quelle: Weibler 2001, S. 145)

Eine Attribution auf die Person wird also vorgenommen, wenn nur diese Person in Bezug auf verschiedene Entitäten (beispielsweise verschiedene Arbeitsaufgaben) ein bestimmtes Verhaltensergebnis zeigt und dieses Verhalten zu verschiedenen Zeitpunkten und damit über verschiedenen Situationen hinweg stabil ist. Die Attribution auf die Entität wiederum erfolgt, wenn verschiedene Personen zu verschiedenen Zeitpunkten das gleiche Verhalten bezüglich der betreffenden Entität zeigen. Auch auf den Zeitpunkt beziehungsweise die Situation kann attribuiert werden, nämlich dann, wenn bezogen auf die einzelne Entität das beobachtete Verhalten bei nur einer Person und nur zu diesem Zeitpunkt wahrgenommen wird.[77] Wird die Komplexität weiter reduziert, so verbleiben – wie bereits bei Heider angedacht – zwei grundsätzliche Möglichkeiten der Ursachenzuschreibung: die interne Attribution (die Zuschreibung der Ursache auf die Person mit ihren Eigenschaften und Fähigkeiten) und die externe Attribution (die Zuschreibung der Ursache auf Kontexteinflüsse, wie die Schwierigkeit der Aufgabe, Zufall oder der spezifische Zeitpunkt).[78] Diese grundlegende Unterschei-

---

[76] Vgl. Schettgen 1991, S. 113.
[77] Vgl. hierzu auch die Ausführungen und die Würfel-Abbildungen Kelleys (1973, S. 109 f.), zusammengefasst auch bei Schettgen 1991, S. 113 f.
[78] Vgl. Kelley & Michela 1980, S. 430. Die Attributionsforschung hält hier verschiedene Bezeichnungen für diese grobe Unterscheidung bereit: Person vs. Umwelt (vgl. beispielsweise Eagly et al. 1978, S. 425), Fähigkeiten vs. Zufall (vgl. Weiner et al. 1972) und Intern vs. Extern (vgl. Kelley 1973, S. 113 f.); für einen Überblick vgl. Kelley & Michela 1980, S. 480 ff.

dung in interne und externe Ursachenzuschreibung ist zentrales Element des auf die Führungskraft zentrierten Ansatzes der kognitiven Führungsforschung.

(1) Führungskraft-zentrierte Attributionsforschung
Diese Strömung der kognitiven Führungsforschung geht auf die Forschergruppe um Mitchell zurück und beschäftigt sich mit Attributionsprozessen der Führungskraft im Hinblick auf die Leistungsbeurteilung ihrer Untergebenen.[79] Ausgangspunkt der Überlegungen ist die Annahme, dass Führungskräfte ein großes Interesse daran haben, die Leistungen ihrer Mitarbeiter möglichst genau einzuschätzen, denn schließlich hängt die Beurteilung ihrer eigenen Leistungen als Führungskraft unmittelbar von der Performance unterstellter Mitarbeiter ab. Die Führungskraft sammelt die für diese Einschätzungen notwendigen Informationen und richtet ihr eigenes, insofern reaktives Verhalten an der ursachenzuschreibenden Verarbeitung dieser Informationen aus.[80] Die Autoren beschreiben damit ein zweistufiges Modell: Auf der ersten Stufe wird das Mitarbeiterverhalten wahrgenommen, auf der zweiten Stufe resultiert das entsprechende Führungsverhalten. Verknüpft werden beide Stufen durch die Attributionsprozesse des Vorgesetzten. Die folgende Abbildung veranschaulicht diese Modellvorstellung:

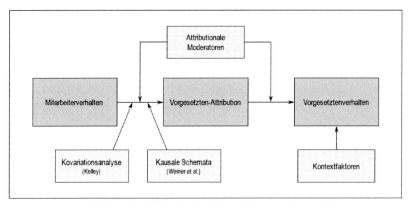

Abbildung 17: Attributionsmodell nach Green und Mitchell
(Quelle: vereinfachte Darstellung in Anlehnung an Green & Mitchell 1979, S. 450)

---

[79] Vgl. Green & Mitchell 1979; Ilgen et al. 1981; Mitchell & Wood 1980; Mitchell et al. 1981; Mitchell & O'Reilly 1983; Wood & Mitchell 1981; zusammenfassend Mitchell 1995.
[80] Vgl. Green & Mitchell 1979, S. 430.

Die Führungskraft verwendet, wenn sie die dazu notwendigen Informationen und Kapazitäten besitzt, das oben vorgestellte Verfahren der Kovariationsanalyse nach Kelley. In Situationen besonderen Zeitdrucks oder mangelnder Informationsdichte finden vereinfachte, kausale Schemata[81] Anwendung, um die Beziehung zwischen Ursache und Wirkung aufzudecken.[82] Das Ergebnis dieses Prozesses – entweder die interne Attribution auf den betreffenden Mitarbeiter oder die externe Attribution auf situative Faktoren und Einflüsse – besitzt auslösende Wirkung auf das Verhalten der Führungskraft.[83] Auf diese Verbindung des Modells, wie auch auf die Verbindung zwischen Mitarbeiterverhalten und Attribution, wirken jedoch verschiedene moderierende Einflüsse ein, wie etwa verschiedene Kontextdimensionen und insbesondere Attributionsfehler.[84]

Gegenüber der traditionellen Führungsforschung stellt die (Führungskraftzentrierte) Attributionsforschung einen entscheidenden Fortschritt dar, legt sie doch die kognitiven Prozesse offen, die die Ursache von bislang nur beobachtetem Führungsverhalten darstellen. Die grundlegenden, attributionstheoretischen Arbeiten von Heider, Kelley und Weiner werden damit Fragen der Führungsinteraktion zugänglich gemacht. Im Rahmen dieser Arbeit stellt sich nun die entscheidende Frage, welche Rolle der Interaktion selbst dabei zukommt. Die Antwort ist leider ernüchternd, insbesondere vor dem Hintergrund des Titels des Aufsatzes von Green und Mitchell: „Attributional Processes of Leaders in Leader-Member *Interactions*"[85]. Die Wahrnehmungen, Attributionen und Verhaltensweisen werden durchgängig einseitig auf Seiten der Führungskraft behandelt. Die Perspektive der Mitarbeiter bleibt nahezu unberücksichtigt,[86] weshalb streng genommen kaum von einem interaktionistischen Modell gesprochen werden kann.[87] Die im Folgenden darzustellenden Geführten-zentrierten Modelle der Attribution setzen dagegen an diesem Kritikpunkt an, indem sie die individuellen Zuschreibungsprozesse auf Seiten des Mitarbeiters thematisieren. Sie sind dabei – so viel sei an dieser Stelle vorweggenommen – auf ihre eigene Art ebenfalls einseitig.

---

[81] Vgl. Weiner et al. 1972.
[82] Vgl. Green & Mitchell 1979, S. 431 ff.; S. 434 f.
[83] Green und Mitchell geben hier folgende Verhaltensdimensionen an: (1) Belohnung/Bestrafung des Mitarbeiter, (2) Ausmaß der Überwachung, (3) Erwartungen bezüglich zukünftiger Mitarbeiterleistung und (4) Unterstützung des Mitarbeiters (vgl. Green & Mitchell 1979, S. 435).
[84] Vgl. für eine genauere Diskussion dieser Einflüsse Schettgen 1991, S. 155 ff.
[85] Green & Mitchell 1979, S. 429 (Hervorhebung durch den Verfasser).
[86] Abgesehen von vorsichtigen Versuchen der Integration (vgl. Mitchell et al. 1981; Wood & Mitchell 1981), die jedoch nicht konsequent genug sind, um eine egalitäre Berücksichtigung von Führungskraft und Mitarbeiter realisieren zu können (vgl. Schettgen 1991, S. 175).
[87] Ferner engen die Autoren das Wirkungsfeld ihrer Arbeit zusätzlich ein, indem sie sich in der empirischen Anwendung ihres Modells oftmals auf den Umgang mit schwachem Leistungsverhalten beschränken (vgl. Mitchell & Wood 1980; Mitchell & O'Reilly 1983).

(2) Geführten-zentrierte Attributionsforschung

Die Geführten-zentrierte Attributionsforschung geht auf Calder zurück, dessen Arbeit auf folgender Grundthese basiert: „Leadership *exists* only as a perception [...] [it] depends on how performance and its effects are perceived by others"[88]. Unter Rückgriff auf Kelley[89] sowie auf Jones und Davis[90] entwickelte er seine Attributionstheorie der Führung, in der er abzubilden versucht, welche Prozesse mit der Zuschreibung von Führung(squalitäten) einhergehen. Ausgangspunkt des Modells ist die Wahrnehmung von Verhaltensweisen der Führungskraft und deren Effekte, den Endpunkt stellen die erschlossenen Führungseigenschaften dar.[91] Der Attributionsprozess selbst läuft dabei in vier Stufen ab, die an dieser Stelle jedoch nicht näher ausdifferenziert werden sollen.[92] Stattdessen sei hervorgehoben, dass Calder den unterstellten Attributionsprozess als rationalen Prozess quasi-statistischen Schließens konzipiert,[93] was Lord mit dem Hinweis darauf scharf kritisiert, dass die begrenzte, menschliche Verarbeitungskapazität nur in sehr wenigen Ausnahmefällen solch aufwendige Verarbeitungsformen überhaupt zulässt.[94] In Abgrenzung zu Calder formulierte Lord ein eigenes Attributionsmodell der Geführtenwahrnehmung und konzentrierte sich dabei jedoch auf die seiner Ansicht nach meist unbewussten und damit automatisch ablaufenden Verarbeitungsprozesse.[95] Zentrales Konstrukt seines Modells stellen die individuellen impliziten Führungstheorien der Geführten dar, die er zuvor bereits als „the structure and content of cognitive categories used to distinguish leaders from nonleaders"[96] definierte. Individuen vergleichen also – in erster Linie unbewusst – wahrgenommenes Verhalten mit ihren subjektiven Vorstellungen prototypischen Verhaltens und schreiben daraufhin Führerschaft beziehungsweise Führungseigenschaften zu oder eben auch nicht. Im Gegensatz zu Calder wurde das Modell Lords empirisch überprüft, wodurch gezeigt werden konnte, dass Geführte tatsächlich eher einfache Attributionsprozesse als komplexe kognitive Analysen verwenden.[97]

Indem der Führungsbegriff vollständig von der führenden Person abgelöst und den subjektiven, kognitiven Prozessen der geführten Personen zugeordnet

---

[88] Calder 1977, S. 202.
[89] Vgl. Kelley 1967.
[90] Vgl. Jones & Davis 1965.
[91] Vgl. Calder 1977, S. 197.
[92] Vgl. hierzu Calder 1977, S. 197 ff.; ferner auch Neuberger 2002, S. 557 ff.; Schettgen 1991, S. 145 ff.; Für eine Abbildung des Modells vgl. neben der Originalabbildung von Calder (1977, S. 196) das anschaulichere Flussdiagramm bei Neuberger (2002, S. 558).
[93] Vgl. Waldmann 1999, S. 173.
[94] Vgl. Lord 1985, S. 92, S. 102, S.123.
[95] Vgl. Lord 1985, S. 87 ff.
[96] Lord et al. 1984, S. 344; Implizite Führungstheorien werden im nächsten Kapitel eine gewichtige Rolle spielen; für die detailliertere Diskussion des Konstruktes sei daher auf Abschnitt 1.3.1 in Kapitel D verwiesen.
[97] Vgl. Lord et al. 1984; Mitchell 1995, S. 848.

wird, erfahren die Geführten eine unvergleichliche Aufwertung ihrer Bedeutung für den Führungsprozess. Es sind nicht mehr die Eigenschaften oder die Verhaltensweisen der Führungskraft, die darüber entscheiden, ob Führung erfolgreich ist oder überhaupt erst stattfindet. Es ist vielmehr – vereinfacht ausgedrückt – der scheinbar einfache Vergleich zwischen Wahrnehmung und Prototyp, der darüber entscheidet, ob Führung und damit auch Einflussvermögen zugeschrieben wird. Diese Perspektive besitzt ihr größtes Potential in der Erklärung informeller Führerschaft – in Arbeitsgruppen genauso wie in Straßenbanden – da organisationale Einflüsse, wie etwa die arbeitsvertraglich festgelegte Rollenverteilung zwischen Führungskraft und Geführten, für die Genese von Führerschaft keine notwendige Bedingung darstellen.[98] Dennoch muss auch in Bezug auf die Geführten-zentrierte Attributionsforschung festgestellt werden, dass sie einseitig auf die internen Prozesse der Geführten fokussiert. Kognitive Prozesse der Führungskraft, die ja, wie oben diskutiert wurde, zu dem gezeigten Verhalten überhaupt erst führen, werden vollkommen ausgeblendet. Die Interaktion zwischen Führungskraft und Geführten spielt damit ebenfalls nur eine untergeordnete, jedenfalls keine wirkungsvolle Rolle.

Insgesamt muss damit für die beiden Strömungen der Attributionsforschung festgehalten werden, dass Fragen der Interaktion zwischen Führungskraft und Geführten als blinder Fleck im Dunklen bleiben. Beide Richtungen argumentieren insofern aneinander vorbei, als dass sie die Erkenntnisse der jeweils anderen schlichtweg ignorieren.[99] Die Geführten-zentrierte Attributionsforschung versucht zu erklären, wie es zu der Zuschreibung von Führerschaft kommt, die Führungskraft-zentrierte Forschung beschäftigt sich dagegen exklusiv mit der Einschätzung des Leistungsverhaltens unterstellter Mitarbeiter. Die gegenseitige Kontextualität wird dabei systematisch ausgeklammert.[100] Damit kann keine der beiden Perspektiven unmittelbar als theoretischer Bezugsrahmen der Neukonzeptionalisierung von Abusive Supervision herangezogen werden: Abusive Supervision wurde als anhaltendes Phänomen charakterisiert, das prozesshaft in der Interaktion *zwischen* Führungskraft und Mitarbeiter entsteht. Es sind also aufeinander bezogene Verhaltensweisen von Führungskraft *und* Mitarbeiter, die im Zeitablauf diese dysfunktionale Form der Führungsinteraktion hervorbringen. Genau diese wechselseitige Bezogenheit kann die Attributionsforschung durch ihre analytische Trennung und jeweilige Isolation nicht erfassen.[101]

---

[98] Dies soll indes nicht bedeuten, dass es nicht interessant sein kann, die Wechselwirkungen zwischen attributionstheoretischer Zuschreibung von Führerschaft und organisationalen Einflüssen zu untersuchen. Ferner sei bereits darauf hingewiesen, dass die soziale Identitätstheorie unmittelbar daran anknüpft, um die Emergenz von Führung zu erklären (vgl. van Knippenberg & Hogg 2003; Hogg 2001; Hogg et al. 2003).
[99] Vgl. Lührmann 2006, S. 13.
[100] Vgl. Nye & Brower 1996.
[101] Vgl. Martinko & Gardner 1987, S. 235.

Damit soll jedoch nicht der Eindruck entstehen, die kognitive Führungsforschung sei vollkommen ohne Beitrag im Hinblick auf die interaktionstheoretisch zu fundierende Betrachtung von Abusive Supervision. Ganz im Gegenteil: Beide Forschungsrichtungen machen unmissverständlich klar, dass Führung untrennbar mit subjektiven Interpretationsprozessen der an der Interaktion beteiligten Individuen verbunden ist. Führungskraft und Mitarbeiter sind (bewusst oder unbewusst) ständig damit beschäftigt, ihren Wahrnehmungen Ursachen zuzuordnen.[102] Die Attributionsforschung unterstreicht damit jene Subjektivität des Konstruktes Führung, die bereits in den vorangestellten beiden Kapiteln deutlich mit Abusive Supervision in Verbindung gebracht wurde. Auch wenn eine aus Interaktionsgesichtspunkten fruchtbare Verknüpfung beider Forschungsrichtungen bisher nicht vorliegt und sie damit als interaktionstheoretischer Bezugsrahmen ausscheidet, stellen beide Perspektiven jeweils für sich genommen eindrucksvolle Versuche dar, die Black-Box individueller Informationsverarbeitung in Führungssituationen zu öffnen und damit die zugrunde liegenden Prozesse einer systematischen Analyse zugänglich zu machen. Der Versuch einer solchen Verschränkung beider Richtungen kann und soll im Rahmen dieser Arbeit nicht unternommen werden. Dennoch fließen zentrale Argumente und Konzeptionen – wie etwa der Einfluss impliziter Theorien auf die Wahrnehmung und Interpretation fremden Verhaltens – in die interaktionstheoretische Rekonzeptionalisierung von Abusive Supervision ein.

1.3. Die Rolle der Interaktion in den Identitätstheorien der Führung

Die Identitätstheorie der Führung als jüngster der hier diskutierten, interaktionstheoretischen Ansätze der Führungsforschung stellt Fragen der Identitätsausbildung auf Seiten der Führungskräfte wie auch auf Seiten der Geführten in den Mittelpunkt seiner Überlegungen.[103] Die soziale Identitätstheorie als populärste Strömung innerhalb der Identitätstheorie[104] nimmt hierbei eine Gruppenperspektive ein und argumentiert, dass Führungskräfte die kollektiven Werte und Normen der Gruppe repräsentieren müssen, um von der Gruppe akzeptiert zu werden und Einfluss ausüben zu können.[105] Die Effektivität der Führung hängt aus dieser Perspektive in erster Linie von der Konformität beziehungsweise der

---

[102] Vgl. Calder 1977, S. 202; Martinko et al. 2007, S. 562; McElroy 1982, S. 413;
[103] Vgl. Steinmann & Schreyögg 2005, S. 698. Für einen detaillierten Überblick über die verschiedenen Ansätze innerhalb der Identitätstheorie der Führung vgl. Lührmann 2006, S. 237 ff.
[104] Vgl. van Knippenberg & Hogg 2003; Haslam 2001; Haslam & Platow 2001; Hogg 2001; Hogg & Terry 2000; Hogg et al. 2003; van Knippenberg & van Knippenberg 2003.
[105] Vgl. Lührmann 2006, S. 239.

Prototypikalität der Führungskraft ab.[106] Da Abusive Supervision im Rahmen dieser Arbeit als *dyadisches* Phänomen interaktionstheoretisch fundiert werden soll, sei an dieser Stelle darauf verzichtet, die auf Gruppenprozesse fokussierende soziale Identitätstheorie der Führung eingehender zu diskutieren, obwohl sie doch die in der Literatur am breitesten diskutierte ist.[107] Stattdessen soll auf das von Lührmann vorgeschlagene Modell der *dyadischen* Identitätskonstruktion rekurriert werden.[108] Basierend auf den grundsätzlichen Annahmen, dass individuelle Identität erstens keine fixe Struktur besitzt und sich stattdessen in einem ständigen Veränderungsprozess befindet[109] (Lührmann spricht von einer „lebenslangen Entwicklungsaufgabe"[110]), und individuelle Identität zweitens das Ergebnis selbstreflexiver und sozialer Prozesse ist,[111] formuliert Lührmann bezogen auf die Führungsinteraktion sein Prozessmodell der Identitätsregulation. Die folgende Abbildung illustriert seine konzeptionellen Überlegungen:

---

[106] Vgl. Haslam 2001, S. 69: Die soziale Identitätstheorie der Führung betrachtet in erster Linie die emergente Entstehung von Führung in Gruppen. Individuen, die in einer Gruppe zusammentreffen, sind automatisch sozialen Anpassungsprozessen ausgesetzt, wobei diejenige Person als am einflussreichsten wahrgenommen wird, die den kollektiven Eigenschaften der Gruppe – und damit der Gruppenidentität – am nächsten kommt.

[107] Lührmann (2006, S. 240 ff.) fasst den Kern dieser Strömung übersichtlich zusammen; vgl. ferner für einen allgemeineren Überblick auch Schreyögg & Lührmann 2006, beziehungsweise aus praxisorientierterer Perspektive auch Schreyögg & Lührmann 2004.

[108] Neben Lührmanns Vorstellung der Identitätsregulation bezieht sich auch der psychodynamische Führungsansatz auf die dyadische Interaktion zwischen Führungskraft und Geführtem (vgl. Keller 2003; Kets de Vries 1999; Pauchant 1991; Zaleznik 1975). In Anlehnung an die Freud'sche Psychoanalyse wird hier jedoch davon ausgegangen, dass individuelle Identitäten in frühkindlichen Erfahrungen determiniert werden und sich dann unverändert auf zukünftige Interaktionsbeziehungen auswirken (vgl. Oglensky 1995, S. 1030 ff.). Kets de Vries (1999) versteht das wechselseitige Verhalten von Führungskraft und unterstelltem Mitarbeiter als Kompensationsverhalten und beschreibt in diesem Zusammenhang verschiedene Typen pathologischer Interaktionsbeziehungen (vgl. Kets de Vries 1999, S. 754 ff.). Der zentrale Unterschied zur Konzeption Lührmanns liegt – um es noch einmal zu unterstreichen – darin, dass individuelle Identitäten im Vorfeld der Führungsinteraktion bereits feststehen und sich im Laufe der Interaktion nicht verändern (können).

[109] Vgl. Stephen et al. 1992; Erikson 1982.

[110] Lührmann 2006, S. 176.

[111] Vgl. McCall & Simmons 1966; Mummendey 1995; Oyserman & Packer 1996; Schlenker 1984.

C Führung als soziale Interaktion – Theoretische Grundlagen   153

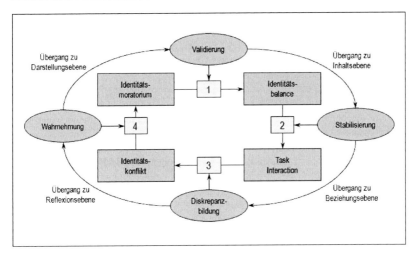

Abbildung 18: Prozessmodell der Identitätsregulation
(Quelle: Lührmann 2006, S. 295)

Vor dem Hintergrund dieses idealtypischen Interaktionszyklus werden Probleme der Führungsinteraktion – so jedenfalls argumentiert Lührmann – einer identitätstheoretischen Analyse zugänglich.[112] Interaktionspartner, die am Beginn ihrer Führungsbeziehung stehen, müssen ihre jeweilige situative Identität als Führungskraft beziehungsweise Geführter erst ausbilden,[113] sie befinden sich insofern in einem *Identitätsmoratorium*.[114] Beide Interaktionspartner reflektieren sich vor dem Hintergrund ihrer jeweiligen Rolle selbst, wobei diese Reflexionsprozesse auf Ebene des kognitiven und des affektiven Selbstbildes sowie auf motivationaler Ebene stattfinden.[115] Diesen Selbst- beziehungsweise gegenseitigen Findungsprozess bezeichnet Lührmann als *Validierung*, welcher im positiven Ergebnis zur *Identitätsbalance*, also hinreichend ausgehandelten situativen Identitäten führt. Ab diesem Moment stabilisieren sich die Interaktionsmuster und beide Interaktionspartner können sich auf die Inhaltsebene ihrer Kommunikation konzentrieren.[116] Dieser Prozess der *Stabilisierung* erinnert an die in der LMX-Forschung bereits beschriebene Phase der *Role Routinization*[117] beziehungsweise der *Partner Phase*[118]. Unter der Annahme, dass Identitäten – und

---

[112] Vgl. Lührmann 2006, S. 293 f.
[113] Vgl. Steinmann & Schreyögg 2005, S. 699.
[114] Der Begriff des Moratoriums stammt aus dem Modell der Identitätszustände von Marcia (vgl. Marcia 1966, S. 552).
[115] Vgl. Lührmann 2006, S. 295 f.
[116] Vgl. Lührmann 2006, S. 299 f.
[117] Vgl. Steinmann & Schreyögg 2005, S. 698.
[118] Vgl. Graen & Uhl-Bien 1995b, S. 231 ff.

damit auch die situativen Identitäten von Führungskraft und Geführten – sich im Zeitablauf verändern, kann es zur sogenannten *Diskrepanzbildung* kommen, nämlich dann, wenn sich beispielsweise das in der Interaktion ausgehandelte Selbstbild vom idealen Selbstbild eines oder beider Interaktionspartner unterscheidet.[119] Diese Diskrepanz führt zu einer Destabilisierung der *Identitätsbalance* und damit zu einem *Identitätskonflikt*, in dem Inhaltsaspekte der Kommunikation wieder zurückgedrängt werden und man beginnt, sich erneut auf der Beziehungsebene miteinander auseinanderzusetzen. Der sich idealerweise anschließende Schritt ist die *Wahrnehmung* beider Interaktionspartner, dass ein solcher Konflikt überhaupt vorliegt und damit wiederum der Bedarf an einer Neuverhandlung der Rollen und Identitäten gegeben ist. Die Interaktionspartner befinden sich – zumindest im Rahmen des Modells – somit wieder am Ausgangspunkt ihrer Interaktion: im *Identitätsmoratorium*. Idealerweise wird damit ein neuerlicher Prozess der *Validierung* in Gang gesetzt.

Im Anschluss diskutiert Lührmann mögliche Barrieren und Probleme der Identitätsregulation. Die sogenannte Validierungsbarriere tritt immer dann auf, wenn beide Interaktionspartner die gegenseitigen Identitätsentwürfe bewusst oder unbewusst nicht anerkennen und damit eine Validierung nachhaltig verweigern. Die Beziehung muss damit im Identitätsmoratorium verbleiben.[120] Die Stabilitätsbarriere tritt dagegen auf, wenn Interaktionspartner an ihren Identitäten festhalten, obwohl sich daraus (potentiell) pathologische Interaktionsmuster ergeben.[121] Dies ist insbesondere dann problematisch, wenn Identitäten vordergründig funktionieren, aus Perspektiven höherer Ordnung – etwa auf Ebene der Gruppe oder der gesamten Organisation – jedoch Dysfunktionalitäten aufweisen. Als Wahrnehmungsbarriere beschreibt Lührmann Probleme, die daraus resultieren, dass Individuen ihre Probleme der Identitätsebene als solche nicht erkennen und stattdessen überzeugt sind, auf Inhaltsebene Reibungen zu verspüren. Lösungsversuche setzen damit auf der falschen Ebene der Kommunikation an und schlagen daher zwangsläufig fehl. Schließlich diskutiert er unter dem Stichwort der Kommunikationsbarrieren Probleme, die dadurch entstehen, dass die beiden Interaktionspartner in unterschiedlichen Phasen der Identitätsregulation sind und damit permanent aneinander vorbei kommunizieren.[122]

Vor dem Hintergrund dieser resümierenden Ausführungen kann nun die Rolle der Interaktion innerhalb dieses Theoriegebäudes näher bestimmt werden. Interaktion ist, wie bereits in den Austauschtheorien der Führung, das zentrale Element des Modells, sie ist das Medium der Identitätsaushandlung. Ohne Interaktion käme das vorgestellte Prozessmodell der Identitätsaushandlung erst gar nicht in Gang, Führungskraft und Geführte würden im Identitätsmoratorium

---

[119] Vgl. Lührmann 2006, S. 300 f.; ferner auch Schlenker 1984, S. 93 f.
[120] Vgl. Lührmann 2006, S. 304 f.
[121] Wie etwa im Falle der von Kets de Vries diskutierten „Collusive Relationships" (vgl. Kets de Vries 1999).
[122] Vgl. Lührmann 2006, S. 306.

verhaftet bleiben.[123] Insgesamt ist eine gewisse Ähnlichkeit des Modells mit der oben bereits diskutierten LMX-Konzeption nicht zu übersehen, denn parallel zur Entwicklung der Austauschqualität entlang der drei Phasen[124] werden hier situative Identitäten reflektiert, ausgehandelt, validiert und stabilisiert. Der gewichtigste Unterschied liegt nun darin, dass im Modell der Identitätsaushandlung auch die Entwicklung in entgegengesetzter Richtung konzipiert wird. Wenn situative Identitäten in Frage gestellt und daraus resultierende Identitätskonflikte reflektiert werden, werden die Interaktionspartner in den Zustand des Identitätsmoratoriums zurückgeworfen und der Zyklus beginnt erneut. Ferner stellt das Modell eine Erweiterung um die Beziehungsebene des Austausches dar. Während in der LMX-Konzeption Austausch lediglich auf Inhaltsebene mittels Ressourcen stattfindet, stellt Lührmann die Beziehungsebene der Kommunikation in den Vordergrund[125] und stellt dabei fest, dass sich die Beziehungsebene nie endgültig klären lässt und gewissermaßen immer in Bewegung ist.[126] Die Interaktion selbst spielt dabei jedoch eine eher untergeordnete Rolle. So wird beispielsweise nur sehr knapp beschrieben, *wie* Prozesse der Validierung und Stabilisierung im Detail von statten gehen: Sowohl Führungskraft, als auch die Geführten reflektieren ihre eigenen situativen Identitäten und kommunizieren das jeweilige Ergebnis ihrem Interaktionspartner;[127] die Rückwirkung dieser Kommunikation auf die Beziehungsebene wird konzeptionell zwar nicht ausgeblendet, aber eben auch nicht näher diskutiert.

Stellt man nun Abusive Supervision in der hier vorgeschlagenen Konzeption als Interaktionsmuster in den Kontext der Überlegungen Lührmanns, so wird deutlich, dass es zweifelsohne von den jeweiligen situativen Identitäten der beteiligten Individuen beeinflusst wird. Sieht sich eine Führungskraft im Ergebnis der selbstreflektierenden Prozesse beispielsweise als autoritär und besitzt dazu ein korrespondierendes Bild kontrollbedürftiger Geführter, so zeigt sie höchstwahrscheinlich entsprechende Verhaltensweisen. Diese Verhaltensweisen können wiederum von Geführten, die sich selbst als wenig kontrollbedürftig sehen, als feindselig im Sinne von Abusive Supervision wahrgenommen werden. Aus Sicht des Prozessmodells der Identitätsregulation liegt damit eine Validierungsbarriere vor, denn die Interaktionspartner verweigern sich gegenseitig die Anerkennung ihrer Identitätsentwürfe und die Etablierung einer Identitätsbalance

---

[123] Schon der Untertitel Lührmanns Arbeit – „Die neuere Identitätstheorie als Beitrag zur Fundierung einer Interaktionstheorie der Führung" – weist auf die zentrale Stellung der Interaktion hin (vgl. Lührmann 2006).
[124] Vgl. Graen & Uhl-Bien 1995b, S. 231.
[125] Tatsächlich lässt sich die Essenz des Modells folgendermaßen formulieren: Erst wenn die Beziehungsebene hinreichend geklärt ist, kann die Interaktion auf Inhaltsebene – und damit die Führungsinteraktion insgesamt – erfolgreich sein.
[126] Der Grund liegt in der Veränderlichkeit der situativen Identitäten (vgl. Stephen et al. 1992).
[127] Vgl. Lührmann 2006, S. 295 ff.

wird damit verhindert.[128] Die tatsächlichen Verhaltensweisen beider Interaktionspartner bleiben in dieser Perspektive jedoch im Hintergrund, ihre Betrachtung wird im Grunde überflüssig, denn die Probleme liegen ausschließlich auf der Ebene der Identität. Das gezeigte (autoritäre) Verhalten und die Interpretation des Verhaltens werden bereits von den (situativen) Identitäten determiniert. Damit kristallisiert sich wiederum heraus, dass die Interaktion selbst in erster Linie Medium der Identitätsaushandlung ist. Sie besitzt zwar – im Gegensatz zu den Austauschtheorien der Führung – Rückwirkung auf die Aushandlungsprozesse, wird selbst jedoch analytisch nicht näher betrachtet. Damit bleiben auch die individuellen Erwartungen an das fremde und das eigene Verhalten sowie dessen Wahrnehmungen und Interpretationen im zwar nicht gänzlich unwichtigen, aber doch verschwommenen Hintergrund. Die Identitätstheorie ist damit in ihrer Konzeption zu abstrakt, um die Mikroprozesse der Interaktion zwischen Führungskraft und Geführten einer tiefgreifenden prozessualen Analyse zugänglich zu machen. Sie kommt daher als (alleinige) theoretische Grundlage einer interaktionstheoretischen Fundierung von Abusive Supervision nicht in Frage. Die analytische Trennung der Interaktion in Beziehungs- und Inhaltsebene sowie die Fokussierung auf erstere scheinen für die weitere Arbeit jedoch von großer Bedeutung zu sein, ist Abusive Supervision doch – wie bereits mehrfach angemerkt – ein Phänomen, das insbesondere auf der Beziehungsebene der Kommunikation seine Wirkung entfaltet.

1.4. Resümee: Offene Fragen an eine Interaktionstheorie der Führung

In den vorangestellten Abschnitten wurden jene Stränge der Führungsforschung mit Blick auf die jeweilige Rolle der Interaktivität näher betrachtet, die dezidert interaktiv sind oder – wie im Falle der kognitiven Führungstheorien – die Interaktion zwischen Führungskraft und Geführten als Ausgangspunkt ihrer Überlegungen konzipieren. Die LMX-Forschung als Austauschtheorie der Führung betrachtet Interaktion in erster Linie als Austausch von Ressourcen.[129] Dieser Austausch findet vornehmlich auf der Inhaltsebene der Kommunikation statt und entfaltet sich in einem organisatorisch bereits vorstabilisierten Rahmen: Beide Interaktionspartner erfüllen in erster Linie organisationale Rollenerwartungen und entwickeln dabei – in Abhängigkeit von jeweils angebotenen und erwarteten Ressourcen – ihre Beziehungsqualität.[130] Der Interaktion kommt hier einerseits zentrale Bedeutung zu, sie bleibt in dieser Konzeption andererseits jedoch ohne eigene Wirkung: Sie selbst wirkt nicht auf die Entwicklung der Beziehungsqua-

---

[128] Vgl. Lührmann 2006, S. 304.
[129] Vgl. Graen & Cashman 1975, S. 154 f.; Graen & Scandura 1986, S. 165 f.; Graen & Scandura 1987, S. 182 ff.
[130] Vgl. Lührmann 2006, S. 19 f.

lität zurück, diese wird lediglich von den ausgetauschten Ressourcen beeinflusst. Durch die Beschränkung auf die Inhaltsebene und die Konzentration auf das Interaktionsergebnis (nämlich dem erfolgreichen Austausch von Ressourcen) wird die Führungsinteraktion simplifiziert und die Theorie damit weder der Prozessualität noch der Komplexität von Führung soweit gerecht, dass sie die Entstehung und Persistenz von Abusive Supervision erklären könnte. Eine Interaktionstheorie der Führung muss, um diesen Zweck erfüllen zu können, daher nicht nur die Interaktion selbst in den Mittelpunkt des Erkenntnisinteresses setzen, sondern insbesondere die Rückwirkung der Interaktion auf sich selbst abbilden und betrachten können.

Die kognitive Führungsforschung betrachtet jeweils individuelle Prozesse der Ursachenzuschreibung auf Seiten der Führungskraft oder auf Seiten der Geführten.[131] So versuchen Führungskräfte permanent, Ursachen für das wahrgenommene Leistungsverhalten ihrer Mitarbeiter zu finden. Insbesondere negativ wahrgenommenes Leistungsverhalten wird daraufhin überprüft, ob es der Person (also den Fähigkeiten und den Anstrengungen des Mitarbeiters) oder der Umwelt (also der Schwierigkeit der Aufgabe oder dem Zufall) zuzuordnen ist.[132] Die Geführten auf der anderen Seite überprüfen das Verhalten ihrer Führungskräfte ständig daraufhin, ob es sich aus ihrer Sicht um (gutes) Führungsverhalten handelt oder nicht. Für diesen Abgleich von tatsächlich wahrgenommenem und idealtypischem Verhalten verwenden sie implizite Führungstheorien, wobei ganz ähnliche kognitive Prozesse zum Einsatz kommen, wie auf Seiten der Führungskraft.[133] Interaktion ist dabei insoweit von Nöten, als dass es aufeinander bezogenes Verhalten bedarf, damit die genannten Prozesse der Ursachenzuschreibung überhaupt stattfinden können. Die beiden Theorieperspektiven haben sich jedoch weitestgehend unabhängig voneinander entwickelt, sodass bis heute keine schlüssige Verschränkung beider Stränge vorliegt und die kognitiven Prozesse des Interaktionspartners damit jeweils kontingent sind.[134] Die Dynamik der Interaktion bleibt also durch die strikte analytische Trennung auf der Strecke. Eine Interaktionstheorie, die Abusive Supervision zu erklären vermag, sollte jedoch genau diese Dynamik einfangen können und dabei individuelle Prozesse der Interpretation des eigenen wie auch des fremden Verhaltens analytisch zugänglich machen, um schließlich sowohl der prozesshaften Dynamik, als auch der Subjektivität des Phänomens gerecht werden zu können.

Die dyadische Identitätstheorie konzentriert sich in erster Linie auf die Beziehungsebene der Interaktion mit der zentralen Aussage, dass die Beziehungsebene – man spricht hier von situativen Identitäten – verhandelt und gegenseitig

---

[131] Vgl. Martinko et al. 2007; Martinko & Gardner 1987; McElroy 1982.
[132] Vgl. Green & Mitchell 1979, S. 430; Ilgen et al. 1981; Mitchell & Wood 1980; Mitchell & O'Reilly 1983; Mitchell 1995.
[133] Vgl. Calder 1977; Lord et al. 1982; Lord et al. 1984; Lord 1985.
[134] Vgl. Martinko & Gardner 1987, S. 235.

akzeptiert werden muss, damit Führung überhaupt erfolgreich sein kann.[135] Erfolgt eine solche Einigung nicht, so sind Konflikte unvermeidbar, die, wenn sie von den Interaktionspartnern auf inhaltlicher Ebene verortet werden, auch zwangsläufig unlösbar bleiben.[136] Die Interaktion wird hier wie bereits in der LMX-Theorie in den Mittelpunkt gestellt, beziehungsweise als Ausgangspunkt jeglicher theoretischer Konzeption verwendet, denn ohne sie könnte keine Identitätsaushandlung stattfinden. Indem die Identitätsverhandlung jedoch als ergebnisoffen konzipiert wird, kommt der Interaktion nicht nur die Rolle des Mediums zu. Sie wirkt sich eben auch auf die Entwicklung der situativen Identitäten aus, die wiederum auf die Interaktion zurückwirken etc. Der Dynamik von Führungsbeziehungen wird konzeptionell also deutlich mehr Raum gegeben, allerdings – und da liegt der entscheidende Schwachpunkt – auf sehr abstrakter Ebene und damit beinahe losgelöst von den einzelnen Interaktionsepisoden. Indem der Fokus auf dem auszubalancierenden Verhältnis situativer Identitäten liegt, bleiben die Mikroprozesse der Interaktion im Hintergrund. Abusive Supervision spielt sich als Phänomen zwar insbesondere auf der Beziehungsebene der Kommunikation ab und wird sicherlich durch die jeweils ausgehandelten situativen Identitäten und von den Konflikten dieser Ebene beeinflusst. Eine Erklärung von Abusive Supervision scheint jedoch einzig auf dieser Basis – also ohne die konkrete Adressierung der Interaktion(sepisoden) selbst – kaum machbar. Ein interaktionstheoretisches Führungsmodell muss somit auch die konkreten Prozesse der Interaktion mit jeweiligen Einflussdimensionen abbilden und darf nicht auf der abstrakten Ebene des sehr dehnbaren Identitätsbegriffs verhaftet bleiben.

Die offenen Fragen an eine Interaktionstheorie der Führung lassen sich nun vor dem Hintergrund der anstehenden Rekonzeptionalisierung von Abusive Supervision zu den folgenden Punkten kondensieren. Erstens muss ein solches Führungsverständnis die Interaktion selbst ins Zentrum der Betrachtung setzen. In der LMX-Theorie wie auch in der Identitätstheorie wird dies bereits formuliert, in der Konzeption jedoch – wie oben diskutiert wurde – nicht konsequent genug umgesetzt. Zweitens müssen die individuellen Interpretationsprozesse der Interaktionsergebnisse und deren Rückwirkung auf sich anschließende Interaktionsepisoden abgebildet werden, um der Subjektivität von Abusive Supervision (beziehungsweise von Führung im Allgemeinen) gerecht zu werden. Kapitel A wie auch diverse Studien zu den Konsequenzen haben gezeigt, dass Mitarbeiter, die sich mit Abusive Supervision konfrontiert sehen, oftmals abstumpfen, resignieren und sich defensiv verhalten, was wiederum Auswirkungen auf das Verhalten der Führungskraft hat; ein Teufelskreis entsteht.[137] Solche Prozesse werden durch die Berücksichtigung der individuellen Wahrnehmungen und deren Wirkungen analytisch zugänglich. Oben wurde bereits diskutiert, dass die kogni-

---

[135] Vgl. Steinmann & Schreyögg 2005, S. 698 ff.
[136] Vgl. Lührmann 2006, S. 304 f.
[137] Vgl. McGregor 1960; Im folgenden Kapitel wird auf die Überlegungen McGregors zurückzukommen sein.

tive Theorie erste Schritte in diese Richtung unternimmt, durch ihre jeweilige Einseitigkeit aber zu kurz greift, um die Wechselseitigkeit und zirkuläre Dynamik interpretativer Prozesse erfassen zu können. Drittens sollte eine Interaktionstheorie der Führung nicht nur die individuellen Erwartungen der Interaktionspartner, sondern auch deren jeweilige Einflussgrößen abbilden und damit der Analyse zugänglich machen. In diesem Zusammenhang wurden im Rahmen der Geführten-zentrierten kognitiven Theorien bereits implizite Führungstheorien diskutiert. Daneben müssen weitere Einflussgrößen individueller Erwartungen betrachtet werden – so besitzen auch Führungskräfte implizite Theorien prototypischen Geführtenverhaltens.

Zusammenfassend kann damit festgehalten werden, dass ein interaktionstheoretisches Verständnis von Führung die Subjektivität, Komplexität und Prozessualität zugänglich machen muss, um als theoretischer Rahmen der nötigen Neukonzeptionalisierung von Abusive Supervision herangezogen werden zu können. Die bisherigen, interaktiven Ansätze bieten zwar gute Anknüpfungspunkte, können dies jedoch aus den jeweils diskutierten Gründen nicht leisten. Nachdem in diesem Abschnitt die Anforderungen an ein solches Interaktionsmodell umrissen wurden, sollen in den nächsten beiden Abschnitten die theoretischen Grundlagen – differenziert nach individueller und dyadischer Perspektive – gelegt werden. Darauf aufbauend wird im folgenden Kapitel die Rekonzeptionalisierung von Abusive Supervision schrittweise erarbeitet.

2. Das Individuum im Interaktionssystem – konstruktivistische Grundlagen

Kapitel B hat vor dem Hintergrund der Reflexion der Debatte deutlich gezeigt, dass Abusive Supervision einer interaktionstheoretischen Rekonzeptionalisierung und damit neuen Fundierung bedarf, die der Subjektivität, Komplexität und Dynamik des Phänomens gerecht werden kann. Dezidert interaktionstheoretische Ansätze der Führungsforschung – das hat der vorangestellte Abschnitt gezeigt – sind dazu jeweils nur in Ansätzen und damit begrenzt in der Lage, sodass die Überlegungen zur Rekonzeptionalisierung grundsätzlicher ansetzen müssen. Sie können nicht einfach auf dem Fundament einer bestehenden Führungstheorie errichtet werden. In diesem und dem folgenden Abschnitt sollen nun die theoretischen Grundlagen dieser neuen Fundierung gelegt und diskutiert werden. Ausgangspunkt ist der integrale Bestandteil jeder Interaktion: das Individuum. Der Konstruktivismus als Erkenntnistheorie geht von der Subjektivität jeglicher individueller Wahrnehmung und Erkenntnis aus und scheint damit geeignet, konzeptionelles Licht auf die inneren Verarbeitungsprozesse der beteiligten Interaktionspartner zu werfen. Auf diesen Basisüberlegungen aufbauend wird im folgenden Abschnitt die Dyade als nächsthöhere Ebene betrachtet: die Führungsbeziehung als Interaktions*system* bestehend aus Führungskraft und Mitarbeiter. Hier liegt es also nahe, die Theorie sozialer Systeme als weiteren Bezugspunkt heranzuziehen, basiert sie doch einerseits auf konstruktivistischen Ideen und beschäftigt sich andererseits mit Interaktionssystemen und ihren Strukturen, sowie Fragen der Komplexität und Dynamik.

In diesem Abschnitt steht zunächst das Individuum als kleinste, nicht weiter teilbare Einheit des Interaktionssystems im Mittelpunkt des Interesses. Abusive Supervision ist ein *subjektives* Phänomen: Verschiedene Mitarbeiter nehmen die vermeintlich gleichen Verhaltensweisen einer Führungskraft unterschiedlich wahr[138] und konstruieren damit unterschiedliche Realitäten, wobei sie jeweils für sich selbst davon ausgehen, die „wahre" Realität zu erfahren. Der Konstruktivismus[139] als erkenntnistheoretische Position basiert auf jener Subjektivität aller Erfahrung, die sich im Falle der Wahrnehmung von Abusive Supervision deutlich zu zeigen scheint. Er soll daher in seinen Grundzügen an dieser Stelle näher diskutiert werden. Dabei geht es weniger darum, den Diskurs des (radikalen) Konstruktivismus in jedem erdenklichen Detail nachzuzeichnen. Vielmehr sollen insbesondere jene Aspekte gründlich, zunächst allgemein und im Anschluss auf das Vorhaben dieser Arbeit bezogen beleuchtet werden, die für die im folgenden Kapitel anstehende Erarbeitung der interaktionstheoretischen Rekonzeptionalisierung von Abusive Supervision zielführend erscheinen. Damit klärt sich die Positionierung dieser doch sehr grundsätzlichen Überlegungen an diesem fortgeschrittenen Punkt der Arbeit. Es wurde zwar schon mehrfach darauf hingewiesen, dass individuelle Wahrnehmungen – nicht nur die Wahrnehmung von Abusive Supervision – grundsätzlich subjektiver Natur sind, doch für die anstehende Rekonzeptionalisierung ist es erst an dieser Stelle notwendig, tiefer auf diese zentrale Grundannahme einzugehen und sie theoretisch zu fundieren.

Die Kernaussage des Konstruktivismus ist die scheinbar simple Kritik am ontologischen Realismus: „‚[W]ahre Erkenntnis' und ‚objektive Realität' [sind] Schimären, denen wir vergeblich nachjagen"[140]. In einem ersten Schritt sollen

---

[138] Vgl. Tepper 2000, S. 178.

[139] Im Rahmen dieser Arbeit werden die Bezeichnungen „Konstruktivismus" und „radikaler Konstruktivismus" synonym verwendet, da es hier in erster Linie um die Grundideen konstruktivistischer Denkweise und weniger um die differenzierte Analyse verschiedener Spielarten des Konstruktivismus gehen soll. Diskussionen zum Verhältnis verschiedener Strömungen wurden bereits an anderen Stellen im Detail geführt (vgl. beispielsweise Kasper 1990, S. 73 ff.; Rusch 1987; Zitterbarth 1991). Ferner sollen auch die zumeist philosophischen und auch theologischen Vorläufer und Wurzeln konstruktivistischen Denkens nicht näher aufgerollt werden, würde dies doch im Rahmen der vorliegenden Arbeit nicht zielführend erscheinen. Stattdessen sei zu diesen Aspekten auf von Glasersfeld (1997, S. 56 ff.) verwiesen.

[140] Jensen 1999, S. 200; Ernst von Glasersfeld beschreibt seine persönlichen Wurzeln konstruktivistischen Denkens mit der frühen Erkenntnis der Unmöglichkeit des folgenden Satzes von Wittgenstein: „Um zu erkennen, ob das Bild wahr oder falsch ist, müssen wir

die kognitionstheoretischen Argumente beleuchtet werden, auf die sich diese Aussage gründet, um anschließend erkenntnistheoretische Konsequenzen zumindest insoweit zu diskutieren, wie sie für den Fortgang der Arbeit interessant und relevant erscheinen.

2.1. Kognitionstheoretische Grundlagen konstruktivistischen Denkens

Schmidt bringt die Erkenntnistheorie des radikalen Konstruktivismus auf folgenden Nenner:

> „[...] sie ersetzt die traditionelle epistemologische Frage nach Inhalten oder Gegenständen von Wahrnehmung und Bewusstsein durch die Frage nach dem *Wie* und konzentriert sich auf den Erkenntnisvorgang, seine Wirkungen und Resultate."[141]

Die Frage nach dem *Wie*, beziehungsweise die Betrachtung des Erkenntnisvorgangs selbst beginnt bei den neurophysiologischen Aspekten menschlicher Wahrnehmung.[142] Bereits die Skeptiker zeigten Ende des vierten Jahrhunderts vor Christus, dass menschliche Wahrnehmungen und Urteile durch die Umstände der Wahrnehmung und Einstellungen beeinflusst werden – Wahrnehmung hängt vom Erfahrungszusammenhang ab.[143] Dabei sind es nicht die Sinnesorgane, die die Selektivität jeglicher Wahrnehmung begründen, sondern das menschliche Gehirn, denn dort findet die eigentliche Wahrnehmung statt: „So sehen wir nicht mit dem Auge, sondern mit, oder besser in den visuellen Zentren des Gehirns"[144], die die aufgenommenen und weitergeleiteten Reize interpretieren. „Wahrnehmung ist demnach Bedeutungszuweisung zu an sich bedeutungsfreien neuronalen Prozessen, ist Konstruktion und Interpretation"[145]. Diese Bedeutungsfreiheit liegt darin begründet, dass sämtliche Nervenzellen beziehungsweise Sinnesrezeptoren lediglich die Intensität der Erregungsursache codieren, die physikalische Natur der Erregungsursache dagegen nicht codiert werden kann.[146]

---

es mit der Wirklichkeit vergleichen.", denn dieser Vergleich benötige einen unmittelbaren Zugang zur Realität. Vgl. Glasersfeld 1991, S. 26.

[141] Schmidt 1987a, S. 13; ähnlich beschreibt es Rusch (1987, S. 56).
[142] Die folgende Argumentation stützt sich auf die klassischen Arbeiten der Chilenen Maturana und Varela (vgl. Maturana 1970a, 1970b, 1987, 1988; Maturana & Varela 1980, 1990; Varela 1987; Varela et al. 1974), des deutschen Neurobiologen Roth (vgl. Roth 1987a, 1987b, 1996) und des österreichischen Biophysikers von Foerster (vgl. Foerster 1982, 1987, 2009, 2010).
[143] Vgl. Glasersfeld 1997, S. 59.
[144] Roth 1986, S. 14.
[145] Roth 1986, S. 14. Vgl. hierzu auch Roth 1996, S. 92 ff.
[146] So wird die Lichtintensität einer durch die Sinneszellen der Netzhaut erfassten Lichtquelle durch die Frequenz neuronaler Entladungen codiert. Die Codierung ist also immer nur

Das Gehirn verarbeitet diese Reize also, ohne selbst direkten Zugang zur „Außenwelt" zu besitzen. Es ist „ein funktional geschlossenes System, das nur seine eigene Sprache versteht und nur mit seinen eigenen Zuständen umgeht"[147]. Von Foerster fasst dies zusammen, indem er *Erkennen* mit *Errechnen einer Wirklichkeit* beschreibt.[148] Er macht damit deutlich, dass jegliche Wahrnehmung das Ergebnis einer Berechnung des Gehirns ist, das die neuronalen Impulse auswertet und mit Bedeutung besetzt, ohne dabei Kenntnis der realen Wirklichkeit zu erlangen, was er wiederum durch die Verwendung des unbestimmten Artikels verdeutlicht. Die Subjektivität jeglichen Erkennens unterstreicht er anschließend noch, indem er feststellt, dass lediglich *Beschreibungen* einer Wirklichkeit errechnet werden können. Da einerseits keine direkte neuronale Verbindung zwischen Gehirn und Sinneszelle besteht und andererseits Berechnungen einer neuronalen Ebene auf höheren neuronalen Ebenen in mehreren Stufen sowohl simultan als auch sequentiell weiterverarbeitet werden, schlägt er vor, Erkennen als unbegrenzt rekursiven Errechnungsprozess zu beschreiben.[149] Wahrnehmung ist demnach immer Interpretation, beide Prozesse sind nicht voneinander zu trennen. Die Interpretationsleistung kann das Gehirn nur auf Basis früherer interner Erfahrungen beziehungsweise Berechnungsergebnisse und stammesgeschichtlicher Festlegungen erbringen. Mit anderen Worten wird nur das bewusst, „was bereits gestaltet und geprägt ist"[150]. Alles, was sich nicht in bestehende Strukturen einordnen lässt, entzieht sich der bewussten, kognitiven Wahrnehmung.[151] Auf der anderen Seite ist das Gehirn lernfähig. Die Fähigkeit komplexer Wahrnehmung wird in frühkindlichen Entwicklungsphasen herausgebildet. Neu erworbene (aber dennoch durch bestehende Strukturen ermöglichte) Erfahrungen werden im Gedächtnis abgelegt und stehen für zukünftige Wahrnehmungsprozesse zur Verfügung.[152] Roth fasst die Rolle des Gedächtnisses folgendermaßen zusammen:

---

quantitativer und nie qualitativer Natur (vgl. hierzu Foerster 2010, S. 43; Roth 1987b, S. 232).

[147] Schmidt 1987a, S. 14.
[148] Vgl. Foerster 2010, S. 44 ff.
[149] Vgl. Foerster 2010, S. 46.
[150] Schmidt 1987a, S. 15. Daraus lässt sich ebenfalls ableiten, dass das Gehirn nie die reale Wirklichkeit (wenn es sie denn überhaupt gibt) abbilden kann, denn jegliche Repräsentationen basieren auf früheren Repräsentationen, das Gehirn operiert selbstreferentiell und durch seine semantische Geschlossenheit selbstexplikativ (vgl. Schmidt 1987a, S. 15). Verwiesen sei in diesem Zusammenhang auch an die Arbeiten des Schweizer Entwicklungspsychologen Piaget (vgl. stellvertretend Piaget 1950, 1993; als Sekundärliteratur Kesselring 1999 oder auch das Kapitel bei von Glasersfeld 1997, S. 98 ff.).
[151] Darüber hinaus ist die menschliche Wahrnehmung natürlich durch die Physiologie der Sinnesrezeptoren begrenzt. So können Frequenzen des Ultraschalls nicht akustisch aufgenommen, in neuronale Signale umgewandelt und weitergegeben werden, weil die Sinnesrezeptoren eben nur von spezifischen Reizen in einem physiologisch vorgegebenen Spektrum aktiviert werden können.
[152] Vgl. Roth 1996, S. 261.

C Führung als soziale Interaktion – Theoretische Grundlagen   163

> *„Gedächtnis ist das Bindeglied für die Einheit der Wahrnehmung*, und zwar für alle diejenigen Wahrnehmungsinhalte, die nicht bereits durch die Konstruktion der Sinnesorgane und der phylogenetisch erworbenen Mechanismen zusammengefügt werden (auch dies ist natürlich eine Art Gedächtnis), sondern deren Zusammengehören frühkindlich oder im Erwachsenenalter erlernt werden muß. [...] *Das Gedächtnis ist damit unser wichtigstes ‚Sinnesorgan'.*"[153]

Damit kann an dieser Stelle festgehalten werden, dass jegliche Wahrnehmung immer Interpretation ist, die vom Gehirn geleistet wird. Durch die Reizunspezifität muss das Gehirn dabei selbstexplikativ operieren, denn ohne Zugang zur Außenwelt kann es nur mit eigenen Zuständen interagieren. Das bedeutet nicht, dass das Gehirn von der Umwelt isoliert ist, seine Zustände werden schließlich über die Sinneseindrücke stimuliert. Das Gehirn selbst legt aber fest, welche Einflüsse verarbeitet und damit zu Wahrnehmungen werden und welche eben nicht.[154]

Maturana und Varela formulierten auf Grundlage dieser neurophysiologischen Erkenntnisse ihre Theorie der lebenden Systeme als autopoietische Systeme.[155] Die Grundidee ihrer Überlegungen lässt sich folgendermaßen zusammenfassen: „Lebende Systeme sind selbsterzeugende, selbstorganisierende, selbstreferentielle und selbsterhaltende – kurz: autopoietische – Systeme. Die kritische Variable ihrer autopoietischen Homöostase ist die Organisation des Systems selbst."[156] Basierend auf den eigenen Veröffentlichungen zusammen mit Varela hebt Maturana einige Aspekte autopoietischer Systeme hervor und umreißt damit folgendermaßen die Eckpfeiler der Theorie.[157] Ein autopoietisches System ist struktur-spezifiziert und geschlossen, was bedeutet, dass es selbst, genauer gesagt seine Struktur festlegt, welche strukturellen Veränderungen möglich sind und welche nicht. Geschlossen bedeutet dabei, dass die Umwelt (Maturana spricht vom umgebenen „Medium"[158]) zwar Einfluss auf das System ausüben kann, es sich aber einer unmittelbaren Steuerung durch die Umwelt entzieht.[159] Damit in Zusammenhang steht die Selbstreferentialität autopoietischer Systeme, die sich darauf bezieht, dass lebende Systeme nur eigene Zustände verarbeiten und dabei im Sinne der Selbsterhaltung keine strukturellen Veränderungen durchmachen, die ihre Autopoiesis beeinträchtigen würden; die eigene Organisation als grundlegende Größe wird sozusagen homöostatisch konstant gehalten.[160] Trotz ihrer operativen Geschlossenheit sind lebende

---

[153] Roth 1996, S. 263.
[154] Vgl. Roth 1987b, S. 253 ff.
[155] Vgl. Varela et al. 1974; Maturana & Varela 1980; zusammenfassend auch Maturana 1987; Varela 1987.
[156] Schmidt 1987a, S. 22.
[157] Vgl. zu den folgenden Punkten Maturana 1987, S. 95 ff.
[158] Vgl. Maturana 1987, S. 100.
[159] Vgl. Schmidt 1987a, S. 23.
[160] Andernfalls zerfällt ein lebendes System, vgl. Maturana 1987, S. 95.

Systeme strukturell an das umgebene Medium oder auch an andere lebende Systeme gekoppelt. Dabei werden zwar keine Informationen ausgetauscht – lebende Systeme sind aufgrund ihrer Geschlossenheit informationsdicht – aber es werden strukturelle Veränderungen sequentiell und wechselseitig ausgelöst.[161] Roth stellt klar heraus, dass lebende Systeme in engem Kontakt mit ihrer Umwelt stehen *müssen*, um überleben zu können. Dabei bestimmt aber eben nur der Organismus selbst, „welche Energie und Materie wann und in welchen Mengen aufgenommen und abgegeben werden"[162]. Schließlich operieren autopoietische Systeme induktiv und konservativ, ihre Organisation „wiederholt nur das, was funktioniert. Aus diesem Grunde sind lebende Systeme historische Systeme. Die Relevanz eines bestimmten Verhaltens oder einer Verhaltensklasse wird immer in der Vergangenheit determiniert."[163] Auf das Wesentliche reduziert lässt sich somit festhalten, dass autopoietische Systeme ihre eigenen Grenzen bestimmen, aufbauen und erhalten und dabei nur eigene Zustände verarbeiten. Die Umwelt hat damit keinen steuernden Einfluss auf die Struktur(veränderungen) des Systems, obwohl System und Umwelt dennoch im Rahmen struktureller Kopplung miteinander interagieren.[164] Die erkenntnistheoretischen Konsequenzen aus diesen kognitionstheoretischen Überlegungen sollen im folgenden Abschnitt knapp skizziert und anschließend – darauf liegt der Schwerpunkt – auf die hier relevante Perspektive der Führungsinteraktion übertragen werden.

2.2. Erkenntnistheoretische Konsequenzen konstruktivistischen Denkens

Die zentrale Konsequenz der hier nur im Überblick vorgestellten, kognitionstheoretischen Grundprinzipien ist nun, dass sämtliche Erkenntnis nie auf einer Korrespondenz mit der externen Realität basiert, sondern immer auf Konstruktionen des beobachtenden Subjekts. Ernst von Glasersfeld formuliert diesen Eckpfeiler in den beiden Grundprinzipien des radikalen Konstruktivismus, die er zugleich als Definition verwendet:

---

[161] Vgl. Maturana 1987, S. 97.
[162] Roth 1987a, S. 263; Unterschiede in den Zuständen der Umwelt, die während struktureller Kopplung zu Strukturveränderungen führen, nennen Maturana und Varela „Perturbationen" und betonen dabei – wie hier auch von Roth festgestellt –, dass einzig das System selbst entscheidet, welche Perturbationen es wahrnimmt und verarbeitet und welche Strukturveränderungen daraufhin realisiert werden (vgl. Maturana & Varela 1990, S 105 ff.). Das System ist also insoweit trotz seiner operationalen Geschlossenheit offen, als dass ein regelmäßiger, überlebensnotwendiger, materieller und energetischer Austausch stattfindet (vgl. Maturana 1987, S. 97).
[163] Maturana 1982, S. 52; zitiert nach Schmidt 1987a, S. 23.
[164] Vgl. hierzu einführend auch Simon (2008, S. 31 ff.), der sich auf Maturana (1982, S. 280) bezieht.

C Führung als soziale Interaktion – Theoretische Grundlagen 165

(a) Wissen wird vom denkenden Subjekt nicht passiv aufgenommen, sondern aktiv aufgebaut.

(b) Die Funktion der Kognition ist adaptiv und dient der Organisation der Erfahrungswelt, nicht der Entdeckung der ontologischen Realität.[165]

Die Konsequenzen daraus können wiederum aus verschiedenen Blickwinkeln betrachtet werden, wovon hier einige aufgegriffen werden, ohne dabei Anspruch auf Vollständigkeit zu erheben.[166] Die Auswahl ist insofern selektiv, als dass dieser Abschnitt nicht isoliert und losgelöst vom restlichen Inhalt der Arbeit steht, geht es doch um die Diskussion konkreter theoretischer Grundlagen der als notwendig markierten Rekonzeptionalisierung von Abusive Supervision. Zunächst wird kurz die Bedeutung der Beobachtung im konstruktivistischen Theoriegebäude näher betrachtet, im Anschluss wird die Frage der Objektivität behandelt, bevor die Begriffe Erkenntnis und Wissen zumindest überblicksartig beleuchtet werden. Schließlich werden darauf aufbauend Konsequenzen für die Analyse der Führungsinteraktion und der anstehenden Rekonzeptionalisierung von Abusive Supervision diskutiert.

(1) Beobachtung und Beobachter
Der Beobachtung kommt im konstruktivistischen Denken eine zentrale Bedeutung zu, ohne sie gäbe es weder Erkenntnis über die Außenwelt noch über die Innenwelt (des Beobachters). Jede Beobachtung ist also immer an einen Beobachter geknüpft, denn ohne das Subjekt der Beobachtung gäbe es keine Beobachtung. Die Begründung für diese Verknüpfung wurde oben bereits gegeben: Durch die operative Geschlossenheit lebender Systeme – also auch des Menschen als autopoietisches System zweiter Ordnung[167] – können nur eigene Zustände verarbeitet werden. Das Gehirn verarbeitet bedeutungsneutrale Signale und weist ihnen Bedeutungen zu, die es aus sich selbst (selbstexplikativ) entnimmt.[168] Jede Beschreibung der wahrgenommen Wirklichkeit ist also immer eine Beobachtung eines Beobachters und ist damit immer eine subjektive Interpretation; Wahrnehmung, Interpretation und Beobachtung (beziehungsweise Beobachter) sind nicht voneinander zu trennen.[169] Baraldi et al. formulieren in diesem Zusammenhang treffend: „Jede Erkenntnis ist nur eine Beobachtung und

---

[165] Glasersfeld 1997, S. 48
[166] Dazu sei verwiesen auf die umfassenden Diskussionen konstruktivistischer Gedanken, wie etwa bei Glasersfeld 1997; oder in Schmidt 1987b; Watzlawick 2010b.
[167] Maturana trennt autopoietische System in zwei Klassen: Systeme erster Ordnung sind Einzeller, Systeme zweiter Ordnung sind komplexe lebende Systeme, die wiederum aus Systemen erster Ordnung bestehen (vgl. Maturana & Varela 1990, S. 98).
[168] Vgl. Roth 1987b, S. 241.
[169] Schmidt schreibt hierzu treffend: „Als *Organismus* haben wir keinen *kognitiven* Zugang zu unserer Umwelt, sondern nur als *Beobachter*" (Schmidt 1987a, S. 18).

ist relativ zu den Kategorien eines bestimmten Beobachters. Sie muß auf die Operationen dieses Beobachters zurückgeführt werden"[170]. Die Operationen des Beobachters sind Unterscheidungen. Erst die Unterscheidung eines (Beobachtungs-)Gegenstandes von anderen Gegenständen ermöglicht seine Abgrenzung und Beschreibung. Die Unterscheidungsoperationen wiederum sind abhängig vom individuellen Beobachter, „[e]r ist die letztmögliche Bezugsgröße für jede Beschreibung"[171]. Jegliche Beschreibung – und damit auch jede Beobachtung – basiert auf der Wahrnehmung eines Unterschieds, dessen Stärke jedoch eine gewisse Schwelle überschreiten muss, um überhaupt wahrgenommen werden zu können.[172] Eine zentrale Unterscheidung ist die zwischen dem Selbst und der umgebenden Welt, zwischen System und Umwelt.[173] Alle weiteren Unterscheidungen schließen daran an, sodass der Beobachter *seine* Welt damit aufbaut, dass er Unterscheidungen vollzieht; die Komplexität seiner Welt steigt mit jeder Beobachtung an.[174] Notwendige Bedingung einer durch Unterscheidung gewonnenen Beobachtung ist, dass die Unterscheidung für den Beobachter Sinn macht,[175] sich also im Sinne Batesons eine Information aus der Unterscheidung gewinnen lässt.[176] Damit ist die Subjektivität jeglicher Beobachtung noch einmal unterstrichen: Der Beobachter entscheidet als autopoietisches System aufgrund *seiner* Struktur, oder genauer gesagt aufgrund der Strukturen seines Gehirns, *welche* Unterscheidungen überhaupt Sinn machen.[177] Diese beobachtungsleitenden Strukturen und damit die Unterscheidungen selbst können jedoch vom Beobachter *nicht* beobachtet werden, sie stellen den sogenannten blinden Fleck der Beobachtung dar.[178] Ein zweiter Beobachter, der die Beobachtung des ersten beobachtet, kann sehen, wie der erste Beobachter sieht und damit möglicherwei-

---

[170] Baraldi et al. 1997, S. 101.
[171] Schmidt 1987a, S. 19.
[172] Vgl. Bateson 1979, S. 39 f.; So können beispielsweise zwei Grautöne nicht unterschieden werden, wenn beide so nah beieinander liegen, dass der Unterschied die Wahrnehmungsschwelle der Sinnesrezeptoren unterschreitet.
[173] Hier kann zwischen internem und externem Beobachter unterschieden werden: Innere Zustände sind nur dem inneren Beobachter zugänglich. Der externe Beobachter hingegen kann nur oberflächliches Verhalten beobachten, die inneren Zustände bleiben ihm verschlossen (vgl. Roth 1978, S. 66 f.).
[174] Hier kann auf den Mathematiker Spencer-Brown (1969) verwiesen werden, der zeigte, dass sich sämtliche logische Strukturen aus Unterscheidungen ableiten lassen.
[175] Vgl. Willke 2005, S. 43 ff. Zum Stichwort Sinn vgl. auch das entsprechende Kapitel bei Luhmann 1984 (S. 92 ff.).
[176] Vgl. Bateson 1979, S. 122 f.
[177] Simon formuliert in diesem Zusammenhang folgende Metapher in Anlehnung an Heinz von Foerster: „Wenn sie einen Menschen fragen, ob ein Bild obszön ist, und er sagt ‚ja', dann wissen sie viel über diesen Menschen, aber nichts über das Bild" (Simon 1999, S. 56).
[178] Vgl. Baraldi et al. 1997, S. 102; das Konzept des blinden Flecks stammt in diesem Zusammenhang von von Foerster, der den blinden Fleck der Netzhaut auf erkenntnistheoretische Fragen übertragen hat (vgl. Foerster 2010, S. 40 f.).

se die Unterscheidungskriterien beobachten – man spricht hier von einer Beobachtung zweiter Ordnung[179] –, er selbst besitzt jedoch ebenfalls einen mit seinen eigenen Beobachtungsschemata verbundenen blinden Fleck (der von einem weiteren Beobachter möglicherweise beobachtet werden könnte, etc.) – jede Beobachtung bleibt selbstreferentiell. Dennoch offenbart eine Beobachtung zweiter Ordnung Einsicht in das Wie der Beobachtung, oder – um auf die eingangs zitierte Beschreibung des Konstruktivismus als Erkenntnistheorie zurückzukommen – gibt Antworten auf das *Wie* des Erkenntnisvorgangs.[180]

(2) Objektivität, Intersubjektivität und Kommunikation
Die Frage der Objektivität erlangter Erkenntnisse ist eng verknüpft mit den bereits diskutierten Konzepten der Wahrnehmung, der Beobachtung und des Beobachters. Heinz von Foerster bringt dies mit folgendem, viel zitierten Ausspruch auf den Punkt: „Objectivity is the delusion that observations could be made without an observer"[181]. Ganz ähnlich drückt es Maturana aus: „Indeed, everything said is said by an observer"[182]. Objektivität, verstanden als (Er-)Kenntnis der realen Welt ist also aus Sicht des Konstruktivismus – und genau das ist seine oben bereits angeführte Marschrichtung – nicht zu erreichen, denn *jede* Beobachtung ist eine Konstruktion basierend einzig auf den inneren Zuständen des Beobachters. Um sowohl zu erklären, als auch anzuerkennen, dass es dennoch Wissen gibt, das geteilt wird und dem Menschen vertrauen, als wäre es tatsächlich objektiv, führt von Glasersfeld den Begriff der „Intersubjektivität" ein und meint damit eine geteilte und somit weithin akzeptierte Subjektivität.[183] Der Zustand der Intersubjektivität wird durch Kommunikation erreicht; Schmidt schreibt hierzu treffend:

„Kommunikation kann nur funktionieren, weil Beobachter mit anderen Systemen interagieren, von denen sie unterstellen, daß sie selbst Beobachter sind – eine Unterstellung, die aufgrund gemeinsamer biologischer Ausstattung und im Falle vergleichbarer

---

[179] Vgl. Foerster 1981.
[180] Diese Antworten bleiben natürlich dem Paradigma des Konstruktivismus treu und können ebenfalls nicht mehr, aber auch nicht weniger als Wahrnehmungen und damit Interpretationen (eines Beobachters) sein.
[181] Foerster 1974, zitiert nach Glasersfeld 2005, S. 320. Luhmann beschreibt es komplizierter und dabei doch ganz ähnlich: „Es gibt eine Außenwelt, was sich schon daraus ergibt, daß das Erkennen als selbsttätigte Operation überhaupt durchgeführt werden kann; aber wir haben keinen unmittelbaren Zugang zu ihr. Das Erkennen kann nicht ohne Erkennen zur Außenwelt kommen." (Luhmann 1990b, S. 33).
[182] Maturana 1988, S. 27.
[183] Vgl. hierzu Glasersfeld 1986; verkürzt auch Glasersfeld 1997, S. 195 f.; auf ähnlicher Ebene argumentiert Habermas in seiner Konsensustheorie der Wahrheit: „Die Bedingung für die Wahrheit [...] ist die potentielle Zustimmung aller anderen." (Habermas 1984, S. 137).

Sozialisation zu Recht erfolgt, die aber kein Argument gegen die Subjektabhängigkeit jeder Erkenntnis darstellt."[184]

Intersubjektivität bedeutet also, dass die ebenfalls subjektiven Konstruktionen anderer zur Stabilisierung der Erfahrungsrealität des konstruierenden Subjekts beitragen können.[185] In frühkindlichen Entwicklungsphasen wächst die Überzeugung des Menschen, dass andere ihr Verhalten in ähnlicher Weise wie er selbst auf Ziele richten, Gefühle besitzen, lernen, etc. Durch Prozesse der Sozialisation werden nach und nach den anderen Menschen die gleichen Begriffe und Handlungsschemata zugeschrieben, sodass die Überzeugung wächst, dass andere ihre Wirklichkeit in ähnlicher Weise konstruieren, wie das konstruierende Subjekt selbst.[186] Intersubjektivität ist also ein Zustand, der anstelle von Objektivität erreicht wird und zur Stabilisierung der eigenen Erfahrungswelt beiträgt. Ermöglicht wird dieser Zustand erst durch (verbale) Kommunikation.[187]

(3) Erkenntnis, Wissen und Wissenschaft
Aussagen des radikalen Konstruktivismus zu den Begriffen Erkenntnis, Wissen und Wissenschaft lassen sich aus den bereits dargestellten Konsequenzen ableiten: Indem jede Beobachtung eine subjektive Konstruktion des Beobachters ist, ist auch jede Erkenntnis und jedes Wissen eine Konstruktion. Wird dieses Wissen von vielen Individuen geteilt, so kann es zwar als intersubjektiv bezeichnet werden, aber dennoch nicht als objektiv. Aus Sicht des Konstruktivismus lassen sich Erkenntnisse, oder allgemeiner ausgedrückt, Aussagen nicht daraufhin unterscheiden, ob sie wahr oder falsch sind; diese Unterscheidung würde die Kenntnis der tatsächlichen Realität voraussetzen.[188] Ganz ähnlich sieht es der von Karl Popper vertretene kritische Rationalismus[189]: Indem die Kenntnis letztendlicher oder tatsächlicher Wahrheit und Realität unmöglich ist, ist jedes Wissen immer nur als vorläufiges, noch nicht falsifiziertes Wissen zu sehen.[190] Der

---

[184] Schmidt 1987a, S. 34.
[185] Vgl. Glasersfeld 1997, S. 196.
[186] Vgl. Glasersfeld 1997, S. 197 ff.
[187] Vgl. zur Rolle der Sprache Glasersfeld 1997, S. 211 ff. – eine detaillierte Diskussion kann an dieser Stelle aus Kapazitätsgründen nicht geleistet werden. Schmidt formuliert jedoch treffend „Spracherwerb führt also, abstrakt gesagt, zum individuellen Erwerb kollektiven Sprachverwendungswissens, das sich durch Reflexivität in der Zeit-, Sach- und Sozialdimension selbst stabilisiert." (Schmidt 1995, S. 243).
[188] Damit kann auch nicht die Wahrheit der eigenen Aussagen behauptet werden, was der radikale Konstruktivismus auch nicht proklamiert. Ihm geht es eher darum, passende und nützliche Aussagen zu formulieren – auch in Bezug auf sich selbst. Vgl. Schmidt 1987a, S. 41.
[189] Vgl. Popper 1963.
[190] Popper macht dies bildhaft deutlich, indem er die Wissenschaft und ihre Theorien mit einer kühnen Pfeilerkonstruktion vergleicht, die auf einem Sumpf gebaut ist. Auch wenn sie momentan stabil scheint, ist sie doch immer nur von vorläufiger Festigkeit (vgl. Popper 1971, S. 76).

zentrale Unterschied beider Perspektiven liegt jedoch darin, dass im kritischen Rationalismus die Falsifikation der Motor des Erkenntnisfortschritts dergestalt ist, dass sich das Wissen über die reale Welt verbessert, es sich durch Falsifikation sozusagen asymptotisch der Realität annähert.[191] Diese unterstellte Annäherungsfähigkeit der Wissenschaft an die subjektunabhängige Realität steht dem radikalen Konstruktivismus vollkommen entgegen;[192] dieser ist insofern konsequenter, indem er den konventionellen Wahrheitsbegriff vollkommen verwirft und durch den Begriff der Viabilität ersetzt.[193] Erkenntnisse und Wissen werden also nicht und könnten auch gar nicht daraufhin bewertet werden, inwieweit sie eine Abbildung der Realität sind. Stattdessen geht es um den Nutzen, den sie innerhalb der Erfahrungswelt der Subjekte entfalten können. Damit ist auch die Konsequenz für die Wissenschaft insgesamt klar umrissen:

> „[D]as Streben nach absoluter Wahrheitserkenntnis kann nicht mehr [...] als Legitimation wissenschaftlicher Tätigkeit dienen. Vielmehr muss sich jede Forschungstätigkeit in jedem Falle hinsichtlich ihres Nutzens für menschliches Leben ausweisen. [...] Wissenschaft dient der Sicherung der Autopoiese, der Optimierung unserer Lebensbedingungen und der langfristigen Sicherung des Überlebens der Art"[194].

Generiertes Wissen ist also nicht unabhängig vom generierenden Subjekt, es wird aktiv aufgebaut und dennoch intersubjektiv geteilt.[195] Geiger charakterisiert Wissen in ähnlich konstruktivistischer Weise: Es ist immer originär sprachlich, sozial konstruiert und es muss ein sozial anerkanntes Prüfverfahren durchlaufen haben.[196] Wissen „bemisst seine Güte niemals an der Korrespondenz mit einer wie auch immer gearteten, außerhalb des Wissens liegenden Realität"[197]. Es kann damit nur nach seiner Viabilität in konkreten Kontexten (der Erfahrungswelt) beurteilt werden. Wissen ist insofern als Schlüssel zu betrachten, der da-

---

[191] Wenn also durch Falsifikation ein Irrtum erkannt wurde, nähert sich die Erkenntnis der Wirklichkeit an. Man weiß zwar nicht, inwieweit man sich ihr annähert, aber indem eine irrtümliche Aussage durch eine bessere Erklärung ersetzt wird, erlangt man gleichzeitig bessere Kenntnis darüber, wie die Welt wirklich ist.

[192] Schmidt schreibt hierzu: „Die im Laufe der Menschheitsgeschichte unbestreitbar gemachten Fortschritte in der Annäherung empirischen Wissens haben uns nicht „der Wahrheit" über die Wirklichkeit nähergebracht, sondern in erster Linie eine Veränderung menschlicher Gesellschaften, individueller Denk- und Lebensweisen, Wertvorstellungen usw. bewirkt." (Schmidt 1987a, S. 43).

[193] Vgl. Glasersfeld 1997, S. 55. Viabilität meint in diesem Zusammenhang das Passen und die Angemessenheit von Handlungen, Begriffen und Konzepten im Kontext ihrer konkreten Anwendung (vgl. Glasersfeld 1997, S. 43).

[194] Schmidt 1987a, S. 37 f.; Vgl. auch Rusch 1987, S. 249.

[195] Vgl. Glasersfeld 1997, S. 48.

[196] Vgl. Geiger 2005, S. 203 f.; vgl. ferner auch Schreyögg & Geiger 2003; 2007; ganz ähnliche Bedingungen formuliert bereits Rusch zum Erwerb wissenschaftlichen, empirischen Wissens (vgl. Rusch 1987, S. 285, zitiert nach Schmidt 1987a, S. 37).

[197] Geiger 2005, S. 203 f.

raufhin bewertet wird, ob er ein Schloss zu öffnen vermag oder nicht – über das Schloss kann der Schlüssel, abgesehen davon, dass es sich durch den Schlüssel öffnen lässt, nichts weiter aussagen.[198]

Ohne dass diese wissenstheoretischen Überlegungen hier einer genaueren Diskussion oder Reflexion unterzogen werden sollen,[199] zeigt sich doch insgesamt, dass der Konstruktivismus die Subjektivität jeder individuellen Wahrnehmung, jeder individuellen Beobachtung, jeder individuellen Ursachenzuschreibung, jeder individuellen Erkenntnis und jeden individuellen Wissens ins Zentrum seiner Überlegungen setzt. Jene Subjektivität ist es, die damit auch jeder individuellen Wahrnehmung im Führungsprozess zuzuordnen ist, weshalb nun nach diesen allgemeinen und grundsätzlichen Ausführungen wieder der Anschluss an die Problemstellung der vorliegenden Arbeit gefunden werden soll.

2.3. Konsequenzen für die Analyse der Führungsinteraktion

Die Konsequenzen der konstruktivistischen Erkenntnistheorie für die Analyse der Führungsinteraktion und die Rekonzeptionalisierung von Abusive Supervision lassen sich auf zwei Ebenen diskutieren. Zunächst ergibt sich auf Ebene der im folgenden Kapitel anstehenden Modellkonstruktion, dass kein Modell je die Realität der Führungsinteraktion in sämtlichen Facetten abbilden könnte. Keine Interaktionstheorie der Führung kann von sich behaupten, Führung in seiner realen Gestalt vollumfänglich gerecht werden zu können. Die Gründe dafür liegen auf der Hand: Weder dem Autor dieser Arbeit, noch irgendeinem anderen Menschen wird die Realität der Führungsinteraktion jemals direkt und objektiv zugänglich sein. Jede Beobachtung und Beschreibung ist geknüpft an einen Beobachter, dessen Wahrnehmungen und Beschreibungen immer subjektiv sind, auch wenn sich seine Aussagen auf intersubjektiv bewährtes Wissen stützen. Es kann also – nicht nur im Rahmen dieser Arbeit, sondern in wissenschaftlicher Forschung insgesamt – aus Sicht des Konstruktivismus immer nur darum gehen, ein passendes, angemessenes und nützliches, kurz: viables Modell zu finden, das bestimmten Zielen und Ansprüchen möglichst gut gerecht wird. Im Kontext dieser Arbeit wurden diese Ziele bereits in der Einleitung klar umrissen: Das Phänomen Abusive Supervision soll auf ein adäquates konzeptionelles Fundament gestellt werden, um einerseits sowohl dessen Entstehung, als auch Persistenz erklären zu können und andererseits die im zweiten Kapitel aufgerissenen Lücken bisheriger Forschung zu schließen. Auch wenn mit diesem Unterfangen nicht die „endgültige Wahrheit" erreicht werden kann, so kann doch zumindest – um diesen Aspekt aufzugreifen – ein Zustand höherer Viabilität, herbeigeführt durch die strenge und logische, argumentative Begründung, erreicht werden.

---

[198] Vgl. Glasersfeld 1991, S. 20.
[199] Vgl. dazu beispielsweise die Kritikpunkte Schnells (vgl. Schnell et al. 2005, S. 110 ff.).

C Führung als soziale Interaktion – Theoretische Grundlagen

Diese Überlegungen betreffen die vorliegende Arbeit jedoch eher auf einer Metaebene und stellen insofern eine Begründung für das hier angestrebte, ausführliche Erarbeiten theoretischer Grundlagen dar.[200] Von zentralerer Bedeutung sind die konstruktivistischen Überlegungen vielmehr für die Modellierung des Individuums in der Führungsinteraktion.

Die Erkenntnisse des skizzierten konstruktivistischen Theoriegebäudes haben also neben diesen übergreifenden Aspekten einen entscheidenden Einfluss auf modellimmanenter Ebene. Demnach muss die interaktionstheoretische Rekonzeptionalisierung, um Anspruch auf Viabilität zu besitzen und den hier dargestellten Grundlagen des Konstruktivismus gerecht zu werden, berücksichtigen, dass die an der Führungsinteraktion beteiligten Individuen keinen direkten kognitiven Zugang zu ihrer Umgebung besitzen. Beide Individuen beobachten ihren Interaktionspartner und schreiben dem wahrgenommenen Verhalten Ursachen, Motive etc. zu. Dabei können sie jedoch – und das ist der für die weitere Argumentation der Arbeit zentrale Punkt – nur das wahrnehmen, was ihnen ihre eigenen Strukturen wahrzunehmen erlauben. Attributionstheoretische Modelle verweisen bereits mit Nachdruck darauf, das individuelle Zuschreibungsprozesse hochgradig subjektiv sind und durch verschiedene Einflüsse (zum Beispiel Attributionsfehler) moderiert werden. Die kognitionstheoretischen Grundlagen des Konstruktivismus liefern die korrespondierende theoretische Fundierung und unterstreichen noch einmal, dass ein Individuum niemals Zugang zum psychischen System des Interaktionspartners haben kann und damit auch niemals Kenntnis der „wahren" Motive seines Gegenübers erlangen kann. Objektive Wahrnehmung ist eben – auch oder sogar insbesondere – auf Ebene der sozialen Interaktion unmöglich. Ein Interaktionsmodell muss daher die Subjektivität individueller Wahrnehmung in seine Konstruktion integrieren und dabei strukturell zwischen Verhaltensabsichten auf der einen Seite und wahrgenommenem Verhalten auf der anderen Seite differenzieren. Grundsätzlich kann jeder soziale Akt innerhalb des Interaktionssystems in unterschiedlicher Weise interpretiert werden. Der interpretativen Natur individueller Wahrnehmung muss also hinreichende Beachtung geschenkt werden. Die folgende Abbildung verdeutlicht noch einmal die beiden hier diskutierten Perspektiven der Konsequenzen:

---

[200] Diese Begründung ist zweifelsohne in gewisser Weise tautologischer Natur, bezieht sie ihre Motivation doch aus sich selbst heraus. Dieser Punkt soll hier jedoch nicht weiter diskutiert werden.

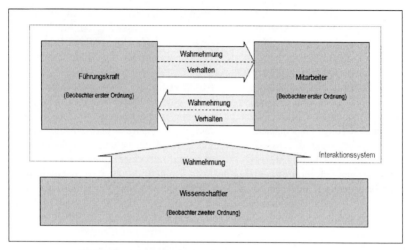

Abbildung 19: Konsequenzen konstruktivistischer Denkweise
(Quelle: eigene Darstellung)

Sowohl Führungskraft als auch Mitarbeiter sind Beobachter erster Ordnung, indem sie ihre Umwelt und insbesondere ihren Interaktionspartner wahrnehmen und ihr eigenes Verhalten an diesen Wahrnehmungen ausrichten. Sie bilden zusammen, präziser ausgedrückt bildet ihre Kommunikation das im nächsten Abschnitt näher zu betrachtende Interaktionssystem, das die zu konstruierende Rekonzeptionalisierung abbilden soll. Der Wissenschaftler als Anwender, beziehungsweise der Autor dieser Arbeit als Konstrukteur des Modells ist ein Beobachter zweiter Ordnung, denn er betrachtet die aufeinander bezogenen Beobachtungen und Handlungen von Führungskraft und Mitarbeiter. In gewisser Weise ist das zu konstruierende Modell selbst eine Beobachtung zweiter Ordnung, indem es das Zustandekommen individuellen, aufeinander bezogenen Verhaltens sowie dessen gegenseitige Wahrnehmung und Verarbeitung abzubilden versucht.[201] Bevor nun im kommenden Abschnitt die Perspektive vom beobachtenden (und damit immer konstruierenden) Individuum auf das dyadische Interaktionssystem bestehend aus Führungskraft und Geführtem verschoben wird, sei an dieser Stelle noch einmal festgehalten, dass die konstruktivistische Denkweise einem Interaktionsmodell der Führung zugrundegelegt werden sollte, wenn die Subjektivität und die interpretative Natur individueller Wahrnehmung – so wie im Rahmen dieser Arbeit – Ausgangspunkt der Betrachtung von Führung ist.

---

[201] Wie oben dargestellt wurde, ist eine Beobachtung nicht vom Beobachter zu trennen. Insofern ist das zu entwickelnde Modell streng genommen auch nicht vom anwendenden oder konstruierenden Wissenschaftler zu trennen.

3. Zwei Individuen im Interaktionssystem – systemtheoretische Grundlagen

Das vorangestellte Kapitel hat sich mit individuellen Wahrnehmungsprozessen aus Sicht des Konstruktivismus beschäftigt. Im Ergebnis wurden Individuen als subjektiv konstruierende Beobachter ihrer Realität beziehungsweise ihrer Umwelt dargestellt, wobei bereits angedeutet wurde, dass sie im Falle sozialer Interaktion insbesondere das Verhalten ihres Gegenübers beobachten. Diese auf das Individuum zentrierte Perspektive soll nun zugunsten der nächsthöheren Ebene verlassen werden: Zwei (oder mehr) Individuen, die sich gegenseitig wahrnehmen und aufeinander bezogene Verhaltensweisen zeigen – also miteinander kommunizieren – bilden ein Interaktionssystem.[202] Dieses Interaktionssystem – die Bezeichnung weist bereits darauf hin – soll aus systemtheoretischer Sicht betrachtet werden, genauer gesagt aus Sicht der Theorie sozialer Systeme, wie sie von Niklas Luhmann entwickelt wurde.[203] Nach einigen einführenden Bemerkungen zum Interaktionsbegriff werden zentrale systemtheoretische Grundbegriffe knapp dargestellt, bevor das Interaktionssystem als eine und hier besonders relevante Art sozialer Systeme näher beleuchtet wird.[204] Schließlich

---

[202] Vgl. Kieserling 1999, S. 15.

[203] Vgl. insbesondere das zentrale Werk Luhmanns „Soziale Systeme" (1984); Luhmanns Theorie sozialer Systeme wird hier als theoretische Basis gewählt, weil sie – abgesehen von der immensen Aufmerksamkeit, die sie im deutschen Sprachraum erfahren hat – einerseits Kommunikation als Grundelement sozialer Systeme konzipiert und sich andererseits intensiv mit Fragen der Funktion, Entstehung und Erhaltung sozialer Systeme beschäftigt. An dieser Stelle sei ebenfalls darauf hingewiesen, dass Luhmanns Theorie nicht ohne Kritik geblieben ist (für einen knappen Überblick vgl. Vester 2010, S. 102 ff.). Da es hier in erster Linie um die auf konstruktivistischen und kybernetischen Ideen aufbauende Grundstrukturen der Theorie sozialer Systeme gehen soll, sei auf die kritische Reflexion verzichtet (vgl. dazu auch Turner 1991, S. 109 ff.). Anzumerken ist an dieser Stelle ebenfalls, dass weitere Theoriestränge mit in die Diskussion aufgenommen werden könnten. So könnte etwa der symbolische Interaktionismus (für einen Überblick vgl. Abels 2007c; oder auch die zentralen Werke von Krappmann (2005), McCall & Simmons (1966) und Strauss (1959)) neben den systemtheoretischen Überlegungen herangezogen werden. Da sich die Perspektiven in dem für diese Arbeit relevanten Punkt des Systemcharakters der sozialen Interaktion überschneiden (vgl. Willems 1997, S. 34), sei aus Gründen der Übersichtlichkeit und Stringenz darauf verzichtet die Überschneidungen, wie auch die nicht zu leugnenden Differenzen beider Theoriegebäude im Detail herauszuarbeiten. Letztendlich dient dieser Abschnitt in erster Linie der Bereitstellung der notwendigen Werkzeuge für die interaktionstheoretische Rekonzeptionalisierung von Abusive Supervision. Die folgenden Ausführungen werden belegen, warum die Systemtheorie Luhmanns hier am aussichtsreichsten erscheint.

[204] An dieser Stelle sei darauf hingewiesen, dass es nicht in der Absicht dieser Arbeit liegt und an ihrer Problemstellung vorbeiführen würde, sämtliche Feinheiten systemtheoretischer Denkweise, beziehungsweise des Theoriegebäudes Luhmanns auszuleuchten. Dies ist an anderen Stellen vielfach geleistet worden (vgl. stellvertretend Baraldi et al. 1997; Kneer & Nassehi 2000; Krause 2005; Vester 2010, S. 85 ff.; Willke 1993). Stattdessen

werden, wie auch schon bezogen auf den Konstruktivismus, die Konsequenzen der systemtheoretischen Betrachtung von sozialer Interaktion für die Analyse der Führungsinteraktion diskutiert.

Zuallererst muss jedoch der Interaktionsbegriff spezifiziert werden. Interaktion ist kein Synonym für Sozialität, sondern wird im Rahmen dieser Arbeit in Anlehnung an Kieserling als Kommunikation unter Anwesenden spezifischer gefasst: „Eine Interaktion kommt nur zustande, wenn mehrere Personen füreinander wahrnehmbar werden und daraufhin zu kommunizieren beginnen"[205], oder auch etwas allgemeiner: „Interaktion heißt, dass wenigstens zwei Individuen miteinander und aufeinander bezogen handeln"[206]. Konstitutionsbedingung jeder Interaktion ist also die gemeinsame Anwesenheit, wobei erst die wechselseitige Wahrnehmung hinreichende Bedingung sozialer Interaktion ist. Zwei Unbekannte, die zufällig gleichzeitig in einer größeren Gruppe auf denselben Bus warten, sind zwar gemeinsam anwesend, nehmen sich aber nicht zwangsläufig gegenseitig wahr. Interaktionen sind unabhängig von der sozialen Nähe der Beteiligten, finden also zwischen Arbeitskollegen genauso wie zwischen Unbekannten statt.[207] Der Begriff der sozialen Interaktion legt seinen Fokus „auf das ‚Dazwischen' der Akteure"[208]. Das Ergebnis der Interaktion – und genau dieser Aspekt wird für den weiteren Verlauf der Arbeit von großer Bedeutung sein – ist dabei weder auf die Handlungen oder Absichten des einzelnen Akteurs zurückzuführen, noch ist es vorhersehbar. Damit sei der Interaktionsbegriff einführend spezifiziert, um den Systembegriff soll es im folgenden Abschnitt gehen.

3.1. Systemtheoretische Grundbegriffe

Ausgangspunkt aller Überlegungen der Luhmannschen Systemtheorie ist die Differenz von *System* und *Umwelt*. Hierzu schreibt er:

> „[Systeme] konstituieren und sie erhalten sich durch Erzeugung und Erhaltung einer Differenz zur Umwelt, und sie benutzen ihre Grenzen zur Regulierung dieser Differenz. Ohne Differenz zur Umwelt gäbe es nicht einmal Selbstreferenz, denn Differenz ist Funktionsprämisse selbstreferentieller Operationen. In diesem Sinne ist Grenzerhaltung Systemerhaltung"[209]

---

sollen neben den unerlässlichen Grundkonzepten nur jene Aspekte der Theorie im Detail herangezogen werden, die für die interaktionstheoretische Rekonzeptionalisierung von Abusive Supervision zielführend erscheinen.

[205] Kieserling 1999, S. 15.
[206] Abels 2007b, S. 184.
[207] Vgl. Kieserling 1999, S. 16.
[208] Vester 2009, S. 48.
[209] Luhmann 1984, S. 35.

Ein System kann also nicht ohne seine Umwelt gegeben sein und diese Umwelt ist nur relativ zum System zu verstehen, denn es ist alles Umwelt, was nicht System ist. System und Umwelt bilden insofern eine Einheit. Ein System kann nicht außerhalb seiner Grenzen operieren, es ist operativ geschlossen und besitzt eine eigene, spezifische, selbstreferentielle Operationsweise.[210] Luhmann übernimmt in diesem Zusammenhang den von Maturana und Varela eingeführten Begriff der *Autopoiesis*.[211] Die selbstreferentiellen Operationen sozialer Systeme sind zugleich dessen konstituierendes Grundelement: *Kommunikation*.[212] Was genau Luhmann unter Kommunikation im Gegensatz zu traditionellen Kommunikationstheorien versteht, wird im kommenden Abschnitt näher diskutiert. Zuvor sollen jedoch noch Funktionen und Eigenschaften von System und Umwelt zumindest knapp diskutiert werden. Die zentrale Funktion sozialer Systeme ist die Reduktion von *Komplexität*,[213] denn die Umwelt ist annahmegemäß immer deutlich komplexer als das System und damit zu komplex, als dass das System alle möglichen Zustände verarbeiten könnte.[214] Das Verhältnis von System und Umwelt ist damit durch ein Komplexitätsgefälle gekennzeichnet, was wiederum überhaupt erst die Differenz von System und Umwelt und damit die Systemgrenze konstituiert.[215] Angesichts der hohen Umweltkomplexität ist das System zur *Selektion* relevanter Zustände und Ausschnitte der Umwelt gezwungen. Es bildet Strukturen aus, die der Komplexitätsreduktion dienen und damit gleichzeitig seine eigene Binnenkomplexität erhöhen.[216] Die notwendige Selektion und der

---

[210] Vgl. Luhmann 1984, S. 242 ff.
[211] Vgl. Luhmann 1986; 1984, S. 60 ff.; der Begriff wird insofern erweitert, als dass er nicht mehr nur auf lebende Systeme beschränkt ist, sondern nach Luhmann auf jedes System angewendet werden kann, das sich durch eine spezifische Operationsweise auszeichnet, die nur dort stattfindet (vgl. Baraldi et al. 1997, S. 29), wobei damit nicht ausgeschlossen wird, dass sich andere Systeme durch ähnliche Operationsweisen auszeichnen (vgl. Luhmann 1984, S. 60). Der Punkt ist vielmehr, dass das System seine Operationsweisen nicht nutzen kann, um die Umwelt „anzuzapfen".
[212] Vgl. Luhmann 1984, S. 192.
[213] „Als komplex wollen wir eine zusammenhängende Menge von Elementen bezeichnen, wenn aufgrund immanenter Beschränkungen der Verknüpfungskapazität der Elemente nicht mehr jedes Element jederzeit mit jedem anderen verknüpft sein kann." (Luhmann 1984, S. 46).
[214] Vgl. Luhmann 1984, S. 249 ff.
[215] Könnte das System alle Zustände der Umwelt verarbeiten, bestünde also kein Komplexitätsgefälle, so existierte auch keine Systemgrenze und somit gäbe es keine Differenz zwischen System und Umwelt – das System befände sich in der Auflösung (vgl. Schreyögg 2008, S. 460).
[216] Vester bringt hier das Beispiel eines Industriebetriebes, der sich in einem komplexen Markt befindet. Um die Umweltkomplexität zu reduzieren und durch Selektion bearbeitbar zu machen, bildet er eine Marketingabteilung aus, die wiederum verschiedene Unterabteilungen für verschiedene Marktsegmente ausbildet – die Binnenkomplexität steigt also (vgl. Vester 2010, S. 90). Der Prozess der Strukturbildung wird als Systemdifferenzierung bezeichnet, definiert als „nichts anderes als die Wiederholung der Differenz von System und Umwelt innerhalb von Systemen" (Luhmann 1984, S. 22).

damit verbundene interne Komplexitätsaufbau werden durch *Sinn* geleitet. Das System reduziert nicht wahllos oder zufällig Komplexität. Die zentrale Systemfunktion der Komplexitätsreduktion findet also sinngeleitet – und zwar in sachlicher, sozialer und zeitlicher Hinsicht – statt.[217]

Wie oben bereits erläutert, bedeutet Autopoiesis, dass nur systemeigene Zustände und Strukturen die Operationen bestimmen können; Input in Form von Einheiten oder Informationen können nicht aus der Umwelt ins System geholt werden. Dennoch ist die Umwelt für die Operationen des Systems notwendig, konkreter ausgedrückt benötigt das System seine Umwelt, um überhaupt überleben zu können. Luhmann spricht hier – ebenfalls in Anlehnung an die Forschungen von Maturana und Varela – von *struktureller Kopplung*, in der sich die oben angesprochene Selektivität des Systems ausdrückt:[218] Das System wäre hoffnungslos überfordert, würde es versuchen, an alle Zustände der Umwelt gekoppelt zu sein. Strukturelle Kopplung findet beispielsweise zwangsläufig zwischen sozialen Systemen und psychischen Systemen statt. Die folgende Abbildung zeigt jene Arten von Systemen, die Luhmann unterscheidet. Hervorgehoben sind dabei die für diese Arbeit in erster Linie relevanten Systemarten:[219]

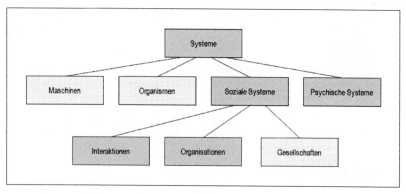

Abbildung 20: Systemarten in der Theorie Luhmanns
(Quelle: Luhmann 1984, S. 16).

Psychische Systeme und soziale Systeme sind zwar füreinander Umwelt, dabei jedoch notwendigerweise strukturell aneinander gekoppelt, denn ohne Bewusstseinssysteme gäbe es keine Kommunikation als Operation des sozialen Sys-

---

[217] Vgl. Luhmann 1984, S. 114 ff.; 1997a, S. 44 ff.; ferner auch Luhmann 1971; erläuternd Baraldi et al. 1997, S. 173 ff.
[218] Vgl. Luhmann 1997a, S. 92 ff.; Luhmann 2004, S. 118 ff.;
[219] Diese Differenzierung ist zwar einleuchtend, aber auch nicht ohne Kritik geblieben, vgl. Vester 2010, S. 93.

tems.²²⁰ Diesen speziellen Fall der strukturellen Kopplung bezeichnet Luhmann als *Interpenetration*,²²¹ der allgemein als Überlappen von Systemen bezeichnet werden kann. Luhmann charakterisiert ihn formal derart, dass „interpenetrierende Systeme wechselseitig füreinander Komplexität in der Form von Kontingenz und Intransparenz zur Verfügung stellen"²²². Sowohl strukturelle Kopplung als auch der Spezialfall der Interpenetration sind keine dauerhaften Zustände, sie haben „nur momentane Aktualität"²²³. Nach dieser knappen und in ihrer Form (notwendigerweise) stark komplexitätsreduzierenden Darstellung systemtheoretischer Grundbegriffe²²⁴ sowie der Natur, Struktur und Funktion sozialer Systeme, kann nun der Blick auf jene Art sozialer Systeme gerichtet werden, die im Rahmen dieser Arbeit von besonderem Interesse sind: Interaktionssysteme.

3.2. Kennzeichen von Interaktionssystemen

Abbildung 19 hat bereits gezeigt, dass Führungskraft und Geführter ein Interaktionssystem bilden, genauer gesagt bilden ihre kommunikativen Handlungen dieses soziale System.²²⁵ Mit dem Konzept der Interpenetration wurde das Verhältnis individueller psychischer Systeme und des sich aus ihrer Kommunikation konstituierenden Interaktionssystems bereits bezeichnet. Die strukturelle Kopplung wird durch Sprache ermöglicht, sie wird sowohl vom sozialen, als auch vom psychischen System beansprucht. Wichtig hervorzuheben ist an dieser Stelle, dass das im Moment der gegenseitigen (reflexiven) Wahrnehmung der psychischen Systeme entstehende Interaktionssystem eigenständig und eigendynamisch ist.²²⁶ Das Interaktionsergebnis ist nicht vorhersehbar, weder für die an

---

[220] Die Gedanken des psychischen Systems sind also kein Element der Kommunikation des sozialen Systems, was auch umgekehrt gilt.
[221] Vgl. Luhmann 1984, S. 289 ff.; Luhmann 1997c, S. 73 f.
[222] Luhmann 1997c, S. 74.
[223] Luhmann 1997c, S. 74.
[224] Für detailliertere Einführungen sei auf einschlägige Sekundärliteratur (vgl. stellvertretend Baraldi et al. 1997; Krause 2005), sowie die zentralen Arbeiten Luhmanns (vgl. insbesondere Luhmann 1984; einführend auch Luhmann 2004) verwiesen.
[225] Interaktionssysteme seien hier – korrespondierend mit dem Fokus dieser Arbeit – nur dyadisch betrachtet.
[226] Vgl. Luhmann 1984, S. 290 ff.; Interaktion beginnt also in dem Moment, in dem sich die Interaktionspartner gegenseitig wahrnehmen und dabei auch wahrnehmen, dass sie wahrgenommen werden (vgl. Luhmann 1972a, S. 54). An anderer Stelle schreibt Luhmann zur reflexiven Wahrnehmung: „Wenn Alter wahrnimmt, daß er wahrgenommen wird und daß auch sein Wahrnehmen des Wahrgenommenwerdens wahrgenommen wird, muß er davon ausgehen, daß sein Verhalten als darauf eingestellt interpretiert wird; es wird dann, ob es ihm paßt oder nicht, als Kommunikation aufgefaßt […]. Praktisch gilt: daß man in Interaktionssystemen nicht nicht kommunizieren kann; man muß Abwesenheit wählen, wenn

der Interaktion beteiligten Individuen noch für einen Beobachter. Anders ausgedrückt ist das (Interaktions-)System eben mehr als die Summe seiner Elemente. Psychische und soziale Systeme stellen sich gegenseitig Komplexität zur Verfügung: „Man kann deshalb auch formulieren, daß die psychischen Systeme die sozialen Systeme mit hinreichender Unordnung versorgen, und ebenso umgekehrt"[227]. Interessant für den Fortgang dieser Arbeit ist nun die Frage, wie die Operationen des Interaktionssystems überhaupt zustande kommen. Vereinfacht ausgedrückt geht es darum, *wie* die Interaktionspartner Alter und Ego – abgesehen von der gemeinsamen Verwendung der Sprache als Medium – überhaupt miteinander in Kontakt treten und kommunizieren können.

Die an der Interaktion beteiligten Individuen sind jeder für sich – das wurde oben bereits ausführlich dargestellt und diskutiert – autopoietische, lebende Systeme. Sie besitzen genauso wenig direkten Zugang zu ihrer Umwelt wie soziale Systeme. Das Bild, das sie durch Beobachtungen von ihrer Umwelt gewinnen, ist damit immer eine Interpretation und dabei auch immer eine Selektion. Ego ist Alters Umwelt zuzurechnen und aufgrund seiner eigenen Komplexität – schließlich handelt es sich bei psychischen Systemen nicht um triviale Maschinen – für Alter weder kontrollierbar noch steuerbar; damit ist Egos Kommunikationsverhalten für Alter kontingent.[228] Da dies für beide Interaktionspartner gilt, ist ihre Interaktion durch *doppelte Kontingenz* gekennzeichnet: Alter weiß nicht, wie sich Ego verhalten wird. Er weiß daher auch nicht, wie er selbst wiederum auf Egos Verhalten reagieren wird, was umgekehrt genauso gilt.[229] Aufgrund der hohen Eigenkomplexität und der operativen Geschlossenheit der Interaktionspartner als psychische Systeme wird also „alles Handeln, eigenes und fremdes, im System als kontingent erfahren"[230]. Die Fülle des Möglichen innerhalb des Interaktionssystems macht seine Komplexität aus.[231] Doppelte Kontingenz erhält damit als Ausgangsbedingung jeder Interaktion seinen Problemcharakter: Damit Interaktion gelingen kann, muss die aus doppelter Kontingenz resultierende Komplexität reduziert werden.

---

man Kommunikation vermeiden will." (Luhmann 1984, S. 561 f.); vgl. ferner auch Kieserling 1999, S. 117 ff.

[227] Luhmann 1984, S. 291.

[228] Luhmann schreibt zum Begriff der Kontingenz: „Der Begriff *Kontingenz* soll sagen, daß die im Horizont aktuellen Erlebens angezeigten Möglichkeiten weiteren Erlebens und Handelns nur Möglichkeiten sind, daher auch anders ausfallen können, als erwartet wurde." (Luhmann 1971, S. 32.).

[229] Vgl. Luhmann 1984, S. 148 ff.; Luhmann hat das Konzept der doppelten Kontingenz von Talcott Parsons übernommen (vgl. Parsons et al. 1951, S. 16; Parsons 1951). Doppelte Kontingenz ist in ihrer Bedeutung nicht auf die Interaktion zweier Individuen beschränkt, sie ist immer dann präsent, wenn sich Systeme gegenüberstehen, die sich gegenseitig die Wahl zwischen vielen Möglichkeiten zuschreiben (vgl. Luhmann 1984, S. 151).

[230] Luhmann 1979, S. 237.

[231] Luhmann spricht hier auch von der Doppelstruktur von Komplexität und Kontingenz (vgl. Luhmann 1971, S. 32).

C Führung als soziale Interaktion – Theoretische Grundlagen

Die Lösung des beschriebenen Problems der doppelten Kontingenz sieht bereits Parsons in dem Besitz von *Erwartungen*:

> „[T]he actor develops a system of expectations relative to the various objects of the situation. [...] [i]n the case of interaction [...] [p]art of ego's expectation, in many cases the most crucial part, consists in the probable reaction of alter to ego's possible action, a reaction which comes to be anticipated in advance and thus to affect ego's own choices."[232]

Aus Sicht Parsons entwickeln die Handelnden also ein System von Erwartungen – Parsons spricht auch von gemeinsamen Werten – bezüglich ihrer Umwelt, insbesondere bezüglich der Interaktionspartner. Alter besitzt Erwartungen, wie Ego auf sein Verhalten reagieren wird, und richtet sein eigenes Verhalten an eben diesen Erwartungen aus. Luhmann stellt den Bezug zum Problem der (doppelten) Kontingenz noch deutlicher her:

> „Bezogen auf psychische Systeme verstehen wir unter Erwartung eine Orientierungsform, mit der das System die Kontingenz seiner Umwelt in Beziehung auf sich selbst abtastet und als eigene Ungewißheit in den Prozeß autopoietischer Reproduktion übernimmt. [...] Erwartung sondiert ungewisses Terrain mit einer an ihr selbst erfahrbaren Differenz: Sie kann erfüllt oder enttäuscht werden"[233]

Zugespitzt formuliert können Erwartungen als notwendige Bedingung von Interaktionserfolg schlechthin bezeichnet werden: Wenn Alter keine Vorstellung davon hat, was Ego mit seinem kommunikativen Verhalten beabsichtigt, weiß er auch nicht, wie er darauf reagieren, beziehungsweise sich selbst verhalten soll.[234] In alltäglichen Situationen strukturieren soziale Rollen die Erwartungen im Vorfeld der Interaktion soweit vor, das Interaktionsprozesse in der Regel problemlos ablaufen. Alter und Ego beziehen ihre Erwartungen dann aus der Umwelt ihres Interaktionssystems, beispielsweise der Organisation oder der Gesellschaft:[235] Die Interaktionen zwischen Käufern und Kassierern an den Kassen eines Supermarktes funktionieren regelmäßig, ohne dass sich die Interaktionspartner bewusste Gedanken über ihre gegenseitigen Erwartungen machen müssen. In weniger strukturierten Situationen tritt der Mangel an Erwartungen jedoch hervor und wird von den Interaktionspartnern als Unsicherheit wahrgenommen. Festgehalten werden kann an dieser Stelle, dass Erwartungen der Selektion aus der Gesamtheit aller (kontingenten) Möglichkeiten zweckdienlich

---

[232] Parsons 1951, S. 5.
[233] Luhmann 1984, S. 362 f.
[234] Baecker schreibt hierzu: „Es ist schlechterdings nicht möglich, so lautet die These in diesem Zusammenhang, sich auf Kommunikation einzulassen, ohne eine Erwartung damit zu verbinden, womit man es zu tun hat. Schärfer formuliert ist es sogar noch nicht einmal möglich, sich auf Kommunikation einzulassen, ohne bestimmte Erwartungen damit zu verbinden, womit man es zu tun bekommt." (Baecker 2005, S. 87).
[235] Vgl. Vester 2009, S. 51 ff.

sind und darüber hinaus durch (wiederholte) Bewährung zu Generalisierungen werden, sich also stabilisieren.[236] Erwartungen spielen somit für die Interaktion und ihren Erfolg eine zentrale Rolle und werden daher – so viel sei an dieser Stelle bereits vorweggenommen – den weiteren Verlauf dieses Kapitel und dieser Arbeit konzeptionell entscheidend mitbestimmen.

Bisher wurde das, was im sozialen System der Interaktion abläuft, als Kommunikation bezeichnet, ohne dass dabei spezifiziert wurde, was genau mit diesem Begriff gemeint ist und wie man sich Kommunikation in einem Interaktionssystem vorstellen kann. Dies soll nun nachgeholt werden, bevor schließlich die Konsequenzen der vorgestellten systemtheoretischen Denkweise für die Analyse der Führungsinteraktion näher diskutiert werden. Kommunikation ist seit Mitte des vergangenen Jahrhunderts zu einem Schlagwort geworden, das ungemeines (auch populär)wissenschaftliches Interesse auf sich gezogen hat.[237] Den Ausgangspunkt moderner wissenschaftlicher Beschäftigung mit Kommunikationsprozessen stellt die 1948 von Claude E. Shannon veröffentlichte mathematische Theorie der Kommunikation dar.[238] Sie behandelt Kommunikation als technisches Problem, genauer gesagt als Übertragungsproblem von Informationen. Die folgende Abbildung visualisiert das Modell:

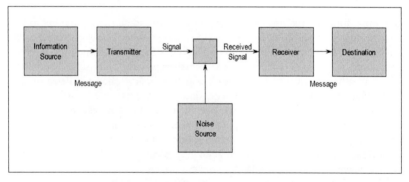

Abbildung 21: Shannons Encoder/Decoder Modell
(Quelle: Shannon 1948, S. 380)

Eine Nachrichtenquelle wählt eine Botschaft, die von einem Sender in ein Signal übersetzt wird. Dieses Signal wird zum Empfänger übertragen, kann dabei jedoch Störungen ausgesetzt sein. Der Empfänger übersetzt das Empfangssignal wiederum in eine Nachricht, die schließlich das Ziel der Kommunikation erreicht. Shannon und Weaver bringen das zentrale (und für sie technische) Prob-

---

[236] Vgl. Luhmann 1984, S. 140; vgl. dazu insbesondere Abschnitt 2.1.1 in Kapitel D.
[237] Vgl. Baecker 2005, S. 15; Köck 1987, S. 340; Luhmann 1997d, S. 19.
[238] Vgl. Shannon 1948; Shannon & Weaver 1949.

lem der Kommunikation auf den Punkt: „The fundamental problem of communication is that of reproducing at one point either exactly or approximately a message selected at another point"[239]. Diese und auch viele neuere Kommunikationstheorien[240] sind subjektbezogen konzipiert, sie setzen also immer jemanden oder etwas voraus, dem Kommunikation zugeschrieben werden kann – meist ist das, wie im Falle des Modells von Shannon, die Informationsquelle.[241] Luhmann grenzt seine Arbeit von diesen Konzeptionen scharf ab, indem er behauptet, „daß nur die Kommunikation kommunizieren kann"[242]. Generell wird Kommunikation aus Sicht Luhmanns durch drei verschiedene Selektionen erzeugt: *Mitteilung*, *Information* und *Verstehen*. Diese sind voneinander unabhängig, müssen aber gleichzeitig auftreten, um Kommunikation erzeugen zu können.[243] Kommunikation kommt erst zustande, wenn die Differenz zwischen Mitteilung und Information verstanden wird. Wenn Alter also laut pfeift, um Ego auf der anderen Straßenseite zu grüßen, dann liegen Mitteilung (das Pfeifen) und Information (das Grüßen) vor. Wenn Ego auf der anderen Seite aber nur das Pfeifen hört und damit die Differenz von Mitteilung und Information nicht versteht, kann keine Kommunikation zustande kommen, denn Ego nimmt zwar das Pfeifen wahr, versteht es aber nicht als Gruß, wodurch das Pfeifen als Mitteilung nicht anschlussfähig ist.[244] Nicht nur die Information (was Alter aus dem Bereich des Möglichen sagen möchte) und die Mitteilung (wie Alter seine Mitteilung aus dem Bereich des Möglichen ausdrückt) sind Selektionen, auch das Verstehen ist eine Selektion, sie ist „nie eine bloße Duplikation der Mitteilung in einem anderen Bewusstsein"[245]. Wie Ego die Selektionen Alters versteht, hängt schließlich – und das ergibt sich bereits aus den obigen Ausführungen zu den kognitionstheoretischen Grundlagen des Konstruktivismus – einzig von seinem selbstreferentiell geschlossenen (autopoietischen) Bewusstsein ab. Ego kann also etwas völlig anderes verstehen, als Alter gemeint hat.[246] Die Tatsache, dass die Regeln der Kommunikation und deren Fortlauf sich nicht aus dem jeweiligen Willen der Teilnehmer ergeben – Alter und Ego sehen sich je ihrer kontingenten Umwelt gegenüber – begründet auch die oben zitierte und zunächst einmal befremdlich

---

[239] Shannon & Weaver 1949, S. 31.
[240] Vgl. stellvertretend Howell 1972; Maser 1971; Watzlawick et al. 2007.
[241] Vgl. Luhmann 1997d, S. 19.
[242] Luhmann 1997d, S. 19. Vgl. auch Luhmann 1990a, S. 31; 1984, S. 198.
[243] Vgl. Luhmann 1997d, S. 21; Luhmann 1984, S. 193 ff.
[244] Wahrnehmung und Kommunikation müssen also streng voneinander getrennt werden. Eine Wahrnehmung ist nicht unmittelbar anschlussfähig, sie findet im Bewusstsein statt und ist damit auch nicht beobachtbar. Verstehen ist die Interpretation einer Wahrnehmung als Differenz von Mitteilung und Information und damit die Anschlussvoraussetzung für weitere Kommunikation (vgl. Luhmann 1997d, S. 22).
[245] Luhmann 1997d, S. 22.
[246] Das ist auch einer der Gründe, weshalb Luhmann von der Unwahrscheinlichkeit der Kommunikation spricht. Dies sei an dieser Stelle jedoch nicht weiter ausgeführt, vgl. dazu Luhmann 1993b, S. 12, S. 26 ff.

anmutende Aussage Luhmanns, dass nur die Kommunikation kommunizieren könne; es ist eben die Kommunikation selbst, die sich als eigenständiges soziales System selbstreferentiell bestimmt.[247] Dabei darf nicht aus den Augen verloren werden, dass Kommunikation als soziales System nicht ohne die strukturelle Kopplung an, beziehungsweise ohne die Interpenetration mit psychischen Systemen stattfinden kann. Das bedeutet aber nicht, dass Bewusstseinsinhalte (Gedanken) auch gleich Kommunikationsinhalte sind, schließlich entsprechen die Grenzen der psychischen Systeme nicht den Grenzen des Interaktionssystems. Für das Individuum stellt sowohl das Interaktionssystem, als auch der Interaktionspartner in gleicher Weise Umwelt dar, wie das Individuum für das Interaktionssystem Umwelt ist. Nach dieser systemtheoretischen Beschreibung von sozialen Systemen im Allgemeinen und Interaktionssystemen im Speziellen, können im folgenden Abschnitt nun die Konsequenzen dieser Denkweise für den Fortgang der vorliegenden Arbeit diskutiert werden.

3.3. Konsequenzen für die Analyse der Führungsinteraktion

Die Konsequenzen der Theorie sozialer Systeme für die Analyse der Führungsinteraktion und die Konstruktion eines interaktionstheoretischen Rahmens, der der Analyse und Rekonzeptionalisierung von Abusive Supervision dient, sind sowohl auf Systemebene, als auch auf individueller Ebene zu diskutieren. Zunächst muss festgehalten werden, dass Führungskraft und Mitarbeiter ein soziales System, genauer gesagt ein Interaktionssystem bilden, das sich durch Kommunikation konstituiert. Führungserfolg – oder wie im Falle von Abusive Supervision Führungsmisserfolg – lässt sich damit weder dem einen noch dem anderen Interaktionspartner eindeutig zuordnen, er liegt vielmehr im Interaktionssystem begründet, das für beide Individuen je Umwelt darstellt. Die Auswirkungen der Kommunikationsepisoden, die sich zwischen Führungskraft und Mitarbeiter beobachten lassen, sind – anders ausgedrückt – nicht kausal zuzurechnen. Kommunikation ist zirkulär und eigendynamisch. Mit Blick auf Abusive Supervision bedeutet dies, dass die Ursachen für das Auftreten von Abusive Supervision – wie in Kapitel B bereits angemerkt – nicht mit einzelnen, isolierten Faktoren wie etwa bestimmten Persönlichkeitsmerkmalen oder der erlebten Ungerechtigkeit der Führungskraft erklärt werden können.[248] Vielmehr sind das komplexe, eigendynamische Zusammenspiel einer Vielzahl verschiedener Faktoren und die daraus resultierenden Kommunikationen als ursächlich zu betrach-

---

[247] Vester bezeichnet diese Verdinglichung eines Prozesses als tautologischen Fehler, so als würde man sagen „das Denken denkt" oder „die Sprache spricht" (vgl. Vester 2010, S. 92). Er lässt sich dabei jedoch offensichtlich nicht auf den Gedanken ein, die Kommunikation selbst als eigenständiges, selbstreferentielles soziales System zu begreifen.

[248] Vgl. dazu auch den zweiten Abschnitt in Kapitel B.

C Führung als soziale Interaktion – Theoretische Grundlagen

ten. Die Forschungsperspektive verschiebt sich damit von den individuellen Merkmalen beteiligter Individuen auf die (Kommunikations-)Regeln des sich konstituierenden Interaktionssystems. Sie verschiebt sich auf jene Interaktionsmuster oder auch Spielregeln, die Abusive Supervision stabilisieren, obwohl es die vielfach dokumentierten, negativen Auswirkungen sowohl auf den einzelnen Mitarbeiter als auch auf die gesamte Organisation nach sich zieht.[249] Die im folgenden Kapitel anstehende Rekonzeptionalisierung von Abusive Supervision muss also das Interaktionssystem in den Blick nehmen und dabei in der Lage sein, sich etablierende Muster der Führungsinteraktion abzubilden.

Das Interaktionssystem ist notwendigerweise an psychische Systeme gekoppelt – im Falle der Führungsinteraktion an Führungskraft und Mitarbeiter. Ohne die kommunikativen Akte, die als Mitteilung von einem der beiden ausgehen und vom anderen verstanden werden, gäbe es auch kein Interaktionssystem. Konsequenzen systemtheoretischer Denkweise ergeben sich damit also auch auf Ebene der psychischen Systeme. Zunächst einmal ist die Führungsbeziehung durch doppelte Kontingenz gekennzeichnet. Die Führungskraft kann nicht mit Gewissheit voraussagen, wie der Mitarbeiter auf einen Einflussversuch reagieren wird, weshalb sie auch nicht weiß, wie sie selbst wiederum auf die Reaktion des Mitarbeiters reagieren wird, was ebenso umgekehrt gilt. Lösbar, beziehungsweise kompensierbar ist dieses Problem nur durch Erwartungen, die beide Interaktionspartner besitzen. Individuelle Erwartungen haben damit – darauf wird im folgenden Kapitel noch genauer einzugehen sein – sowohl eine Interpretationsfunktion (sie dienen dem Verstehen der Differenz aus Mitteilung und Information), als auch eine Selektionsfunktion (sie dienen der Selektion eigenen Verhaltens, beziehungsweise der eigenen Mitteilung in Reaktion auf das Verstandene). Erwartungen spielen also eine zentrale Rolle in der Führungsinteraktion und müssen diese daher auch im zu konstruierenden Modell einnehmen. Mit Blick auf Abusive Supervision wird die Bedeutung der Erwartung sofort transparent: Der betroffene Mitarbeiter interpretiert – oder um mit Luhmanns Vokabeln zu argumentieren – „versteht" die Mitteilung seines Vorgesetzten als Abusive Supervision. Seine individuellen Erwartungen sind es – darauf weist die kognitive Führungsforschung[250] bereits mit Nachdruck hin –, aus denen diese Interpretation resultiert. Ein anderer Mitarbeiter (mit anderen Erwartungen) würde dasselbe Verhalten möglicherweise vollkommen anders, nämlich als normales[251] Führungsverhalten, interpretieren. Hier soll nicht bestritten werden, dass sich individuelle Erwartungen innerhalb von Gruppen intersubjektiv annähern können. Kommunikation findet schließlich nicht nur zwischen Führungskraft und Mitarbeiter statt, sondern auch zwischen Mitarbeitern, was dazu führt, dass sich die jeweiligen Realitätskonstruktionen durch Kommunikation intersub-

---

[249] Vgl. dazu auch Abschnitt 1.2.3 in Kapitel B.
[250] Vgl. hierzu Abschnitt 1.4 in diesem Kapitel.
[251] Die Kategorisierung „normal" ist hier nicht normativ zu verstehen; sie ist natürlich ebenfalls den Erwartungen dieses Mitarbeiters zu entnehmen.

jektiv angleichen und in ähnliche Wahrnehmungen münden (können). Da die vorliegende Arbeit jedoch einen klar dyadischen Fokus auf die Führungsbeziehung besitzt, soll die angesprochene Gruppenperspektive hier nicht weiter vertieft werden. Stattdessen seien die Ergebnisse dieses Kapitels in der folgenden Zwischenbilanz noch einmal zusammengefasst.

4. Dritte Zwischenbilanz: Die Führungsinteraktion als interpersonale Kommunikation

Im vorangestellten Kapitel B wurde herausgearbeitet, dass die aktuelle Abusive Supervision Forschung gewichtige konzeptionelle Schwächen aufweist: Indem Abusive Supervision durchgängig als Führungsstil konzeptionalisiert wird, blendet die Debatte das aktive Verhalten des Mitarbeiters im Hinblick auf die Emergenz von Abusive Supervision vollständig aus und kann damit weder der zirkulären Dynamik und der daraus resultierenden Komplexität, noch der Kontextualität und der Subjektivität des Phänomens gerecht werden. Auf Basis dieser trivialisierenden Einseitigkeit der bisherigen Konzeptionalisierung wurde schließlich der dringende Bedarf einer holistischeren Konzeptionalisierung motiviert. Weitere empirische Studien auf der Folie des Führungsstilparadigmas würden die Debatte nicht weiter voranbringen, stattdessen benötigt sie – so jedenfalls die These dieser Arbeit – eine Rekonzeptionalisierung, die eben das Interaktionssystem aus Führungskraft und Mitarbeiter in den Blick nimmt und sich nicht nur einseitig auf das Verhalten der Führungskraft konzentriert. Konkreter ausgedrückt geht es um die interaktionstheoretische Fundierung des Phänomens, auf deren Basis seine Entstehung und Persistenz analysiert werden können. Kapitel C diente nun der Bereitstellung eines angemessenen theoretischen Fundaments für die angestrebte Rekonzeptionalisierung. Dazu wurden in einem ersten Schritt dezidiert interaktionsbezogene Ansätze der Führungsforschung daraufhin befragt, welche Rolle sie der Interaktion tatsächlich beimessen und inwieweit sie für das skizzierte Vorhaben Anwendung finden können. Austauschtheoretische Ansätze konzipieren die Interaktion lediglich als marginalisiertes Medium. Die Austauschprozesse sind organisatorisch vorgedacht und insofern adynamisch, als dass der Interaktion selbst kein Einfluss auf die fortlaufenden Prozesse beigemessen wird. Kognitive Ansätze sind in einseitiger Weise entweder auf die Führungskraft oder den Mitarbeiter konzentriert, wodurch die jeweiligen kognitiven Prozesse des Interaktionspartners unberücksichtigt bleiben, sodass auch diese Ansätze der Dynamik der Führungsinteraktion nicht gerecht werden können. Die dyadische Identitätstheorie greift die genannten Schwachpunkte auf, bleibt in ihrer Aussagekraft jedoch zu abstrakt, sodass die Mikro-Prozesse der Interaktion und insbesondere die Rolle und der Einfluss individueller Erwartungen zwar nicht unwichtig sind, aber dennoch im Hinter-

C Führung als soziale Interaktion – Theoretische Grundlagen

grund bleiben. Bisherige, als interaktionstheoretisch bezeichnete Ansätze der Führungsforschung bieten also durchaus brauchbare Anknüpfungspunkte, sind jeweils für sich genommen jedoch nicht in der Lage, den formulierten Anforderungen an einen theoretischen Bezugsrahmen der Neukonzeption gerecht zu werden.

Im Anschluss wurden daher die theoretischen Grundlagen eines Fundaments diskutiert, das diesen Anforderungen gerecht werden kann. Der radikale Konstruktivismus überzeugt hier als grundlegender, erkenntnistheoretischer Rahmen, da er die Subjektivität jeder Wahrnehmung, jeder Beobachtung und jeden Wissens in den Mittelpunkt seiner Überlegungen stellt. Weder Führungskraft noch Mitarbeiter haben Zugriff auf eine objektive Realität ihrer Führungsbeziehung oder die Gedankenprozesse ihres Gegenübers. Sie können sich selbst und ihren Interaktionspartner immer nur auf Basis ihrer eigenen Wahrnehmungskategorien interpretieren und reflektieren, denn jede Beobachtung ist immer an den korrespondierenden Beobachter gebunden. Anknüpfend an diese Überlegungen vermag die Systemtheorie die Dynamik der Führungs*interaktion* zu erfassen, die schließlich über die kognitiven Prozesse des je Einzelnen deutlich hinausgeht. Sie fasst die Führungsbeziehung als ein soziales System auf, das sich – zumindest in der hier verwendeten Konzeption Luhmanns – aus Kommunikation als Letztelement und Operation konstituiert. Insofern kann Führung als fortlaufende interpersonale Kommunikation verstanden werden, die sich in Abgrenzung zu anderen Formen sozialer Interaktion durch bestimmte Charakteristika auszeichnet, die im folgenden Kapitel Gegenstand der Betrachtung sein werden. An dieser Stelle sei jedoch nochmal hervorgehoben, dass die hier vertretene Auffassung, die Führungsbeziehung als Interaktionssystem zu begreifen, unmissverständlich verdeutlicht, dass die Interaktion zwischen Alter und Ego durch doppelte Kontingenz gekennzeichnet ist; ein Problem, dessen Kompensation in aufeinander bezogenen Erwartungen liegt, die zumindest einen gewissen Teil der Komplexität reduzieren können. Erwartungen stellen sich damit aus konstruktivistischer wie systemtheoretischer Perspektive als notwendige Voraussetzung jeglicher sozialen Interaktion dar und stehen im Mittelpunkt der nun folgenden Überlegungen.

Anknüpfend an erarbeiteten Grundlagen dieses Kapitels scheinen die Fragen auf, wie sich die individuellen Erwartungsstrukturen im konkreten Führungskontext zusammensetzen, wie sie aufgebaut werden und wodurch sie beeinflusst und möglicherweise stabilisiert werden. Das nächste Kapitel wird sich dieser Fragen annehmen und unter ständigem Rückgriff auf das Abusive Supervision Konstrukt seine schrittweise Rekonzeptionalisierung diskutieren. Zuvor sei jedoch mit Blick auf das in diesem Kapitel gelegte theoretische Fundament zusammenfassend festgehalten, dass die konstruktivistische und systemtheoretische Perspektive auf individuelle Wahrnehmung und zwischenmenschliche Interaktion einerseits die Subjektivität von Führung und damit von Abusive Supervision konzeptionell zugänglich macht und andererseits die Komplexität, die sich aus aufeinander bezogener, zirkulärer Kommunikation ergibt, erfassen kann. Die folgende Abbildung soll das Zwischenergebnis der hier diskutierten, theoretischen Grundlagen in zugegebenermaßen stark vereinfachender Form veranschaulichen und zugleich Ausgangspunkt der Überlegungen des folgenden Kapitels sein. Sie visualisiert das Interaktionssystem aus Führungskraft und Mitarbeiter in seiner Grundstruktur und hebt dabei die zentrale Rolle individueller Erwartungen hervor:

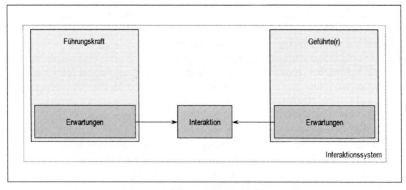

Abbildung 22: Grundstruktur der Führungsinteraktion
(Quelle: eigene Darstellung)

D Abusive Supervision – Rekonzeptionalisierung als persistentes Muster der Führungsinteraktion

Aufbauend auf dem Fundament der im vorangestellten Kapitel diskutierten theoretischen Grundlagen, soll in diesem Kapitel, welches insofern den Höhepunkt der Arbeit darstellt, nun Schritt für Schritt die interaktionstheoretische Rekonzeptionalisierung von Abusive Supervision entwickelt werden. Insbesondere die systemtheoretischen Überlegungen zu Interaktionssystemen und Kommunikation haben Erwartungen als elementaren Bestandteil eines solchen Interaktionssystems legitimiert.[1] Denn sie sind es, die soziale Interaktion und damit auch Führung überhaupt erst ermöglichen. Im ersten Teil des Kapitels sollen Erwartungen auf Ebene der beteiligten psychischen Systeme daher mit Blick auf ihre Funktionen, Dimensionen und Einflussfaktoren im Detail analysiert werden. Die bis zu diesem Punkt vornehmlich statische Betrachtung wird dann um die dynamische Komponente ergänzt: Die bereits mehrfach als notwendige Bedingung einer interaktionsbasierten Führungsforschung markierte Rückwirkung der Interaktion wird im zweiten Teil des Kapitels zunächst in Bezug auf die individuellen Erwartungsstrukturen der Interaktionspartner und anschließend auf der Ebene des Interaktionssystems analysiert. Der gesamte konzeptionelle Entwicklungsprozess soll hier vor dem Hintergrund des Abusive Supervision Phänomens entfaltet werden. Sämtliche konzeptionellen Entwicklungsschritte knüpfen zwar unmittelbar an das im vorangestellten Kapitel diskutierte theoretische Fundament an und könnten insofern auch mit allgemeinem Bezug zur Führungsbeziehung entwickelt werden, sollen hier jedoch, der konkreten Problemstellung der Arbeit geschuldet, jeweils an Abusive Supervision gekoppelt und vor diesem konkreten Hintergrund diskutiert werden. Im dritten Teil des Kapitels wird der Einfluss des organisationalen Kontextes – als neben den beteiligten psychischen Systemen weitere Umweltdimension des betrachteten Interaktionssystems – auf die Entstehung und Stabilität von Abusive Supervision näher betrachtet, bevor schließlich im letzten Zwischenfazit die in diesem Kapitel angestellten konzeptionellen Überlegungen resümiert werden.

---

[1] Luhmann vertritt sogar die Ansicht, soziale Strukturen seien im Grunde nichts anderes als Erwartungsstrukturen (vgl. Luhmann 1984, S. 397).

1. Individuelle Erwartungen in der Führungsbeziehung – eine statische Analyse

In diesem ersten Teil sollen die im vorangestellten Kapitel als elementar für die Führungsinteraktion markierten, individuellen Erwartungen von Führungskraft wie auch Mitarbeiter näher betrachtet werden. Es geht also darum, den bislang in hoher Abstraktion verwendeten Begriff der Erwartung aus verschiedenen Blickwinkeln zu spezifizieren und damit in seiner Relevanz für das Vorhaben dieser Arbeit zu schärfen. Konkret werden zunächst die Funktionen, die Erwartungen in der Führungsinteraktion besitzen, näher analysiert. Im Anschluss daran werden die Dimensionen individueller Erwartungsstrukturen differenziert, wobei insbesondere auf die oben bereits benannte Unterscheidung Watzlawicks in Inhaltsebene und Beziehungsebene der Kommunikation zurückgegriffen wird.[2] Darüber hinaus wird in bewusste und unbewusste Erwartungen unterschieden. Im dritten Teilabschnitt werden inhaltliche Bestimmungsfaktoren individueller Erwartungen diskutiert. Diese umfassen die im Rahmen kognitiver Führungstheorien bereits benannten impliziten Theorien,[3] daneben frühere Erfahrungen mit anderen Interaktionspartnern und den wahrgenommenen organisationalen Kontext. Die Diskussion erfolgt – wie bereits angekündigt – im ständigen Dialog mit Abusive Supervision als Führungsphänomen und konkrete Form sozialer Interaktion, um die jeweilige Bedeutung der Überlegungen für die Problemstellung dieser Arbeit zu eruieren. Die einzelnen Entwicklungsschritte werden dazu zunächst auf allgemeiner Ebene vollzogen und im Anschluss jeweils vor dem Hintergrund von Abusive Supervision diskutiert.

1.1. Funktionen individueller Erwartungen in der Führungsinteraktion

Die grundsätzliche Funktion von individuellen Erwartungen innerhalb eines Interaktionssystems wurde oben bereits benannt: Ohne Erwartungen wäre keine Kommunikation zwischen Alter und Ego – und damit auch nicht zwischen Führungskraft und Geführten – möglich.[4] In Situationen doppelter Kontingenz, wenn also keiner der beiden Interaktionspartner aufgrund jeweiliger operativer Geschlossenheit wissen kann, wie sich der andere verhalten wird, dienen Erwartungen der Komplexitätsreduktion, indem der Bereich des Möglichen auf ein handhabbares Spektrum reduziert wird.[5] Diese sehr abstrakte Funktion der

---
[2] Vgl. Watzlawick et al. 2007, S. 53 ff.
[3] Vgl. Lord et al. 1982; 1984; Schyns & Meindl 2005.
[4] Vgl. Baecker 2005, S. 87; Luhmann 1984, S. 362 f.
[5] Vgl. Luhmann 1971, S. 32 f.; 1984, S. 148 ff.; Luhmann schreibt zu sozialen Situationen doppelter Kontingenz: „Soziale Situationen sind (...) zunächst charakterisiert durch zirkuläre Unfähigkeit zu Selbstbestimmung." (Luhmann 1993b, S. 13).

Komplexitätsreduktion soll an dieser Stelle etwas ausdifferenziert werden. Konkret wird in Interpretations- und Selektionsfunktion individueller Erwartungen unterschieden.

1.1.1. Interpretationsfunktion individueller Erwartungen

Zunächst haben individuelle Erwartungen eine Interpretationsfunktion, wobei es um die Interpretation wahrgenommenen Verhaltens des Interaktionspartners geht. In der Diskussion konstruktivistischer Überlegungen wurde zwar festgestellt, dass im Grunde nicht zwischen Wahrnehmung und Interpretation getrennt werden kann, da aufgrund der operativen Geschlossenheit und selbstreferentiellen Operationsweise des Gehirns jede Wahrnehmung zwangsläufig Interpretation ist.[6] An dieser Stelle soll „Interpretation" jedoch zumindest analytisch wieder ein Stück weit von „Wahrnehmung" separiert werden: Alter nimmt Egos Verhalten wahr und interpretiert es, indem er dem wahrgenommenen Verhalten eine Bedeutung zuweist. Es geht also um den Teil „Verstehen" innerhalb der drei Selektionen von Kommunikation:[7] Erwartungen ermöglichen es, dass die Differenz von Mitteilung und Information verstanden und dieser Differenz, eben durch die Interpretationsfunktion individueller Erwartungen, eine sinnhafte Bedeutung zugewiesen wird.

Ein Beispiel soll diesen Gedanken verdeutlichen: Eine Führungskraft äußert in Gegenwart ihrer Sekretärin: „Ich benötige dringend Papier für meinen Drucker!". Die Sekretärin kann nicht mit Gewissheit wissen, was ihr Vorgesetzter mit dieser Aussage gemeint hat, denn dazu müsste sie direkten Zugang zu seinem Bewusstsein besitzen. Denkbar wäre unter anderem, dass er von ihr erwartet, dass sie seinen Drucker mit Papier bestückt, oder dass sie Papier auf seinen Schreibtisch legen soll, oder auch, dass sie nur neues Papier bestellen soll. Erwartungen ermöglichen es ihr nun, die Differenz von Information und Mitteilung zu *verstehen* und das wahrgenommene Verhalten – in diesem Fall die genannte Aussage – zu interpretieren, also mit Bedeutung zu versehen. Beispielsweise könnte sie sich an vergangene Situationen erinnern, in denen der Führungskraft das Papier ausgegangen ist, und daraus schließen, dass sie Papier auf den Schreibtisch legen soll. Luhmann spricht im Falle früher bereits bewährter Erwartungen von generalisierten Erwartungen.[8]

In diesem simplen Beispiel wurde deutlich, dass sich die Erwartung der Sekretärin darauf bezieht, was ihre Führungskraft von ihr erwartet. „Kommunikation heißt vor allem, dass jede dieser Erwartungen mit erwartet, was der andere erwartet"[9]. Das Konzept der Erwartungserwartungen wird weiter unten wieder

---

[6] Vgl. Schmidt 1987a, S. 15; Roth 1987b, S. 253 ff.; 1996, S. 263.
[7] Vgl. Luhmann 1984, S. 193 ff.
[8] Vgl. Luhmann 1984, S. 140.
[9] Baecker 2005, S. 90.

aufgegriffen, an dieser Stelle geht es zunächst allein darum festzuhalten, dass Erwartungen wahrgenommenes Verhalten (Mitteilung) verstehbar machen und damit seiner Interpretation dienen.[10] Indem Erwartungen Interpretation ermöglichen, ermöglichen sie gleichzeitig die daran anschließende Selektivität eigenen Verhaltens, Erwartungen besitzen also neben der Interpretationsfunktion auch eine Selektionsfunktion.

1.1.2. Selektionsfunktion individueller Erwartungen

Neben der Interpretation fremden Verhaltens ermöglichen Erwartungen auch die Wahl des eigenen Verhaltens. Sie schränken somit auch den Möglichkeitsspielraum auf das eigene Verhalten bezogen ein:[11] Indem die Sekretärin Erwartungen bezüglich der Reaktion ihres Vorgesetzten auf verschiedene Verhaltensalternativen besitzt – sie könnte beispielsweise Papier auf seinen Tisch legen, den Drucker bestücken, neues Papier bestellen oder einfach die Aussage ignorieren – kann sie sich für eine dieser Möglichkeiten entscheiden. Basierend auf früheren Situationen des Papiermangels hat sie konkrete Erwartungen ausgebildet und wird sich in der gegenwärtigen Situation für die aus ihrer Sicht erfolgversprechendste Verhaltensalternative entscheiden. Generalisierte Erwartungen ermöglichen es also, identischen Sinn in verschiedenen Situationen (oder verschiedenen Interaktionspartnern gegenüber) festzuhalten, um daraus gleiche (oder zumindest ähnliche) Konsequenzen zu ziehen. „Die damit erreichte relative Situationsfreiheit reduziert die Mühe der Informationsbeschaffung und -auswertung im Einzelfall und erspart eine vollständige Neuorientierung von Fall zu Fall. Sie absorbiert auf diese Weise zugleich Unsicherheit"[12]. Ein zu starkes Verlassen auf Erwartungen birgt auf der anderen Seite die Gefahr der Nichtausnutzung von Möglichkeiten beziehungsweise die Wahl „unangebrachter" Alternativen.[13] Abels beschreibt diese Kehrseite generalisierter Erwartungen folgendermaßen: „Wir orientieren uns zwar an generalisierten Erwartungen, doch sie sind vielleicht reine Hirngespinste, haben nichts mit der Situation zu tun oder betreffen

---

[10] Erwartungen machen Verhalten aber auch missverstehbar, und die Interpretation damit immer unsicher. Luhmann schreibt hierzu: „Je eindeutiger die Erwartung festgelegt wird, desto unsicherer ist sie in der Regel. Ich kann ziemlich sicher in Aussicht stellen, zwischen 5 und 7 nach Hause zu kommen. Wenn dagegen erwartet wird, daß ich um 5:36 eintreffe werde, ist diese Erwartung hochgradig unsicher" (Luhmann 1984, S. 418). Je konkreter die Erwartung also ausdifferenziert ist, desto größer ist die Wahrscheinlichkeit, dass sie unzutreffend ist.

[11] Vgl. Luhmann 1984, S. 397

[12] Luhmann 1975, S. 31

[13] Das Wort „unangebracht" steht hier in Anführungszeichen, weil bewusst offen gelassen werden soll, worin sich die Unangebrachtheit auszeichnet, beziehungsweise woran sie gemessen wird.

D Abusive Supervision als Muster der Führungsinteraktion

genau das Falsche in der Situation"[14]. Mit anderen Worten: Erwartungen erlauben zwar die Selektion von Verhaltensweisen innerhalb der fortlaufenden Interaktion, sie garantieren jedoch nicht, dass die gewählten Verhaltensweisen immer auch situationsadäquat sind.

Die Diskussion beider Funktionen zeigt deutlich, dass sie in engem Zusammenhang zueinander stehen. Erwartungen ermöglichen die Interpretation (also das Verstehen) von wahrgenommenem Verhalten und stellen damit die Anschlussfähigkeit der Kommunikation sicher. Erst wenn das Verhalten Egos verstanden wurde, kann Alter eigenes Verhalten als Reaktion selektieren und anschließen. Selektion ist ohne Interpretation also nicht denkbar; aber auch Interpretation ist ohne Selektion nicht möglich, denn wenn Alter keine Verhaltensweise aus dem Bereich des Möglichen selektiert, kann Ego nichts interpretieren (und damit auch nicht eigenes Verhalten anschließen).[15] Die folgende Abbildung verdeutlicht diesen Gedanken der Zirkularität fortlaufender Kommunikation in der Führungsinteraktion:

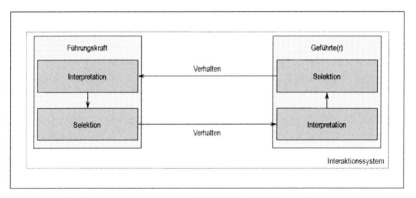

Abbildung 23: Interpretations- und Selektionsfunktion von Erwartungen
(Quelle: eigene Darstellung)

Die Interaktion ist erfolgreich, wenn sich die Erwartungserwartungen von Führungskraft und Mitarbeiter als zutreffend herausstellen. Die Führungskraft hatte die Erwartung, dass die Sekretärin seinen Ausspruch derart interpretiert, dass sie ihm neues Papier auf den Schreibtisch legt. Trifft diese Erwartung zu, selektiert sie also tatsächlich diese aus den ihr zur Verfügung stehenden Alternativen, so trifft auch ihre Erwartung zu, dass ihre Führungskraft genau dieses Verhalten von ihr erwartet hat. Gegenseitige Erwartungserwartungen haben die Situation

---

[14] Abels 2007a, S. 225.
[15] Streng genommen stellt Alters Nichtwählen einer Verhaltensweise ebenfalls eine Selektion dar, die wiederum von Ego interpretiert wird und zu einer Selektion seinerseits führt.

doppelter Kontingenz daher insofern geordnet, als dass sie die Komplexität hinreichend reduziert haben, wodurch erfolgreich aufeinander bezogenes Handeln ermöglicht wurde. Parsons spricht in diesem Zusammenhang von der *Komplementarität* gegenseitiger Erwartungen als Bedingung erfolgreicher Interaktion.[16] Gemeint ist eine hinreichende Übereinstimmung von Alters Erwartungen bezüglich Egos Verhalten und Egos tatsächlich gezeigtem Verhalten, was natürlich für alle Interaktionspartner zutreffen muss. Während Parsons die Kultur als Quelle der Komplementarität ansieht – sie strukturiert in Form eines äußeren Horizontes an Normen und Werten die individuellen Erwartungen vor – sieht Luhmann eher den Zufall und die individuelle Interaktionsgeschichte als Strukturgeber:[17] Durch ein zufälliges Ereignis entsteht eine Interaktionsgeschichte, die anschlussfähige Kommunikation ermöglicht und dazu führt, dass man „eine zunehmende Sicherheit darin [gewinnt], mit welchen Erwartungserwartungen man es zu tun hat"[18]. Im Rahmen dieser Arbeit erscheint ein Kompromiss dieser beiden extremen Sichtweisen als vielversprechend: Sowohl interaktionsexogene Einflüsse (insbesondere der wahrgenommene organisationale Kontext), als auch interaktionsendogene Einflüsse (die Interaktionsgeschichte selbst) beeinflussen die Bildung von Erwartungserwartungen und tragen damit zur Komplementarität von Erwartungen bei. Diese Diskussion wird im dritten Abschnitt dieses ersten Teils des Kapitels im Rahmen der zu analysierenden Bestimmungsgrößen individueller Erwartungen weitergeführt. An dieser Stelle sei indes festgehalten, dass die Funktion individueller Erwartungen ausgehend von der abstrakten Komplexitätsreduktion in eine Interpretations- und eine Selektionsfunktion ausdifferenziert werden kann. Diese beiden Funktionen bedingen einander und können insofern als Zwillingsfunktionen individueller Erwartungen bezeichnet werden.

Die hier begründete Annahme, dass Erwartungen sowohl Interpretations-, als auch Selektionsfunktionen besitzen (müssen), um soziale Interaktion überhaupt erst zu ermöglichen, lässt sich unmittelbar auf Führungsbeziehungen übertragen, die durch Abusive Supervision gekennzeichnet sind. Der das Verhalten seiner Führungskraft als feindselig wahrnehmende Mitarbeiter benötigt seine eigenen, individuellen Erwartungen, um diese Interpretation – und nichts anderes ist die Wahrnehmung von Abusive Supervision – leisten zu können. Er besitzt seinerseits, auch bei rigoroser Machtausübung seitens der Führungskraft, verschiedene Möglichkeiten der Reaktion auf diese Wahrnehmung.[19] So beschreibt die oben

---

[16] Vgl. Parsons et al. 1951, S. 14 f.; Die Autoren schreiben hierzu: „This fundamental phenomenon may be called the *complementarity of expectations*, not in the sense that the expectations of the two actors with regard to each other's action are identical, but in the sense that the action of each is oriented to the expectations of the other. Hence the system of interaction may be analyzed in terms of the extent of *conformity* of ego's action with alter's expectations and vice versa." (Parsons et al. 1951, S. 15).
[17] Vgl. Baecker 2005, S. 93 ff.
[18] Baecker 2005, S. 96.
[19] Vgl. Baecker 2009, S. 32 ff; Luhmann 1975; ferner auch Scott 1992

resümierte Konsequenzenforschung ein breites Arsenal möglicher Verhaltens- und Nicht-Verhaltensreaktionen auf Abusive Supervision.[20] Seine individuelle Erwartungsstruktur ermöglicht ihm die Selektion seiner Reaktion. Das gleiche trifft natürlich auch auf die Führungskraft zu. Auch sie besitzt Erwartungen hinsichtlich des Verhaltens ihrer Mitarbeiter und zieht diese heran, um das wahrgenommene Verhalten mit Bedeutung zu versehen und ihrerseits Verhalten als Reaktion darauf zu selektieren.[21] Hier zeigt sich bereits die kommunikative Verschränkung beider Interaktionspartner, die im zweiten Teil des Kapitels aus einer dynamischen Perspektive heraus näher diskutiert wird. Im folgenden Abschnitt sollen individuelle Erwartungen hinsichtlich ihrer inhaltlichen Dimensionen ausdifferenziert werden.

1.2. Dimensionen individueller Erwartungen in der Führungsinteraktion

Im Rahmen der Diskussion der dyadischen Identitätstheorie der Führung wurde bereits dargestellt, dass Kommunikation aus Sicht Watzlawicks immer gleichzeitig auf zwei Ebenen stattfindet, auf der Inhaltsebene und auf der Beziehungsebene.[22] Unter der Annahme, dass Kommunikation generell nur auf Basis gegenseitiger Erwartungen stattfinden und erfolgreich sein kann,[23] kann daraus geschlossen werden, dass auch Erwartungen auch auf Inhaltsebene und Beziehungsebene existieren (müssen). Anders ausgedrückt soll davon ausgegangen werden, dass sich individuelle Erwartungsstrukturen nach Inhalts- und Beziehungsbezug ausdifferenzieren lassen. Im ersten Schritt soll diese Unterscheidung näher diskutiert werden. Im Anschluss wird eine weitere, davon unabhängige Differenzierung vorgeschlagen, indem aufgezeigt wird, dass Erwartungen bewusster wie unbewusster Natur sein können. Innerhalb der Führungsforschung hat insbesondere Kets de Vries mit Nachdruck auf die Bedeutung des Unbewussten hingewiesen.[24]

1.2.1. Erwartungen auf Inhalts- und Beziehungsebene

Kommunikation findet – so formulierten es Watzlawick, Beavin und Jackson in ihrem zum Klassiker avancierten Werk „Menschliche Kommunikation – Formen, Störungen, Paradoxien" – immer auf den Ebenen des Inhaltes und der

---

[20] Vgl. Abschnitt 2.2 in Kapitel B.
[21] Die Führungskraft-zentrierten kognitiven Theorien stellen auf genau diesen Prozess ab, vgl. dazu im Detail Abschnitt 1.2 in Kapitel C.
[22] Vgl. Watzlawick et al. 2007, S. 53 ff., S. 79 ff.
[23] Vgl. Baecker 2005, S, 87; Luhmann 1984, S. 362 f.
[24] Vgl. Kets de Vries 1993; 1999; 2006; Kets de Vries & Engellau 2010.

Ebene der Beziehung statt.[25] Sie stellt sich aus ihrer Sicht als „ununterbrochener Austausch von Mitteilungen"[26] dar, wobei jede Mitteilung zunächst einmal eine inhaltliche Information enthält. Neben dieser Information enthält sie jedoch auch weitere Informationen darüber, wie der Mitteilungssender die inhaltliche Information verstanden haben will „und ist in diesem Sinn seine persönliche Stellungnahme zum anderen"[27]. Dieser Beziehungsaspekt der Kommunikation drückt sich beispielsweise in der Wahl der verwendeten Worte genauso wie etwa in der Stimmlage und dem Gesichtsausdruck aus. Unter Rückgriff auf konstruktivistische Überlegungen bezüglich der operativen Geschlossenheit der beteiligten psychischen Systeme muss allerdings festgestellt werden, dass das, was der Sender über die Beziehung (bewusst oder unbewusst) ausdrücken will, nicht zwangsläufig das ist, was der Empfänger der Mitteilung versteht. Im Gegenteil, es ist sogar recht unwahrscheinlich, dass dieser Fall vollumfänglich eintritt,[28] denn der Empfänger kann die empfangene Nachricht schließlich nur auf Basis seiner eigenen Strukturen interpretieren. Um sie jedoch tatsächlich so zu verstehen, wie sie ursprünglich gemeint war, würde er – wie oben im Detail diskutiert wurde – Zugriff auf das psychische System des Senders benötigen. Anders ausgedrückt kann die Differenz aus Mitteilung und Information durchaus verstanden und gleichzeitig missverstanden werden.

Die Inhaltsebene der Kommunikation beinhaltet die Rohdaten der Mitteilung, die Beziehungsebene legt fest, wie diese Daten zu verstehen sind.[29] Kommunikation basierend auf nur einer der beiden Ebenen wäre also nicht denkbar, denn ohne Beziehungsebene ist die Inhaltsebene nicht verständlich. Systemtheoretisch ausgedrückt erlaubt also im Grunde erst die Beziehungsebene das Verstehen der Differenz von Mitteilung und Information. Watzlawick et al. bezeichnen den Beziehungsaspekt der Kommunikation daher als Metakommunikation. Informationen der, beziehungsweise die Definition der Beziehungsebene ist dabei nach Ansicht der Autoren selten bewusst und explizit:

> „Im allgemeinen ist es so, daß die Definition der Beziehung um so mehr in den Hintergrund rückt, je spontaner und ‚gesunder' die Beziehung ist, während ‚kranke' (d.h. konfliktreiche) Beziehungen u.a. durch wechselseitiges Ringen um ihre Definition gekennzeichnet sind, wobei der Inhaltsaspekt fast völlig an Bedeutung verliert."[30]

---

[25] Vgl. Watzlawick et al. 2007, S. 53 ff.; Daneben formulierten sie im Rahmen ihrer pragmatischen Axiome der Definition menschlicher Kommunikation unter anderem die vielzitierte Unmöglichkeit nicht zu kommunizieren (S. 50 ff.).
[26] Watzlawick et al. 2007, S. 57.
[27] Watzlawick et al. 2007, S. 53.
[28] Vgl. Luhmann 1993b, S. 12 ff.
[29] Vgl. Watzlawick et al. 2007, S. 55.
[30] Watzlawick et al. 2007, S. 55; Kommunikative Störungen sind damit umso problematischer, je mehr sie in der Beziehungsebene begründet sind. Die Autoren bezeichnen Konflikte, die ausschließlich auf der Inhaltsebene liegen als die „menschlich reifste Form der Auseinandersetzung" (Watzlawick et al. 2007, S. 81), denn die Beziehung ist stabil und

Wenn Kommunikation immer auf diesen beiden Ebenen stattfindet, müssen auch auf beiden Ebenen Erwartungen – seien sie nun bewusst oder unbewusst – existieren, die die Komplexität reduzieren und damit Kommunikation überhaupt erst ermöglichen. Konkret bedeutet dies, dass die Aussage der Führungskraft zunächst eine inhaltliche Information beinhaltet (das Papier ist aufgebraucht), gleichzeitig auch die Beziehung aus Sicht der Führungskraft definiert. In diesem Fall möchte die Führungskraft die Aussage so verstanden wissen, dass die Sekretärin neues Papier bereitstellt, was im Rahmen der formalen Beziehung beider zu ihrem Aufgabenbereich gehört. Entscheidend ist nun, dass die Sekretärin als Empfängerin der Mitteilung ebenfalls Erwartungen auf beiden Ebenen besitzen muss, um sie verstehen zu können. Hätte sie keine Erwartungen der Beziehungsebene, könnte sie der Aussage „Ich benötige dringend Papier für meinen Drucker" keine aus ihrer Sicht sinnvolle Bedeutung zuschreiben. Auf der anderen Seite benötigt auch die Führungskraft Erwartungen auf der Beziehungsebene, um überhaupt erst in der Lage zu sein, die Mitteilung zu formulieren, also eine Selektion von Verhalten durchzuführen. Individuelle Erwartungen können demnach in Inhalts- und Beziehungserwartungen ausdifferenziert werden. Indem die gegenseitigen Definitionen der Beziehungsebene meist unbewusst ablaufen, in der Kommunikation sozusagen mitlaufen, scheint es auch plausibel anzunehmen, dass die korrespondierenden Erwartungen in diesen Fällen ebenfalls eher unbewusst in die Interaktion einfließen. Eine Unterscheidung in bewusste und unbewusste Erwartungen erscheint damit auch aus diesem Blickwinkel sinnvoll.

1.2.2. Bewusste und unbewusste Erwartungen

Erwartungen ermöglichen Kommunikation, sind dabei jedoch dem Erwartenden nicht immer bewusst. So wird die Führungskraft im obigen Beispiel die bewusste Erwartung besessen haben, dass die Sekretärin ihn mit neuem Papier versorgt, gleichzeitig werden die zur Formulierung der Aussage ebenfalls notwendigen Erwartungen der Beziehungsebene eher unbewusst eingeflossen sein. Sie kann sich auf die Inhaltsebene der Kommunikation konzentrieren, vorausgesetzt, dass beide ihre jeweiligen situativen Identitäten bereits erfolgreich ausgehandelt und validiert haben.[31] Unbewusste Erwartungen existieren aber auch grundsätzlich und unabhängig von der einzelnen sozialen Beziehung. Innerhalb der Führungsforschung wird der Einfluss des Unbewussten insbesondere im psychodynamischen Ansatz[32] diskutiert. Ausgangspunkt ist die psychoanalytische Grundan-

---

steht nicht in Frage. Liegt ein Konflikt jedoch ausschließlich auf der Beziehungsebene (bei gleichzeitiger Einigkeit auf der Inhaltsebene), so ist die Tragfähigkeit der Beziehung in Gefahr, spätestens dann, wenn das Objekt der Inhaltsebene wegfällt.

[31] Vgl. Lührmann 2006, S. 299 f.
[32] Vgl. stellvertretend Kets de Vries 1989; 1993; 1999; 2006; Pauchant 1991; Ritter & Lord 2007; Stech 2001; Steyrer 1995.

nahme Freuds, dass Individuen in frühkindlichen Entwicklungsphasen ihre Persönlichkeitsstruktur – Kets de Vries nennt diese Strukturen „deep structures"[33] – ausbilden, die sich auf alle späteren Beziehungen auswirkt. Durch Prozesse der Übertragung steuern sie – so jedenfalls aus Sicht des psychoanalytischen Führungsansatzes – den späteren Umgang des Einzelnen mit Autoritäten jeglicher Art. Kets de Vries geht nun einen Schritt weiter, indem er davon ausgeht, dass sich Führungskraft und Geführte in einem wechselseitigen Kompensationsprozess wiederfinden und dabei sozusagen unbewusst versuchen, die unterdrückten Aspekte ihrer Persönlichkeit auszuleben und ihre eigenen Defizite auszugleichen.[34] Im Ergebnis bilden sich unbewusste, komplementäre Erwartungsstrukturen heraus, die sich durch die symbiotische Beziehung von Führungskraft und Mitarbeiter wechselseitig stabilisieren.[35] In ähnlicher Weise argumentieren auch Ritter und Lord, indem sie aufzeigen, dass aus Sicht der Geführten frühere Führungsbeziehungen die Interaktion mit der aktuellen Führungskraft unbewusst beeinflussen und unter bestimmten Umständen sogar im Sinne selbsterfüllender Prophezeiungen determinieren.[36] Somit kann an dieser Stelle festgehalten werden, dass individuelle Erwartungen sowohl bewusster, als auch unbewusster Natur sein können. Die folgende Abbildung verdeutlicht diese Differenzierung und nimmt ebenfalls die zuvor aufgerissene Unterscheidung in Inhalts- und Beziehungsebene auf:

---

[33] Kets de Vries 1999, S. 752.
[34] Vgl. Kets de Vries 1999, S. 748 ff.
[35] Kets de Vries differenziert verschiedene Formen dieser „Collusive Relationships" auf deren differenzierte Darstellung hier verzichtet werden soll (vgl. dazu Kets de Vries 1999, S. 767).
[36] Vgl. Ritter & Lord 2007; Die Autoren testeten folgende Hypothese: „Perceptions of a new leader's traits and characteristics are affected by the stored mental representation of one's old leader to the extent that the new leader is similar to the old leader." (Ritter & Lord 2007, S. 1685); vgl. dazu vertiefend Abschnitt 1.3.2. in diesem Kapitel.

D Abusive Supervision als Muster der Führungsinteraktion

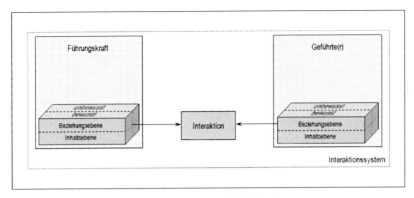

Abbildung 24: Dimensionen individueller Erwartungen
(Quelle: eigene Darstellung)

Abbildung 24 visualisiert, dass in einem erwartungsbasiertes Modell der Führungsinteraktion – und damit ebenfalls in Bezug auf die interaktionstheoretische Rekonzeptionalisierung von Abusive Supervision – Erwartungen anhand der Dimension bewusst/unbewusst sowie anhand der Dimension Inhalt/Beziehung ausdifferenziert werden können. Beide Differenzierungen sollen hier als unabhängig voneinander verstanden werden: Zwar sind Erwartungen der Beziehungsebene oftmals eher unbewusster Natur, können aber auch bewusst sein. Auf der anderen Seite fließen auf der Ebene des Inhaltes eher bewusste Erwartungen in die Kommunikation ein, wobei diese auch unbewussten Charakter aufweisen können. Kurz: Es ist weder alles Beziehung was unbewusst ist, noch ist alles Inhalt, was bewusst ist.

Mit Blick auf Abusive Supervision als spezifische Form sozialer Interaktion besitzt die hier vorgeschlagene Ausdifferenzierung folgende Anknüpfungspunkte: Zunächst bezieht sich Abusive Supervision in erster Linie auf das *Wie* der Kommunikation, also auf die Beziehungsebene. Der Kommunikationsinhalt ist vordergründig – jedenfalls in der hier betrachteten, unintendierten Form von Abusive Supervision[37] – auf das Erreichen organisationaler Ziele gerichtet. Erst die individuelle Interpretation auf Ebene der Beziehung führt zu der Wahrnehmung von Abusive Supervision auf Seiten des Mitarbeiters. Jene Erwartungen, die dazu führen, dass Führungsverhalten als feindselig wahrgenommen wird, sind eher unbewusst, was an dieser Stelle der Argumentation zwar nur behauptet werden kann, im folgenden Abschnitt aber inhaltlich auf Ebene der Bestimmungsfaktoren individueller Erwartungen tiefgreifender begründet wird. Die Beziehungsebene der Kommunikation spielt auch auf Seiten der Führungskraft mit Blick auf Abusive Supervision die vordergründige Rolle. So entscheidet die-

---

[37] Vgl. zur Abgrenzung zwischen intendierter und unintendierter Form Abschnitt 1.4 in Kapitel B.

se Ebene, wie sie ihre Mitteilung „verpackt", also ihr spezifisches Verhalten aus den verschiedenen, ihr gegebenen Möglichkeiten selektiert. Diese Selektion erfolgt ebenfalls eher unbewusst, wie der folgende Abschnitt unter Rückgriff auf implizite Theorien und Menschenbilder genauer aufzeigen wird.

Bis zu diesem Punkt ist die Diskussion – abgesehen von der Bezeichnung der Interaktionspartner und vom jeweils knapp diskutierten Transfer auf Abusive Supervision – vollkommen ohne Führungsbezug. Momentan sind die Überlegungen für die Führungsinteraktion genauso anwendbar, wie für die Interaktion von Eheleuten oder Geschäftspartnern. Die individuellen Erwartungen müssen nun, nachdem auf allgemeiner Ebene ihre Funktionen und Dimensionen spezifiziert wurden, mit Blick auf die zu analysierende Führungsbeziehung inhaltlich konkretisiert, oder bildlich gesprochen mit Leben gefüllt werden, um die Analyse von der gegenwärtig allgemeinen Ebene schrittweise an die Rekonzeptionalisierung von Abusive Supervision heranzuführen. Der folgende Abschnitt vollzieht nun diesen Schritt von abstrakten Vorüberlegungen bezüglich der Rolle von Erwartungen in sozialer Interaktion zum konkreten Interaktionsmodell der Führung. Inhaltliche Bestimmungsfaktoren individueller Erwartungen werden ausdifferenziert und jeweils nach einer allgemeinen Diskussion in ihrem Bezug zu Abusive Supervision reflektiert.

1.3. Bestimmungsfaktoren individueller Erwartungen in der Führungsinteraktion

In diesem Abschnitt sollen – der analytischen Trennung zwischen statischer und dynamischer Betrachtung geschuldet – nur jene Einflüsse thematisiert werden, die außerhalb des Interaktionssystems anzusiedeln und damit seiner Umwelt zuzurechnen sind.[38] Dynamische Rückwirkungen der Interaktion auf sowohl individuelle Erwartungen, als auch auf das Interaktionssystem selbst werden im zweiten Teil des Kapitels diskutiert. Als relevante Umweltdimensionen werden in diesem Abschnitt zunächst die psychischen Systeme der beteiligten Interaktionspartner ins Visier genommen. Hier geht es einerseits um kognitive Schemata, genauer gesagt implizite Theorien, und anderseits um frühere Erfahrungen mit anderen Interaktionspartnern, die hier also analytisch getrennt voneinander betrachtet werden.[39] Im Anschluss wird der wahrgenommene organisationale Kontext – differenziert nach formalen und informalen Einflüssen – als weitere Umweltdimension des Interaktionssystems und ebenfalls Bestimmungsfaktor individueller Erwartungen analysiert.

---

[38] Denn „[d]ie Erwartungsstrukturen, die man für rasche Reproduktion, für unmittelbares Anschlusshandeln braucht, könnten in der nötigen Vielfalt nicht in der laufenden Interaktion entwickelt werden" (Luhmann 1984, S. 568 f.).
[39] Zur Begründung dieser Trennung vgl. Abschnitt 1.3.2 in diesem Kapitel.

1.3.1. Implizite Theorien

Innerhalb der Führungsforschung werden implizite Theorien seit Mitte der 1970er Jahre diskutiert, wobei diese Diskussion (bisher) fast exklusiv aus der Perspektive der Mitarbeiter im Rahmen der Geführten-zentrierten kognitiven Führungstheorien[40] geführt wird.[41] Implizite Führungstheorien werden dabei – auf das Wesentliche reduziert – üblicherweise als Schemata verstanden, „that help distinguish «leaders» from «non-leaders»"[42]. Da die zu entwickelnde Rekonzeptionalisierung von Abusive Supervision explizit *beide* Interaktionspartner sowie deren Verhalten und Erwartungen in den Blick nehmen soll, müssen implizite Theorien ebenfalls aus Sicht der Führungskraft diskutiert werden. Dieser Abschnitt differenziert daher in implizite *Führungs-* und *Geführten*theorien, bevor ihre Rolle in der anstehenden Rekonzeptionalisierung analysiert wird. Einleitend sei indes noch etwas Licht auf die übergreifenden theoretischen Grundlagen und konzeptionelle Vorläufer impliziter Theorien im Führungskontext geworfen.

Die theoretischen Wurzeln impliziter Theorien liegen in der Erforschung sozialer Wahrnehmungsprozesse, ein Forschungsbereich, der sich – zunächst unabhängig von der Führungsforschung – in die Sozialpsychologie einordnen lässt.[43] Soziale Wahrnehmung wird dort überlicherweise definiert als Prozess, in dem „people make sense of other people and themselves"[44]. Dieser „Sensemaking"-Prozess wird durch abstrakte Repräsentationen sogenannter kognitiver Schemata ermöglicht, die sämtliche Wahrnehmungen als Informationsverarbeitungsprozesse strukturieren und leiten.[45] Ohne dass darauf direkt Bezug genommen wird, scheint die Nähe zum Konstruktivismus deutlich auf: Es sind immer nur die eigenen kognitiven Strukturen, Schemata, Modelle oder Schablonen,[46] die die Wahrnehmung einer Differenz und damit eine Bedeu-

---

[40] Vgl. dazu auch Abschnitt 1.2 in Kapitel C. Während die Geführten-zentrierten Attributionstheorien dort überblicksartig dargestellt wurden, liegt der Fokus an dieser Stelle nun auf den impliziten Theorien als Kernelement kognitiver Führungsforschung.
[41] Vgl. stellvertretend für die Vielzahl der Veröffentlichungen Eden & Leviatan 1975; 2005; Epitropaki & Martin 2004; 2005; Keller 1999; 2003; Hansbrough (Keller) 2005; Lord et al. 1982; 1984; Lord & Maher 1991; Meindl 1995; Offermann et al. 1994; Schyns & Meindl 2005; Sy 2010; Weiss & Adler 1981.
[42] Shondrick et al. 2010, S. 1.
[43] Vgl. Howard & Renfrow 2003, S. 259; vgl. ferner Fiske & Taylor 1991.
[44] Howard & Renfrow 2003, S. 260.
[45] Vgl. Schilling 2008, S. 47. Kelly schreibt hierzu: „Der Mensch betrachtet seine Welt durch transparente Muster oder Schablonen, die er sich schafft und die er dann auf die Realitäten der Welt zu übertragen versucht" (Kelly 1955, S. 8 f.; ins Deutsche übersetzt von Forgas 1995, S. 37).
[46] In der Sozialpsychologie wurden verschiedene Konstrukte entwickelt, die nicht zu übersehene Überschneidungen mit dem Konzept impliziter Theorien besitzen, so etwa kognitiver Schemata (vgl. etwa Mandl et al. 1988), *kognitive Karten* (vgl. etwa Downs & Stea

tungszuweisung ermöglichen. Jones und Nisbett bringen dies in folgender Weise auf den Punkt: „Persönlichkeitsmerkmale existieren eher in den Augen des Betrachters als in der Psyche des Akteurs"[47].

Der Begriff der impliziten Theorie wurde im Zusammenhang mit der Wahrnehmung anderer Personen zuerst von Bruner und Tagiuri verwendet,[48] obwohl zu gleicher Zeit ähnliche Konzepte und Bezeichnungen von anderen Autoren entwickelt wurden.[49] Bruner und Tagiuri verwendeten den Begriff der „naive, implicit personality theory [...] to describe the possibility that perceivers assume inferential relationships among attributes of people"[50]. Verschiedene empirische Studien untersuchten später, inwieweit implizite Persönlichkeitstheorien von Individuen zur Komplexitätsreduktion in der Wahrnehmung von anderen Individuen verwendet werden.[51] Heute wird der Begriff der impliziten Persönlichkeitstheorie in folgender Weise verwendet:

> „[...] persönliche Überzeugungen, die bei der Beurteilung von Personen mit einfließen, ohne dass eine vertiefte kritische Analyse erfolgt. [...] Aus dem Vorhandensein einer Persönlichkeitseigenschaft wird auf das Vorhandensein einer oder mehrerer anderer Eigenschaften geschlossen."[52]

(1) Implizite Führungstheorien

Im Kontext der Führungsforschung wurden implizite Theorien zuerst von Eden und Leviatan beschrieben,[53] die, anknüpfend an Forschungen zu impliziten Persönlichkeitstheorien, eigentlich die Existenz impliziter Organisationstheorien nachweisen wollten, auf Umwegen aber schließlich implizite Führungstheorien betrachteten.[54] Das erste Modell impliziter Führungstheorien wurde einige Jahre später von Lord et al. vorgelegt.[55] Sie beschrieben und überprüften daraufhin

---

1977; Weber 1991), *mentale Modelle* (vgl. etwa Johnson-Laird 1983; Conrad 1993) und *soziale Repräsentationen* (vgl. etwa Moscovici 1988).

[47] Jones & Nisbett 1971, S. 11; ins Deutsche übersetzt von Forgas 1995, S. 36.

[48] Vgl. Bruner & Tagiuri 1954.

[49] Vgl. beispielsweise Cronbach 1955; Jones 1954; Kelly 1955; Steiner 1954.

[50] Schneider 1973, S. 294.

[51] Vgl. stellvertretend Levy & Dugan 1960; Mulaik 1964; Norman & Goldberg 1966; für einen Überblick über die Forschung impliziter Persönlichkeitstheorien vgl. insbesondere Schneider 1973 und auch Forgas 1995, S. 36 ff.

[52] Wenninger 2001, S. 253.

[53] Vgl. Eden & Leviatan 1975.

[54] Vgl. Eden & Leviatan 2005, S. 5 ff.; Sie prüften einen zu der Zeit anerkannten Fragebogen dahingehend, inwieweit dieser tatsächlich organisationale Realität abbildet oder eher implizite Organisationstheorien der Befragten erfasst. In ihrer Analyse der Ergebnisse beschränkten sie sich schließlich auf Führungsaspekte und nannten ihren Artikel daher „Implicit Leadership Theory".

[55] Vgl. Lord et al. 1982; 1984.

implizite Führungstheorien als kognitives Kategoriensystem,[56] welches hierarchisch auf drei Ebenen aufgebaut ist.[57] Auf oberster Ebene geht es um die grundlegende Unterscheidung zwischen „Leader" und „Non-Leader", die nachgelagerten Ebenen dienen dann der immer feineren Ausdifferenzierung verschiedener Typen von Führungskräften, wie folgende Abbildung exemplarisch zeigt:

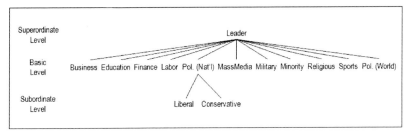

Abbildung 25: Hierarchie der Führungskategorisierungen nach Lord et al.
(Quelle: Lord et al. 1984, S. 347)

Die Arbeiten zu impliziten Führungstheorien stellen seit diesen grundlegenden Veröffentlichungen ein stetig wachsendes Forschungsfeld dar, welches sich in verschiedene Strömungen mit unterschiedlichen Schwerpunkten ausdifferenziert hat.[58] Übergreifend werden implizite Führungstheorien nach Schyns und Meindl zwischenzeitlich verstanden als: „the image that a person has of a leader in general, or of an effective leader"[59]. An dieser Stelle soll darauf verzichtet werden, die verschiedenen Forschungslinien zu resümieren.[60] Stattdessen sei nur auf die für diese Arbeit unmittelbar relevanten Forschungsergebnisse eingegangen.

---

[56] Sie adaptieren hier die Arbeit von Rosch zur kognitiven Kategorisierung (vgl. Rosch 1978).
[57] Vgl. Lord et al. 1984, S. 345 f.
[58] Neben der ursprünglichen faktoranalytischen Arbeit von Eden und Leviathan (1975) wurden insbesondere Prozesse individueller Informationsverarbeitung im Kontext impliziter Führungstheorien untersucht (vgl. etwa Lord 1985; Meindl & Ehrlich 1987; Shamir 1992), sowie deren Inhalt (vgl. etwa Offermann et al. 1994), Generalisierbarkeit (vgl. etwa Den Hartog et al. 1999) und Prognostizierbarkeit (vgl. etwa Keller 1999; 2003) erforscht. Für eine Kategorisierung des Forschungsfeldes vgl. beispielsweise Schyns & Meindl 2005, S. 17 ff.; für eine differenziertere und umfassendere Darstellung vgl. Shondrick et al. 2010, S. 2.
[59] Schyns & Meindl 2005, S. 21.
[60] Vgl. hierzu die einschlägigen Review-Artikel von Lord & Emrich 2000; Schyns & Meindl 2005; Shondrick et al. 2010.

Konkret sollen überblicksartig Fragen des Inhaltes, der Funktionsweise und der Stabilität impliziter Führungstheorien näher beleuchtet werden.[61]

Offermann et al. beschäftigten sich zuerst mit konkreten *Inhalten* impliziter Führungstheorien.[62] In ihrer Studie fragten die Autoren 192 Studenten nach je 25 Eigenschaften und Charakteristika von Führungskräften.[63] Aus den generierten Items verdichteten sie acht Dimensionen impliziter Führungstheorien (Sensitivity, Dedication, Tyranny, Charisma, Attractiveness, Masculinity, Intelligence, Strength), die insgesamt aus 41 verschiedenen Eigenschaften beziehungsweise Items bestanden.[64] Die individuelle Wahrnehmung dieser Dimensionen auf Seiten der Geführten entscheidet nun darüber, ob eine Führungskraft als solche wahrgenommen wird oder nicht. Hervorzuheben an den Ergebnissen ist, dass nach Offermann et al. nicht nur weithin positiv belegte Charakteristika (Dedication, Sensitivity, Charisma) für diese Kategorisierung verwendet werden, sondern auch negativ besetzte Aspekte wie dominierendes, kontrollierendes und manipulierendes Führungsverhalten von den Befragten als typisch benannt wurden und damit ebenfalls in die Beurteilung einer Führungskraft einfließen. Epitropaki und Martin validierten diese Ergebnisse später und verkürzten die entwickelte Skala auf sechs Dimensionen bestehend aus insgesamt 21 Items. Sie konnten ferner zeigen, dass der Inhalt impliziter Theorien über verschiedene Organisationsformen, Stellenbeschreibungen und Altersgruppen hinweg deutliche Ähnlichkeiten aufweist.[65] Es kann demnach von intersubjektiver Einigkeit über die inhaltlichen Dimensionen impliziter Führungstheorien ausgegangen werden. Der konkrete Einfluss einzelner Dimensionen auf die individuelle Kategorisierung einer Führungskraft variiert jedoch – das lässt sich bereits aus den konstruktivistischen Überlegungen heraus begründen – von Mitarbeiter zu Mitarbeiter.[66] Während ein Mitarbeiter insbesondere charismatisches Auftreten mit einer prototypischen Führungskraft in Verbindung bringt, ist es bei einem anderen eher Durchsetzungsvermögen. Inhalt impliziter Theorien – um dies zusammenzufassen – sind also Eigenschaften, die der einzelne Mitarbeiter prototy-

---

[61] Auch Fragen der Entstehung impliziter Führungstheorien wären durchaus interessant, würden an dieser Stelle jedoch den Rahmen der Arbeit sprengen. Insbesondere Keller (1999; 2003) beschäftigte sich mit der Entstehung und fand heraus, dass frühe Vorbilder, insbesondere der Vater, deutlichen Einfluss auf die Entwicklung impliziter Führungstheorien besitzen. Frühkindliche Interaktionen schaffen subjektive Annahmen über grundsätzliche Strukturen sozialer Beziehungen – Keller spricht hier von „attachment styles" (Keller 2003, S. 144) – und verdichten so auch nach und nach internalisierte Konzepte prototypischer Führungskräfte.
[62] Vgl. Offermann et al. 1994.
[63] Vgl. Offermann et al. 1994, S. 47.
[64] Vgl. Offermann et al. 1994, S. 51.
[65] Vgl. Epitropaki & Martin 2004, S. 307.
[66] Vgl. hierzu auch Engle & Lord 1997. Andere Untersuchungen konnten wiederum zeigen, dass implizite Führungstheorien auch über kulturelle Kontexte hinweg in gewissem Umfang sehr ähnlich sind (vgl. etwa Den Hartog et al. 1999; House et al. 1999).

pisch oder auch antiprototypisch mit einer Führungskraft in Verbindung bringt. In der Interaktion mit einer realen Führungskraft wird das wahrgenommene Verhalten mit diesen Kategorien verglichen und daraufhin gute, schlechte oder auch gar keine Führerschaft zugeschrieben. Damit ist ebenfalls die *Funktionsweise* impliziter Führungstheorien bereits umrissen: Im Kontakt mit der Führungskraft werden jene kognitiven Schemata aktiviert, „in denen aufgrund von Erfahrungen typische Zusammenhänge eines Realitätsbereiches repräsentiert sind"[67], die also Informationen über prototypisches Führungsverhalten enthalten. Stimmen wahrgenommenes Verhalten und prototypische Vorstellungen überein, wird das Verhalten als angemessenes und richtiges Führungsverhalten eingestuft.[68] Diese Vergleichsprozesse laufen unbewusst, weitestgehend automatisiert und schnell ab.[69] Meist werden aus Zeitdruck oder auch aus Mangel an Verfügbarkeit nur sehr wenige Eindrücke verwendet, um die Kategorisierung vorzunehmen.[70] Implizite Führungstheorien – wie auch Schemata, die sich auf andere Realitätsbereiche beziehen – haben gerade die Funktion, schnelle Einschätzungen zu ermöglichen, ohne dass dabei aufmerksamkeitsfordernde, rationale Verarbeitungsprozesse notwendig wären:

> „[Implicit Leadership Theories] are created over time by learning mechanisms that automatically incorporate patterns of traits or behaviors related to leadership that an individual experiences."[71]

Hinsichtlich der *Stabilität* impliziter Theorien zeichnet sich in der Literatur folgendes, nicht ganz einheitliches Bild: Epitropaki und Martin zeigten in ihrer Longitudinalstudie, dass implizite Führungstheorien temporal relativ stabil sind, insbesondere auch dann, wenn die befragten Personen zwischen den Messzeitpunkten einen Führungskräftewechsel erlebten.[72] In dieser – zumindest in Bezug auf die Stabilität impliziter Führungstheorien – Pionierstudie bezogen sich die Autoren auf verwandte Forschung zur Stabilität kognitiver Schemata, deren Ergebnisse ebenfalls zeigten, dass Schemata eher stabil und resistent gegen Änderungsversuche sind, wenn sie erst einmal ausgebildet, hinreichend ausdifferenziert und bewährt sind.[73] Insbesondere die radikale Veränderung kognitiver Schemata wird als schmerzhafter Prozess beschrieben, bei dem sich das Individuum in einem Zustand der Orientierungslosigkeit, Angst und Unsicherheit befindet, weshalb radikale Änderungen möglichst vermieden werden.[74] Brown und

---

[67] Mandl et al. 1988, S. 124.
[68] Vgl. Shondrick et al. 2010, S. 6; ferner auch Hanges et al. 2000.
[69] Vgl. Lord 1985, S. 87 ff.; Lord et al. 1984, S. 359 f.; Ritter & Lord 2007, S. 1683.
[70] Vgl. Fraser & Lord 2001.
[71] Fishbein & Lord 2004, S. 700.
[72] Vgl. Epitropaki & Martin 2004, S. 307.
[73] Vgl. Labianca et al. 2000, S. 242 ff.
[74] Vgl. Poole et al. 1989, S. 286 ff.; Stattdessen werden eher Informationen umgedeutet, als die infrage gestellten Schemata zu verändern (vgl. hierzu Anderson & Lindsay 1998).

Lord argumentierten dagegen auf konzeptioneller Ebene, dass implizite Theorien zwar Änderungen durchlaufen können, aber nur dann, wenn sich auch ihr Kontext deutlich verändert und konkreten Anlass dazu gibt. Sie sehen damit zwar in erster Linie die Stabilität, aber in gewissem Umfang auch die Flexibilität impliziter Theorien.[75] Festgehalten werden kann an dieser Stelle, dass implizite Führungstheorien sowohl über die Zeit, als auch über verschiedene Interaktionspartner hinweg als stabil angenommen werden können, wobei kleinere Anpassungen nicht auszuschließen sind. Radikale Veränderungen sind dagegen aufgrund der damit verbundenen psychischen Kosten sehr unwahrscheinlich beziehungsweise nur in Ausnahmesituationen überhaupt denkbar.

(2) Implizite Geführtentheorien
Der weitaus überwiegende Teil der auf implizite Theorien bezogenen Führungsforschung beschäftigt sich mit den beschriebenen kognitiven Schemata der Geführten. Dennoch kann insbesondere vor dem Hintergrund der hier adaptierten Interaktionsperspektive nicht bestritten werden, dass auch Führungskräfte implizite Theorien prototypischen Geführtenverhaltens besitzen und verwenden.[76] Implizite Geführtentheorien werden in der Literatur erst seit kurzer Zeit unter dieser Bezeichnung diskutiert.[77] Verbreiteter ist die Betrachtung unter dem Begriff der Menschenbilder, die Führungskräfte besitzen.[78] „Diese Menschenbilder befassen sich vor allem mit den Annahmen von Führungskräften über die Natur des Menschen in der Welt der Arbeit. Sie reflektieren – als implizite Theorien – die Betrachtungsweisen und Meinungen von Führungskräften gegenüber ihren Mitarbeitern und Untergebenen"[79]. Im Führungskontext[80] werden Menschenbil-

---

[75] Vgl. Brown & Lord 2001.
[76] Vgl. Sy 2010, S. 73. Zu den wenigen Studien impliziter Theorien prototypischen Geführtenverhaltens vgl. daneben auch Wofford & Goodwin 1994; Wofford et al. 1998. Weber schreibt zu impliziten Geführtentheorien: „Ausgangspunkt einer Führungsinteraktion ist das Urteil, das sich der Vorgesetzte über seinen Mitarbeiter bildet. Grundlegend für dieses Urteil sind dabei die Menschenbilder der Führungskraft. Aufgrund des Urteils über die Mitarbeiter wird dann anhand der impliziten Führungstheorie die geeignete Intervention, d.h. Führungshandlung abgeleitet" (Weber 1991, S. 106). In ähnlicher Weise definiert Neubauer implizite Geführtentheorien als subjektive Überzeugungen, „die im Sinne von ‚Wenn-dann'-Schemata angeben, welcher Erfolg zu erwarten ist, wenn gegenüber einer bestimmten Person (oder einem bestimmten Persönlichkeitstyp) unterschiedliche Führungsverhaltensweisen eingesetzt werden" (Neubauer 1986, S. 75).
[77] Vgl. Sy 2010, S. 73.
[78] Weber spricht hier zwar von impliziten Führungstheorien, meint damit aber kognitive Schemata von Führungskräften bezogen auf erfolgreiches Führungsverhalten in Abhängigkeit von zugrundeliegenden Menschenbildern. Um Verwirrungen und Mehrdeutigkeiten zu vermeiden, sollen in dieser Arbeit diese Menschenbilder im Vordergrund stehen und unter dem Konzept der impliziten Geführtentheorien behandelt werden.
[79] Weinert 1995, S. 1498.

der zumeist in dualistischer Weise diskutiert, indem gegensätzliche Ideal- beziehungsweise Prototypen gegenübergestellt werden. Promintester Vertreter ist McGregor mit seiner Polarisierung möglicher Menschenbilder in Theorie X und Theorie Y.[81] Die zugrundeliegende Annahme seiner Arbeit ist, dass hinter jeder Führungsentscheidung „assumptions about human nature and human behavior"[82] stehen. Theorie X ist dabei „The Traditional View of Direction and Control"[83]: Der Mensch verabscheut Arbeit und meidet sie so gut er eben kann. Er muss daher kontrolliert, angeleitet und unter Strafandrohung gesetzt werden. Hinzu kommt, dass der durchschnittliche Mensch Verantwortung scheut, Sicherheit am höchsten schätzt und permanent angeleitet werden möchte.[84] Theorie Y stellt sich genau entgegengesetzt dar: Der Mensch sieht seine Arbeit als Quelle der Zufriedenheit, entwickelt Eigeninitiative und Selbstkontrolle, wodurch externe Kontrolle und Strafandrohungen unnötig werden. Der Mensch strebt also nach Kreativität, Verantwortung und Selbstverwirklichung.[85] Diese Dichotomisierung von Menschenbildern ist natürlich stark simplifizierend und pauschalisierend, zeigt aber dennoch – und das ist der zentrale Verdienst McGregors – die Breite des inhaltlichen Spektrums möglicher Menschenbilder auf. Neben der Typologie von McGregor wurden weitere entwickelt, beispielsweise jene weitverbreitete von Schein, die vier Menschenbilder voneinander abgrenzte.[86] Im deutschsprachigen Raum entwickelte Weinert im Rahmen einer explorativen Studie verschiedene Dimensionen impliziter Geführtentheorien und stellte dabei fest – und das ist vor dem Hintergrund konstruktivistischer Überlegungen kaum überraschend –, dass tatsächlich vertretene Menschenbilder aus graduellen Abstufungen dieser Dimensionen aufgebaut sind.[87] In ähnlicher Weise untersuchte Sy kürzlich Inhalt und Struktur impliziter Geführtentheorien.[88] Insgesamt bleibt

---

[80] Daneben spielen Menschenbilder eine entscheidende Rolle als zentrales Element von Organisationstheorien (vgl. etwa Schreyögg 2008, S. 25 ff.) – die Diskussion muss an dieser Stelle auf die Führungsforschung beschränkt bleiben.

[81] Vgl. McGregor 1960; zusammenfassend auch Schreyögg 2008, S. 192 ff.; Staehle 1999, S. 191 ff.

[82] McGregor 1960, S. 33.

[83] McGregor 1960, S. 33.

[84] Vgl. McGregor 1960, S. 33 ff.

[85] Vgl. McGregor 1960, S. 47 f.

[86] Vgl. Schein 1980, S. 50 ff.; zusammenfassend insbesondere auch Staehle 1999, S. 194 f.; Weibler 2001, S. 18 f.

[87] Motivation seiner Arbeit war die Kritik an der bisherigen Menschenbildforschung im Kontext der Betriebswirtschaftslehre, die er als „subjektive Gedankengebäude" beschreibt, die „jeglicher empirischer Basis entbehren" (Weinert 1995, S. 1500). Vgl. zu dieser Studie Weinert 1984a; Weinert 1984b; zusammenfassend auch Weinert 1995, S. 1500 ff.

[88] Er verdichtete dabei verschiedene Eigenschaften wie etwa „hardworking", „productive", „excited", „loyal", „reliable", „easily influenced", „arrogant", „rude", „slow", „inexperienced" zu sechs verschiedenen Faktoren, die er wiederum hälftig den Katego-

dieses Forschungsfeld im Vergleich zu jenem der impliziten Führungstheorien jedoch deutlich unterrepräsentiert.

Die Funktionsweise impliziter Geführtentheorien unterscheidet sich nicht von der impliziter Führungstheorien: Sie werden herangezogen, um in kürzester Zeit wahrgenommenes Geführtenverhalten vor dem Hintergrund verinnerlichter Prototypen einzuschätzen, wobei die damit verbundenen Informationsverarbeitungsprozesse wiederum automatisch, spontan und unbewusst ablaufen.[89] Entwickelt werden implizite Geführtentheorien – wie auf andere Lebensbereiche bezogene Schemata auch – in frühen Entwicklungsphasen. Sie werden gegebenenfalls verfeinert und angepasst, gewinnen im Laufe der Zeit an Stabilität, während radikale Veränderungen wiederum eher unwahrscheinlich sind.[90]

(3) Konsequenzen für die Rekonzeptionalisierung von Abusive Supervision
Nachdem sowohl implizite Führungstheorien, als auch implizite Geführtentheorien als inhaltliche Bestimmungsfaktoren individueller Erwartungsstrukturen gekennzeichnet wurden, kann ihre Bedeutung nun für die soziale Interaktion insgesamt und insbesondere für die Rekonzeptionalisierung von Abusive Supervision diskutiert werden. Zunächst einmal ermöglichen sie die Interaktion zwischen Führungskraft und Mitarbeiter, denn sie dienen der Reduktion der durch doppelte Kontingenz hervorgerufenen Komplexität, indem sie aufeinander bezogenes Handeln erwartbar machen. Sie bestimmen also – zumindest zu einem gewissen Teil – die Erwartung des Individuums und ermöglichen damit, dass die Differenz zwischen Mitteilung und Information in der Führungsinteraktion verstanden wird. Anders ausgedrückt ermöglichen implizite Theorien ein Stück weit die Zuweisung von Sinn zu wahrgenommenem Verhalten. „Eine Erwartung steht immer im Kontext der Erwartung ihrer Enttäuschung"[91], wahrgenommenes Verhalten kann also stets dahingehend kategorisiert werden, ob es Erwartungen erfüllt oder enttäuscht. Implizite Theorien enthalten Informationen darüber, was als prototypisches Verhalten verstanden wird, was also aus Sicht des Individuums „richtiges" oder „angemessenes" Führungs- beziehungsweise Geführtenverhalten beinhaltet. Damit besteht automatisch die Möglichkeit, wahrgenommenes Verhalten als „falsches" oder „unangemessenes" Führungs- beziehungsweise Geführtenverhalten zu kategorisieren. Implizite Theorien ermöglichen – auf den Punkt gebracht – die Unterscheidung zwischen führungsbezogenem und nicht-führungsbezogenem Verhalten.

Implizite Theorien erfüllen in erster Linie die oben beschriebene Interpretationsfunktion individueller Erwartungen, indem wahrgenommenes Verhalten mit Bedeutung versehen und damit verstehbar wird. Sie sind daneben Voraussetzung

---

rien „Followership Prototype" und „Followership Antiprototype" zuordnete (Vgl. zur Faktorenmodell Sy 2010, S. 78).
[89] Vgl. Sy 2010, S. 74.
[90] Vgl. Lord & Maher 1991, S. 79 ff.; Poole et al. 1989, S. 286 ff.
[91] Baecker 2005, S. 88.

der Erfüllung der Selektionsfunktion: Nachdem wahrgenommenes Verhalten interpretiert wurde, ergeben sich Anschluss- und damit Selektionsmöglichkeiten eigenen Handelns. Diese Funktionen erfüllen implizite Theorien unabhängig von der konkreten Interaktion, sie strukturieren insofern die Interaktion vor. Ein Mitarbeiter besitzt also Erwartungen bezüglich des Verhaltens seiner neuen Führungskraft, noch *bevor* er das erste Mal auf diese trifft.[92] Zwar können implizite Theorien die Kontingenz wechselseitigen Verhaltens nicht beseitigen, sie reduzieren jedoch zumindest den Einfluss des Zufalls auf die Entwicklung des Interaktionssystems.

Implizite Theorien schlagen sich in erster Linie auf der Beziehungsebene individueller Erwartungen nieder. Hat ein Mitarbeiter beispielsweise die Vorstellung verinnerlicht, dass Führungskräfte – wie beispielsweise im militärischen Bereich verbreitet – autoritär und daher in ihren Einflussversuchen sehr konkret und direkt sein sollten, so betrifft das nicht den Inhalt der Kommunikation, sondern dessen beziehungsbezogene Metaebene. Gleiches gilt auf Seiten der Führungskraft. Besitzt diese beispielsweise ein Menschenbild im Sinne der Theorie X McGregors, wird sie passives, verantwortungsscheues und kontrollbedürftiges Verhalten erwarten, was ebenfalls viel mehr das Wie als das Was der Kommunikation betrifft. Oben wurde bereits dargestellt, dass implizite Theorien die informationsverarbeitenden Wahrnehmungsprozesse in spontaner und automatischer Weise leiten, also nicht im Zentrum der Aufmerksamkeit des wahrnehmenden Subjekts stehen.[93] Anders ausgedrückt wirken sie also eher auf unbewusster Ebene.[94]

Vor diesem Hintergrund liegt die Bedeutung impliziter Theorien für die hier angestrebte Rekonzeptionalisierung von Abusive Supervision auf der Hand und lässt sich in folgenden Punkten zusammenfassen: Aus Sicht des individuellen Mitarbeiters normieren implizite Führungstheorien, was er als richtiges, gutes oder angemessenes, kurzum, als prototypisches Führungsverhalten ansieht.[95] Diese Kategorien werden vom Mitarbeiter automatisch und unbewusst genutzt, um wahrgenommenes Führungsverhalten einzuschätzen. Wird wahrgenommenes Verhalten nun als feindselig eingestuft, ist dies auf Ebene impliziter Führungstheorien nichts anderes, als die Enttäuschung impliziter Vorstellungen über „gute" Führung. Denn würde das wahrgenommene Verhalten in die individuellen Kategorien guter Führung passen, würde der Mitarbeiter es nicht als feindse-

---

[92] Vgl. hierzu vertiefend Abschnitt 1.4 in diesem Kapitel.
[93] Ritter und Lord schreiben hierzu: „Implicit leadership theory [...] suggests that without conscious effort, followers cognitively compare leaders to a leader prototype (describing a typical leader in any given context) to form leadership perceptions." (Ritter & Lord 2007, S. 1683).
[94] Dennoch wird in empirischen Forschungen zumeist davon ausgegangen, dass implizite Theorien expliziert werden können (vgl. etwa Schilling 2001, S. 95 ff.). Inwieweit diese Annahme plausibel ist, sei an dieser Stelle dahingestellt.
[95] Vgl. Schyns & Meindl 2005, S. 21.

lig bezeichnen. Auf der anderen Seite ließe sich die Wahrnehmung feindseligen Verhaltens auch als Bestätigung impliziter Theorien „schlechter" Führung markieren, schließlich beinhalten die Kategorien prototypischer Führung automatisch auch ihre Negation.[96] Der entscheidende Aspekt an diesem Punkt der schrittweise zu entwickelnden Rekonzeptionalisierung ist nun, dass implizite Theorien immer dann vom individuellen Mitarbeiter herangezogen werden, wenn wahrgenommenes Verhalten kategorisiert werden soll, was wiederum für die Anschlussfähigkeit jeder Kommunikation notwendig ist, sei es durch die Bestätigung impliziter Theorien feindseliger Führung oder die Enttäuschung impliziter Theorien „guter" Führung.

Der Ausgangspunkt der Entstehung von Abusive Supervision ist damit bereits markiert: Notwendige Bedingung der Emergenz von Abusive Supervision ist eine erste Kategorisierung wahrgenommenen Verhaltens als feindselig. Hinreichende Bedingung ist die darüberhinausgehende, in Kapitel B bereits benannte, intertemporale Stabilität dieser Wahrnehmung über verschiedene Situationsinhalte hinweg, worin sich auch der Bezug zur Dimension der Beziehungsebene individueller Erwartungen zeigt. Der korrespondierende dynamische Blickwinkel wird unten wieder aufgegriffen und vertiefend diskutiert. An dieser Stelle seien indes noch die impliziten Theorien der Führungskraft mit Blick auf die Entstehung von Abusive Supervision knapp reflektiert: Besitzt eine Führungskraft die implizite Theorie, Mitarbeiter müssten straff kontrolliert und Fehler streng sanktioniert werden, so wird sich dies einerseits auf die Wahrnehmung des Geführtenverhaltens (Interpretationsfunktion), als auch auf die Wahl des eigenen Verhaltens (Selektionsfunktion) auswirken. Korrespondiert das selektierte Verhalten dann mit den impliziten Theorien des Geführten hinsichtlich feindseliger Führung, so kommt es zur Wahrnehmung feindseligen Verhaltens, was wiederum auf Seiten des Mitarbeiters zur Selektion von reaktivem Verhalten führt, etc. Hier zeigt sich die oben bereits allgemein formulierte und im weiteren Verlauf der Arbeit noch auf Abusive Supervision zuzuspitzende wechselseitige Dynamik der Führungsinteraktion.

Zusammenfassend kann festgehalten werden, das implizite Theorien sowohl auf Seiten der Führungskraft, als auch auf Seiten des Mitarbeiters für die Einschätzung des jeweils wahrgenommenen Verhaltens des Interaktionspartners von entscheidender Bedeutung sind, worauf bereits die kognitiven Führungstheorien aus ihren beiden Perspektiven isoliert voneinander mit Nachdruck hinweisen.[97] Will man Abusive Supervision aus der Interaktion beider Individuen heraus erklären – und das ist schließlich das erklärte Ziel dieser Arbeit – müssen die Interpretations- und Selektionsprozesse *beider* Interaktionspartner betrachtet und insbesondere der wechselseitige Bezug der Analyse zugänglich gemacht wer-

---

[96] Vgl. Baecker 2005, S. 88.
[97] Vgl. Abschnitt 1.2 in Kapitel C.

den. Letzteres erfolgt hier im Rahmen der dynamischen Betrachtung im zweiten Teil des Kapitels.

Der Literatur folgend soll in dieser Arbeit davon ausgegangen werden, dass implizite Theorien sowohl über die Zeit, als auch über verschiedene Interaktionspartner hinweg stabil und damit in gewisser Weise enttäuschungsresistent sind.[98] Besitzt ein Mitarbeiter also die implizite, prototypische Vorstellung einer sensiblen und delegierenden Führungskraft, so wird sich dieses Bild nicht verändern, wenn er mit einer autoritären Führungskraft konfrontiert wird. Implizite Theorien sollen daher im Rahmen dieser Arbeit als unabhängig vom spezifischen Interaktionspartner angenommen werden. Dennoch haben konkrete Interaktionserfahrungen mit bestimmten Interaktionspartnern Auswirkungen auf die Erwartungen an zukünftige Interaktionspartner, weshalb „konkrete Erfahrungen" als zweiter Bestimmungsfaktor individueller Erwartungen im folgenden Abschnitt diskutiert werden sollen.

1.3.2. Konkrete Erfahrungen

Implizite Theorien ermöglichen es dem Individuum, wahrgenommenes Verhalten mit eigenen Kategorien prototypischen Verhaltens zu vergleichen, wobei diese Kategorien als relativ stabil angenommen werden. Daneben werden die Erwartungen, die ein Individuum in das Interaktionssystem hineinträgt, auch von konkreten Erfahrungen beeinflusst, die mit früheren Interaktionspartnern gesammelt wurden.[99] Diese konkreten Erfahrungen können die verinnerlichten impliziten Theorien bestätigen, genauso aber auch von prototypischem Führungsverhalten abweichen und damit in Widerspruch zu den impliziten Theorien stehen. Ritter und Lord beschäftigten sich intensiv mit dem Einfluss konkreter Interaktionserfahrungen als alternative Erklärungsmöglichkeit der Verarbeitung wahrgenommenen Führungsverhaltens.[100] Sie arbeiten mit dem Konzept der Übertragung in folgender Weise:

> „Transference includes the use of a mental structure developed in a previous relationship to automatically guide cognitive and emotional processes in a new relationship"[101]

---

[98] Vgl. zu dieser Position Epitropaki & Martin 2004, S. 307; Labianca et al. 2000, S. 242 ff.; Poole et al. 1989, S. 286 ff.

[99] Vgl. Ritter & Lord 2007, S. 1683: „If activated in a leader–follower context, a significant other mental representation offers an alternative to prototypes in terms of a cognitive mechanism on which leader evaluations may be based. In other words, rather than a general prototype guiding perceptions, a specific and important exemplar of a leader may be used to guide perceptions and reactions.".

[100] Vgl. Ritter & Lord 2007.

[101] Ritter & Lord 2007, S. 1683.

Basierend auf den Arbeiten von Andersen zu Übertragungsprozessen in sozialer Wahrnehmung[102] ist die Idee also, dass die Erfahrungen bestimmter Beziehungen im Gedächtnis abgespeichert werden, genauer gesagt im „Relational Self", und dann die Wahrnehmungsprozesse im Rahmen künftiger Begegnungen beeinflussen.[103] Je wichtiger und signifikanter die frühere Beziehung vom Individuum wahrgenommen wird, desto eher werden diese Erfahrungen durch externe Stimuli aktiviert und desto größer ist deren Einfluss auf die aktuelle individuelle Wahrnehmung und Informationsverarbeitung.[104] Hier scheint ein deutlicher Bezug zu konstruktivistischen Überlegungen bezüglich individueller Wahrnehmung auf: Wie oben ausführlich dargestellt, werden aus dieser Sicht sämtliche Wahrnehmungsprozesse durch im Gedächtnis abgelegte Erfahrungen geleitet.[105]

Ritter und Lord übertrugen die hauptsächlich auf romantische beziehungsweise Therapeut-Patient Beziehungen fokussierte Überlegungen in zwei empirischen Studien auf den Führungskontext. Zunächst konnten sie die Hypothese bestätigen, dass Übertragungen in Prozessen der sozialen Wahrnehmungen eine signifikante Rolle spielen, nämlich dann, wenn alte und neue Führungskraft in ihren Eigenschaften und Verhaltensweisen gewisse Ähnlichkeiten aufwiesen.[106] Vor diesem Hintergrund untersuchten sie anschließend die emotionale Komponente von Übertragungsprozessen. Konkret prüften sie die Hypothese, dass positive und negative Emotionen übertragen werden, wenn alte und neue Führungskraft in ihren Charakteristika als hinreichend ähnlich wahrgenommen werden. Sie nahmen ferner an – und das ist hier von besonderem Interesse –, dass ebenfalls die Erwartung, positiv oder negativ behandelt zu werden, Gegenstand der Übertragung ist. Mitarbeiter, so die These, die einer neuen Führungskraft begegnen, die wiederum einer alten ähnelt, von der sie negativ (positiv) behandelt wurden, erwarten ähnliches Verhalten von der neuen Führungskraft.[107] Diese Hypothesen konnten ebenfalls bestätigt und damit wiederum aufgezeigt werden, dass konkrete Erfahrungen Einfluss auf die unbewusst ablaufenden Informationsverarbeitungsprozesse der Führungskraftwahrnehmung besitzen, jedoch nur dann, wenn sich alte und neue Führungskraft hinreichend ähneln.[108] Die potentiellen Auswirkungen von durch frühere Erfahrungen bestimmten Erwartungen auf die Interaktion sind gerade im Falle von Abusive Supervision nicht zu überschätzen: Ein Mitarbeiter, der aufgrund in der Vergangenheit als negativ erfah-

---

[102] Vgl. insbesondere Andersen & Baum 1994; Andersen et al. 1995; 1996; 1998; Andersen & Chen 2002.
[103] Vgl. Andersen & Chen 2002.
[104] Vgl. Andersen & Chen 2002, S. 662.; Vgl. hierzu auch Andersen et al. 1995; 1996; Hinkley & Andersen 1996.
[105] Vgl. Roth 1996, S. 261 ff.; Schmidt 1987a, S. 15.
[106] Vgl. Ritter & Lord 2007, S. 1686.
[107] Vgl. Ritter & Lord 2007, S. 1687.
[108] Die in Kapitel A zitierte Sozialberaterin berichtete von Abusive Supervision Fällen, die durch solche Übertragungsprozesse ausgelöst wurden (vgl. SB, Z. 129 in Abschnitt 2.3 in Kapitel A); im weiteren Verlauf dieses Kapitels wird dies wiederum aufgegriffen.

renem Führungsverhalten Abusive Supervision erwartet, wird sich von vornherein defensiv verhalten, geringere Leistungsbereitschaft und -fähigkeit zeigen, etc.[109] Es kann also ein Kreislauf selbsterfüllender Prophezeiungen in Gang gesetzt werden, nämlich dann, wenn die neue Führungskraft das aus ihrer Sicht grundlos abwehrende Verhalten des Mitarbeiters mit übermäßigem Nachdruck und verstärkter Autorität beantwortet.[110] Watzlawick beschreibt selbsterfüllende Prophezeiungen in folgender Weise:

> „Eine aus einer selbsterfüllenden Prophezeiung resultierende Handlung [...] schafft erst die Voraussetzungen für das Eintreten des erwarteten Ereignisses und *erzeugt* in diesem Sinne recht eigentlich eine Wirklichkeit, die sich ohne sie nicht ergeben hätte. [...] die »Lösung« erschafft das Problem; die Prophezeiung des Ereignisses führt zum Ereignis der Prophezeiung"[111]

Die folgende Abbildung verdeutlicht die Wirkungsweise selbsterfüllender Prophezeiungen am konkreten Beispiel eines Mitarbeiters, der negatives (in diesem Fall übermäßig kontrollierendes) Verhalten erwartet:

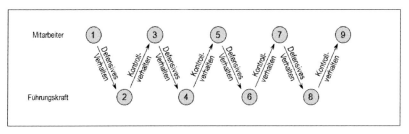

Abbildung 26: Selbsterfüllende Prophezeiung
(Quelle: in Anlehnung an Watzlawick 2010a, S. 94)

Ausgangspunkt des Prozesses der selbsterfüllenden Prophezeiung ist die durch den Stimulus der neuen Führungskraft aktivierte Erwartung, dass diese sich negativ im Sinne übermäßiger Kontrolle verhalten würde. Angesichts dieser Erwartung verhält sich der Mitarbeiter defensiv[112], was wiederum (verstärktes) Kontrollverhalten provoziert.[113] Im Laufe der Zeit gerät der eigentliche Auslöser

---

[109] Vgl. Ritter & Lord 2007, S. 1691. Zu den (potentiellen) Auswirkungen von Abusive Supervision vgl. die entsprechenden Abschnitte in Kapitel B dieser Arbeit.
[110] Diese Art der wechselseitigen Stabilisierung wurde von McGregor bereits als Theorie X Zirkel diskutiert (vgl. McGregor 1960, S. 33 ff.).
[111] Watzlawick 2010a, S. 92 f.
[112] Die Bezeichnung „defensiv" soll hier als Oberbegriff über verschiedene abwehrende beziehungsweise kompensierende Reaktionsmöglichkeiten auf übermäßiges Kontrollverhalten verstanden werden.
[113] Vgl. Ritter & Lord 2007, S. 1691.

des Prozesses – die aktivierte frühere Erfahrung – immer mehr in den Hintergrund, beide Akteure sehen diametral gegensätzliche Kausalitäten als Ursache für das Interaktionsgeschehen.[114] Der Mitarbeiter verhält sich defensiv, weil er übermäßig kontrolliert wird, er sieht also beispielsweise die Triade 4-5-6 als treffende Beschreibung der Situation. Die Führungskraft auf der anderen Seite zeigt übermäßiges Kontrollverhalten, weil der Mitarbeiter übermäßig defensiv ist; sie sieht beispielsweise die Triade 5-6-7 als kausale Struktur des gemeinsamen Interaktionsgeschehens. Erst wenn diese vollkommen gegensätzlich wahrgenommenen Verhältnisse von Ursache und Wirkung reflektiert werden, ist ein Aufbrechen des stabilisierten Zirkels möglich.[115]

Der beschriebene Einfluss konkreter Erfahrungen mit früheren Interaktionspartnern wird in der Führungsforschung bisher zwar nur in sehr begrenztem Maße und bezogen auf die Wahrnehmungsprozesse von Geführten diskutiert, es liegt aber nahe, dass ähnliche Prozesse auch in den Informationsverarbeitungsprozessen der Führungskraft ablaufen, nicht zuletzt auch deshalb, weil die Erkenntnisse Ritters und Lords auf den grundsätzlicheren Arbeiten Andersens zu Prozessen der sozialen Wahrnehmung beruhen. Zu klären bleibt an dieser Stelle noch das Verhältnis – abgesehen von der analytischen Trennung im zu konstruierenden Modell – von impliziten Theorien (oder Prototypen) und konkreten Erfahrungen in ihrem inhaltlichen Einfluss auf die individuellen Erwartungsstrukturen. Implizite Theorien und die darin enthaltenen Prototypen sind oftmals sehr unspezifisch und weit dehnbar, sodass zusätzliche Informationen zur Interpretation wahrgenommenen Verhaltens herangezogen werden.[116] Daher wird davon ausgegangen, dass implizite Theorien und Übertragungsprozesse konkreter Erfahrungen gemeinsam verwendet werden, wobei umstritten ist, welcher Einfluss dominiert.[117] Dieser Streit kann an dieser Stelle weder aufgearbeitet noch geschlichtet werden. Hier soll dagegen die Feststellung genügen, dass konkrete Erfahrungen *neben* den impliziten Theorien die Erwartungen des einzelnen Individuums beeinflussen. Der Einfluss konkreter Erfahrungen hängt dabei von der Ähnlichkeit der neuen Führungskraft/ des neuen Geführten mit den kognitiven Repräsentationen früherer (Führungs-)Beziehungen ab.

---

[114] Vgl. Watzlawick 2010a, S. 94.
[115] Dieser Punkt wird weiter unten im Rahmen der praktischen Implikationen aufgegriffen und vertiefend diskutiert.
[116] Vgl. Chen 2001, S. 125 ff.
[117] Vgl. Ritter & Lord 2007, S. 1688. Die Autoren schreiben: „Hence, it is likely that both significant other representations and prototypes work together as people perceive and evaluate new leaders"

1.3.3. Organisationaler Kontext

Neben den an der Führungsinteraktion beteiligten psychischen Systemen werden die individuellen Erwartungen auch vom jeweils *wahrgenommenen* organisationalen Kontext beeinflusst. Die Betonung des Wortes „wahrgenommenen" gründet auf der oben ausführlich ausgebreiteten, konstruktivistischen Erkenntnis, dass beide an der Interaktion beteiligten Individuen keinen direkten Zugang zur tatsächlichen organisationalen Realität besitzen.[118] Sie erfahren ihre jeweilige Wirklichkeit nur als eigene, spezifische, subjektive Beobachtung und Interpretation.[119] Die Konsequenz daraus ist, dass beide Interaktionspartner zwar Mitglied derselben Organisation sind, diese aber möglicherweise vollkommen unterschiedlich wahrnehmen, woraus sich unterschiedliche Einflüsse auf die individuellen Erwartungsstrukturen ergeben. Kurzum: Es gibt nicht die eine objektive Organisation, es gibt nur (in gewissem Maße dennoch intersubjektiv übereinstimmende) subjektive Konstruktionen der gemeinsamen organisationalen Umwelt.

Die Organisation soll im Rahmen dieser Arbeit in institutioneller Weise als soziales System mit spezifischer Zweckorientierung, geregelter Arbeitsteilung und beständigen Grenzen verstanden werden.[120] Ein solches soziales System – darauf macht Luhmann in aller Deutlichkeit aufmerksam – besteht aus Handlungen, nicht aus Personen.[121] Es besteht ferner nicht aus sämtlichen Handlungen beteiligter Personen, sondern nur aus den konkreten, systembezogenen Handlungen. „Alle Personen, auch die Mitglieder, sind daher für das Sozialsystem Umwelt"[122], genauso, wie das Sozialsystem aus Sicht des individuellen Mitglieds Umwelt ist. Daraus wiederum ergibt sich, dass Organisationen als „soziale Handlungssysteme [verstanden werden], in denen das faktische Verhalten durch eine Struktur von besonders herausgehobenen formalen Erwartungen geordnet ist."[123]

Die traditionelle Organisationsforschung stellte zunächst exklusiv auf formale Aspekte ab. So wurde die formale Organisation zumeist durch Zweck und Herrschaft definiert.[124] Erklärtes Ziel war es dabei, Organisationen als rationale Kon-

---

[118] Vgl. Roth 1987b, S. 241.
[119] Vgl. Baraldi et al. 1997, S. 101; Schmidt 1987a, S. 19.
[120] Vgl. March & Simon 1958, S. 1 ff.; Schreyögg 2008, S. 8 ff.; ein instrumentelles Verständnis der Organisation würde den Blick zu sehr einengen; vgl. zur grundlegenden Unterscheidung zwischen instrumentellem und institutionellem Organisationsbegriff insbesondere Schreyögg 2008, S. 4 ff.
[121] Vgl. Luhmann 1999, S. 24 f.
[122] Luhmann 1999, S. 25.
[123] Luhmann 1999, S. 29.
[124] Vgl. Luhmann 1999, S. 33; Vgl. zu dieser Perspektive insbesondere Blau & Scott 1962, S. 5; Mayntz 1958, S. 12; Weber 1976, S. 122 ff., S. 541 ff.; Luhmann gibt weitere, verbreitete Definitionen an: „Formale Organisation wird zumeist definiert durch bewusste Orientierung an einem gemeinsamen Zweck, durch geplante Koordination von Leistungen oder als Mittel rationaler Herrschaft, durch formulierte, insbesondere schriftlich fi-

struktionen zu erforschen und ihre Abläufe konsequent durch immer ausgefeiltere Formalität fortlaufend zu optimieren. Mit der wissenschaftlichen Entdeckung informaler Sozialordnungen[125] innerhalb von Organisationen sah die klassische Organisationsforschung das Ordnungsmonopol formaler Strukturgestaltung vorübergehend bedroht und suchte daher zunächst nach klarer Abgrenzung.[126] Inzwischen trat „die Analyse funktionaler Wechselbeziehungen zwischen formaler und informaler Organisation in den Vordergrund"[127]. Informale und formale Ordnung werden nunmehr als zwei komplementäre Aspekte der Organisation betrachtet, die beide je ihren funktionalen Beitrag zum Systembestand und -erfolg leisten und sich nur analytisch voneinander trennen lassen. Diese Trennung soll hier aufgegriffen werden, um einerseits die Diskussion des Einflusses des wahrgenommenen organisationalen Kontextes auf die individuellen Erwartungen von Mitarbeiter und Führungskraft zu strukturieren, und andererseits die Bedeutung der organisationalen Umwelt für die Rekonzeptionalisierung von Abusive Supervision zu reflektieren. Konkret werden sowohl die formale, als auch die informale Organisation jeweils zunächst vorbereitend über ihren Begriff hinaus diskutiert und konzeptionell geschärft, bevor die Einflüsse auf individuelle Erwartungen innerhalb der Führungsinterkation diskutiert und diese Überlegungen schließlich auf Abusive Supervision hin zusammenfassend zugespitzt werden.

(1) Einfluss der formalen Organisation
Oben wurde bereits darauf hingewiesen, dass das traditionelle Verständnis formaler Organisation als zweckorientierte Herrschaft aus Sicht Luhmanns überholt ist. Daher soll der Begriff der formalen Organisation zunächst näher spezifiziert und geklärt werden, um damit auch die Grundlage weiterführender Diskussionen zu schaffen. Anschließend werden konkrete Funktionen und Formen formaler Organisationen rekonstruiert, um daraufhin den Einfluss auf die Erwartungen in der Führungsinteraktion auszuleuchten. Zunächst bedarf es jedoch einer Klärung, was überhaupt unter Formalität verstanden werden soll. Luhmann be-

---

xierte Regeln, durch Unpersönlichkeit der sozialen Orientierung oder durch amtliche Erwartungen der Betriebsleitung, durch hierarchische und arbeitsteilige Ämterorganisation oder durch mehrere dieser Bestimmungen." (Luhmann 1999, S. 31 f.); er kritisiert dabei, dass es sich bei diesen Definitionsversuchen um typische Beschreibungen handelt, „[i]hnen fehlt die Einheit einer Theorie" (Luhmann 1999, S. 32).

[125] Vgl. hierzu Schreyögg 2008, S. 40ff., S. 343 ff.
[126] Vgl. Luhmann 1999, S. 30; so schreibt Gutenberg in Bezug auf informelle Gruppen beispielsweise: „Damit tritt ein störendes Element in die formelle Informationsordnung des Unternehmens ein, das eine besondere Form organisatorischer Unsicherheit darstellt. Die Störungen des formellen Informationsflusses durch informelle Gruppenbildungen und Beziehungen sind umso gefährlicher, je mehr es sich um fallweise, individuell zu treffende Entscheidungen handelt." (Gutenberg 1983, S. 292, zitiert nach Schreyögg 2008, S. 13).
[127] Luhmann 1999, S. 30.

zeichnet damit die Zugehörigkeit zu jener Systemstruktur, die die Identität des Systems gegenüber wechselnden Personen und Orientierungsinhalten sichert.[128] Die formale Struktur ist also ein System von insofern generellen Regeln, als dass diese unabhängig von bestimmten Mitgliedern Geltung beanspruchen und damit die Stabilität der System/Umwelt Differenz angesichts möglicher Fluktuation beteiligter Personen garantieren. Luhmann bezeichnet diese generellen Regeln als formale Erwartungen und definiert sie in folgender Weise:

„Das Charakteristische der Formalisierung selbst besteht in der Aussonderung bestimmter Erwartungen als Mitgliedschaftsbedingung. Wir wollen eine Erwartung daher als formalisiert bezeichnen, wenn sie in einem sozialen System durch diese Mitgliedschaftsregel gedeckt ist, d. h. wenn erkennbar Konsens darüber besteht, daß die Nichtanerkennung oder Nichterfüllung dieser Erwartung mit der Fortsetzung der Mitgliedschaft unvereinbar ist. Ein soziales System ist formal organisiert in dem Maße, als seine Erwartungen formalisiert sind. Formale Organisation ist der Komplex dieser formalen Erwartungen. Sie besteht aus den Mitgliedsrollen, die das Verhalten definieren, das von einem Mitglied als solchem erwartet wird. Danach ist Formalität eine Qualität bestimmter Verhaltenserwartungen, nicht jedoch eines sozialen Systems als Ganzem."[129]

Die formale Organisation ist also ein System von generalisierten Verhaltenserwartungen, das insofern sanktionsgesichert ist, als dass das Nichtbefolgen den Ausschluss des Einzelnen zur zumindest möglichen Konsequenz hat. Das (bewusste) Anerkennen dieser formalisierten Systemstruktur ist die Voraussetzung dafür, in ein formalisiertes System überhaupt erst eintreten zu können, denn der Wille der Mitgliedschaft und die gleichzeitige Absicht des Nichterfüllens der Erwartungen sind nicht widerspruchsfrei möglich.[130]

Generalisierte Verhaltenserwartungen beziehungsweise formale Regeln besitzen verschiedene Funktionen. Zunächst einmal dienen sie der Sicherung des Systembestandes: Sie können zeitlich invariant gehalten werden und reduzieren die Komplexität der Umwelt, indem sie einerseits die Binnenkomplexität der Organisation als soziales Systems erhöhen und damit wiederum selektiv Anschlussmöglichkeiten an relevante Umweltbereiche schaffen. Eine Organisation hinreichender Größe wäre ohne formale Regeln und damit ohne Struktur (und Binnenkomplexität) kaum zu struktureller Kopplung in der Lage und mithin nicht überlebensfähig.[131] Zeitliche Invarianz und die Deckung durch die Mitgliedschaftsregel führen weiterhin – und dieser Aspekt ist hier von besonderer Bedeutung – zu einer funktionalen Einschränkung des Handlungsspielraums der Organisationsmitglieder: Wer sich dieser Einschränkung widersetzt, riskiert die Mitgliedschaft. Diese Begrenzung des Handlungsspielraums ist insofern als

---

[128] Vgl. Luhmann 1999, S. 29.
[129] Luhmann 1999, S. 38.
[130] Vgl. Luhmann 1999, S. 37.
[131] Vgl. Schreyögg 2008, S. 89 ff.

funktional zu bezeichnen, als dass sie das Verhalten der Mitglieder bis zu einem gewissen Grade steuerbar und damit erwartbar und vorhersagbar macht. Etwas konkreter ausgedrückt ermöglichen formale Regeln den effizienten Vollzug von Aufgaben.[132] Sie finden ihren Niederschlag beispielsweise in der Aufgabenverteilung, in der Kompetenzabgrenzung, im Ablauf von betrieblichen Vorgängen, in der Zuordnung von Weisungsrechten, in Programmen und Plänen und nicht zuletzt in der Hierarchie, also der Über- und Unterordnung von Stellen und Abteilungen.[133] Leitprinzip der Gestaltung der formalen Struktur ist in erster Linie das Systemziel oder wiederum konkreter: die Aufgabe.[134] Diese wird in elementare Teilaufgaben zerlegt und im Anschluss daran zu einem optimalen Gefüge aus Stellen als kleinste Einheiten zusammengesetzt.[135] Die Zuordnung der Teilaufgaben zu einzelnen Stellen schlägt sich in Arbeitsplatz- und Stellenbeschreibungen nieder,[136] die letztendlich nichts anderes als ein Bündel von Verhaltenserwartungen darstellen und damit die Handlungsspielräume derjenigen Mitglieder funktional eingrenzen, die die entsprechenden Stellen besetzen.

Nach der überblicksartig dargestellten Schärfung des formalen Organisationsbegriffs kann nun der Einfluss der formalen Organisationsstruktur auf die jeweiligen individuellen Erwartungen der Interaktionspartner näher betrachtet werden. Auf abstrakter Ebene dienen die formale Struktur und die damit verbundenen generalisierten Verhaltenserwartungen der Reduktion der Komplexität innerhalb des Interaktionssystems. Das Spektrum möglicher Verhaltensweisen wird – will das handelnde Individuum die eigene Mitgliedschaft nicht riskieren – eingegrenzt und zwar in einer Weise, die jedem anderen Organisationsmitglied bekannt ist oder zumindest seiner Kenntnis zugänglich ist, denn formale Regeln sind explizite und zumeist schriftlich fixierte Regeln. Im Falle der Interaktion zweier Organisationsmitglieder ist Alter also in gewissem Ausmaß bekannt, was von ihm wie auch von Ego (formal) erwartet wird, was wiederum in gleicher Weise für Ego zutrifft. Insofern trägt die formale Organisationsstruktur zur Kompensation des oben ausführlich diskutierten Problems doppelter Kontingenz

---

[132] Gutenberg hat in diesem Zusammenhang trefflich herausgearbeitet, dass ein Mehr an formalen Regeln nicht zwangsläufig mit einem linearen Anstieg der Effizienz des Aufgabenvollzuges einhergeht. Ganz im Gegenteil, im Falle ständig variierender Tatbestände – man könnte auch von turbulenten Umwelten sprechen – vermag eine fortschreitende Strukturierung diese Effizienz sogar zu senken (vgl. Gutenberg 1983, S. 239 ff.; anschaulich auch Steinmann & Schreyögg 2005, S. 441, beziehungsweise Schreyögg 2008, S. 91).

[133] Vgl. Schreyögg 2008, S. 90.

[134] Vgl. dazu grundlegend Kosiol 1976, S. 42 ff.; daneben auch Kosiol 1978.

[135] Für eine detaillierte Diskussion von Aufgabenanalyse und -synthese vgl. insbesondere Schreyögg 2008, S. 93 ff.; beziehungsweise Kosiol 1978.

[136] Letztere beinhalten neben den Aufgaben und Zielen der Stelle auch die Beurteilungsmaßstäbe für die Leistung des Stelleninhabers, die hierarchische Einordnung der Stelle sowie die Einbindung der Stelle in das Informations- und Kommunikationssystem (vgl. Staehle 1999, S. 736 f.; Schwarz 1983, S. 227 ff.).

bei, denn die Komplexität, die ein Interaktionssystem auszeichnet, wird reduziert, jedoch ohne dass sie – und das muss betont werden – vollständig beseitigt werden könnte. Formale Strukturen schränken den individuellen Handlungsspielraum ein, ohne ihn jedoch determinieren zu können.[137]

Aufbauend auf den bisherigen Überlegungen lässt sich der Einfluss formaler Organisation auf die individuelle Erwartungsstruktur noch plastischer unter Bezugnahme des Konzeptes der *Rolle* diskutieren.[138] Rollen werden als Bündel von Verhaltenserwartungen verstanden, „die von anderen an einen Positions- oder Stelleninhaber herangetragen werden. Diese Verhaltenserwartungen stellen generelle, d.h. vom Einzelnen prinzipiell unabhängige Verhaltensvorschriften dar, die eine gewisse Verbindlichkeit für sich beanspruchen."[139] Im Falle formaler Rollen leiten sich die generalisierten Verhaltenserwartungen aus der formalen Struktur der Organisation ab.[140] Luhmann beschreibt bereits die Mitgliedschaft als Rolle und bezeichnet damit Bedingungen für Ein- und Austrittsentscheidungen. Die Mitgliedsrolle ist allen anderen (formalen) Rollen insofern vorgelagert, als dass diese nur in Kombination mit der Mitgliedsrolle übernommen werden können, ja durch diese überhaupt erst zugänglich sind.[141] Um Mitglied einer Organisation zu werden, müssen die Zwecke der Organisation und darüber hinaus vor allem das Entscheidungsmonopol der Organisationsleitung anerkannt werden. Die Mitgliedsrolle besitzt damit „eine Rahmenvorzeichnung für die Sonderrollen der einzelnen Mitglieder, [...] [ihr] Verhalten ist nicht konkret vorgezeichnet, aber gewisse selektive Standards sind gesetzt"[142]. Insofern kann die

---

[137] Die im Anschluss zu diskutierende informalen Regeln und Strukturen füllen zumindest ein Stück weit die Lücken, die die formale Organisation zwangsläufig offenlassen muss (vgl. Schreyögg 2008, S. 12 ff.).

[138] Vgl. stellvertretend Biddle 1979; Dahrendorf 2006; Krappmann 2005; Katz & Kahn 1978; Wiswede 1977; auf eine ausführliche Darstellung rollentheoretischer Grundlagen sei an dieser Stelle verzichtet, vgl. dazu die genannten Quellen oder auch zusammenfassende Darstellungen, etwa bei Neuberger 2002, S. 314 ff. oder Steinmann & Schreyögg 2005, S. 612 ff.

[139] Steinmann & Schreyögg 2005, S. 612; Katz und Kahn schreiben zum Rollenbegriff: „Roles describe specific forms of behavior associated with given tasks; they develop originally from task requirements. In their pure or organizational form, roles are standardized patterns of behavior required of all persons playing a part in a given functional relationship, regardless of personal wishes or interpersonal obligations irrelevant to the functional relationships." (Katz & Kahn 1966, S. 37).

[140] Im Falle sozialer (oder informaler) Rollen leiten sich die Erwartungen dagegen aus informalen Strukturen ab. Vgl. dazu den folgenden Teilabschnitt.

[141] Vgl. Luhmann 1999, S. 39 ff.; Der hohe Bewusstseinsgrad der Mitgliedsrolle – herbeigeführt durch die damit verbundenen, expliziten Entscheidungen des Ein- und Austritts – führt dazu, dass die Organisation als soziales System in ihrer Form nicht nur von der Wissenschaft, sondern auch von den Mitgliedern selbst erlebt und behandelt werden kann (vgl. Luhmann 1999, S. 41).

[142] Luhmann 1999, S. 47 f.

Mitgliedsrolle auch als Metarolle sämtlicher weiterer formalen Rollen verstanden werden.

Die formalen „Sonderrollen", die an dieser Stelle nun von besonderem Interesse sind, sind die der Führungsbeziehung immanenten: Vorgesetzter und Unterstellter. Die Hierarchie als formales Integrationsinstrument legt diese Beziehung dauerhaft fest, denn Führung entfaltet sich – darauf wurde oben bereits hingewiesen – im von der Managementfunktion der Organisation vorgedachten Raum.[143] Das formale Regelsystem gibt dem Vorgesetzten das Recht, Einfluss auf den Untergebenen auszuüben, nämlich immer dann, „wenn die Institutionen [also die formale Struktur] nicht ausreichen, um ein Zusammenleben und Zusammenhandeln der Mitglieder des Systems zu ermöglichen"[144]. Die Führungskraft ist legitimiert, diesen Einfluss auszuüben, sie besitzt formale Belohnungs- und Bestrafungsinstrumente, um ihren Einfluss durchzusetzen.[145] Die formale Organisation legt also die von vornherein asymmetrische Verteilung von Einflussmöglichkeiten fest und sowohl Vorgesetzter, als auch Untergebener erkennen diese Struktur im Moment ihres bewussten Beitritts zur Organisation an. Sie kennen ihre Rolle als Vorgesetzter beziehungsweise Untergebener und wissen, was (formal) von ihnen erwartet wird.

Die formale Organisation kann – und darauf kommt es hier an – durch die Festlegung und Ausgestaltung der formalen Rollen sowohl begünstigenden, als auch begrenzenden Einfluss auf die Entstehung von Abusive Supervision besitzen und hat insofern eine weichenstellende Wirkung. Konkretisiert bedeutet dies, dass beispielsweise die von der Organisation vorbestimmte Asymmetrie formaler Einflussmöglichkeiten und Verantwortungsbereiche einen Nährboden für aufkeimende Konflikte zwischen Mitarbeiter und Führungskraft darstellt. Wenn also einer Führungskraft von Seiten der formalen Organisation ein breites Arsenal formaler Einflussmöglichkeiten zur Verfügung gestellt wird, liegt es nahe, dass sie diese Potentiale in konkreten Situationen der Arbeitsveranlassung zu nutzen sucht und weniger Anlass zu kooperativer Abstimmung sieht.[146] Der Mitarbeiter auf der anderen Seite wird möglicherweise diesen vermehrten Einsatz formaler Einflusspotentiale eher als feindseliges Verhalten interpretieren und durch das eigene reaktive Verhalten wiederum weiteren Einsatz dieser Potentiale gegebenenfalls provozieren, etc.

An diesem Punkt kann nun festgehalten werden, dass die von der formalen Struktur zugewiesenen Rollen den Organisationsmitgliedern bewusst sind. Sie wissen um ihre jeweilige Rolle und damit ausgehend von Stellenbeschreibun-

---

[143] Vgl. Steinmann & Schreyögg 2005, S. 11 f.; Da die Existenz der Führungsbeziehung bereits als logischer Ausgangspunkt dieser Arbeit angenommen wurde, sei an dieser Stelle darauf verzichtet, im Detail zu diskutieren, weshalb es in sozialen Systemen überhaupt hierarchische Über- und Unterordnung gibt.
[144] Luhmann 1999, S. 207.
[145] Vgl. hierzu insbesondere Steinmann & Schreyögg 2005, S. 688 ff.
[146] Vgl. Tepper 2007, S. 282 f.

gen, Arbeitsverträgen, etc. was von ihnen und ihren über- oder untergeordneten Interaktionspartnern *formal* erwartet wird. Die aus der Rollenverteilung abgeleiteten individuellen Erwartungen beeinflussen – und das ist keine Überraschung – in erster Linie die Beziehungsebene der Kommunikation zwischen Führungskraft und Mitarbeiter, denn eben diese wird formal, zumindest ein großes Stück weit, vorgeregelt.

Mit Blick auf die Funktionen individueller Erwartungen zeigt sich deutlich, dass die formale Organisationsstruktur und die damit einhergehenden Rollenzuweisungen einerseits der Interpretationsfunktion dienen: Indem die Rollen von Vorgesetztem und Untergebenem eindeutig verteilt sind, wird beispielsweise das Verhalten des Vorgesetzten als legitimierter Einflussversuch gedeutet, auch wenn dieser sich nicht explizit auf seine Legitimation beruft, also nicht die Verhaltensform des Befehls wählt.[147] In der Regel genügt bereits das Wissen um die Möglichkeit, den Befehl zu wählen, denn sie grenzt den Interpretationsraum des Untergebenen deutlich ein. Die formale Rollenverteilung bietet in diesem Sinne eine stabile „Interpretationsschablone für die Führer/Geführten-Kommunikation"[148] an. Diese bleibt aber immer nur ein Angebot, sie kann nur einen Rahmen der Interpretation bieten, sichere Bedeutungszuweisungen sind auf dieser Basis nicht möglich, denn dann wäre die Führungsinteraktion mit nichts anderem als einer trivialen Maschine[149] gleichzusetzen.[150] Auch die Führungskraft weiß um die mit der Mitgliedschaft verbundenen formalen Erwartungen an den Untergebenen, was ebenfalls Komplexität reduziert und damit den Interpretationsraum eingrenzt, jedoch ohne ihn zu determinieren.

Die formale Rollenverteilung besitzt auf der anderen Seite auch Einfluss auf die Selektionsfunktion individueller Erwartungen. Die Rolleninhaber müssen ihre Rollen permanent wahrnehmen, denn die Etablierung der Führungsstruktur ist auf Dauer ausgelegt und wechselt nicht von Situation zu Situation. Der Vorgesetzte muss sich also „dauernd und bewusst als Führer verhalten"[151]. Dies ist einerseits notwendig, denn „wenn Gehorsam Mitgliedschaftsbedingung ist, muss [jederzeit] entscheidbar sein, wer Gehorsam verlangen kann"[152] und grenzt andererseits das Spektrum selektionsfähigen (Führungs-)Verhaltens ein. Gleiches gilt auch auf Seiten der Geführten: Indem die Mitgliedschaftsfrage vom Vorgesetzten jederzeit negativ entschieden werden kann und dies dem einzelnen Geführten bewusst ist, grenzt die formale Struktur die Möglichkeiten des (Geführ-

---

[147] Vgl. Luhmann 1999, S. 275.
[148] Lührmann 2006, S. 59.
[149] Vgl. Foerster 2009, S. 60 ff.
[150] Zudem würde dies Bedeutung und Einfluss informaler Strukturen vollkommen negieren. Welche Wirkung diese jedoch auf die individuellen Erwartungen besitzen, wird sogleich näher diskutiert.
[151] Luhmann 1999, S. 208.
[152] Luhmann 1999, S. 208.

ten-)Verhaltens (in Reaktion auf wahrgenommenes Führungsverhalten) entsprechend ein.[153]

Mit Blick auf Abusive Supervision lässt sich vor diesem Hintergrund nun feststellen, dass die formale Struktur – darauf wird die Diskussion informaler Strukturen noch im Detail hinweisen – zwangsläufig immer einen Spielraum ihrer konkreten Auslegung lässt. Dies bedeutet, dass das konkrete Verhalten der Führungskraft stark von ihrer individuellen, subjektiven Wahrnehmung der eigenen organisationalen Rolle (und auch der ihres Gegenübers) mit den dazugehörigen formalen Einflusspotentialen abhängt. So könnte sie sich – ganz unabhängig von verinnerlichten Menschenbildern und früheren Erfahrungen – in der formalen Pflicht sehen, „hart durchzugreifen" und daher versuchen, diese Pflichten auch zu erfüllen, um möglicherweise wiederum die eigene Mitgliedschaft abzusichern. Ohne dass hier auf konkrete Studien verwiesen werden kann, lassen sich zumindest exemplarisch streng hierarchische Organisationen anführen, wie etwa das Militär oder aber auch Organisationen im Gesundheitssektor, die durch hohe Fehlerkosten und starken Druck gekennzeichnet sind.[154] So könnte sich beispielsweise ein Oberarzt aufgrund seiner formalen Rolle und hierarchischen Position in der Pflicht sehen, von ihm wahrgenommenes Fehlverhalten seiner Untergebenen mit äußerster Autorität zu begegnen. Im Falle der von Seiten des adressierten Mitarbeiters wahrgenommenen Feindseligkeit wäre dies ein klassisches Beispiel der hier betrachteten, unintendierten Form von Abusive Supervision: Das Verhalten des Oberarztes wird als feindselig wahrgenommen, ist aber in seiner Intention auf die Sicherung des formalen Apparates und die Erreichung des Organisationsziels gerichtet. Dabei ist die individuelle Wahrnehmung der formalen Struktur nicht unabhängig von ihrer tatsächlichen Gestalt. So stellt Tepper in seinem Überblicksartikel bereits fest, dass Abusive Supervision in bestimmten Branchen und Industrien häufiger anzutreffen ist als in anderen,[155] was aus Sicht dieses Abschnittes mindestens auch mit dem Grad und der inhaltlichen Ausgestaltung der Formalisierung zusammenhängt.

(2) Einfluss der informalen Organisation
Ausgehend von kleingruppentheoretischen Forschungen zur Arbeitsmotivation[156] ist die informale Organisation inzwischen nicht mehr aus dem Blickpunkt moderner Organisationsforschung wegzudenken. Vielfache Untersuchungen konnten zeigen, dass „sich neben den offiziellen Vorschriften eine andere Verhaltensordnung mit eigenen Normen und Kommunikationswegen, einer beson-

---

[153] Voraussetzung dafür ist eine Struktur klar abgegrenzter Autoritätsbeziehungen, wie sie in der Einlinienorganisation anzufinden ist (vgl. hierzu Schreyögg 2008, S. 132 f.). Im Falle uneindeutiger Autoritätsbeziehungen (wie etwa in Mehrliniensystemen) ist der Einfluss sowohl auf die Interpretationsfunktion, als auch auf die Selektionsfunktion schwächer.
[154] Vgl. Tepper 2007, S. 282.
[155] Vgl. Tepper 2007, S. 282 f.
[156] Vgl. Mayo 1933; Roethlisberger & Dickson 1939; Barnard 1938.

deren Logik und einem entsprechendem Argumentationsstil, mit eigenen Statusgesichtspunkten, einer eigenen Führungsstruktur und eigenen Sanktionen entwickelt"[157]. Die informale Ordnung ist – darauf weist ihre Bezeichnung als Negation des Formalen bereits hin – dabei nicht losgelöst von der formalen Ordnung denkbar. Alles Informale besitzt stets einen Rückbezug auf die formale Struktur, ist diese doch überhaupt erst der Grund für das (organisierte) Zusammensein.[158] Die informale Ordnung kann sogar als Korrektiv zu den dysfunktionalen Aspekten formaler Organisation betrachtet werden:[159] Je stärker beispielsweise ein organisationaler Verhaltensbereich formal vorgeregelt ist, desto schwieriger ist das Reagieren auf Situationen, die nicht in dieses vorgefertigte Raster passen. Die formale Organisation ist demnach stets mit dem potentiellen Problem der Inflexibilität behaftet, denn sie reduziert Komplexität durch Selektivität und muss damit die Unterscheidung relevant/irrelevant vornehmen und zwangsläufig Bereiche der Umwelt ausblenden. Die informale Organisation begegnet diesem Problem der Inflexibilität kompensierend und trägt damit entscheidend zum Systemerfolg bei. Auch die Widersprüchlichkeit, die ein formalisiertes System durch Strukturdifferenzierung zwangsläufig aufbaut, kann durch die informale Organisation aufgefangen werden. Kurzum: Beide Formen der Struktur bedingen einander und greifen funktional ineinander. Das wiederum bedeutet für die Mitglieder, dass sie zwischen beiden Ordnungswelten je nach situativer Gegebenheit hin und her wechseln müssen, um das symbiotische Verhältnis der beiden aufrechtzuerhalten, obwohl dies formal weder erwartet noch legitimiert werden kann.[160] So ist beispielsweise die von Luhmann trefflich beschriebene brauchbare Illegalität bestandssichernd und in manchen Situationen auch bestandsnotwendig, kann aber – wie andere Widersprüche auch – nicht auf formalem Wege legitimiert werden.[161] Bevor die Konsequenzen für die Führungsinteraktion, die damit untrennbar verbundenen individuellen Erwartungen und der Bezug zu Abusive Supervision diskutiert werden können, muss die informale Ordnung über den bloßen Begriff hinaus in zumindest knapper Form spezifiziert und konzeptionell geschärft werden.

Die informale Organisation findet ihren Ausdruck in spezifischen Überzeugungen, Werten und grundsätzlichen Annahmen über systembezogene Inhalte. In der Organisationsforschung werden diese Orientierungsmuster unter dem

---

[157] Luhmann 1999, S. 30.
[158] Luhmann 1999, S. 285.
[159] Vgl. Schreyögg 2008, S. 13; ferner auch Ortmann 2003.
[160] Vgl. Luhmann 1999, S. 284 ff.; Denkbar wäre auch, an Stelle von Situationen zwischen Personen beziehungsweise Interaktionspartnern zu unterscheiden und daran festzumachen, ob man sich formal oder informal verhält.
[161] Vgl. zum Konzept der brauchbaren Illegalität Luhmann 1999, S. 304. Ähnliches gilt auch für die Kollegialität, sie ermöglicht und beschleunigt Abstimmungsprozesse, die von der formalen Struktur nicht vorgeregelt werden könnten, ohne zu sich selbst in Widerspruch zu geraten, vgl. Luhmann 1999, S. 314 ff.

Rahmenkonzept der Unternehmens- oder Organisationskultur analysiert.[162] Schreyögg beschreibt Organisationskulturen mit den Kernmerkmalen implizit, kollektiv, konzeptionell, emotional, historisch gewachsen und interaktiv vermittelt.[163] Im Gegensatz zur formalen Struktur entfaltet die informale Ordnung ihre Wirkung also zumindest teilweise auf unbewusster Ebene, sie wird in Sozialisationsprozessen des alltäglichen Zusammenseins vermittelt, ohne dass dies auf Seiten des neuen Mitgliedes einer besonderen oder bewussten Anstrengung bedarf.[164] Man lebt sich sprichwörtlich ein und verinnerlicht nach und nach die Orientierungsmuster der Kultur. Um das Konzept der Organisationskultur einer (empirischen) Analyse zugänglich zu machen, wurden verschiedene Ansätze und Modelle entwickelt. Das wohl populärste ist das Ebenenmodell von Schein,[165] welches verschiedene Schichten der Kultur anhand der Dimension sichtbar/unsichtbar ordnet. Demnach bilden die sogenannten Basisannahmen den zumeist unbewussten und unsichtbaren Kern der Kultur, sie enthalten die grundlegenden Orientierungs- und Vorstellungsmuster und normieren damit, „how group members perceive, think, and feel"[166]. Diese Annahmen finden ihren Ausdruck in den teils bewussten und sichtbaren, teils unbewussten und unsichtbaren Normen und Standards – Schein spricht von Werten – der Kultur.[167] Diese Ebene normiert das als angemessen geltende Verhalten der Organisationsmitglieder und damit wiederum auch den von den Mitgliedern zu beherrschenden Übergang zwischen formaler und informaler Ordnungswelt. Auf äußerster und damit sichtbarster Ebene finden sich bei Schein die Symbole beziehungsweise die Artefakte der Kultur. Gemeint sind Umgangsformen, Kleidung, Verhaltensweisen, Riten, Heldenbeschreibungen, etc., die zwar sämtlich sichtbar, in ihrer Bedeutung jedoch nicht unabhängig von den tieferen Ebenen der Kultur zu erschließen sind.[168] Die folgende Abbildung veranschaulicht dieses Modell, sowohl in der Adaption Schreyöggs, als auch in den Originalbezeichnungen Scheins:

---

[162] Vgl. Deal & Kennedy 1982; Schein 1985; Heinen 1985; Camerer & Vepsalainen 1988; Dülfer 1991; Sackmann 1992; Schultz 1995.
[163] Vgl. hierzu ausführlich Schreyögg 2008, S. 365 f.; ferner auch Schreyögg 1989; 1991b.
[164] Vgl. zu Prozessen der organisationalen Sozialisation insbesondere Schein 1968; Jones 1983; Allen & Meyer 1990b; Allen 2006.
[165] Vgl. Schein 1985, S. 14; 1984, S. 3 ff.; Er definiert Unternehmenskultur als „the pattern of basic assumptions that a given group has invented, discovered, or developed in learning to cope with its problems of external adaptation and internal integration, and that have worked well enough to be considered valid, and, therefore, to be taught to new members as the correct way to perceive, think, and feel in relation to those problems" (Schein 1984, S. 3).
[166] Schein 1984, S. 3.
[167] Vgl. Schreyögg 2008, S. 368 ff.
[168] Vgl. Schreyögg 2008, S. 367 f.

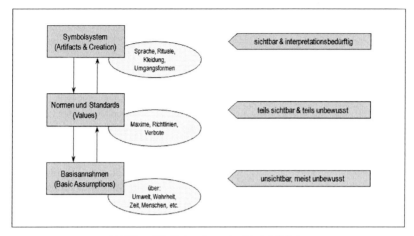

Abbildung 27: Kulturebenen im Modell Scheins
(Quelle: Schein 1984, S. 4 & Schreyögg 2008, S. 366)

Normen und Standards im dargestellten Modell Scheins sind letztendlich nichts anderes als konkretisierte und vor allem entindividualisierte Erwartungen an die Organisationsmitglieder. Ihre Geltung beanspruchen diese Verhaltenserwartungen im Gegensatz zu ihren formalen Pendants nicht aus der Entscheidungsbefugnis der Organisationsspitze, sondern vielmehr aus den tief verankerten und weitestgehend nicht hinterfragten Basisannahmen der Kultur.[169] Informale Verhaltenserwartungen entstehen in emergenten Prozessen, genauer gesagt aus dem wiederholt erfolgreichen Umgang mit konkreten organisationalen Problemen, die eben nicht formal eindeutig geregelt sind. Ihre Struktur wird dabei von den Basisannahmen bestimmt. Gleichzeitig wirken die Normen und Standards auch auf die Basisannahmen zurück, wie die Pfeile in Abbildung 27 verdeutlichen.

Die informalen Verhaltenserwartungen lassen sich – wie auch die formalen Erwartungen – ebenfalls als Rollen interpretieren, eben als informale Rollen, wie etwa die des informellen Führers in einer Gruppe.[170] Ihm wird Einfluss innerhalb und aus der Gruppe heraus zugestanden, obwohl dieser Einfluss nicht formal legitimiert ist. Da diese Arbeit ihren Fokus auf formal geregelte Führungsbeziehungen legt, ist an dieser Stelle der entscheidendere Punkt, dass sich Mitarbeiter möglicherweise verschiedenen, teilweise sogar gegensätzlichen Verhaltenserwartungen und Rollen gegenübersehen.[171] Dieses Problem scheint erst vollends auf, wenn formale und informale Ordnungswelt gemeinsam in den

---

[169] Schein 1984, S. 3 f.
[170] Vgl. insbesondere Haslam 2001, S. 65 ff.; Haslam & Platow 2001; Hogg et al. 1995; Hogg & Terry 2000; Hogg 2001.
[171] Vgl. zu dieser Art Rollenkonflikt Steinmann & Schreyögg 2005, S.

Blick genommen werden. Die formale Rollenverteilung allein sollte, genau wie die formale Struktur insgesamt, möglichst widerspruchsarm sein, zumindest lassen sie sich alle Rollen unter dem Dach der oben beschriebenen Mitgliedsrolle vereinbaren. Sie allein genügen jedoch nicht, um den Bestand des Systems zu sichern, informale Rollen, wie etwa die des Kollegen,[172] sind notwendig und können den formalen Strukturen durchaus zuwiderlaufen. Daraus ergibt sich für die individuellen Erwartungen innerhalb der Führungsinteraktion folgende Paradoxie: Einerseits dienen formale Rollen – das wurde oben gezeigt – der Interpretationsfunktion wie auch der Selektionsfunktion individueller Erwartungen, indem sie den Raum der Möglichkeiten in jeweiliger Hinsicht einschränken. Informalität ist auf der anderen Seite zusätzlich notwendig, um die Unzulänglichkeiten formaler Strukturen zu kompensieren, was aber – und darin liegt die Krux – nicht bedeutet, dass die Interpretations- und Selektionsmöglichkeiten durch das Hinzufügen informaler Rollen zwangsläufig weiter eingeengt werden und die Kommunikation dadurch erleichtert oder erfolgreicher wird. Dieser Fall kann zwar eintreten, es ist aber genauso denkbar, dass der Möglichkeitsspielraum wieder geöffnet wird, weil sich formale und informale Rollenerwartungen diametral gegenüberstehen. Eine Führungskraft, die für den Mitarbeiter in nicht unmittelbar nachvollziehbarer Weise zwischen formaler und informaler Rolle wechselt,[173] induziert im Interaktionssystem zusätzliche Kontingenz, denn für den Mitarbeiter erhöhen sich die Interpretationsmöglichkeiten und damit wiederum auch die Selektionsmöglichkeiten. Der Mitarbeiter muss nun entscheiden, ob er in informeller oder formeller Weise reagiert. In einer hypothetischen Welt ohne informale Erwartungsstrukturen entfiele diese Entscheidung und das Interaktionssystem wäre durch geringere Komplexität gekennzeichnet.

Mit Blick auf die inhaltliche Bestimmung individueller Erwartungsstrukturen kann damit festgehalten werden, dass die informale Organisation für sich genommen genauso wie die formale Organisation der Strukturierung individueller Erwartungen in der Führungsinteraktion dient. Indem die Normen, Standards und Basisannahmen von allen Organisationsmitgliedern weitestgehend geteilt werden,[174] erleichtern sie die Interpretation wahrgenommenen Verhaltens wie auch die Selektion eigenen Verhaltens sowohl auf Seiten der Führungskraft, als auch auf Seiten des Mitarbeiters. Im Gegensatz zur formalen Organisation wirkt die informale Organisation in erster Linie in unbewusster Weise auf die individuellen Erwartungen der Interaktionspartner im Sinne einer Interpretations- und Selektionsschablone. So wird in einer Organisation, in der gegenseitiges Misstrauen vorherrscht, ein und dasselbe Führungsverhalten sicher ganz anders interpretiert, als in einer Kultur, die sich durch gegenseitige Wertschätzung auszeichnet. In Bezug auf Abusive Supervision kann die informale Struktur sozusa-

---

[172] Vgl. Luhmann 1999, S. 314 ff.
[173] Vgl. Luhmann 1999, S. 291.
[174] Natürlich in Abhängigkeit von der Stärke, genauer gesagt der Verbreitung und Verankerungstiefe der Unternehmenskultur; vgl. hierzu Schreyögg 1989; 2008, S. 384 ff.

gen als Nährboden interpretiert werden. In einer Kultur, die Basisannahmen und Werte wie gegenseitiges Vertrauen, Offenheit, Kooperation, etc. beherbergt, werden weniger Fälle der hier betrachteten, unintendierten Form von Abusive Supervision auftreten, als beispielsweise in der von Kets de Vries und Miller beschriebenen paranoiden Kultur.[175] Letztere ist gekennzeichnet durch Misstrauen und allgegenwärtige Angst vor Bedrohungen, wodurch das individuelle Mitglied ständig nach versteckten, feindseligen Absichten anderer sucht.[176] Diese Grundeinstellung wirkt in die einzelne Führungsbeziehung hinein. So wird eine Führungskraft, die ihre Mitarbeiter als inkompetent oder gar arbeitsscheu erlebt, zu entsprechenden disziplinarischen Mitteln greifen, die in einer solchen Kultur auf formaler Ebene auch in ausreichender Vielfalt zur Verfügung stehen. Der Mitarbeiter auf der anderen Seite wird jegliches Führungsverhalten als gegen sich gerichtete Bedrohung empfinden und entsprechende Reaktionen zeigen, die wiederum die Ansichten der Führungskraft bestätigen und sie dazu verleiten – im Sinne der Erreichung organisationaler Ziele – die Disziplinierung zu verschärfen. Unter diesen kulturellen Rahmenbedingungen scheinen die Entstehung sowie die weite Verbreitung von Abusive Supervision nicht sonderlich überraschend.

Mit Blick auf den organisationalen Kontext insgesamt kann zusammengefasst werden, dass dieser – wie auch schon verinnerlichte, implizite Theorien und konkrete Erfahrungen – dem Problem der doppelten Kontingenz kompensierend begegnet, indem Verhalten in formal und informal vorgedachte Bahnen gelenkt wird, was der Interpretation wahrgenommenen sowie der Selektion eigenen Verhaltens dient. Das Zusammenspiel aus Formalität und Informalität kann dabei sowohl zur Steigerung, als auch zur Senkung der Kontingenz beitragen, je nachdem, ob formale und informale Strukturen in einem eher komplementären oder gegensätzlichen Verhältnis stehen. In Bezug auf Abusive Supervision ist nun – das konnten die Ausführungen zur informalen Organisation aufzeigen – insbesondere das Wechselspiel und Verhältnis zwischen formaler und informaler Ordnung von Bedeutung. In ähnlicher Weise, wie zwischenmenschliche Kommunikation in die Inhaltsebene und in die bedeutungsgebende und insofern übergeordnete Beziehungsebene differenziert werden kann, lässt sich auch das Verhältnis formaler und informaler Organisation in Bezug auf Abusive Supervi-

---

[175] Vgl. Kets de Vries & Miller 1986, S. 269 ff.
[176] Vgl. Schreyögg 2008, S. 373; Kets de Vries und Miller sehen die (pathologischen) Persönlichkeitsmerkmale des Gründers beziehungsweise des Top-Managements als Quelle der kulturellen Prägung der gesamten Organisation. Im Fall paranoider Organisationen ist es in erster Linie das übermäßig ausgeprägte Misstrauen, was zu übermäßiger Kontrolle und harten Strafen führt. Die Autoren schreiben hierzu: "The leader sees his/her subordinates either as malingerers and incompetents, or as people who are deliberately out to raise his/her ire. As a consequence, he/she is likely to gravitate towards two extremes. He/she might try to exert a tremendous amount of control through intensive personal supervision, formal controls and rules, and harsh punishments." (Kets de Vries & Miller 1986, S. 269).

sion interpretieren. Das Individuum zieht die informale Ordnung in bestimmtem Maße heran, um das wahrgenommene Verhalten des Interaktionspartners vor dem Hintergrund der formalen Ordnung zu interpretieren. Besitzt eine Führungskraft aufgrund ihrer formalen Rolle ein breites Arsenal an Bestrafungsmacht[177], so hängt die Interpretation des Mitarbeiters bezüglich des Einsatzes dieser Machtgrundlage von der informalen Struktur, genauer gesagt von der Kultur ab. Handelt es sich um eine stark auf Autorität ausgerichtete Kultur, wie sie beispielsweise in der militärischen Ausbildung anzutreffen ist, wird der Geführte den Machteinsatz wahrscheinlich weniger gegen sich selbst als Person gerichtet wahrnehmen, als in anderen Kulturen.

Der organisationale Kontext – um die Ausführungen dieses Abschnittes zusammenzufassen – besitzt signifikanten, inhaltlichen Einfluss als Bestimmungsfaktor individueller Erwartungsstrukturen in der Führungsinteraktion und hat damit wiederum entscheidenden Einfluss auf die Entstehung von Abusive Supervision. Die Frage, wie sich dieser Einfluss konzeptionell entfaltet, wird unten wieder aufgegriffen. Im folgenden Abschnitt werden die bisherigen Überlegungen und insbesondere die diskutierten Bestimmungsgründe individueller Erwartungen resümiert und in einem statischen Modell der Führungsinteraktion zusammengefasst. Die Bedeutung dieses Modells für die Rekonzeptionalisierung von Abusive Supervision wird dabei ebenfalls reflektiert.

1.4. Zwischenfazit: Statisches Modell der Führungsinteraktion

In den vorangestellten Teilabschnitten wurden zunächst grundlegende Überlegungen bezüglich der Funktionen und Dimensionen individueller Erwartungen angestellt. Im Anschluss wurden mit impliziten Theorien, konkreten Erfahrungen und dem wahrgenommenen organisationalen Kontext verschiedene inhaltliche Bestimmungsfaktoren individueller Erwartungen innerhalb des Interaktionssystems aus Führungskraft und Mitarbeiter im Detail diskutiert und jeweils in ihrer Bedeutung für die Rekonzeptionalisierung von Abusive Supervision reflektiert. Dabei wurde bewusst eine statische und auf das Individuum bezogene Perspektive eingenommen. Sämtliche Rückwirkungen der Interaktion selbst wurden außer Acht gelassen, um die Analyse schrittweise führen zu können. Bevor im nächsten Abschnitt die kommunikative Dynamik der Führungsbeziehung in den Mittelpunkt gerückt wird, soll die bis hierhin entwickelte statische Perspektive anhand folgender Abbildung resümierend diskutiert werden:

---

[177] Vgl. Steinmann & Schreyögg 2005, S. 689 ff.

D Abusive Supervision als Muster der Führungsinteraktion

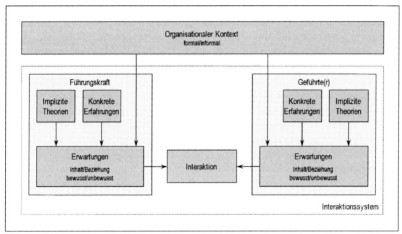

Abbildung 28: Statisches Modell der Führungsinteraktion
(Quelle: eigene Darstellung)

Abbildung 28 zeigt – korrespondierend mit den interaktionstheoretischen Grundsatzüberlegungen des dritten Kapitels – deutlich, dass individuelle Erwartungen als notwendige Bedingung im Zentrum jeder Führungsinteraktion stehen. Sie werden beeinflusst und bestimmt von impliziten Theorien, konkreten früheren Erfahrungen mit anderen Interaktionspartnern und dem wahrgenommenen organisationalen Kontext, also sowohl den formalen, als auch den informalen Strukturen der Organisation, in denen sich das Interaktionssystem in struktureller Kopplung entfaltet.

Implizite Theorien enthalten Kategorien prototypischen Führungs- beziehungsweise Geführtenverhaltens. Diese individuellen Kategorien normieren auf individueller Ebene, was jeweils als angemessenes, richtiges, aber auch unangemessenes Verhalten im Führungskontext gesehen wird, und beeinflussen damit die jeweiligen Interpretationsprozesse.[178] Sie werden sowohl über die Zeit, als auch über verschiedene Interaktionspartner hinweg als relativ stabil angenommen. In ihrem Inhalt sind implizite Theorien eher allgemein und unspezifisch gehalten,[179] sodass ferner angenommen werden kann, dass sie für sich genommen zwar die Komplexität im Interaktionssystem merklich reduzieren, aber dennoch allein nicht ausreichen, die Interaktion im Vorfeld (und auch im Fortlauf) hinreichend zu strukturieren. Konkret soll das bedeuten, dass ein Mitarbeiter, der neu im Unternehmen ist und in seinem Leben noch nie zuvor mit einer ihm direkt übergeordneten, formalen Führungskraft interagiert hat, dennoch Erwartungen mit in die Interaktion hineinträgt, nämlich jene, die sich aus seinen

---
[178] Vgl. Schyns & Meindl 2005, S. 21; Fishbein & Lord 2004, S. 68.
[179] Vgl. Ritter & Lord 2007, S. 1687 f.

implizit verinnerlichten Führungstheorien ableiten.[180] Lediglich seine Wahrnehmung des formalen organisationalen Kontextes würde in diesem Fall neben den impliziten Theorien seine Erwartungen inhaltlich beeinflussen können, denn die informale Struktur erschließt sich neuen Mitgliedern nicht unmittelbar. Ihr Kern kann nicht einfach expliziert und anschließend in bewussten Sozialisierungsprozessen übertragen werden. Im Ergebnis ist also anzunehmen, dass ein solcher Mitarbeiter sowohl hinsichtlich der Interpretation wahrgenommenen Verhaltens, als auch hinsichtlich der Selektion eigenen Verhaltens ein deutliches Maß an Unsicherheit verspüren wird, denn seine Erwartungen bezüglich der anstehenden Führungsinteraktion sind eher vage und undeutlich.

Ein weiterer Mitarbeiter, der zwar neu im Unternehmen ist, die informalen Strukturen also noch nicht durchdringen konnte, aber dennoch bereits vielfältige Interaktionserfahrungen mit Führungskräften in anderen Unternehmen gesammelt hat, wird aufgrund dieser Erfahrungen vergleichsweise weniger Unsicherheit spüren, auch wenn er noch nicht sämtliche Symbole, Normen und Standards der Kultur versteht und richtig deuten kann. Noch ausdifferenzierter und klarer sind die individuellen Erwartungen schließlich bei einem Mitarbeiter, der bereits lange Zeit Mitglied der Organisation ist und nun am Beginn einer neuen Führungsbeziehung steht. Er wird (ob nun bewusst oder unbewusst) neben seinen impliziten Theorien auf konkrete Erfahrungen zurückgreifen und kennt sowohl die formale, als auch die informale Struktur der Organisation. Je länger ein Mitarbeiter also bereits Mitglied des Unternehmens ist und mit je mehr Führungskräften er dabei bereits in Kontakt stand, desto ausdifferenzierter werden seine individuellen Erwartungen sein und desto sicherer wird er in eine neue Führungsbeziehung eintreten.[181] Diese Argumentation lässt sich mühelos auf die Position der Führungskraft übertragen. Sie wird sich ebenfalls in ihren kommunikativen Interpretations- und Selektionsprozessen sicherer fühlen, je mehr Führungserfahrung sie bereits besitzt und je länger sie bereits Mitglied des Unternehmens ist. Der Komplexitätsreduktion innerhalb des Interaktionssystems sind dennoch – darauf wurde weiter oben bereits hingewiesen – Grenzen gesetzt. Das tatsächliche Verhalten des Interaktionspartners ist immer und bleibt auch selbst unter den ausdifferenziertesten Erwartungsstrukturen kontingent. Wenn die Interaktion jedoch erst einmal in Gang kommt, ergeben sich weitere Einflüsse auf die individuellen Erwartungen wie auch auf das sich entwickelnde Interaktions-

---

[180] Ein Auszubildender wäre so ein Mitarbeiter. Er hat zwar im Laufe der schulischen Ausbildung Umgang mit Lehrern als Autoritäten gehabt und dabei Erfahrungen gesammelt, dieser Umgang unterscheidet sich jedoch deutlich von dem durch den Arbeitsvertrag abgesicherten mit einer hierarchisch übergeordneten Person.

[181] Weitere, zweifelsfrei nicht unwichtige Einflüsse der individuellen Persönlichkeit, wie der Einzelne beispielsweise mit dieser Unsicherheit umgeht, ob er sie als Chance oder Bedrohung interpretiert, sollen hier zwischen allen drei Beispielen als gleich angenommen werden.

system. Beide Aspekte werden im folgenden, zweiten Teil des Kapitels analytisch getrennt voneinander aufgegriffen und diskutiert.

Zuvor sei jedoch die bislang zurückgelegte Strecke auf dem Weg zu der in Kapitel B als notwendig markierten, interaktionstheoretischen Rekonzeptionalisierung von Abusive Supervision reflektiert. Der Weg begann in Kapitel C mit der Prüfung, inwieweit dezidiert interaktionstheoretische Ansätze der Führungsforschung die angestrebte Rekonzeptionalisierung möglicherweise leisten beziehungsweise fundieren können. Als alleinige Folie schieden sie jedoch sämtlich aus mangelnder Berücksichtigung der Interaktion selbst (LMX, kognitive Ansätze) oder Unterbelichtung der Mikroebene ihrer Entfaltung (Identitätstheorie) aus. Daraufhin wurde mit konstruktivistischen Überlegungen bezüglich des Individuums und der daran anknüpfenden systemtheoretischen Fundierung des Interaktionssystems ein viables theoretisches Fundament errichtet. Wechselseitig aufeinander bezogene Erwartungen wurden dort als zentrales und notwendiges Element der Kommunikation zwischen Führungskraft und Mitarbeiter markiert und eben diese Erwartungen stehen damit notwendigerweise auch im Mittelpunkt der interaktionstheoretischen Rekonzeptionalisierung von Abusive Supervision. An diesem Punkt der Arbeit ist der erste Schritt dieses konkreten Vorhabens mit dem erarbeiteten statischen Modell der Führungsinteraktion nun vollzogen: Die notwendige Bedingung und damit auch der Ausgangspunkt der Emergenz von Abusive Supervision als Muster der Führungsinteraktion ist die (erste) Wahrnehmung feindseligen Führungsverhaltens durch den adressierten Mitarbeiter. Diese Wahrnehmung wird durch seine individuelle Erwartungsstruktur ermöglicht, denn implizite Theorien, frühere Erfahrungen und Einflüsse des organisationalen Kontextes normieren, ob wahrgenommenes Verhalten als feindselig wahrgenommen wird oder nicht. Ohne eigene implizite Vorstellungen darüber, was unangemessene oder feindselige Führung eigentlich ist, kann diese Kategorisierung auf individueller, subjektiver Ebene gar nicht erst vorgenommen werden.[182] Daneben können frühere Erfahrungen die Sensibilität dieser Wahrnehmung und Kategorisierung sowohl intensivierend, als auch reduzierend beeinflussen, und schließlich moderiert die Wahrnehmung des organisationalen Kontextes die individuelle Kategorisierung. Im Zentrum des Kategorisierungsprozesses stehen jedoch die impliziten Führungstheorien, wie die folgende Abbildung zu visualisieren versucht:[183]

---

[182] Hier soll nicht bestritten werden, dass gezeigtes Verhalten gemessen an objektiven (besser: intersubjektiven) Kriterien gegebenenfalls als feindselig bezeichnet werden kann, wenn es beispielsweise Menschenrechte verletzt. Für die interaktionstheoretische Betrachtung steht jedoch die individuelle Sichtweise des adressierten Mitarbeiters als Beobachter im Vordergrund.
[183] Der möglicherweise entstehende Eindruck eines kausal-linearen Wirkungsflusses ist der angestrebten Übersichtlichkeit der Abbildung geschuldet und soll nicht das tatsächliche Verhältnis der Bestimmungsfaktoren festlegen.

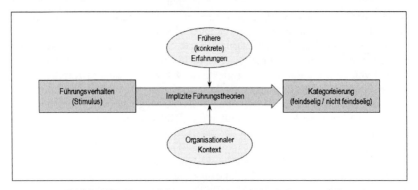

Abbildung 29: Kategorisierung wahrgenommenen Führungsverhaltens
(Quelle: eigene Darstellung)

Stünden diese auf den Mitarbeiter bezogenen, statischen Überlegungen isoliert im Raum, würde sich das Modell, abgesehen von der Betonung impliziter Theorien, kaum von der bisherigen, als einseitig markierten Abusive Supervision Forschung abgrenzen. Die Überlegungen müssen daher, um eine tatsächlich interaktive Perspektive aufbauen zu können, zwangsläufig auch auf Seiten der beteiligten Führungskraft angestellt werden. Denn auch sie verwendet implizite Theorien, frühere Erfahrungen und den von ihr wahrgenommenen organisationalen Kontext, um das Verhalten des unterstellten Mitarbeiters zu interpretieren und wiederum eigenes Verhalten selektiv an diese Interpretation anzuschließen. So hat das vom Mitarbeiter wahrgenommene (und gegebenenfalls als feindselig markierte) Verhalten der Führungskraft seinen Ursprung in kognitiven Verarbeitungsprozessen des wahrgenommenen Mitarbeiterverhaltens vor dem Hintergrund organisationaler Anforderungen. Die Zirkularität und Interdependenz zwischenmenschlicher Kommunikation muss also – darauf wurde im zweiten Kapitel der Arbeit nachdrücklich verwiesen – hinreichende Berücksichtigung in einer interaktionstheoretischen Rekonzeptionalisierung von Abusive Supervision finden. Der zweite Teil des Kapitels vollzieht nun diesen wichtigen Schritt zur dynamischen Betrachtung.

2. Rückwirkungen der Interaktion – eine dynamische Analyse

Mit Ausnahme der dyadischen Identitätstheorie der Führung, wie sie von Lührmann vorgetragen wurde,[184] greifen sämtliche, sich selbst als interaktiv bezeichnenden Führungstheorien bezüglich der Interaktivität und den resultierenden

---

[184] Vgl. Lührmann 2006; Lührmann & Eberl 2007.

Wirkungen zu kurz. So verwendet die LMX-Forschung das Konzept der Interaktion als notwendiges Medium des Austausches als attraktiv wahrgenommener Ressourcen. Die Interaktion selbst bleibt dabei jedoch ohne Auswirkung auf die von vornherein organisatorisch vorgezeichneten Austauschprozesse.[185] Ein ähnliches Bild zeichnete sich bei den kognitiven Führungstheorien, denn in ihrer jeweiligen Einseitigkeit blenden sie Rückwirkungen der Interaktion auf die kognitiven Strukturen und Prozesse zwangsläufig aus.[186] Das bis hierhin entwickelte Modell der Führungsinteraktion vermag diese Schwächen noch nicht zu überwinden, denn es ist ähnlich statisch: Die Interaktion selbst ist konzeptionell noch ohne Wirkung auf die individuellen Erwartungen und das System selbst. Mit diesem Abschnitt soll nun der Schritt zum tatsächlich dynamischen Modell der Führungsinteraktion vollzogen werden, um damit die Prozessualität des Abusive Supervision Phänomens konzeptionell einfangen zu können. Es geht darum, den Einfluss der laufenden Interaktion(sergebnisse) auf die individuellen Erwartungen wie auch auf das gesamte Interaktionssystem in die Überlegungen einzubeziehen, zu diskutieren und mit Blick auf die Entstehung von Abusive Supervision als Muster der Führungsinteraktion zu reflektieren.

Auf das Wesentliche reduziert sollen mit diesem Abschnitt die folgenden beiden, in sequentieller Beziehung zueinander stehenden Fragen bearbeitet werden:

(1) Wie lässt sich (die Emergenz von) Abusive Supervision auf der Ebene individueller Erwartungen erklären?

(2) Wie lässt sich (die Persistenz von) Abusive Supervision als Interaktionsmuster trotz negativer Wirkungen auf den adressierten Mitarbeiter und die Organisation auf der Ebene der Interaktion erklären?

Die nun folgenden Überlegungen werden an diesen Leitfragen orientiert analytisch differenziert: Zunächst werden die Wirkungen der Interaktion auf individueller Ebene der beteiligten psychischen Systeme diskutiert, bevor im Anschluss die Entwicklung des Interaktionssystems selbst in den Mittelpunkt gerückt wird.

2.1. Wirkungen der Interaktion auf die individuelle Erwartungsstruktur

Im Rahmen der Diskussion konstruktivistischer Grundlagen wurde mit Nachdruck darauf hingewiesen, dass individuelle Wahrnehmungen immer (nur) Beobachtungen und damit subjektive Interpretationen sein können.[187] Auf die aktu-

---

[185] Vgl. dazu Abschnitt 1.1 in Kapitel C.
[186] Vgl. dazu Abschnitt 1.2 in Kapitel C.
[187] Vgl. dazu Abschnitt 2.1 in Kapitel C.

elle Fragestellung bezogen bedeutet dies, dass auch die Interaktion selbst mit ihren Ergebnissen vom Individuum nicht direkt wahrgenommen werden kann, denn auch bei dieser Wahrnehmung handelt es sich „nur" um eigene Konstruktionen des beobachtenden Individuums. Diese Konstruktionen werden ermöglicht durch kognitiv bereits gespeicherte Interaktionserfahrungen und Kategorisierungen.[188] Das Gehirn legt also mit seinen eigenen, in frühkindlichen Entwicklungsphasen ausgebildeten und im weiteren Lebenslauf immer weiter ausdifferenzierten und stabilisierten Strukturen fest, welche Sinneseindrücke überhaupt zu bewussten und damit weiterverarbeitbaren Wahrnehmungen werden.[189] Wird diese Überlegung auf das bisher entwickelte Modell übertragen, zeigt sich (vereinfachend), dass nichts anderes als die Erwartungsstrukturen des Individuums selbst die Wahrnehmung der Interaktionsergebnisse bestimmen. Unter anderen Vorzeichen wurde dies oben bereits angedeutet: Erstens besitzen individuelle Erwartungen eine Interpretationsfunktion,[190] die oben zwar auf das wahrgenommene Verhalten des Interaktionspartners bezogen wurde, jedoch ebenso in Bezug auf das Interaktionsergebnis zutrifft. Zweitens sind Beobachtungen generell nur durch Unterscheidungen möglich, die aus Sicht des beobachtenden Subjekts Sinn ergeben, und die Zuweisung von Sinn ist eben nur auf Basis bestehender Kategorisierungen und Strukturen möglich.[191] Kurzum: Es kann nicht von einer unmittelbaren Wirkung der Interaktionsergebnisse auf individuelle Erwartungen ausgegangen werden. Vielmehr ist nur das individuell *wahrgenommene* Ergebnis von Einfluss auf die Erwartungen, wobei die kognitive Struktur selbst reguliert, was wahrgenommen wird und was nicht. Diese Selbstbezogenheit zeigt sich in ihrer Extremform in den oben bereits angesprochenen selbsterfüllenden Prophezeiungen.[192] Die folgende Abbildung veranschaulicht diese Überlegungen:

---

[188] Vgl. Schmidt 1987a, S. 15; genauer auch bei Roth 1996, S. 261 ff.
[189] Vgl. Roth 1987b, S. 253 ff.
[190] Vgl. Abschnitt 1.1.1 in diesem Kapitel.
[191] Vgl. Abschnitt 2.2. in Kapitel C; ferner auch Willke 2005, S. 43 ff.; Luhmann 1984, S. 92 ff.
[192] Vgl. Watzlawick 2010a.

D Abusive Supervision als Muster der Führungsinteraktion

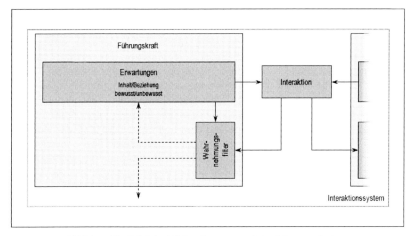

Abbildung 30: Selektive Wahrnehmung von Interaktionsergebnissen
(Quelle: eigene Darstellung)

Die Abbildung nimmt – ihrer Übersichtlichkeit geschuldet – zwar nur die Führungskraft ins Visier, könnte aber ebenso auf den Mitarbeiter fokussieren. Sie zeigt die Selektivität individueller Wahrnehmung, denn nur ein vom psychischen System selbst festgelegter Teil des Möglichen vermag die Erwartungen als Feedback zu beeinflussen. Veranschaulicht wird die Selektivität hier durch einen von den Erwartungen bestimmten Filter, der darüber entscheidet, welche Eindrücke der Interaktion verarbeitet werden und welche nicht. Im Falle selbsterfüllender Prophezeiungen stabilisiert sich dieser Zirkel im Zeitablauf: Das Individuum erwartet ein bestimmtes Verhalten des Interaktionspartners und wählt daraufhin das eigene Verhalten. In der Interaktion wird diese Erwartung dann im doppelten Sinne bestätigt, die Erwartung trifft zu und wird damit für die zukünftige Interaktion bekräftigt, erwartungsenttäuschende Interaktionsergebnisse werden mehr und mehr ausgeblendet und immer weniger wahrgenommen.

Nachdem nun grundsätzlich geklärt ist, dass stets nur ein vom Individuum selbst unbewusst[193] selektierter Teil des Interaktionsergebnisses die eigenen Erwartungen beeinflussen kann, stellt sich nun die Frage, welche konkreten Auswirkungen sich auf die individuellen Erwartungen ergeben. Anders ausgedrückt geht es um die Frage, was mit den Erwartungsstrukturen im Laufe der fortlaufenden Interaktion geschieht. Die folgenden Überlegungen orientieren sich dazu an dem von Graen und Uhl-Bien vorgeschlagenen Lebenszyklus-Modell einer

---

[193] Die beobachtungsleitenden Strukturen und Unterscheidungen sind für das Individuum selbst nicht beobachtbar und damit unbewusst. Hier liegt der oben bereits beschriebene blinde Fleck der Beobachtung (vgl. Baraldi et al. 1997, S. 102; Foerster 2010, S. 40).

Führungsbeziehung.[194] Basierend auf den Ergebnissen verschiedener empirischer Studien[195] trennt das sogenannte „Leadership Making Model" die Führungsbeziehung in drei sequentielle Phasen: In der „Stranger-Phase" treffen beide Interaktionspartner erstmalig aufeinander, gegenseitige Erwartungen können dementsprechend (noch) nicht von der Interaktion beeinflusst werden.[196] Das bisherige statische Modell der Führungsinteraktion stellt im Grunde diese Ausgangssituation einer beginnenden Führungsbeziehung dar. Die individuellen Erwartungen sind noch unbeeinflusst vom tatsächlichen Verhalten des Interaktionspartners, dem eigenen Verhalten und dem (den) resultierenden Interaktionsergebnis(sen). In der darauffolgenden „Acquaintance-Phase" lernen sich beide Interaktionspartner immer besser kennen, ihre Beziehungsqualität steigt und die Austauschinhalte verschieben sich weg von den rein vertraglichen der vorigen Phase. Auf die gegenseitigen Erwartungen bezogen könnte diese Phase auch als Kennenlern- oder Anpassungsphase bezeichnet werden. Die sich anschließende „Partner-Phase" zeichnet sich durch gegenseitiges Vertrauen und eine hinreichend feste emotionale Bindung aus. Auf die individuellen Erwartungen bezogen kann hier von Stabilität gesprochen werden. Von besonderem Interesse sind an dieser Stelle die beiden letzten Phasen, da die „Stranger-Phase" bereits mit dem statischen Modell erfasst und umfassend diskutiert wurde.

2.1.1. Anpassung individueller Erwartungen in der Interaktion

„Soziale Situationen sind [...] zunächst charakterisiert durch zirkuläre Unfähigkeit zu Selbstbestimmung"[197]. Beide Interaktionspartner wissen im Vorfeld ihrer Interaktion nicht, wie sich der jeweils andere verhalten wird und können daher auch ihr eigenes, reaktives Verhalten nicht wählen, sind also der Selbstbestimmung nicht fähig. Dieses Problem wurde unter der Bezeichnung doppelter Kontingenz oben ausführlich beschrieben.[198] Im Falle der Führungsinteraktion wird die damit einhergehende, insofern lähmende Komplexität zumindest ein Stück weit durch implizite Theorien, frühere Erfahrungen und den organisationalen Kontext reduziert – dennoch ist und bleibt auch in der Führungsbeziehung das Verhalten des Interaktionspartners immer kontingent. Beide besitzen im Vorfeld der Interaktion also gewisse Vermutungen, wie der jeweils andere sich verhalten

---

[194] Vgl. Abschnitt 1.1. in diesem Kapitel, sowie Graen & Uhl-Bien 1995a, S. 1050 ff.; 1995b, S. 229 ff.; Die Argumentation orientiert sich daran weniger inhaltlich, als vielmehr an dem vorgezeichneten Rahmen.
[195] Vgl. Graen et al. 1982; Scandura & Graen 1984; Graen et al. 1986; Uhl-Bien & Graen 1993.
[196] Aus Sicht der LMX-Forschung sind die Austauschprozesse in dieser frühen Phase rein ökonomischer Natur. Die Qualität der Austauschprozesse soll hier jedoch nicht weiter vertieft werden; vgl. dazu eher Graen & Uhl-Bien 1995b, S. 230 ff.
[197] Luhmann 1993b, S. 13.
[198] Vgl. Abschnitt 3.2 in Kapitel C.

wird. Diese Vermutungen sind jedoch mit Unsicherheit behaftet, sie können bestätigt oder enttäuscht werden: „Das Rechnen mit der Enttäuschung ist die Unterscheidung, die es erlaubt, eine Erwartung zu bezeichnen."[199] Wenn Alter und Ego also zu interagieren beginnen, können sie dem Verhalten des jeweils anderen auf Basis der Unterscheidung eingetroffener oder enttäuschter Erwartungen Sinn zuschreiben. Ohne Erwartungen wäre dies nicht möglich und das Handeln nicht anschlussfähig.

Unabhängig davon, ob Alters Erwartung bestätigt oder enttäuscht wurde, kann das Verhalten Egos auf Basis dieser Unterscheidung wahrgenommen und als Erfahrung verarbeitet werden. Damit wird ein Veränderungs- oder Anpassungsprozess in Gang gesetzt: Verhält sich Ego in einer zukünftigen Situationen wiederholt in ähnlicher Weise, kann sich aus diesen konsistenten Erfahrungen eine generalisierte Erwartung sedimentieren. Bezogen auf die betreffende Klasse von Situationen bedeutet dies, dass der Möglichkeitsraum eingeschränkt, Komplexität und Kontingenz also reduziert werden.[200] Ein Beispiel soll diese Überlegung verdeutlichen: In einer sehr frühen Phase der Führungsbeziehung erteilt die Führungskraft einen Auftrag in mündlicher Form und betont dabei, dass es sich um einen sehr wichtigen und eiligen Auftrag handelt. Der Mitarbeiter schließt daraus, dass er sich einerseits in der Bearbeitung des Auftrages konzentrieren und überdies beeilen soll. Trifft dies zu und wiederholt sich die Situation mit anderen mündlichen Aufträgen, so wird der Mitarbeiter die generalisierte Erwartung herausbilden, dass es sich bei mündlich erteilten Aufträgen regelmäßig um eilige und besondere Konzentration erfordernde handeln wird.[201] Luhmann beschreibt die Generalisierung von Erwartungen als

> „eine Verallgemeinerung von Sinnorientierungen, die es ermöglicht, identischen Sinn [...] in verschiedenen Situationen festzuhalten, um daraus gleiche oder ähnliche Konsequenzen zu ziehen. Die damit erreichte relative Situationsfreiheit reduziert die Mühe der Informationsbeschaffung und -auswertung im Einzelfall und erspart eine vollständige Neuorientierung von Fall zu Fall. Sie absorbiert auf diese Weise zugleich Unsicherheit."[202]

---

[199] Baecker 2005, S. 89.
[200] Luhmann schreibt hierzu: „Die Generalisierung von Erwartungen auf Typisches oder Normatives hin hat mithin eine Doppelfunktion: Sie vollzieht einerseits eine Selektion aus der Gesamtheit angezeigter Möglichkeiten und reproduziert so die im Sinn angelegte Komplexität, ohne sie zu vernichten; sie überbrückt Diskontinuitäten in sachlicher, zeitlicher und sozialer Hinsicht, so daß eine Erwartung auch dann noch brauchbar ist, wenn die Situation sich geändert hat: Das gebrannte Kind scheut jedes Feuer. Es liegt deshalb nahe, dass Selektion durch Bewahrung erfolgt; dass also diejenigen Verweisungen zu Erwartungen verdichtet werden, die sich generalisieren und zur Überbrückung von Diskontinuitäten verwenden lassen." (Luhmann 1984, S. 140).
[201] Das Beispiel erinnert zwar an die klassische Konditionierung Pawlows (vgl. hierzu Edelmann 2000, S. 29 ff.), illustriert in seiner Simplizität jedoch den hier beschriebenen Prozess der Erwartungsgeneralisierung.
[202] Luhmann 1975, S. 31.

Der Mitarbeiter wird bei einem mündlich erteilten Auftrag irgendwann nicht mehr fragen oder überhaupt überlegen müssen, ob es sich um einen eiligen Auftrag handelt. Ähnliche Prozesse wiederholen sich für andere Situationsklassen und natürlich auch auf Seiten der Führungskraft bezogen auf das Verhalten des Mitarbeiters. Salopp zusammengefasst: Beide lernen sich kennen und erfahren nach und nach, wie der andere „tickt". Die Erwartungen bezüglich der Erwartungen des jeweils anderen bilden sich heraus, werden verinnerlicht und konkretisieren und stabilisieren sich im Laufe der Interaktionsbeziehung zunehmend.[203] Je weiter dieser Prozess fortschreitet, desto weniger explizite Kommunikation ist zwischen Führungskraft und Mitarbeiter notwendig. Irgendwann können die Interaktionspartner „die erforderlichen Verhaltensabstimmungen intern vollziehen, das heißt weitgehend ohne Kommunikation"[204] – man versteht sich im sprichwörtlichen Sinne blind. Notwendige Bedingungen dieses Prozesses sind dabei eine hinreichende, wahrgenommene Konsistenz der Verhaltensweisen und die für diese Wahrnehmung und ihrer Verarbeitung grundsätzlich erforderlichen empathischen Fähigkeiten des Individuums.

Bisher wurde das Verhältnis der verarbeiteten Interaktionsergebnisse zu den im statischen Modell beschriebenen Einflüssen auf die individuellen Erwartungen außer Acht gelassen. Benannt wurden jedoch zumindest die beiden grundsätzlichen Varianten: Im Vorfeld der Interaktionsbeziehung bestehende Erwartungen können im Widerspruch zu den aktuellen Erfahrungen stehen – also enttäuscht werden – oder aber bestätigt werden. Im Falle ihrer Bestätigung werden die zuvor bestehenden, zumeist relativ allgemein gehaltenen Erwartungen auf die betreffenden Situation(sklass)en hin konkretisiert. Die Erwartungen werden insofern ausdifferenziert und die individuelle Erwartungsstruktur gewinnt dadurch an Komplexität. Dieser Konkretisierungsprozess besitzt jedoch in seiner Funktionalität auch Grenzen. So weist Luhmann darauf hin, dass die zunehmende Spezifizierung einer Erwartung ab einem gewissen Punkt zur Erhöhung ihrer Unsicherheit führt.[205] Erwartungen sollten damit hinreichend offen bleiben, also nur soweit spezifiziert und präzisiert werden, „wie dies zur Sicherung von Anschlußverhalten unerläßlich ist."[206]

Die alternative Variante des Verhältnisses, die Enttäuschung bestehender Erwartungen, stellt sich für das Individuum als vermeintlich größeres Problem dar, denn ihre Enttäuschung stellt die bestehende Erwartung in Frage und bringt damit die „ursprüngliche Komplexität der Möglichkeiten und die Kontingenz des

---

[203] Vgl. Luhmann 1972b, S. 33 ff.
[204] Luhmann 1972b, S. 34.
[205] Vgl. Luhmann 1984, S: 418; Er gibt dazu das oben bereits zitierte Beispiel: „Ich kann ziemlich sicher in Aussicht stellen, zwischen 5 und 7 nach Hause zu kommen. Wenn dagegen erwartet wird, daß ich um 5.36 Uhr eintreffen werde, ist diese Erwartung hochgradig unsicher" (Luhmann 1984, S. 418). Vgl. dazu auch den folgenden Abschnitt.
[206] Luhmann 1984, S. 418.

Auch-anders-handeln-Könnens wieder zum Vorschein"[207]. Auch die positive Überraschung hat damit eine unangenehme Seite, denn das Individuum muss – bewusst oder unbewusst – entscheiden, ob die ursprüngliche Erwartung Bestand haben soll, also Enttäuschungsresistenz besitzen soll oder eben nicht. Ignoriert werden kann die Enttäuschung jedenfalls nicht.[208] Im Rahmen der Diskussion impliziter Theorien wurde bereits festgehalten, dass diese relativ stabil sind, was bedeutet, dass eine Führungskraft mit einem Menschenbild der Theorie Y McGregors dieses nicht unmittelbar gegen das der Theorie X tauscht, wenn ein Mitarbeiter verantwortungsscheues und kontrollbedürftiges Verhalten zeigt. Ebenso wenig wird ein Mitarbeiter, der mit Führungskräften generell sensibles und intelligentes Verhalten in Verbindung bringt, diese Vorstellungen vorschnell revidieren, wenn ihm ein Gegenbeispiel begegnet. Um die generalisierte Erwartung gegen die Enttäuschung zu schützen, muss sie symbolisch von der Enttäuschung distanziert werden. Ferner muss eine Erklärung für die Enttäuschung gefunden werden, die die Erwartung nicht weiter in Frage stellt.[209] So könnte der enttäuschte Mitarbeiter die Ursache der Enttäuschung als einzig in der Persönlichkeit der konkreten Führungskraft vermuten und als individuellen Einzelfall kategorisieren und damit wiederum seine generellen Erwartungen absichern und schützen.

Werden die Erwartungen des Individuums wiederholt enttäuscht, wird die Enttäuschung der Erwartung zu einer eigenen generalisierten Erwartung. Die Erwartungsstruktur des Individuums gewinnt dadurch an Komplexität, die aber zu unterscheiden ist von der im Falle wiederholter Bestätigung. Dort werden bestehende Erwartungen konkretisiert und verfeinert, wohingegen im Fall der wiederholten Enttäuschung neue und vor allem gegensätzliche Erwartungen hinzukommen und damit Widersprüchlichkeit in das Erwartungssystem hineingetragen beziehungsweise bereits bestehende Widersprüchlichkeit erhöhen.[210] Der oben beschriebene Mitarbeiter wird seine implizite Theorie nicht ändern und dennoch – auf wiederholter Erfahrung basierend – deren Enttäuschung durch das Verhalten seines Vorgesetzten erwarten. Zusammenfassend lässt sich festhalten, dass die individuelle Erwartungsstruktur im Laufe der fortgesetzten Interaktion an den konkreten Interaktionspartner angepasst wird und dadurch – auf die eine

---

[207] Luhmann 1972b, S. 53.
[208] Luhmann geht sogar so weit zu sagen, dass eine enttäuschte Erwartung immer die Gefahr birgt, dass der Enttäuschte „vor Aufregung unberechenbar handelt, daß er, um eine Erwartung zu retten, viele Erwartungen enttäuscht, also mehr Probleme schafft als er löst" (Luhmann 1972b, S. 54), sich innerhalb des sozialen Systems also blamiert und seine soziale Identität damit aufs Spiel setzt.
[209] Vgl. Luhmann 1972b, S. 56.
[210] Es scheint wenig plausibel anzunehmen, dass die im Vorfeld einer beginnenden Führungsbeziehung bereits bestehenden Erwartungen in einem ausnahmslos konsistenten Verhältnis zueinander stehen. So ist es nicht unwahrscheinlich, dass die bisherigen Erfahrungen früherer Führungsbeziehungen den impliziten Theorien zumindest ein Stück weit zuwiderlaufen.

oder andere Weise – an Komplexität gewinnt. Bedingung der Anpassung ist die bereits angesprochene situationsübergreifende Konsistenz des jeweils wahrgenommenen Verhaltens.

2.1.2. Stabilität individueller Erwartungen in der Interaktion

„Nach einiger Zeit bewußter, durch soziale Erfahrungen angereicherter Lebensführung kommen völlig willkürliche Erwartungen nicht mehr vor. Man wird in der normalen Sukzession des Fortschreitens von Vorstellung zu Vorstellung nicht auf ganz Abseitiges verfallen. Man orientiert sich zwangsläufig an der eigenen Bewußtseinsgeschichte, wie eigenartig diese auch verlaufen sein mag"[211]. Was Luhmann hier eher allgemein in Bezug auf Situationen sozialer Interaktion überlegt, lässt sich auf die Führungsinteraktion übertragen, denn ab einem gewissen Punkt der Führungsbeziehung sind die gegenseitigen Erwartungen hinreichend abgesichert und bestätigt, sodass die individuellen Erwartungsstrukturen nicht weiter angepasst werden müssen. Konkreter ausgedrückt heißt das, dass die Erwartungserwartungen beider Interaktionspartner durch die wiederholte Verarbeitung von situationsübergreifenden Interaktionsergebnissen eine gewisse Stabilität erreicht haben. Diese Stabilisierung ist im Gegensatz zu einfachen Erwartungen nicht selbstverständlich, denn Erwartungserwartungen beziehen sich eben nicht auf triviale Zusammenhänge, wie etwa die Erwartung, dass der Tag auf die Nacht folgen wird.[212] Erwartungen, die sich auf das Verhalten von Menschen beziehen, müssen die Selektivität dieses Verhaltens mit einkalkulieren und können es nicht als determiniertes Faktum betrachten. Kurzum: Sie müssen also fremde Erwartungen erwarten. Zu Beginn einer Führungsbeziehung können sich Erwartungserwartungen nur aus den beschriebenen – und in diesem Moment statischen – Bestimmungsfaktoren individueller Erwartungen speisen und sind damit mit relativ hoher Unsicherheit behaftet. Im Laufe der Interaktion kommt dann der Einfluss konkreter Interaktionserfahrungen hinzu, während die Unsicherheit abnimmt. Irgendwann ist schließlich ein Zustand erreicht, bei dem das weitere Ausdifferenzieren und Konkretisieren der individuellen Erwartungen nicht mehr funktional erscheint und übermäßige Spezifität die individuelle Erwartungsstruktur – wie oben bereits dargestellt wurde – mit zusätzlicher Unsicherheit belasten würde.[213] Die Komplementarität der Erwartungen[214] ist dann auf einem insofern optimalen Niveau angelangt und kann nicht weiter erhöht werden. Luhmann spricht hier von der notwendigen *Ambiguität* individueller Erwartungen.[215] Der Mitarbeiter weiß, in welchen Situationen er sich wie ver-

---

[211] Luhmann 1984, S. 363.
[212] Vgl. Luhmann 1972b, S. 33.
[213] Vgl. Luhmann 1984, S. 418.
[214] Vgl. Parsons et al. 1951, S. 14 f.
[215] Vgl. Luhmann 1984, S. 418.

halten muss, um die Erwartungen seines Vorgesetzten zu erfüllen, ohne dass dieser seine Erwartungen explizit mitteilen müsste, was auch umgekehrt für die Führungskraft gilt. Eine noch stärkere Konkretisierung der Erwartungen würden ihre Unsicherheit wiederum erhöhen und die Prognosefähigkeit einschränken, denn der Möglichkeitsspielraum von Egos Verhalten bleibt für Alter nach wie vor in gewissem Umfang kontingent. Die folgende Abbildung veranschaulicht diese Überlegungen:

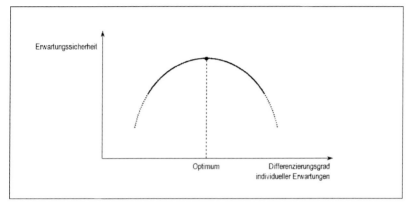

Abbildung 31: Optimaler Differenzierungsgrad individueller Erwartungen
(Quelle: eigene Darstellung)

Abbildung 31 zeigt, dass die zunehmende Ausdifferenzierung individueller Erwartungsstrukturen bis zu einem gewissen Punkt mit steigender Erwartungssicherheit einhergeht. Übermäßige Differenzierung wird der (zwangsläufig verbleibenden) Variabilität tatsächlichen Verhaltens jedoch nicht gerecht, da sie den zugedachten Möglichkeitsspielraum zu sehr eingrenzt und sich damit als dysfunktional darstellt. Erreicht die Anpassung individueller Erwartungen im Laufe des Interaktionsgeschehens das beschriebene Optimum und verbleibt dort, so befindet sich die Erwartungsstruktur in einem Zustand relativer Stabilität. An dieser Stelle muss darauf hingewiesen werden, dass Stabilität nicht mit Widerspruchsfreiheit verwechselt werden darf. Die individuelle Erwartungsstruktur kann also durchaus stabil und gleichzeitig in sich widersprüchlich sein. Ein Mitarbeiter, der von Führungskräften generell partizipative Führung erwartet, kann dennoch die mehrfach bewährte und daher stabile Erwartung herausbilden, dass sein direkter Vorgesetzter diese Erwartung regelmäßig enttäuscht, indem er autoritär führt. Stabilität bezieht sich hier also lediglich darauf, dass sich die individuellen Erwartungsstrukturen der Interaktionspartner nicht weiter verändern (müssen). Lührmann beschreibt einen solchen Zustand als Identitätsbalance:[216] Beide Interaktionspartner haben dort den Aushandlungsprozess ihrer jeweiligen (situativen) Identitäten vorläufig abgeschlossen, sodass die Kommunikation von der Beziehungsebene auf die Inhaltsebene verlagert werden kann. Die jeweiligen Erwartungserwartungen sind also soweit validiert und stabilisiert, dass sie nicht weiter angepasst werden müssen und gleichzeitig hinreichend offen sind.[217] Die Stabilität hängt natürlich – das wurde bereits betont – von der Konsistenz wahrgenommenen Verhaltens ab: Ändert Ego sein Verhalten in für Alter nicht nachvollziehbarer beziehungsweise prognostizierbarer, also stochastischer Weise, können sich Alters Erwartungserwartungen nicht bewähren und damit auch nicht generalisiert und stabilisiert werden.[218] Nachdem die Anpassung und Stabilisierung individueller Erwartungsstrukturen im notwendigen Umfang auf allgemeiner Ebene diskutiert wurde, kann nun der Bezug zur Rekonzeptionalisierung von Abusive Supervision hergestellt werden.

2.1.3. Die Entstehung von Abusive Supervision auf individueller Ebene

In Kapitel B wurden die folgenden beiden notwendigen Bedingungen der Manifestation von Abusive Supervision herausgearbeitet: Erstens muss das Verhalten der Führungskraft vom adressierten Mitarbeiter als feindselig wahrgenommen werden und zweitens muss diese Wahrnehmung in situationsübergreifender Weise von hinreichender Stabilität sein. Im Rahmen der statischen Betrachtung wurde bereits festgestellt, dass die Entstehung von Abusive Supervision in dem Moment beginnt, in dem der betroffene Mitarbeiter das Verhalten seiner Führungskraft ausgehend von seiner individuellen Erwartungsstruktur erstmalig als negativ, genauer gesagt als feindselig bewertet.[219] Vorläufig abgeschlossen ist der Entstehungsprozess auf Ebene des Individuums, wenn die (wiederholte) Wahrnehmung zu einer generalisierten Erwartung auf der Beziehungsebene geführt hat. Der Weg zu dieser konkreten generalisierten Erwartung soll in diesem Abschnitt nun auf Basis der zuvor angestellten Überlegungen im Detail nachvollzogen werden.

---

[216] Vgl. Lührmann 2006, S. 299 ff.
[217] Vgl. Miebach 1991, S. 301.
[218] Vgl. Leventhal 1980; Tyler et al. 1997.
[219] Diese individuelle Kategorisierung ist – und darauf sei an dieser Stelle erneut mit Nachdruck hingewiesen – ein rein *subjektiver* Prozess. Es kommt dabei einzig und allein auf die Beobachtung erster Ordnung an; für das Individuum ist im Moment der Kategorisierung wahrgenommenen Verhaltens vollkommen irrelevant, wie jemand anderes an seiner Stelle oder ein Beobachter zweiter Ordnung dasselbe Verhalten kategorisieren würde. Das Individuum konstruiert und kennt nur seine eigene Wirklichkeit. Damit entfällt auch jeglicher Versuch einer objektiven Beurteilung des gezeigten Verhaltens der Führungskraft, abgesehen von der Unmöglichkeit eines solchen Vorhabens wäre es schlichtweg irrelevant.

Die Enttäuschung impliziter Theorien „guter" Führung beziehungsweise die Bestätigung impliziter Theorien „schlechter" Führung führt – das wurde oben bereits herausgestellt – zur ersten Kategorisierung wahrgenommenen Verhaltens als feindselig. Dieser Prozess kann einerseits von Erfahrungen mit anderen Führungskräften moderiert werden. Denn besitzt die aktuelle Führungskraft gewisse Ähnlichkeit mit einer früheren, dessen Verhalten ebenfalls als feindselig wahrgenommen wurde, so können Übertragungsprozesse die Kategorisierung des aktuell wahrgenommenen Verhaltens beeinflussen, obwohl die Ähnlichkeit beider Führungskräfte möglicherweise in ganz anderen Punkten begründet liegt.[220] Der (potentiell) moderierende Einfluss früherer Erfahrungen unterstreicht damit ebenfalls die Subjektivität des individuellen Bewertungsprozesses wahrgenommenen Verhaltens. Die in Kapitel A zitierte Sozialberaterin sieht in einigen Fällen von Abusive Supervision solche Übertragungsprozesse durchaus als zentrale Ursache im Sinne selbsterfüllender Prophezeiungen: „Manchmal nimmt man das ja mit, und verhält sich [...] auch wieder entsprechend, und dann kann so ein Phänomen wieder ausgelöst werden"[221]. Das bedeutet, dass in einem solchen Fall nahezu *jedes* Verhalten der (neuen) Führungskraft als feindselig kategorisiert wird und die Selektion des eigenen Verhaltens von vornherein an diese Interpretation anschließt.

Das Ausmaß der zugeschriebenen Feindseligkeit wird andererseits möglicherweise vom wahrgenommenen organisationalen Kontext und den daraus abgeleiteten formalen und informalen Rollenerwartungen beeinflusst. Wenn der adressierte Mitarbeiter beispielsweise weiß, dass von Führungskräften innerhalb der Organisation generell autoritäres Verhalten, also das Führen mit „straffer Hand", erwartet wird, so wird das konkrete Verhalten zwar dennoch als feindselig, aber doch möglicherweise als weniger gegen die eigene Person gerichtet wahrgenommen.[222] Einen ähnlichen Einfluss hat auch der (subjektive) interindividuelle Vergleich mit anderen Geführten. Verhält sich die Führungskraft aus Sicht des kategorisierenden Mitarbeiters allen Geführten gegenüber in ähnlicher Weise, wird das Ausmaß der wahrgenommenen Feindseligkeit geringer sein, als wenn sich das Individuum selbst als einzige Zielscheibe wahrnimmt.[223]

Die einzelne Wahrnehmung feindseligen Führungsverhaltens genügt, wie gesagt, noch nicht, um das gesamte Interaktionssystem mit Abusive Supervision charakterisieren zu können. Es muss sich um ein *anhaltendes* Phänomen han-

---

[220] Vgl. Abschnitt 1.3.2 in diesem Kapitel und auch Ritter & Lord 2007.
[221] SB, Z. 129; dieses Zitat hat hier nur illustrative Funktion und soll nicht als empirischer Beleg missverstanden werden.
[222] Vgl. zur allgemeinen Diskussion des Einflusses des wahrgenommenen organisationalen Kontextes Abschnitt 1.3.3 in diesem Kapitel.
[223] Vgl. zu dieser Art der Inkonsistenzwahrnehmung De Cremer 2003; Leventhal 1980; Tyler et al. 1997; vgl. zu den zugrunde liegenden Attributionsprozessen Schettgen 1991, S. 101 ff. oder auch die einführenden Bemerkungen in Abschnitt 1.2. in Kapitel C. Die mit diesem Punkt einhergehende Gruppenperspektive soll hier, dem dyadischen Fokus der Arbeit geschuldet, nicht weiter verfolgt werden.

deln, was bedeutet, dass aus Sicht des individuellen Mitarbeiters das Verhalten der Führungskraft wiederholt und situationsübergreifend (und damit auf der Beziehungsebene) als feindselig kategorisiert werden muss. Im Zuge der wiederholten Verarbeitung der Interaktionsergebnisse wird der Mitarbeiter dann die generalisierte Erwartung herausbilden, dass sich seine Führungskraft ihm gegenüber regelmäßig in feindseliger Weise verhält. Es findet eine „Verallgemeinerung von Sinnorientierungen" statt, die die „Mühe der Informationsbeschaffung und -auswertung im Einzelfall erspart"[224]. Die Generalisierung der Erwartung feindseligen Verhaltens führt also im Ergebnis dazu, dass das Individuum das einzelne Verhalten, genauer gesagt die einzelne Mitteilung der Führungskraft als feindselig versteht, ohne sie tatsächlich daraufhin näher zu überprüfen. Oben wurde der Anpassungsprozess individueller Erwartungen durch die Verarbeitung von wahrgenommenen Interaktionsergebnissen in positiver Weise beschrieben: Erwartungen werden ausdifferenziert, stabilisieren sich, man lernt sich bis hin zum sprichwörtlich blinden Verstehen kennen.[225] Hier kehrt sich das Bild nun um: Wenn sich die Erwartung feindseligen Verhaltens generalisiert hat, führt das unter Umständen zu blindem *Miss*verstehen, nämlich dann, wenn das Verhalten (die Mitteilung) der Führungskraft positiv, also auf ein Organisationsziel gerichtet und nicht feindselig gemeint ist, vom Mitarbeiter ungeachtet dessen aber als feindselig kategorisiert (verstanden) wird.[226]

Der Prozess der Erwartungsgeneralisierung kann sich nun vor dem Hintergrund der bisherigen Überlegungen in ganz unterschiedlicher Gestalt entfalten. Überträgt ein Mitarbeiter beispielsweise die früheren Erfahrungen feindseligen Verhaltens auf die neue Führungskraft, können die Erwartungen von Anfang an, praktisch ohne nennenswerte Interaktion, generalisiert sein. Im Sinne selbsterfüllender Prophezeiungen wird dann jedes wahrgenommene Verhalten als feindselig kategorisiert, vollkommen unabhängig von den tatsächlichen Absichten beziehungsweise unabhängig von der inhaltlichen Mitteilung der Führungskraft.[227] Abgesehen von solchen Übertragungseffekten wird in erster Linie die aktuelle Beziehungsgeschichte Einfluss darauf haben, wie schnell und in welchem Maße enttäuschungsresistent sich die generalisierte Erwartung feindseligen Verhaltens ausbildet. Oben wurde diskutiert, dass sich die Erwartungen des Mitarbeiters zu Beginn einer Führungsbeziehung durch ein gewisses Maß an Unsicherheit auszeichnen, die wohl umso intensiver wahrgenommen wird, je weniger Erfahrung der Mitarbeiter im Unternehmen oder aus früheren Führungsbeziehungen besitzt.[228] Wenn der Mitarbeiter nun zu Beginn der Führungsbeziehung das Verhalten seiner Führungskraft wiederholt als feindselig wahrnimmt, wird sich die korrespondierende Erwartung schneller generalisie-

---

[224] Luhmann 1975, S. 31
[225] Vgl. Luhmann 1972b, S. 33 ff.
[226] Vgl. Abels 2007a, S. 225.
[227] Vgl. Ritter & Lord 2007, S. 1691.
[228] Vgl. Abschnitt 1.4 in diesem Kapitel.

ren, als im Falle einer Führungsbeziehung, die sich bereits in der „Partner Phase"[229] befindet und sich zumindest bislang durch gegenseitiges Vertrauen auszeichnete. Denn wird eine Führungsbeziehung erst einmal als vertrauensvoll wahrgenommen, hat sich die korrespondierende individuelle Erwartung vertrauensvoller Führung bereits so weit stabilisiert, dass *einzelne* Abweichungen die bestehenden Erwartungen wohl nicht umfänglich in Frage stellen werden.[230]

Die Überlegungen lassen sich nun folgendermaßen zusammenfassen: Notwendige Bedingung für die Entstehung von Abusive Supervision ist auf individueller Ebene zunächst die stabilisierte Erwartung des Mitarbeiters, in feindseliger Weise behandelt zu werden. Damit sich diese Erwartung stabilisieren kann, muss das Führungsverhalten in wiederholter Weise und situationsübergreifend als feindselig wahrgenommen werden. Wie viele Wiederholungen tatsächlich für diesen Prozess notwendig sind, kann weder im Vorfeld der Interaktion, noch im Rahmen dieser Arbeit konzeptionell vorbestimmt werden. Mit dem Einfluss früherer Erfahrungen und dem Zeitpunkt der (ersten) Wahrnehmung feindseligen Verhaltens wurden zumindest zwei Faktoren diskutiert, die Einfluss auf diese spezifische Erwartungsgeneralisierung besitzen. Daneben wird auch der

---

[229] Vgl. Graen & Uhl-Bien 1995b, S. 231.

[230] Diese Argumentation lässt sich auch in Anlehnung an Hollanders Idiosynkrasie-Kredit-Modell (vgl. Hollander 1958; 1960; 1961; 1964; 1978; 1992; Hollander & Julian 1969; Hollander & Offermann 1990) führen. Im Rahmen dieses austauschtheoretischen Modells beschäftigt sich Hollander mit Fragen der Emergenz und Aufrechterhaltung von Führerschaft in sozialen Gruppen. (Informelle) Führer müssen einerseits überdurchschnittliche Konformität hinsichtlich der Gruppennormen aufweisen, um akzeptiert zu werden, und gleichzeitig je nach situativer Gegebenheit von diesen Normen abweichen, um notwendige Veränderungen zu initiieren (vgl. Weibler 2001, S. 169 ff.). Die Lösung dieses Konflikts sieht Hollander in einem Abweichungs-Kredit, den er als „the degree to which an individual may deviate from the common expectancies of the group" (Hollander 1958, S. 120.) definiert. Dieser Kredit ermöglicht die „produktive Nonkonformität" (Hollander 1995, S. 927) des Führers, denn ihm werden aus der Gruppe heraus gewisse Einflusspotentiale und Wirkungsspielräume zugestanden, die andere Gruppenmitglieder nicht besitzen. Quellen dieses Kredites können unter anderem Status, überdurchschnittlich normenkonformes Verhalten in der Vergangenheit oder aber auch die formale Position sein (vgl. Hollander 1958, S. 118, S. 120 f.). Überträgt man diese Überlegungen auf die hier betrachtete Führungsbeziehung, kann argumentiert werden, dass sich die Führungskraft in der Beziehungsgeschichte einen ganz ähnlichen Vertrauenskredit erarbeiten kann, wobei Vertrauen hier allgemein als „a psychological state comprising the intention to accept vulnerability based upon positive expectations of the intentions or behavior of another" (Rosseau et al. 1998, S. 395) verstanden werden soll. Abweichendes – in diesem Fall feindseliges – Verhalten wird angesichts eines solchen Vertrauenskredites, auch wenn es wiederholt auftritt, viel eher als Ausnahme betrachtet und damit beziehungsexogenen Einflüssen zugeschrieben. Der Vertrauenskredit wirkt der Generalisierung der Erwartung feindseligen Verhaltens also in gewisser Weise kompensierend entgegen (vgl. Klaussner 2010, S. 13 f.). Irgendwann ist jedoch auch er aufgebraucht, sodass als anhaltend feindselig empfundenes Verhalten letztendlich dennoch zur beschriebenen Erwartungsstabilisierung führt.

wahrgenommene organisationale Kontext Einfluss auf den Stabilisierungsprozess besitzen.[231]

Bis zu diesem Punkt wurde die Entstehung von (der unintendierten Form von) Abusive Supervision einzig aus Sicht des wahrnehmenden Mitarbeiters diskutiert. Da es sich dabei jedoch nach wie vor um ein organisationales Phänomen handelt, das vom beteiligten Mitarbeiter anhaltend negativ wahrgenommen wird, musste zwangsläufig zunächst die Frage bearbeitet werden, wie diese Wahrnehmung und ihre Nachhaltigkeit auf der Folie der hier angestellten konzeptionellen Überlegungen überhaupt zustande kommen. Es darf dennoch nicht vernachlässigt werden, dass der Mitarbeiter auf Basis seiner Interpretation des Führungsverhaltens sein eigenes, insofern reaktives Verhalten wählt,[232] was wiederum von der Führungskraft wahrgenommen und interpretiert wird. Auf Seiten der Führungskraft laufen also ganz ähnliche Prozesse ab, die ebenfalls betrachtet werden müssen, um die Manifestation von Abusive Supervision konzeptionell erklären zu können. Die Führungskraft besitzt ebenfalls implizite Theorien über prototypisches Geführtenverhalten und misst das wahrgenommene Verhalten des Mitarbeiters an diesen Kategorien. Unter dem Einfluss früherer Erfahrungen und der Berücksichtigung des wahrgenommenen organisationalen Kontextes interpretiert die Führungskraft das Verhalten des Mitarbeiters. Diese Prozesse der Bedeutungszuweisung sind dabei ebenso subjektiv, wie die des Mitarbeiters, und führen zur Selektion des eigenen Verhaltens.[233] Konkret bedeutet dies, dass die Führungskraft, wenn sie das Verhalten des Mitarbeiters negativ im Sinne zu geringer Leistungsfähigkeit oder zu geringem Engagement, etc. interpretiert, den Druck auf den Mitarbeiter erhöhen wird, insbesondere dann, wenn sie ein korrespondierendes Menschenbild besitzt, daneben selbst die organisationale Erwartung hoher Leistung wahrnimmt und an der Erfüllung dieser Erwartungen gemessen wird.[234] Dieser Einfluss des organisationalen Kontextes zeigte sich bereits innerhalb der Experteninterviews, wo wahrgenommener Druck aus Sicht der Sozialberaterin dazu führen kann, dass Führungskräfte „dazu neigen, [...] sich dann auszuagieren und das eben auch an die Mitarbeiter weiter zu ge-

---

[231] Vgl. den dritten Abschnitt dieses Kapitels.
[232] Die Interviewergebnisse in Kapitel A haben gezeigt, dass Mitarbeiter in der Regel Wege der Passivität bis hin zur inneren Kündigung oder sogar Krankheit wählen, um mit dem nachhaltig als feindselig wahrgenommenen Verhalten ihrer Vorgesetzten umzugehen. Die direkte Konfrontation suchen die wenigsten, „weil sie", so drückt es der Personalberater aus, „die Konsequenzen ihrer Rebellion nicht abschätzen können" (PB2, Z. 043).
[233] Vgl. zur Interpretations- und Selektionsfunktion individueller Erwartungsstrukturen Abschnitt 1.1 in diesem Kapitel.
[234] Vgl. Mitchell & Wood 1980; Mitchell & O'Reilly 1983; Ähnliches drückt auch der befragte Personalberater mit diesem Statement aus: „Solange das System so ist, wird sich da auch nichts ändern. Solange das Wichtigste in unserem Wirtschaftssystem die EBIT-Marge ist, weil wir diesem Zwang unterliegen uns an den Börsen und an den Aktienkursen zu orientieren, werden Sie dieses Phänomen nicht in den Griff kriegen" (PB2, Z. 140), denn es wird im organisationalen Alltag in die Führungsebenen übersetzt.

ben"[235]. Überdies findet sich dieser Einfluss in den verschiedenen, in Kapitel B resümierten empirischen Studien, die von der Führungskraft wahrgenommenen Druck in Form von Ungerechtigkeit als auslösende Variable untersuchten.[236] Auf Seiten der Führungskraft kommt es bei situationsübergreifender Konsistenz ebenfalls zur Generalisierung von Erwartungen, sodass im Extremfall jegliches Geführtenverhalten im Sinne dieser generalisierten Erwartung interpretiert wird und zu dem, vom adressierten Mitarbeiter wiederum als feindselig wahrgenommen Verhaltensmuster führt. An dieser Stelle schließt sich der (kommunikative) Kreis, wodurch deutlich wird, dass sowohl individuelle Erwartungen, als auch individuelle Verhaltensweisen von Führungskraft und Mitarbeiter im Falle von Abusive Supervision in persistenter Weise ineinander verschränkt sind. Diese Verschränkung steht auf Ebene des Interaktionssystems im Mittelpunkt des folgenden Abschnitts.

2.2. Wirkungen der Interaktion auf das Interaktionssystem

Da Abusive Supervision im Rahmen dieser Arbeit als Interaktionsmuster aufgefasst und damit von der individuellen Betrachtung gelöst werden soll, muss nun das sich aus der wechselseitigen Kommunikation konstituierende Interaktionssystem in den Blick genommen werden. Konkret soll eine konzeptionelle Erklärungsgrundlage dafür gefunden werden, dass Abusive Supervision als Interaktionsmuster oft deutliche Persistenz aufweist – sowohl die in Kapitel B resümierten Studien zu den Konsequenzen, als auch die in Kapitel A ausgewerteten Experteninterviews belegen dies –, obwohl das Phänomen für den einzelnen adressierten Mitarbeiter und auch für die Organisation erwiesenermaßen negative Auswirkungen besitzt.[237] Es geht also um die Frage, wie der insofern als dysfunktional zu bezeichnende Zustand (übermäßiger) Stabilität des Interaktionssystems erklärt werden kann. Diese Frage soll zunächst wiederum allgemein diskutiert und im Anschluss auf das Abusive Supervision Konstrukt übertragen werden.

2.2.1. Ultrastabilität als Zustand des Interaktionssystems

Das Interaktionssystem bestehend aus den kommunikativen Handlungen von Führungskraft und Mitarbeiter besitzt neben der abstrakten Funktion der Komplexitätsreduktion vor allem eine Steuerungsfunktion innerhalb des übergeordne-

---

[235] SB, Z. 185.
[236] Vgl. Tepper et al. 2006; Hoobler & Brass 2006; Aryee et al. 2007; Rafferty et al. 2010; Umwelteinflüsse auf den Entstehungsprozess werden auf Ebene des Interaktionssystems im dritten Abschnitt noch etwas näher diskutiert.
[237] Vgl. Abschnitt 1.2.3 in Kapitel B

ten Systems der gesamten Organisation. Führung soll die Handlungen von Systemmitgliedern koordinieren, um sie am Systemzweck auszurichten, und dabei den Bestand der Organisation als soziales Systems sichern.[238] Sie wird notwendig, wenn die formalen „Normen des Systems problematisch sind, sei es infolge einer rasch wechselnden Umwelt, die das Einleben fester Verhaltenserwartungen und Situationsdefinitionen nicht gestattet [...]. Führung ist also ein funktionales Äquivalent zur Institutionalisierung von Normen."[239] Sie besitzt – um dies noch einmal zusammenzufassen – eine Koordinationsfunktion und soll dabei die formale Struktur absichern und gleichzeitig Improvisationsleistungen erbringen.[240] Damit das Interaktionssystem aus Führungskraft und Mitarbeiter diese Funktionen erfüllen kann, muss es eine hinreichende Stabilität besitzen. Mit anderen Worten muss das Problem der doppelten Kontingenz auf Ebene des Systems eine in hinreichendem Maße zufriedenstellende Lösung erfahren.[241] Die Kommunikation muss – salopp ausgedrückt – funktionieren. Dieser Zustand kann nur erreicht werden, wenn die jeweiligen individuellen Erwartungserwartungen in ausreichendem Maße generalisiert und stabilisiert sind. Auf Ebene des Interaktionssystems bedeutet dies, dass die Erwartungen – und aus nichts anderem bestehen soziale Systeme[242] – eine hinreichend stabile Struktur ausbilden müssen. Diese Struktur erst ermöglicht die Reduktion von Komplexität und damit die Grenzziehung zur Umwelt. Um ihren Bestand zu sichern, müssen soziale Systeme diese Grenze langfristig aufrechterhalten, was wiederum durch hinreichende Strukturstabilität erreicht wird. Soziale Systeme benötigen – anders ausgedrückt – die sogenannte Tendenz zur *Homöostase*.[243] Ohne diese Tendenz zur Strukturstabilisierung würde das soziale System ständig versucht sein, alle denkbaren Umweltzustände in struktureller Kopplung aufzunehmen, und wäre damit einerseits überfordert und andererseits zur Grenzziehung nicht mehr fähig. Neben der Tendenz zur Homöostase besitzen soziale Systeme auch die Fähigkeit zur Veränderung. Strukturen können also auch (in selbstreferentieller Weise) verändert und angepasst werden.[244] „Das Zusammenspiel dieser Funktionen hält im System immer ein provisorisches Gleichgewicht aufrecht"[245].

---

[238] Vgl. Luhmann 1999, S. 207.
[239] Luhmann 1999, S. 207.
[240] Vgl. zu den Funktionen der Führung den ersten Abschnitt in Kapitel C.
[241] Vgl. Baecker 2005, S. 92 ff.
[242] Vgl. Luhmann 1984, S. 397.
[243] Vgl. Selvini Palazzoli et al. 2003, S. 14, S. 60 ff.; Der Begriff der Homöostase ist aus dem griechischen Wort für „gleichartig, ähnlich" abgeleitet und bezieht sich auf die Erhaltung eines Gleichgewichts. Auf lebende Systeme bezogen beschreibt die Tendenz zur Homöostase, dass der Organismus bestrebt ist, seine verschiedenen physiologischen Funktionen in einem Gleichgewicht aneinander anzugleichen, um den Kräfteaufwand zur Lebenserhaltung zu minimieren. So ist der menschliche Organismus bspw. bestrebt, die Körpertemperatur auf etwa 37°C zu stabilisieren.
[244] Vgl. hierzu Abschnitt 3.1 in Kapitel C.
[245] Selvini Palazzoli et al. 2003, S. 14.

D Abusive Supervision als Muster der Führungsinteraktion

Bezogen auf die Führungsinteraktion ist die Tendenz zur Strukturstabilisierung eine notwendige Bedingung dafür, dass sie als System Bestand haben und Führung damit seinen Funktionen überhaupt nachkommen kann. Denn im Laufe der durch die homöostatische Tendenz getriebenen, wechselseitigen Stabilisierung von Erwartungserwartungen bilden sich spezielle, nur für dieses System geltende Regeln heraus, die die Operationen des Systems, also die Kommunikation ermöglichen und steuern.[246] Ist die homöostatische Tendenz jedoch übermäßig ausgeprägt – und genau das ist im Falle persistenter Interaktionsregeln gegeben –, werden Anpassungs- und Veränderungstendenzen in den Hintergrund gedrängt. Die in diesem Fall stabilisierten *und* anpassungsresistenten Regeln können spätestens dann als dysfunktional markiert werden, wenn sich die Umweltanforderungen an das Interaktionssystem verändern und eine Anpassung notwendig machen, die nicht (mehr) realisiert werden kann.[247] Auf den Punkt gebracht ist Stabilität also einerseits notwendig, gleichzeitig aber in übermäßiger Ausprägung auch mittelbar bestandsgefährdend. Die folgende Abbildung veranschaulicht die beiden hier diskutierten Systemtendenzen:

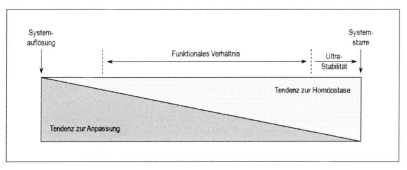

Abbildung 32: Verhältnis von Homöostase und Anpassungsfähigkeit sozialer Systeme (Quelle: eigene Darstellung in Anlehnung an Selvini Palazzoli et al. 2003, S. 14; S. 60 ff.)

Auf der einen Seite wäre das System ohne Stabilität unfähig, seine Grenze zur Umwelt zu konstituieren. Auf der anderen Seite lässt zu hohe Stabilität – an dieser Stelle soll das in der Überschrift des Abschnitts bereits bezeichnete Konzept der *Ultra-Stabilität* eingeführt und verwendet werden – das System erstarren. Unfähig zu jeglicher Anpassung ist es in seinem Bestand mindestens potentiell gefährdet. Zwischen diesen beiden konzeptionellen Extrempunkten liegt ein Be-

---

[246] Vgl. Selvini Palazzoli et al. 2003, S. 13.
[247] Vgl. Koch 2008, S. 56; die Diskussion wird dort zwar anhand strategische Muster von Organisationen geführt, lässt sich aber aufgrund des Abstraktionsgrades der zugrunde liegenden, systemtheoretischen Argumente auf das Interaktionssystem bestehend aus Führungskraft und Mitarbeiter übertragen.

reich des funktionalen Verhältnisses beider Systemtendenzen.[248] Ultra-Stabilität ist demnach ein dysfunktionaler Systemzustand übermäßiger, anpassungsresistenter Stabilität. Da es in diesem Abschnitt um die Erklärung der *Persistenz* von Abusive Supervision geht, soll der hier abstrakt eingeführte Systemzustand der Ultra-Stabilität nun stärker in den Blick genommen werden, um anschließend diskutieren zu können, inwieweit Abusive Supervision als durch Ultra-Stabilität charakterisiertes Muster der Führungsinteraktion zu bezeichnen ist. Konkret soll auf konzeptioneller Ebene analysiert werden, wie sich Ultra-Stabilität bezogen auf das Interaktionssystem darstellt und welche Erklärung sich für ihre Emergenz finden lassen.

Selvini Palazzoli et al. beschäftigten sich mit der Ultra-Stabilität sozialer Systeme, auch wenn sie diese nicht so bezeichnen. Genauer gesagt betrachteten sie Familien mit schizophrener Störung, wobei der Fokus ihrer Arbeit darauf liegt, die vorgefundene Ultra-Stabilität therapeutisch aufzubrechen. Aus ihrer Arbeit lassen sich dennoch einige Punkte zur Gestalt der Ultra-Stabilität entnehmen und auf die Führungsbeziehung übertragen. Die Autoren betrachten Familien als selbstregulierende Systeme, die im Laufe ihrer Entwicklung ganz eigene Gesetze, beziehungsweise Regeln herausbilden, die sich durch Versuch und Irrtum herausgeschält haben.[249] Bestimmte Familien entwickeln dabei besonders starre Regeln und Interaktionsmuster, die zu ständig wiederholten Verhaltensweisen führen.[250] Aus Sicht der Familie sind diese Regeln funktional, denn sie haben sich für sie immer wieder bewährt und dienen der (notwendigen) Stabilität. Aus therapeutischer Beobachtersicht sind sie jedoch als dysfunktional zu bezeichnen, weil sie in veränderungsresistenter Weise ein pathologisches Symptom – in der Regel ein psychisch „krankes" Familienmitglied – stabilisieren. Eine solche Familie würde beispielsweise folgendes äußern: „Hier ist der Betroffene (innerhalb unserer Familie), der ein Problem hat und sich ändern muss. Aber unsere Familie ist in Ordnung, und wir wollen so bleiben und brauchen uns nicht zu verändern"[251]. Jeglicher auf das Regelsystem der Familie bezogene Korrekturversuch der (therapeutischen) Umwelt wird demnach als Bedrohung interpretiert und führt entgegen der therapeutischen Absicht zu einer zusätzlichen Stabilisierung des Systems. Die Intervention in einem solchen ultra-stabilen System ist deshalb so problematisch, weil sich die Ursache des Problems nicht kausal zurückver-

---

[248] Die Grenzen zwischen Funktionalität und Dysfunktionalität sind fließend und hängen auf abstrakter Ebene in erster Linie von den Veränderungserfordernissen der Umwelt ab. So ist eine verhältnismäßig stark ausgeprägte Tendenz zur Homöostase in stabilen Umwelten weniger dysfunktional, als in turbulenten Umwelten.
[249] Vgl. hierzu Selvini Palazzoli et al. 2003, S. 13 ff.
[250] Konkret beziehen sich die Autoren auf Familien, die Mitglieder besitzen, die traditionellerweise als „pathologisch" diagnostiziert werden (vgl. Selvini Palazzoli et al. 2003, S. 13.).
[251] Tomm 1984, S. 17.

D Abusive Supervision als Muster der Führungsinteraktion

folgen und therapeutisch bearbeiten lässt.[252] Das Verhalten jedes Familienmitglieds beeinflusst das Verhalten aller anderen Mitglieder und wird gleichzeitig vom Verhalten aller anderen beeinflusst. Die Ursache der Ultra-Stabilität liegt also nicht im Verhalten einzelner Familienmitglieder, sondern in den *Spielregeln*, die das System im Laufe der Zeit herausgebildet hat.[253] Letztendlich sind diese Spielregeln nichts anderes, als Ausfluss der Erwartungsstrukturen des sozialen Systems. Im Zustand der Ultra-Stabilität haben diese Strukturen jegliche Anpassungsfähigkeit verloren, was aus Sicht des einzelnen Individuums dazu führt, dass der Möglichkeitsspielraum der Interpretation fremden Verhaltens und der Selektion eigenen Verhaltens als auf ein Minimum reduziert wahrgenommen wird. Nun könnte man meinen, dass dies doch ein wünschenswerter Zustand sei, schließlich scheint das Problem der doppelten Kontingenz dadurch gelöst zu sein, und tatsächlich nehmen die Familienmitglieder die damit verbundene Starrheit oft in positiver Weise, in erster Linie als familiären Zusammenhalt, wahr.[254] Erst aus der Beobachterperspektive zweiter Ordnung scheint die Dysfunktionalität dieser radikalen Komplexitätsreduktion auf.

Werden diese Überlegungen auf die Führungsbeziehung übertragen, kann konstatiert werden, dass Ultra-Stabilität durch nahezu vollends fixierte Erwartungsstrukturen gekennzeichnet ist. Führungskraft und Mitarbeiter sehen jeweils, bezogen auf den anderen, nur die Reproduktion des verbleibenden, radikal eingeschränkten Verhaltensspektrums als überhaupt möglich an. Die Erwartungsstrukturen sind dabei so sehr ineinander verschränkt, dass sie nicht aus dem System selbst heraus beziehungsweise auf Initiative einer der beiden Beteiligten angepasst werden können. Einflussversuche der Umwelt werden in diesem Extremfall selbstreferentiell als Bedrohung des Systems verarbeitet, wenn sie überhaupt noch wahrgenommen werden können. Die Ursache für diese dysfunktionale Stabilität lässt sich – und das ist der zentrale Punkt in diesem Abschnitt – nicht auf die individuellen Erwartungen eines Beteiligten reduzieren. Sie liegt vielmehr in der Interaktion beziehungsweise in dem Interaktionssystem selbst begründet. Die folgende Abbildung soll den Zustand der Ultra-Stabilität veranschaulichen:

---

[252] Dieses Problem wurde im Kontext selbsterfüllender Prophezeiungen oben bereits angesprochen.
[253] Vgl. Selvini Palazzoli et al. 2003, S. 15. Der therapeutische Ansatz der Autoren bezieht sich darauf, die geheimen Spielregeln der Familie zu erkennen und diese durch solche Interventionen zu verändern, die von der Familie nicht als Bedrohung wahrgenommen werden. Diese Intervention muss insofern paradox sein, weil sie von der Familie nur in Form einer Bestätigung überhaupt an- und aufgenommen werden kann (vgl. Selvini Palazzoli et al. 2003, S. 59 ff.).
[254] Vgl. Selvini Palazzoli et al. 2003, S. 28 ff.

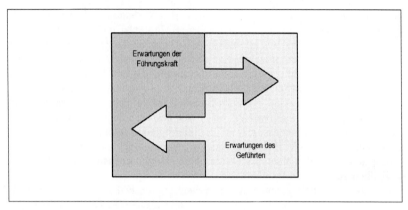

Abbildung 33: Ultra-Stabilität in der wechselseitigen Erwartungsstruktur
(Quelle: eigene Darstellung)

Die jeweiligen Erwartungsstrukturen von Führungskraft und Mitarbeiter determinieren sich gegenseitig, ohne dass Anfang und Ende zu erkennen wären.[255] Jeglicher Versuch, eine lineare Kausalität zu unterstellen, wäre eine willkürliche Interpunktion, die ebenso auch anders hätte ausfallen können.[256]

An diesem Punkt der Argumentation stellt sich zwangsläufig die Frage, wie ein solcher (hypothetischer) Zustand der Ultra-Stabilität entstehen kann, ist er doch in gewisser Weise als paradox zu bezeichnen: Stabile Strukturen sind notwendig, um den Bestand eines Systems zu sichern, ein Zuviel an Stabilität ist jedoch bestandsgefährdend. Ultra-Stabilität kann also – salopp formuliert – nicht im Interesse des Systems liegen und ist empirisch dennoch in der einen oder anderen Form anzutreffen.[257] Auf individueller Ebene wurde die Stabilisierung von Erwartungen als Prozess der Generalisierung durch wiederholte Bewährung gekennzeichnet, was aber streng genommen noch nichts über die Stabilität des übergeordneten Interaktionssystems aussagt. Die Führungsforschung hat sich zumeist mit dem Individuum, in der Regel mit der Führungskraft, aber auch mit den Geführten, beschäftigt.[258] Jene wenigen Ausnahmen, die konkret die Beziehung in den Blick nehmen, interessieren sich dabei jedoch kaum für den hier umrissenen Zustand der Ultra-Stabilität. So endet beispielsweise der Lebenszyklus einer Führungsbeziehung im oben bereits angeführten „Leadership Making Model" mit der „Partner-Phase",[259] einem Zustand, der zwar durch hohe Stabilität der Austauschprozesse gekennzeichnet ist, dabei aber durchweg positiv kon-

---

[255] Dieser Zustand könnte auch als Henne-Ei-Problem klassifiziert werden.
[256] Selvini Palazzoli et al. 2003, S. 15.; Watzlawick 2010a, S. 94 f.
[257] Dies hat sich beispielsweise in den Interviewergebnissen in Kapitel A, wie auch bei Selvini Palazzoli (2003), gezeigt.
[258] Graen & Uhl-Bien 1995b, S. 223 ff.
[259] Vgl. Graen & Uhl-Bien 1995b, S. 231.

notiert wird. Die Schattenseiten stabiler Führungsbeziehungen wurden bisher auf Ebene der Beziehung in erster Linie von Kets de Vries unter den oben bereits knapp benannten „Collusive Relationships" diskutiert.[260] Dort ist die Entstehung von Ultra-Stabilität von vornherein vorbestimmt, denn sie ist nichts anderes, als das Ergebnis des Aufeinandertreffens zweier hochgradig komplementärer Persönlichkeitsstrukturen. „Führende und Geführte spielen sich […] [auf] pathologische Interaktionsmuster ein, in denen sie die unterdrückten Aspekte ihrer Persönlichkeit verdeckt zum Ausdruck bringen können"[261], sie bilden ein in sich geschlossenes Interaktionssystem.[262] Ultra-Stabilität ergibt sich in dieser psychodynamischen Führungsperspektive einzig aus den Persönlichkeiten beider Interaktionspartner. Die Interaktion selbst spielt für die Entstehung nur eine untergeordnete Rolle. Sie ist – ähnlich wie in der LMX-Konzeption – nur das notwendige Medium, ohne eigenen Einfluss auf die Systementwicklung zu besitzen. Anders ausgedrückt erklärt dieser Ansatz Ultra-Stabilität im Sinne einer einfachen linearen Gleichung der Gestalt „1 + 1 = 2"; die zirkuläre Dynamik sozialer Interaktion und die damit verbundene, anfängliche Ergebnisoffenheit spielt keine Rolle in dieser Gleichung. Das Interaktionssystem wäre, dem Ansatz der „Collusive Relationships" folgend, bei entsprechend gegebenen Persönlichkeitsdispositionen unmittelbar durch Abusive Supervision gekennzeichnet.[263] Aus systemischer Perspektive ist dieser Ansatz also ungeeignet, die Entstehung von Ultra-Stabilität im Allgemeinen und Abusive Supervision im Speziellen zu erklären.

Ein theoretischer Ansatz, der dagegen die (übermäßige) Stabilisierung eines Systems aus den Operationen des Systems selbst heraus abzubilden und auf abstrakter Ebene zu erklären vermag – und genau diese Anforderungen bestehen an eine theoretische Erklärung von Abusive Supervision als ultra-stabiles Muster der Führungsinteraktion –, ist die Theorie der Pfadabhängigkeit,[264] insbesondere jene neuere Variante, die dezidiert soziale Systeme in den Blick nimmt.[265] Pfad-

---

[260] Vgl. Kets de Vries 1999; daneben auch Pauchant 1991; Steyrer 1995.
[261] Lührmann 2006, S. 248.
[262] Vgl. Krantz 1989, S. 161 f.
[263] Dies kann im Einzelfall durchaus anzutreffen sein kann, muss aber insbesondere mit Blick auf die hier betrachtete, unintendierte Form von Abusive Supervision nicht zwangsläufig der Fall sein.
[264] Die Wurzeln dieser Theorie liegen in der Kritik an der neoklassischen Prämissenwelt und der empirischen Erkenntnis, dass sich inferiore Technologien unter bestimmten Bedingungen – sogenannten selbstverstärkenden Effekten – gegenüber superioren Alternativen durchsetzen können (vgl. David 1985; 1986; Arthur 1989; 1994; Cusumano et al. 1992; Katz & Shapiro 1986). Die Überlegungen wurden später unter anderem auf institutionelle (vgl. North 1990; David 1994) und politikwissenschaftliche (vgl. Mahoney 2000; Pierson 2000; Thelen 1999) Fragestellungen übertragen. Für überblicksartige und aktuelle Darstellungen der theoretischen Perspektive der Pfadabhängigkeit vgl. insbesondere Petermann 2010, S. 25 ff.; Rindfleisch 2011, S. 89 ff.
[265] Vgl. vor allem Schreyögg et al. 2003; Sydow et al. 2009.

abhängige Prozesse sind allgemein gekennzeichnet durch Nichtvorhersagbarkeit, Nonergodizität, Inflexibilität und potentielle Ineffizienz.[266] Anders ausgedrückt lässt sich das möglicherweise nachteilige Ergebnis eines pfadabhängigen Prozesses also nicht im Vorfeld seiner Entwicklung bestimmen, wie beispielsweise bei Kets de Vries angedacht. Selbstverstärkende Effekte schränken den zu Beginn der Entwicklung als weitestgehend offen zu bezeichnenden Handlungsspielraum sozialer Akteure zunehmend ein und führen letztendlich zu einem Zustand der Inflexibilität, der in der Theorie als „Lock-in" bezeichnet wird. Die folgende Abbildung veranschaulicht die prozessuale Logik des Theoriegebäudes:

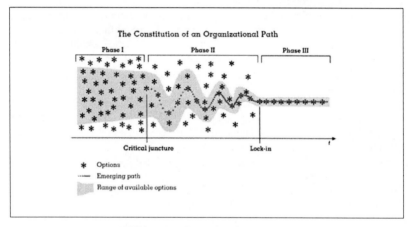

Abbildung 34: Phasen der Pfadkonstitution
(Quelle: Sydow et al. 2009, S. 692)

Selbstverstärkende Effekte als treibende Kraft hinter diesem, sich immer weiter zuspitzenden Prozess wurden im organisationalen Kontext bislang als Koordinations-, Komplementaritäts-, Lern-, und Erwartungseffekte diskutiert.[267] Das abstrakte Wirkungsprinzip ist dabei das folgende: „die Zunahme (Abnahme) einer bestimmten Variablen [führt] zu einer weiteren Zunahme (Abnahme) dieser Variablen"[268]. Wird dieses konzeptionelle Gerüst anknüpfend an systemtheoretische Überlegungen auf die Führungsbeziehung übertragen, lässt sich die Entstehung von Ultra-Stabilität in folgender Weise nachvollziehen: Wenn sich im Laufe der Führungsbeziehung die wechselseitigen Erwartungen beider Interaktionspartner immer wieder bestätigen und damit gegenseitig bekräftigen, gewinnt das

---

[266] Vgl. Sydow et al. 2009, S. 691.
[267] Vgl. Sydow et al. 2009, S. 698 ff.
[268] Ackermann 2003, S. 230.

Interaktionssystem als übergeordnetes Ganzes an Stabilität, indem es sich, durch wechselseitige Koordinationseffekte stabilisierter Erwartungen, selbst immer weiter bekräftigt und bestätigt. Alternative Interpretationsmöglichkeiten und Verhaltensweisen geraten in diesem Prozess immer mehr aus dem Blickfeld der Individuen. Irgendwann stehen aus Sicht der Interaktionspartner nur noch diese, in der Vergangenheit immer wieder bewährten Interaktionsmuster zur Reproduktion zur Verfügung.[269] Die Entstehung des Interaktionsmusters lässt sich nicht kausal auf das Verhalten oder die Erwartungen *eines* Individuums zurückverfolgen, es ist vielmehr Ausdruck des Systems. Kurzum: Die Erwartungsstrukturen der Individuen stabilisieren sich unter der Wirkung positiven Feedbacks wechselseitig, im Extremfall bis hin zu ihrer vollständigen Determinierung (siehe Abbildung 33) und Anpassungsresistenz, wie sie von Selvini Palazzoli et al. in Bezug auf Familien beschrieben wurde.

Zusammenfassend kann festgehalten werden, dass sich nicht nur die individuellen Erwartungen für sich genommen generalisieren und stabilisieren, sondern sich auch auf Ebene des Interaktionssystems durch die wechselseitige, komplementäre Bezogenheit dieser Erwartungsstrukturen stabilisierende Wirkungen ergeben. Die Stabilität des Interaktionssystems ist dabei zunächst eine notwendige Bedingung der Systemkonstituierung und des Systembestandes,[270] sie muss jedoch in einem funktionalen Verhältnis zur ebenfalls notwendigen Fähigkeit der Anpassung stehen. Ist dieses Verhältnis durch übermäßige Stabilisierung – hier wurde der Begriff der Ultra-Stabilität eingeführt – nicht mehr gegeben, können Umweltveränderungen im Rahmen struktureller Kopplung nicht mehr aufgenommen werden, das System befindet sich dann in einem Zustand vollkommener Starrheit wieder. Bevor diese Überlegungen nun im Anschluss auf Abusive Supervision übertragen werden sollen, sei noch auf zwei Aspekte hingewiesen. *Erstens* bedeutet Stabilität nicht zwangsläufig, dass diese von mindestens einem der Interaktionspartner als negativ wahrgenommen werden muss. So werden sich Führungskraft und Mitarbeiter beispielsweise in einem stabilen Theorie Y Zirkel sehr wohl fühlen. Anders ausgedrückt ist die Stabilität des Interaktionssystems auf Ebene des Individuums ein zunächst völlig wertfreier Begriff. Die damit verbundene (potentielle) Dysfunktionalität bezieht sich auf das übergeordnete Interaktionssystem. Aus Sicht des Individuums stellen sich die eigenen stabilisierten Erwartungen sogar eher als funktional dar, denn gerade in ihrer verhaltensdeterminierenden Gestalt ermöglichen sie den unmittelbaren und sicheren Anschluss aufeinander bezogener Verhaltensweisen. *Zweitens* soll hier nicht der Eindruck entstehen, jede Führungsbeziehung würde früher oder später in einen Zustand der Ultra-Stabilität münden, denn dafür müssten – und das sollte der kurze Exkurs in die Pfadabhängigkeitstheorie aufzeigen – selbstverstärkende Effekte in signifikantem Ausmaß wirken. Ultra-Stabilität muss also

---

[269] McGregors Theorie X Zirkel stellt einen solchen, sich selbst verstärkenden Interaktionsprozess dar (vgl. McGregor 1960, S. 33 ff.).
[270] Siehe Abbildung 32.

eher als hypothetischer, konzeptioneller Systemzustand verstanden werden. Zur empirischen Bedeutung dieses Zustandes können an dieser Stelle kaum, jedenfalls aber keine konkreten Aussagen gemacht werden. Dennoch bietet dieses Konzept die Möglichkeit, die Persistenz von Abusive Supervision als Interaktionsmuster auf Ebene des Interaktionssystems zu analysieren.

2.2.2. Abusive Supervision als ultra-stabiles Muster der Führungsinteraktion

Die im Rahmen dieser Arbeit im Vordergrund stehende unintendierte Form von Abusive Supervision zeichnet sich – um dies noch einmal zu rekapitulieren – dadurch aus, dass der adressierte Mitarbeiter das wahrgenommene Führungsverhalten (situationsübergreifend) als feindselig interpretiert, während dieses Verhalten aus Sicht der Führungskraft auf das Erreichen organisationaler Ziele gerichtet ist. Ein und dasselbe Verhalten wird hier also vollkommen gegensätzlich wahrgenommen, was bezogen auf die gemeinsam erlebte Wirklichkeit, zu einer diametral gegensätzlichen Zuschreibung von Kausalität führt.[271] Verhält sich der Mitarbeiter in Reaktion auf das als feindselig interpretierte Führungsverhalten passiv, mit gesenktem Engagement oder gar abwehrend,[272] so kann die Führungskraft darauf, ganz im Sinne der organisationalen Ziele, mit einer (weiteren) Erhöhung des Drucks reagieren. Damit wird die Erwartung des Mitarbeiters wiederum bestätigt, was zur korrespondierenden Selektion seines Verhaltens führt, etc. Auf das Wesentliche reduziert lässt sich damit konstatieren, dass *beide* Interaktionspartner die kausale Ursache für die als negativ wahrgenommene Beziehungssituation im Verhalten des jeweils anderen sehen und ihr eigenes Verhalten damit immer nur als bloße Reaktion wahrnehmen (und rechtfertigen).[273] Fragte man den Mitarbeiter für den Grund seines passiven Verhaltens, würde er das (aus seiner Sicht) eindeutig feindselige Führungsverhalten benennen. Fragte man auf der anderen Seite die Führungskraft nach dem Grund für den von ihr wiederholt ausgeübten Druck, würde sie das (aus ihrer Sicht) inadäquate Verhalten des Mitarbeiters angeben.

Je weiter der Prozess der gegenseitigen Erwartungsstabilisierung fortschreitet, desto schwieriger wird das Verlassen des Zirkels, denn das Verhalten des Interaktionspartners kann irgendwann nur noch auf eine Art und Weise interpretiert werden, nämlich als Bestätigung der eigenen generalisierten Erwartung, was sich wiederum zunehmend limitierend auf die Selektionsmöglichkeiten des eigenen Verhaltens auswirkt und diese schließlich auf ein Minimum reduziert. Individuelle Handlungsmöglichkeiten sind dann irgendwann wechselseitig so weit

---

[271] Vgl. Watzlawick 2010a, S. 94.
[272] All diese Formen individueller Reaktion wurden im Rahmen der oben resümierten Konsequenzenforschung belegt, vgl. Abschnitt 1.2.3 in Kapitel B.
[273] Vgl. Watzlawick 2010a, S. 93 ff., zuvor auch Watzlawick et al. 2007, S. 58 f.; zusammenfassend auch Simon 2010, S. 28.

D Abusive Supervision als Muster der Führungsinteraktion

fixiert, dass keiner der Interaktionspartner sein Verhalten mehr ändern kann. Der der jeweils andere lässt ihm keine Möglichkeit dazu, das Interaktionssystem befindet sich im persistenten Zustand der Ultra-Stabilität.

Bezugnehmend auf pfadtheoretische Überlegungen kann der Entstehungsprozess von Abusive Supervision als ultra-stabiles Interaktionsmuster noch genauer unter die Lupe genommen werden. Das Verhalten des einen Interaktionspartners bestätigt die (negative) Erwartung des anderen, was wiederum zu reaktivem Verhalten führt, das wiederum die (negativen) Erwartungen des ersteren bestätigt, etc. Die folgende Abbildung dient der Visualisierung dieser sich selbst verstärkenden Feedback-Schleife:

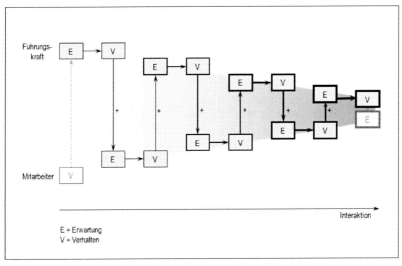

Abbildung 35: Die Entstehung von Abusive Supervision als ultra-stabiles Interaktionsmuster (Quelle: eigene Darstellung)

In Abbildung 35 finden sich verschiedene Prozesse wieder, die während der Entstehung von Abusive Supervision als ultra-stabiles Interaktionsmuster ablaufen. Bezogen auf die bereits im Detail diskutierte, individuelle Ebene zeigt sich erstens die Stabilisierung und Generalisierung der Erwartungen durch die im Interaktionsablauf zunehmenden Randkonturen (E): Die Erwartung feindseligen Führungsverhaltens wird ebenso situationsübergreifend bestätigt, wie die Erwartung des passiven oder defensiven Mitarbeiterverhaltens. Zweitens schränkt die zunehmende Erwartungsstabilisierung die wahrgenommenen Selektionsmöglichkeiten eigenen (reaktiven) Verhaltens zunehmend ein, was in Abbildung 35 ebenfalls durch zunehmende Randkonturen (V) und zunehmende Pfeilstärke zwischen Erwartung und Verhalten visualisiert wird. Die im Interaktionsablauf zunehmende Stärke der vertikalen Pfeile visualisiert zudem, dass die subjektive Reduktion der Verhaltensmöglichkeiten Alters einen zusätzlichen Bestätigungseffekt auf die Erwartungen (und damit wiederum auf das Verhalten) Egos besitzt.

Diese individuellen Stabilisierungsprozesse führen auf Systemebene, ob dieser wechselseitigen Bezogenheit, zur Stabilisierung der Struktur des Interaktionssystems, was neben den zunehmenden Pfeilstärken durch den abnehmenden Abstand zwischen den Individualebenen visualisiert wird. Auf Systemebene wirken – anders ausgedrückt – Koordinationseffekte,[274] die dazu führen, dass die als möglich wahrgenommenen, individuellen Verhaltensweisen zunehmend wechselseitig reduziert oder passender ausgedrückt: koordiniert werden. Ein Beispiel soll diesen Prozess weiter veranschaulichen: Ein Mitarbeiter hat die (aus seiner Sicht begründete) Vermutung, Adressat feindseligen Führungsverhaltens zu werden. Interpretiert er dann das tatsächliche Verhalten seiner Führungskraft in korrespondierender Weise, wird seine Erwartung bestätigt. Bis hierhin liegt keine Selbstverstärkung vor, sondern lediglich die (erste) Bestätigung der Erwartung. Diese führt jedoch zu reaktivem Anschlussverhalten, das wiederum weiteres, als feindselig wahrgenommenes Verhalten der Führungskraft hervorbringt (und sich dabei auf die Erwartungen der Führungskraft auswirkt), was eine zusätzliche, insofern indirekte Bestätigung der ursprünglichen Erwartung bedeutet. Mit jeder Interaktionsepisode verstärkt sich dieser wechselseitige Bestätigungseffekt, bis irgendwann keine Interpretationsalternativen mehr zugelassen beziehungsweise überhaupt wahrgenommen werden können.

Dieser Prozess kann – zumindest theoretisch – bis hin zur vollkommenen, also ultra-stabilen Starre des Systems führen, die sämtliches Verhalten der Interaktionspartner determiniert. Es kann dann immer nur das gleiche Verhalten(smuster) reproduziert werden, da sich die „Spielregeln" in einem Zustand vollkommener Anpassungsresistenz befinden. Die Pfadabhängigkeitstheorie bezeichnet einen solchen, den Handlungsspielraum der Akteure und des Systems insgesamt auf ein determinierendes Minimum einschränkenden Zustand als *Lock-in*, definiert als „an irreversible state of total inflexibility"[275]. Verhalten „becomes fully predictable"[276] in diesem Zustand, wobei mit Blick auf die hier vorgeschlagene Definition von Abusive Supervision darauf hingewiesen werden soll, dass sich „predictable" auf die Beziehungsebene der Kommunikation und nicht auf den konkreten Inhalt bezieht. Das situationsübergreifende *Wie* der Kommunikation ist in diesem Falle also durch die fixierten Regeln der Interaktion determiniert.

---

[274] Vgl. Sydow et al. 2009, S. 699.
[275] Sydow et al. 2009, S. 691.
[276] Sydow et al. 2009, S. 691.

D Abusive Supervision als Muster der Führungsinteraktion

Nachdem der (vorläufige[277]) Endpunkt des Entwicklungsprozesses beschrieben ist, sei an diesem Punkt auf die Frage eingegangen, wie dieser Selbstverstärkungsprozess überhaupt ausgelöst wird. Auf individueller Ebene wurde der Ursprung bereits mit der ersten Kategorisierung feindseligen Führungsverhaltens beschrieben, auf übergeordneter Systemebene genügt dies allerdings noch nicht, um den selbstverstärkenden Prozess in Gang zu setzen, denn die Wahrnehmung der Feindseligkeit muss situationsübergreifend konsistent sein. Das wiederum ist nur möglich – abgesehen von extremen Fällen, in denen durch Übertragungsprozesse von vornherein *jedes* Verhalten als feindselig eingestuft wird –, wenn die Erwartungen der Führungskraft durch das Verhalten des Mitarbeiters *ebenfalls* stabilisiert werden und dadurch wiederum konsistentes Führungsverhalten hervorbringen. Zur Illustration dieser Überlegung sei erneut auf die in Kapitel A ausgewerteten Experteninterviews eingegangen. Der befragte Personalberater beschreibt den Ursprung eines selbstverstärkenden Prozesses der Abusive Supervision Entstehung in dem oben bereits angegebenen Zitat:

> „Das Ironische dabei ist, dass das am Anfang dazu führt, dass die Fehler stark abnehmen. Das verstärkt dann die Führungskraft in der Überzeugung, dass das so schlecht nicht gewesen sein kann gerade. Wenn das eben nicht so ein momentaner einmaliger Wutausbruch war, sondern wenn das permanent so ist, dann führt es Tatsache zu einer Resignation, ja die Mitarbeiter stumpfen dann ab. Es ist keine weitere Steigerung der Produktivität, der Leistung mit dem gleichen Verhalten mehr möglich."[278]

Ein möglicher Ausgangspunkt des Prozesses ist aus Sicht des befragten Personalberaters also die deutliche Erhöhung des Drucks von Seiten der Führungskraft, um eine höhere Leistung des Mitarbeiters zu bewirken. Die Leistung steigt zunächst tatsächlich, denn der Mitarbeiter nimmt das Verhalten der Führungskraft zwar als nicht sonderlich freundlich wahr, die korrespondierende Erwartung feindseligen Führungsverhaltens ist jedoch noch nicht situationsübergreifend generalisiert. Die Führungskraft festigt infolge weiterer Einflussimpulse (oder besitzt aus früheren Interaktionsbeziehungen bereits) die Erwartung, dass höherer Druck zu höherer Leistung führt, was wiederum auf Seiten des Mitarbeiters im Fortlauf der Interaktion immer mehr die Erwartung stabilisiert, feindselig behandelt zu werden. Letzterer reduziert daraufhin – um die Sprache der LMX-Forschung zu nutzen – sein Ressourcenangebot. Er verringert seine Leistung, was wiederum den Druck und damit die wahrgenommene Feindseligkeit der Führungskraft erhöht, denn diese ist aufgrund ihrer stabilen Erwartung der Ansicht, dass weniger Druck die Leistung noch weiter senken würde. Hier wird

---

[277] Vorläufig ist er, weil auch im Zustand der Ultra-Stabilität immer Möglichkeiten der Intervention offen bleiben, im Extremfall die Auflösung der Führungsbeziehung. Nur aus dem System selbst heraus ist im Zustand der Ultra-Stabilität keine Intervention mehr möglich. Dieser Aspekt wird in den nun folgenden Überlegungen näher thematisiert.
[278] PB2, Z. 136.

im Grunde nichts anderes als der Theorie X Zirkel McGregors beschrieben.[279] Das interessante ist dabei der Startpunkt des Prozesses, nämlich die im Sinne der Organisation gute Absicht der Führungskraft. Vom auslösenden Moment her betrachtet – und da wären neben dem hier beschriebenen Startpunkt auch andere Szenarien denkbar[280] – ist der resultierende, ultra-stabilisierte Systemzustand nicht vorherzusehen, die Interaktion hätte sich auch ganz anders entwickeln können.[281]

Während der fortlaufenden Interaktion entwickeln sich durch das Wirken der beschriebenen Koordinationseffekte Spielregeln der Kommunikation, die nicht auf das einzelne Individuum zurückgeführt werden können, sondern aus dem Zusammenspiel der Interaktionsbeteiligten entstehen und dennoch das individuelle Verhalten regulieren. Diese Regeln sorgen trotz ihrer (potentiell) dysfunktionalen Auswirkungen stets für anschlussfähiges Verhalten,[282] sodass es – wenn sie einmal ein hinreichendes Stabilitätsniveau erreicht haben beziehungsweise der oben visualisierte Stabilisierungsprozess in Gang gesetzt ist – immer schwieriger wird, die Kommunikationsmuster (also Abusive Supervision) aus systeminternem Antrieb heraus zu verändern.[283] Luhmann schreibt in diesem Zusammenhang zu sozialen Konflikten:

„Als soziale Systeme sind Konflikte autopoietische, sich selbst reproduzierende Einheiten. Einmal etabliert, ist ihre Fortsetzung zu erwarten und nicht ihre Beendung. Die Beendung kann sich nicht aus der Autopoiesis selbst ergeben, sondern nur aus der Umwelt des Systems – etwa dadurch, daß einer der beiden Streitenden den anderen erschlägt und dieser damit für die Fortsetzung des sozialen Systems Konflikt ausfällt."[284]

Jedes Verhalten, auch die Passivität des Mitarbeiters (man kann schließlich nicht nicht kommunizieren[285]), dient ab einem gewissen Punkt nur noch der Repro-

---

[279] Vgl. McGregor 1960, S. 33 ff.
[280] So könnte der Mitarbeiter beispielsweise aufgrund privater Umstände kurzfristig geringere Leistung zeigen, was die Führungskraft zur Erhöhung des Drucks motiviert.
[281] Frühe Arbeiten zur Pfadforschung bezeichnen solche Auslöser, deren Wirkungen ex ante nicht abzuschätzen sind als *Small Events*. Arthur führte dieses Konzept ein: „I therefore define *historical small events* to be those events or conditions that are outside the ex ante knowledge of the observer – beyond the resolving power of his 'model' or abstraction of the situation" (Arthur 1989, S. 118). Bezogen auf organisationstheoretische Fragestellungen weisen Sydow et al. darauf hin, dass Small Events zwar pfadabhängige Prozesse auslösen können, ferner aber auch durchaus wahrnehmbare und in ihrer Wirkung abschätzbare Auslöser eine Rolle spielen können (vgl. Sydow et al. 2009, S. 693). Dem Zufall wird aus dieser Perspektive also deutlich weniger Macht zugesprochen, als es noch in den ursprünglichen, technologieorientierten Arbeiten zur Pfadabhängigkeit der Fall war.
[282] Vgl. Selvini Palazzoli et al. 2003, S. 14 ff.
[283] Vgl. Simon 2010, S. 28.
[284] Luhmann 1984, S. 537 f.
[285] Vgl. Watzlawick et al. 2007, S. 50 ff.

duktion von Abusive Supervision als Interaktionsmuster. Eine Unterbrechung dieses Musters kann daher kaum aus dem System selbst heraus erfolgen. Das von Luhmann vorgeschlagene Mittel ist zwar sehr effektiv, gleichzeitig aber im Organisationsalltag natürlich nicht praktikabel. Unter welchen Bedingungen Abusive Supervision als Interaktionsmuster möglicherweise dennoch reflektiert und aufgebrochen werden kann, wird im anschließenden Kapitel unter dem Stichwort der praktischen Implikationen näher diskutiert.

Die Diskussion zur Entstehung und Persistenz von Abusive Supervision als Muster der Führungsinteraktion wurde bis hierhin auf zwei Ebenen geführt. Zunächst wurden die beteiligten Individuen als psychische Systeme in den Blick genommen. Diese stellen dem hier im Mittelpunkt stehenden Interaktionssystem durch Interpenetration Komplexität zur Verfügung und sind damit seiner Umwelt zuzurechnen.[286] Im Anschluss wurde das Interaktionssystem selbst betrachtet. Im Rahmen der Bestimmungsfaktoren individueller Erwartungen, wie auch in Bezug auf das Verhältnis von Führung und Interaktion, wurde im Detail darauf hingewiesen, dass sich die Führungsinteraktion zwangsläufig in einem organisationalen Kontext entfaltet.[287] Da sich die Führungsbeziehung also – anders ausgedrückt – als Element des übergeordneten, sozialen Systems der Organisation konstituiert, ergeben sich aus dieser strukturellen Kopplung zwangsläufig Einflüsse auf die Entwicklung der Interaktion, die bislang nur bezogen auf die individuellen Verarbeitungsprozesse der Interaktionsergebnisse und damit als Umwelt der psychischen Systeme diskutiert wurden. Im folgenden Abschnitt soll die organisationale Umwelt nun aus Sicht des Interaktionssystems betrachtet werden. Es soll dabei in erster Linie gezeigt werden, dass die Umwelt nicht nur Einfluss auf individuelle Prozesse, sondern auch auf die übergreifende Systementwicklung besitzt. Der folgende Abschnitt rundet damit die konzeptionellen Überlegungen dieser Arbeit ab.

3. Einfluss der Umwelt auf Entstehung und Persistenz von Abusive Supervision

Die Umwelt des Interaktionssystems bestehend aus der Kommunikation zwischen Führungskraft und Mitarbeiter kann – wenn man von den psychischen Systemen der Interaktionsbeteiligten absieht – grob in inner- und außerorganisa-

---

[286] Vgl. Luhmann 1984, S. 291. Oben wurde ausführlich dargestellt, dass psychische Systeme selbstreferentiell organisiert und gegenüber ihrer Umwelt operativ geschlossen sind. Sie müssen aus Sicht des Interaktionssystems daher zur Umwelt gehören, denn ihr Bewusstsein kann nicht an der Kommunikation teilnehmen. Zwar wird über vom Bewusstsein Wahrgenommenes kommuniziert, aber eben nur nach den Regeln der Kommunikation (vgl. Luhmann 1997d, S. 21; Luhmann 1984, S. 198).
[287] Vgl. Steinmann & Schreyögg 2005, S. 11 f.

tionale Umwelt differenziert werden. Die innerorganisationale Umwelt kann wiederum in der oben bereits verwendeten Weise in formale und informale Organisation unterschieden werden.[288] Die strukturelle Kopplung zwischen Interaktionssystem und umliegender Organisation ergibt sich unmittelbar aus den bereits diskutierten Funktionen der Führung: Als „funktionales Äquivalent zur Institutionalisierung von Normen"[289] dient sie der „konkreten Veranlassung der Arbeitsausführung (...) im vorgegebenen Rahmen"[290]. Der angesprochene vorgegebene Rahmen bezieht sich hier auf die formale Organisation, die die formalen Verhaltenserwartungen an Führungskraft und Geführten festlegt. So ist die (formale) Asymmetrie der Beziehung im Vorfeld der Interaktion bereits vorgeregelt, allerdings nur insoweit, wie sich die Beziehung überhaupt generell vorregeln lässt. Formale Rollen bieten also nicht viel mehr als grobe Interpretationsschablonen für die Kommunikation zwischen Führungskraft und Mitarbeiter.[291] Je nachdem, *wie* die formalen Rollen beider Interaktionspartner vorgeregelt sind, ergibt sich daraus ein Einfluss auf die Entwicklung der Führungsbeziehung. In der LMX-Forschung wurde dieser Aspekt bereits über die jeweiligen Ressourcenausstattungen diskutiert, die beide Interaktionspartner in die Entwicklung ihrer Beziehungsqualität einbringen können.[292] An dieser Stelle soll es jedoch eher um den Einfluss der formalen Organisation auf die Entstehung von Abusive Supervision als persistentes Interaktionsmuster, oder allgemeiner: um den Einfluss auf die Strukturbildung des Interaktionssystems gehen. Dass das Interaktionssystem (Erwartungs-)Strukturen herausbilden muss, steht außer Frage, ansonsten könnte es weder seine Systemgrenze konstituieren noch die Komplexität seiner Umwelt verarbeiten. Oben wurde bereits diskutiert, dass die formale Organisation dabei durch die konkrete Ausgestaltung der formalen Rollen sowohl begünstigenden, als auch begrenzenden Einfluss auf die Entstehung von Abusive Supervision besitzen kann. Sieht die formale Organisation beispielsweise ein vielfältiges Spektrum formaler Bestrafungsmöglichkeiten und deren konsequenten Einsatz vor, wird dies begünstigende Wirkung auf die Entwicklung von Abusive Supervision als Interaktionsmuster besitzen. Auf der anderen Seite können formal geregelte Feedbackinstrumente die gemeinsame Reflexion von Führungskraft und Mitarbeiter über ihre Interaktion gegebenenfalls begünstigen und damit kompensierende Wirkung auf die Abusive Supervision Entstehung besitzen.

Neben der formalen besitzt auch die informale Organisation Einfluss auf die Entwicklung des Interaktionssystems. So beeinflussen die Basisannahmen der Kultur als „die selbstverständlichen Orientierungspunkte organisatorischen

---

[288] Vgl. Abschnitt 1.3.3. in diesem Kapitel.
[289] Luhmann 1999, S. 207.
[290] Steinmann & Schreyögg 2005, S. 11.
[291] Vgl. Lührmann 2006, S. 59.
[292] Vgl. Graen & Cashman 1975, S. 160 f.; Graen & Scandura 1987, S. 185.

D Abusive Supervision als Muster der Führungsinteraktion

Handelns"[293] die individuellen Wahrnehmungsprozesse und damit mittelbar auch die Interaktion zwischen Führungskraft und Mitarbeiter. Ist die Organisation beispielsweise dominiert durch ein opportunistisches Menschenbild, wird also davon ausgegangen, dass die Mitglieder in erster Linie versuchen, ihre eigenen Vorteile zu maximieren,[294] so erleichtert dies die wechselseitige Zuschreibung von Verantwortung für aktuelle, negativ wahrgenommene Interaktionsergebnisse. Ein solches Menschenbild bietet eine relativ stabile Interpretationsschablone für wahrgenommenes Verhalten und erleichtert damit einerseits durch situationsübergreifend konsistente Bedeutungszuweisung die Erwartungsgeneralisierung auf individueller Ebene und andererseits durch das diametral gegensätzliche Bild von Ursache und Wirkung auch die fortschreitende, wechselseitige Stabilisierung der Erwartungsstruktur auf Ebene des Systems. In diesem Zusammenhang wurde oben die von Kets de Vries und Miller beschriebene paranoide Kultur angeführt, scheint dieser doch ein ganz ähnliches Menschenbild zu Grunde zu liegen.[295] Die durch Misstrauen und Angst vor jeglichen Bedrohungen gekennzeichnete Kultur führt dazu, dass individuelle Mitglieder ständig nach versteckten feindseligen Absichten anderer suchen.[296] Die Führungsbeziehung bleibt von diesen Grundannahmen indes nicht unberührt, im Gegenteil, ein solcher kultureller Rahmen wirkt sich sowohl auf individueller Ebene, als auch auf Ebene des Interaktionssystems aus. Die Diskussion kann an dieser Stelle nicht erschöpfender Natur sein. Sie konnte aber dennoch zeigen, dass die formale wie auch die informale Organisation Einfluss auf die Entwicklung von Abusive Supervision als Interaktionsmuster besitzen. Wie genau dieser Einfluss ausgestaltet ist, kann auf konzeptioneller Ebene nicht im Einzelnen erörtert werden, sodass hier auf zukünftige, empirische Studien zu verweisen ist.

Neben diesen innerorganisationalen Einflüssen besitzt auch die außerorganisationale Umwelt Wirkung auf die Entwicklung des Interaktionssystems, wenn auch eher in indirekter Weise. So untersuchte Tepper beispielsweise in seiner

---

[293] Schreyögg 2008, S. 370.
[294] Der Prinzipal-Agenten-Ansatz (vgl. Eisenhardt 1989; Grossmann & Hart 1983; Kosnik 1987; Ross 1973) geht von einem solchen Menschenbild aus und konzipiert seine Reichweite bisweilen sogar soweit, dass formalen Regeln praktisch keine verhaltenssteuernde Wirkung mehr zugeschrieben wird (vgl. Schreyögg 2008, S. 360).
[295] Vgl. Kets de Vries & Miller 1986, S. 269 ff.
[296] Vgl. Schreyögg 2008, S. 373; Kets de Vries und Miller sehen die (pathologischen) Persönlichkeitsmerkmale des Gründers beziehungsweise des Top-Managements als Quelle der kulturellen Prägung der gesamten Organisation. Im Fall paranoider Organisationen ist es in erster Linie das übermäßig ausgeprägte Misstrauen, was zu übermäßiger Kontrolle und harten Strafen führt. Die Autoren schreiben hierzu: "The leader sees his/her subordinates either as malingerers and incompetents, or as people who are deliberately out to raise his/her ire. As a consequence, he/she is likely to gravitate towards two extremes. He/she might try to exert a tremendous amount of control through intensive personal supervision, formal controls and rules, and harsh punishments." (Kets de Vries & Miller 1986, S. 269).

ursprünglichen Studie, inwieweit die wahrgenommene Möglichkeit, den Arbeitsplatz zu wechseln, die Wahrnehmung von Abusive Supervision beeinflusst. Er konnte zeigen, dass feindseliges Verhalten im Falle geringer *Job Mobility* intensiver empfunden wird und Konsequenzen stärkeren Ausmaßes besitzt.[297] Obwohl er *Job Mobility* als Moderatorvariable der Konsequenzen von Abusive Supervision konzipiert hat, lassen sich bezogen auf die Entstehung von Abusive Supervision folgende Überlegungen anstellen: Ein Mitarbeiter, der überzeugt ist, jederzeit einen anderen Arbeitgeber finden zu können, also in gewisser Weise subjektive Kontrolle über seine Arbeitssituation und damit auch über die Führungsinteraktion besitzt,[298] wird feindseliges Verhalten seiner Führungskraft weniger negativ interpretieren, was wiederum Wirkung auf die Wahl seines eigenen Verhaltens hat. Es wird ihm ferner leichter fallen, die empfundene Feindseligkeit zum Thema der Kommunikation zu machen, also Kommunikation über Kommunikation anzustreben. Ein anderer Mitarbeiter, der sich vom gegenwärtigen Job hochgradig abhängig fühlt, wird die Feindseligkeit umso stärker wahrnehmen und eher in die Passivität flüchten, denn ihm fehlen die Alternativen. So sieht beispielsweise der befragte Betriebsrat den Arbeitsmarkt als relevanten Einfluss auf die Entstehung von Abusive Supervision: „weil sich die Mitarbeiter an ihren Arbeitsplatz klammern müssen, der Arbeitsmarkt ist so gut wie nicht vorhanden, gerade im Bereich der Fertigung"[299]. Daran anknüpfend sieht der Personalberater die Gründe für die wenigen Fälle, in denen betroffene Mitarbeiter die offene Konfrontation suchen: „[...] das scheuen eben die Mitarbeiter, weil sie die Konsequenzen ihrer Rebellion nicht abschätzen können"[300]. Die Passivität wiederum provoziert weiteres, feindseliges Führungsverhalten, was zur Stabilisierung der Erwartung des Mitarbeiters beiträgt und den wechselseitigen Selbstverstärkungsprozess in Gang setzen und aufrecht erhalten kann. Neben den wahrgenommenen Bedingungen des Arbeitsmarktes besitzt möglicherweise auch das jeweilige private Umfeld von Führungskraft und Mitarbeiter Einfluss auf die Interpretation fremden und die Selektion eigenen Verhaltens, was sich auch – ganz im Sinne eines *Small Events* – auf die Entwicklung der Führungsbeziehung auswirken kann.

An dieser Stelle soll die Diskussion möglicher Umwelteinflüsse auf das Interaktionssystem und die Emergenz von Abusive Supervision als Interaktionsmuster nicht weitergeführt werden. Festzuhalten bleibt, dass sowohl formale und informale Einflüsse der Organisation, als auch Umwelteinflüsse, die außerhalb der Organisation zu verorten sind, eine Rolle spielen. In der nun folgenden, letzten Zwischenbilanz dieser Arbeit werden die Ergebnisse dieses Kapitels noch einmal zusammengefasst.

---

[297] Vgl. Tepper 2000, S. 181, S. 183 ff.
[298] Vgl. zu dieser Argumentation Miller 1979; 1980.
[299] BR, Z. 20.
[300] PB2, Z. 43.

4. Vierte Zwischenbilanz: Abusive Supervision als persistentes Interaktionsmuster

Mit dem Abschluss dieses Kapitels wurde eine neue Konzeptionalisierung von Abusive Supervision erarbeitet, womit die Argumentationslinie dieser Arbeit ihr Ziel beinahe erreicht hat. Die letzten, noch ausstehenden Schritte werden im folgenden Kapitel diskutiert, wenn es schließlich darum geht, die Ergebnisse dieser Arbeit in ihren Anschlussmöglichkeiten an die Abusive Supervision Debatte zu reflektieren. Anders ausgedrückt soll die hier notwendigerweise aufgebaute Distanz zur gegenwärtigen Abusive Supervision Forschung wieder reduziert werden, um die erarbeiteten, konzeptionellen Ergebnisse zurückzuspielen und zukünftige empirische Untersuchungen zu motivieren. Daneben werden auch praktische Konsequenzen und Implikationen diskutiert. Zuvor sei die in Abbildung 36 visualisierte, interaktionstheoretische Rekonzeptionalisierung von Abusive Supervision in dieser Zwischenbilanz noch einmal zusammengefasst und resümiert.

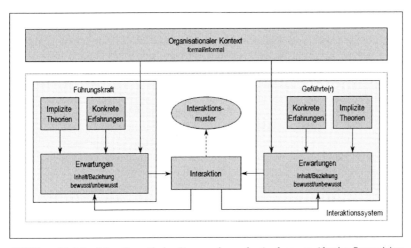

Abbildung 36: Interaktionstheoretischer Bezugsrahmen der Analyse von Abusive Supervision (Quelle: eigene Darstellung)

Im Anschluss an die im zweiten Kapitel herausgeschälten, konzeptionellen Probleme der gegenwärtigen Debatte wurden in Kapitel C die zur ihrer Überwindung notwendigen, theoretischen Grundlagen erarbeitet. Dort stand die von Luhmann vorgetragene, auf konstruktivistischen Positionen aufbauende Systemtheorie im Mittelpunkt, da sie es vermag, auf abstrakter Ebene die strukturelle Kopplung von psychischen Systemen und sozialen Systemen – hier das von der

Kommunikation zwischen Führungskraft und Mitarbeiter realisierte Interaktionssystem – zu erfassen. Die Wechselbeziehungen, Strukturen und Entwicklungsprozesse psychischer Systeme sowie des übergeordneten Interaktionssystems und deren Einbettung in den organisationalen Kontext wurden auf der konzeptionellen Folie der Systemtheorie analytisch zugänglich. Aufgrund des hohen Abstraktionsniveaus hängt der tatsächliche Nutzen systemtheoretischer Überlegungen in erster Linie davon ab, ob das zur Verfügung gestellte Theoriegebäude mit sinnvollen Inhalten gefüllt werden kann. Aus diesem Grunde wurden die für den Erfolg sozialer Interaktion zwar als elementar geltenden, in ihrer Konzeption aber doch abstrakt gehaltenden, individuellen Erwartungen zu Beginn dieses Kapitels im Detail betrachtet und inhaltlich in Bezug auf die Führungsinteraktion näher bestimmt. Im Detail wurden im Rahmen eines ersten, statischen Zugangs implizite Theorien, konkrete frühere Interaktionserfahrungen und der wahrgenommene organisationale Kontext als Bestimmungsfaktoren markiert und in ihrer jeweiligen Bedeutung für die Emergenz von Abusive Supervision diskutiert.

Will man Abusive Supervision aus dem engen Korsett der bisherigen, einseitigen Konzeption herauslösen und – wie hier vorgeschlagen – als persistentes Muster der Führungsinteraktion begreifen, muss nicht nur die Führungsbeziehung in den Fokus der Betrachtung gerückt werden, sondern in erster Linie die Beziehungs*entwicklung*. Daher wurde im zweiten Teil des Kapitels im Rahmen der dynamischen Analyse zunächst die Wirkung der fortlaufenden Interaktion auf die je individuellen Erwartungsstrukturen diskutiert. Auf das Wesentliche reduziert lässt sich die von Luhmann beschriebene Erwartungsgeneralisierung heranziehen, um die Entstehung von Abusive Supervision als Muster der Führungsinteraktion auf individueller Ebene nachzuvollziehen: Bildet sich die Erwartung des Mitarbeiters, feindselig behandelt zu werden, heraus und wird im Laufe des Interaktionsprozesses immer wieder bestätigt, so stabilisiert sich diese Erwartung zunehmend, möglicherweise bis zu einem Punkt, an dem *jegliches* Führungsverhalten in korrespondierender Weise interpretiert wird. Auf Seiten der Führungskraft laufen ganz ähnliche Prozesse ab, denn je stabiler die Erwartungsstruktur des Mitarbeiters ist, desto schmaler ist der Möglichkeitsraum seines (reaktiven) Verhaltens, was wiederum zur Generalisierung der Erwartungen und Stabilisierung des Verhaltens der Führungskraft führt.

Die je separat betrachteten, individuellen Perspektiven genügen jedoch noch nicht, um die in der bisherigen, empirischen Forschung belegte Persistenz des Phänomens zu erklären. Daher wurde es notwendig, die spezifische Wechselbeziehung – Luhmann spricht von Interpenetration – zwischen den beteiligten psychischen Systemen und dem übergeordneten Interaktionssystem in den Blick zu nehmen. Überträgt man die abstrakten Überlegungen, so kann konstatiert werden, dass Abusive Supervision als ultra-stabiles Interaktionsmuster seine Persistenz und damit Anpassungsresistenz aus der je wechselseitigen Stabilisierung der individuellen Erwartungsstrukturen im Zeitablauf bezieht. Jegliches Verhalten wird im Zustand der Ultra-Stabilität vom Interaktionspartner als Erwartungsbestätigung interpretiert und beschränkt damit die Anschlussfähigkeit der Kommunikation auf die Fortsetzung, also Reproduktion des Interaktionsmusters.

Abusive Supervision als Muster der Führungsinteraktion entsteht nicht ad hoc. Um die Entstehung nachvollziehen zu können, muss die Strukturbildung des Interaktionssystems – und damit sowohl das Interaktionssystem selbst, als auch die beteiligten psychischen Systeme – im Zeitablauf betrachtet werden. Konkretisiert kann festgehalten werden, dass die Entstehung von Abusive Supervision hier als prozesshaft konzipiert wurde. Der Prozess beginnt mit der ersten Wahrnehmung feindseligen Führungsverhaltens. Wiederholt sich diese Wahrnehmung in anderen Situationen, stabilisiert sich die Erwartung dessen. Die Reaktion des Mitarbeiters führt ihrerseits – bei hinreichender, situationsübergreifender Konsistenz – zur Erwartungsgeneralisierung auf Seiten der Führungskraft, die daher wiederum an ihrem gezeigten Verhalten festhält. Im Laufe dieses wechselseitigen Prozesses bestätigen und stabilisieren sich die je individuellen Erwartungen gegenseitig,[301] wodurch sich der individuelle Handlungsspielraum mit jeder Interaktionsepisode immer mehr verengt. Auf Ebene des Interaktionssystems verdichtet sich dabei die Struktur. Im Zustand der resultierenden Ultra-Stabilität ist das System dann nur noch in der Lage, das etablierte Interaktionsmuster in operativer Geschlossenheit zu reproduzieren, obwohl die fortgeführte Interaktion dysfunktionale Auswirkungen mindestens auf den Mitarbeiter und die Organisation, möglicherweise aber auch auf die Führungskraft, besitzt. Die „Spielregeln" lassen kein anderes als das „bewährte" Verhalten mehr zu. Aus Individualperspektive stellt sich dieser Zustand in der diametral entgegengesetzten Zuschreibung von Ursache und Wirkung dar. Jeder sieht die Ursache für das erlebte Interaktionsergebnis im Verhalten des anderen und hat daher aus seiner Sicht gar keine andere Möglichkeit, als das bisherige Verhalten zu reproduzieren. Mit anderen Worten hindern seine jeweils verkrusteten Erwartungen das Individuum daran, die Willkürlichkeit seiner Interpunktion zu erkennen und die Interaktion auf Ebene des Systems zu reflektieren. Indem sämtliche Operationen des Interaktionssystems seiner Autopoiesis dienen, jedes Verhalten also trotz seiner individuell dysfunktionalen Wirkungen anschlussfähig ist, können das Interaktionsmuster und seine zugrundeliegenden Regeln nicht aus dem System selbst heraus unterbrochen werden.

Im dritten Teil des Kapitels wurde schließlich, die bisherige Argumentation abrundend, der Einfluss der inner- und außerorganisationalen Umwelt auf die Entwicklung des Interaktionssystems bestehend aus Führungskraft und Mitarbeiter und die Entstehung von Abusive Supervision diskutiert. Die einzelnen Umweltdimensionen können sowohl begünstigenden, oder gar katalysierenden, oder aber auch kompensierenden, bremsenden Einfluss auf die Entstehung von Abusive Supervision besitzen. Aus Gründen der analytischen Klarheit wurde die

---

[301] Vgl. Abbildung 13

entgegengesetzte Wirkungsrichtung bislang vollkommen vernachlässigt. Wenn sich Abusive Supervision als Interaktionsmuster etabliert, dann wirkt sich das auch auf den organisationalen Kontext aus, schließlich sind System und Umwelt strukturell aneinander gekoppelt. Insbesondere die informalen Organisationsstrukturen befinden sich in einem ständigen Veränderungsprozess, sie sind interaktiv und werden nicht nur durch die Interaktion der Systemmitglieder vermittelt, sondern selbst auch durch die Interaktion beeinflusst, bestimmt und reproduziert.[302] Die von Kets de Vries und Miller trefflich beschriebene paranoide Kultur wirkt sich somit – wie oben diskutiert – einerseits auf die Emergenz von Abusive Supervision aus, sie wird andererseits aber auch durch Führungsbeziehungen, die durch Abusive Supervision gekennzeichnet sind, bestätigt und stabilisiert. Ähnlich wie psychisches System und Interaktionssystem in einer Wechselbeziehung stehen, stehen auch Interaktionssystem und (informale) Organisation in einer ständigen Wechselbeziehung. Da der Fokus der vorliegenden Arbeit auf der Entstehung und Persistenz von Abusive Supervision als Interaktionsmuster liegt – und eben nicht auf der Entstehung paranoider Kulturen –, werden diese Rückwirkungen auf die Umweltdimensionen nicht weiter vertieft, benannt werden sollten sie hier dennoch. Im folgenden Kapitel werden nun die Implikationen, die die hier entwickelte, interaktionstheoretische Konzeptionalisierung von Abusive Supervision nach sich zieht, sowohl in Bezug auf die mit dieser Arbeit neu motivierte empirische Forschung, als auch in Bezug auf den praktischen Umgangs mit Abusive Supervision diskutiert.

---

[302] Vgl. Schreyögg 2008, S. 365.

E Implikationen aus der Rekonzeptionalisierung von Abusive Supervision

1. Implikationen für die empirische Abusive Supervision Forschung

„Als Mensch, der mit einem sozialen System arbeitet, ist man immer auch Element eines sozialen Systems und insofern den Gefahren der Selbstbezüglichkeit ausgeliefert. Hier liegt auch der Unterschied zwischen dem Handwerk eines Beraters oder Therapeuten, der es mit lebenden und sozialen Systemen zu tun hat, und dem Handwerk des Fernsehmonteurs. Der defekte Fernsehapparat reagiert relativ selten auf Zuspruch, seine Reparatur erfordert den direkten Eingriff. Der Monteur muß den Konstruktionsplan und die Funktionsweise des Apparats kennen, über die richtigen Werkzeuge und Ersatzteile verfügen, dann kann er seinen Auftrag erfolgreich erfüllen. Der Monteur wird aber nicht (oder zumindest nur selten) zum Teil des Fernsehapparats. Auch ist das Gerät nicht in der Lage, aus sich heraus kreativ neue Strukturen zu entwickeln oder nicht angemessen funktionierende Teile auszutauschen. Dieser Unterschied zwischen lebenden und nicht-lebenden Systemen führt dazu, daß die Therapie sozialer Systeme nach anderen Gesichtspunkten erfolgen muß als die Reparatur mechanischer Apparate."[1]

Ohne darauf angelegt zu sein, weist der in diesem Zitat Simons angestellte Vergleich zwischen einem Therapeuten eines lebenden oder sozialen Systems und einem Fernsehmonteur auf die zentralen methodischen Konsequenzen hin, die die Konzipierung von Abusive Supervision als Interaktionsmuster eines sozialen Systems für die empirische Forschung nach sich zieht.[2] Der Fernsehmonteur muss den Fehler im Apparat zunächst finden, um anschließend eine Reparatur durchführen zu können. Der empirische Sozialforscher ist – salopp ausgedrückt – ebenfalls auf der Suche nach einem Fehler, oder präziser, er ist genau wie der Fernsehmonteur auf der Suche nach den Gründen einer beobachteten Unterscheidung, beispielsweise zwischen vermeintlich Normalem und Anormalem (im Falle des Monteurs konkretisiert sich diese Unterscheidung in funktionstüchtig und nicht funktionstüchtig). In Bezug auf Abusive Supervision stellt sich also die konkrete Frage, weshalb sich einige Führungsbeziehungen durch das in dieser Arbeit konzeptionalisierte Interaktionsmuster beschreiben lassen und andere wiederum nicht. Kapitel C und D dieser Arbeit können nur abstrakte Antworten auf diese Frage bereitstellen. Sie geben einen konzeptionellen Bezugs-

---
[1] Simon 1997, S. 14.
[2] Zwar wird in diesem Zitat ein Therapeut mit einem Monteur verglichen, wenn man jedoch von der gemeinsamen Absicht, etwas „reparieren" (oder eben therapieren) zu wollen absieht, ließe sich das Zitat auch als Vergleich zwischen einem empirischen Sozialforscher und einem Monteur lesen.

rahmen, der jedoch mit konkretem Inhalt einzelner Fälle von Abusive Supervision gefüllt werden muss. So wurde zwar herausgearbeitet, dass das wahrgenommene Führungsverhalten in nachhaltiger Weise von den impliziten Theorien des adressierten Mitarbeiters abweichen muss, worin jedoch genau diese Abweichung besteht, hängt von den spezifischen, impliziten Theorien des Einzelfalls ab und muss somit Gegenstand empirischer Forschung sein. In diesem Abschnitt soll nun zumindest andiskutiert werden, wie die empirische Forschung gestaltet sein sollte, wenn sie denn jene versteckten Spielregeln der Kommunikation zwischen Führungskraft und Mitarbeiter aufdecken und verstehen sowie in ihrer Entstehung nachvollziehen will, die Abusive Supervision als persistentes Muster der Führungsinteraktion zur Folge haben.

Anders als ein Fernsehapparat ist das Interaktionssystem als soziales System keine triviale Maschine.[3] Der Konstruktionsplan des Apparates legt eine eindeutige Beziehung zwischen Ursache (Input) und Wirkung (Output) fest. Dieser Plan wird nicht durch die eigene Funktionsweise verändert oder überhaupt beeinflusst. Sein Funktionieren ist damit, unabhängig vom konkreten Zeitpunkt des Betriebs, jederzeit in gleicher Weise erwartbar. Ist sein Funktionieren beeinträchtigt, so erlaubt es die im Konstruktionsplan eindeutig definierte Operationsweise, das fehlerhafte Glied der Operationskette auszutauschen, um den funktionsfähigen Ursprungszustand wieder herzustellen. Der Konstruktionsplan eines sozialen Systems ist dagegen nicht so problemlos zu identifizieren, insbesondere deshalb, weil die Operationsweise nur von den eigenen Zuständen abhängt und sich selbst damit ständig rekursiv beeinflusst.[4] Es gibt also – um es auf den Punkt zu bringen – in sozialen Systemen keine kausal eindeutigen und intertemporal stabilen Beziehungen zwischen Ursache und Wirkung. Genau dies wird jedoch von den bisherigen, empirischen Studien zur Entstehung von Abusive Supervision zumeist unterstellt.[5] Dort werden Kausalmodelle mit statistischen Methoden geprüft, die die unabhängigen Variablen (zumeist wahrgenommene Ungerechtigkeit, neuerdings aber auch wahrgenommene Unterschiede in Werten und Einstellungen[6]) und die abhängige Variable (Abusive Supervision) eindeutig festlegen. Die jeweils geringen erklärten Varianzen dieser Modelle – darauf wurde oben im Detail hingewiesen – zeigen deutlich, dass die Führungsbeziehung nicht als triviale Maschine verstanden werden kann. Ihre Funktionsweise lässt sich nicht im Sinne eines sämtliche Operationen beinhaltenden Konstruktionsplans abbilden. Die Gestaltung empirischer Forschungsmethoden

---

[3] Eine triviale Maschine ist – das wurde oben bereits mit anderen Worten festgestellt – synthetisch determiniert, analytisch determinierbar, vergangenheitsunabhängig und voraussagbar (vgl. Foerster 2009, S. 62).

[4] Nicht-triviale Maschinen sind daher synthetisch determiniert, analytisch unbestimmbar, vergangenheitsabhängig und unvoraussagbar (Foerster 2009, S. 66). Vgl. zu den Grundlagen der Theorie sozialer Systeme Abschnitt 3.2 in Kapitel C.

[5] Vgl. für eine genauere Diskussion die Abschnitte 2.1 und insbesondere 2.2 in Kapitel B.

[6] Vgl. Tepper et al. 2011.

E Implikationen 269

muss also die wechselseitigen, zirkulären Interdependenzen sozialer Interaktion berücksichtigen.

Anders als im Falle des defekten Fernsehapparates ist die Beobachtung eines sozialen Systems nicht unabhängig vom Beobachter. Der Fernseher ändert aufgrund seiner eindeutig determinierten Ursache-Wirkungs-Beziehung seine Funktionsweise nicht durch die Tatsache, dass ein Monteur ihn beobachtet und auf Fehler untersucht. Ein soziales System hingegen – abgesehen von der Anwendung versteckter, nichtreaktiver Methoden – registriert sehr wohl, wenn es beobachtet wird, und passt seine Operationsweise im Sinne struktureller Kopplung daraufhin an. So beschreiben Selvini Palazzoli et al., dass die schizophrene Familie ihre (beobachtenden) Therapeuten sehr schnell mit in ihre Transaktionen einbezieht und damit instrumentalisiert, um auf diese Weise die Homöostase des Systems zu verteidigen. Dies geschieht zwangsläufig infolge dessen, dass die Therapeuten mit der Familie in Kontakt treten (müssen), um die Kommunikation zwischen den Familienmitgliedern anzuregen.[7] Die Kommunikation läuft also unter registrierter Beobachtung anders als in unbeobachtetem Raum. Die Gestaltung empirischer Forschungsmethoden, die die Kommunikationsregeln eines Interaktionssystems aufzudecken versuchen, muss sich also der Reaktivität der dazu notwendigen Beobachtung bewusst sein.[8] Ferner darf auch an dieser Stelle nicht aus den Augen verloren werden, dass jede Beobachtung eine Konstruktion des Beobachters ist.[9] Dem in Kapitel A angeführten Prinzip der Offenheit empirischer Forschung ist also immer die Grenze der subjektiven Wahrnehmung des Forschers gesetzt.[10] Im Falle des defekten Fernsehapparates ist dieser Aspekt weniger problematisch: Die Struktur eines Fernsehapparates ist weniger komplex, als die eines sozialen Systems, der Monteur muss daher nur eine geringere Komplexitätsreduktion leisten. Durch die damit verbundene, geringere Selektionsnotwendigkeit ist auch die intersubjektive Übereinstimmung der Diagnose zweier Monteure deutlich wahrscheinlicher, als die zweier Sozialforscher; im Falle der Sozialforscher haben die individuellen Deutungsschemata der Beobachter größeren Einfluss auf die Beobachtungsergebnisse.[11] Bezogen auf die empirische Untersuchung eines durch Abusive Supervision gekennzeichneten Interaktionssystems ergibt sich darüber hinaus, dass der Forscher zwei Beobachterpositionen in sich vereint und sich dessen auch bewusst sein sollte. Er ist Beobachter erster Ordnung bezogen auf das System und die ablaufende Kommuni-

---

[7] Vgl. Selvini Palazzoli et al. 2003, S. 23 ff.; Aus diesem Grund beobachten zwei weitere Therapeuten die Interaktion zwischen der Familie und den (direkten) Therapeuten. Im Falle zu heftiger Beeinflussungen können die Beobachter zweiter Ordnung intervenieren.
[8] Vgl. zur Diskussion von Reaktivitätseffekten in der empirischen Sozialforschung stellvertretend Webb et al. 1966; Webb & Weick 1979; für Effekte sozialer Erwünschtheit DeMaio 1984; Hartmann 1991.
[9] Vgl. Abschnitt 2.1 und 2.2 in Kapitel C.
[10] Vgl. Meinefeld 2007, S. 271 f.
[11] Vgl. Weber & Schmid 1997, S. 107.

kation. Er ist gleichzeitig auch Beobachter zweiter Ordnung in Bezug auf die für den Fortlauf der Kommunikation notwendigen Beobachtungen erster Ordnung der am Interaktionsprozess beteiligten Individuen.[12]

Die empirische Erforschung von Abusive Supervision in der hier vorgeschlagenen Konzeption muss also seiner Komplexität gerecht werden – die Führungsinteraktion ist keine triviale Maschine – und außerdem den eigenen Einfluss auf sowohl System, als auch Beobachtung reflektieren. Ohne dass an dieser Stelle die konkrete Ausgestaltung empirischer Forschung umfassend diskutiert werden könnte, seien doch zumindest grundsätzliche Wege dargestellt, die den hier formulierten Anforderungen gerecht werden (können). Unter der Maßgabe, dass die empirische Abusive Supervision Forschung einerseits die ultra-stabilen Interaktionsmuster aufdecken und erkennen will und andererseits den Entstehungsprozess zu rekonstruieren versucht, wird unmittelbar deutlich, dass quantitative Untersuchungsmethoden kaum dazu geeignet sind.[13] Sie „lassen die «die Versuchsperson» nicht zu Wort kommen, sondern reduzieren sie auf das Reagieren auf vorgegebene Kategorien (Kreuzchen machen)."[14] Sie reduzieren also die Komplexität des Untersuchungsgegenstandes in einem Ausmaß, das den zu erforschenden Konzepten nicht gerecht wird.[15]

---

[12] Vgl. zur Unterscheidung von Beobachtung erster und zweiter Ordnung Foerster 1974; 1981; Luhmann schreibt zur Beobachtung zweiter Ordnung: „Jeder Beobachter beobachtet, was er beobachten kann, aufgrund seiner für ihn unsichtbaren Paradoxie, aufgrund einer Unterscheidung, deren Einheit sich seiner Beobachtung entzieht. Man hat die Wahl, ob man von wahr/unwahr, Krieg/Frieden, gut/böse, Heil/Verdammnis etc. ausgeht, aber wenn man für die eine oder die andere Unterscheidung optiert, hat man nicht mehr die Möglichkeit, die Unterscheidung als Einheit, als Form zu sehen – es sei denn mit Hilfe einer anderen Unterscheidung, also als ein anderer Beobachter" (Luhmann 1990c, S. 123).

[13] Vgl. mit konkretem Bezug auf die Abusive Supervision Debatte Abschnitt 2.3.3. in Kapitel B; für die Diskussion in Bezug auf die Führungsforschung Bryman 2004; Conger 1998 und mit Blick auf die Managementforschung insgesamt Morgan & Smircich 1980; zur qualitativen Wende in der Sozialforschung auch Mayring 1999, S. 9 ff; Flick 2010, S. 39 ff.

[14] Mayring 1999, S. 9 f.

[15] Es sei denn, es geht um Forschungsfragen wie die Erfassung des Geschlechterverhältnisses oder der Altersverteilung in einer Population. In solchen Fällen wäre die qualitative Forschung ungeeignet. Um diesen Punkt noch deutlicher zu machen: Die quantitative Forschung soll hier keiner generellen Verurteilung unterzogen werden, in Bezug auf komplexe, interaktive, soziale Phänomene erscheint sie jedoch ungeeignet.

1.1. Die Beobachtung als Methode der Erforschung von Abusive Supervision

Einen Weg, die verdeckten, stabilisierten Kommunikationsmuster zwischen Führungskraft und Mitarbeiter zu untersuchen, stellt die Methode der *Beobachtung* dar.[16] In Bezug auf die Erforschung von Abusive Supervision würde dies bedeuten, dass die alltägliche Interaktion zwischen Führungskraft und Mitarbeiter zu beobachten wäre, ohne dabei zu intervenieren, denn dies würde die Beobachtung zu einer Befragung oder einem (Quasi-)Experiment machen, je nach Art der Intervention. In Bezug auf die konkrete methodische Ausgestaltung der Beobachtung müssen einige Aspekte beachtet werden. Erstens muss entschieden werden, ob es sich um eine teilnehmende oder nicht teilnehmende Beobachtung handeln soll.[17] Die teilnehmende Beobachtung hätte den Vorteil der unvergleichlich dichten Datengenerierung,[18] lässt sich aber in Bezug auf den Untersuchungsgegenstand nicht umsetzen, ohne selbst Teil des Interaktionssystems zu werden und damit Gefahr zu laufen, als Teilnehmer der Kommunikation den Interaktionsprozess selbst in der oben beschriebenen, willkürlich interpunktierenden Weise zu interpretieren. Sowohl in der Rolle der Führungskraft, als auch in der Rolle des Mitarbeiters müssten die eigenen Beobachtungen erster Ordnung reflexiv beobachtet werden können, der blinde Fleck der eigenen Wahrnehmung müsste – und genau das ist eben nicht möglich[19] – überwunden werden. Zweitens muss entschieden werden, ob den beobachteten Personen mitgeteilt werden soll, dass ihre Interaktion Gegenstand empirischer Forschung ist. Neben forschungsethischen Fragen sind hier insbesondere Aspekte der Reaktivität mit in die Entscheidung einzubeziehen. So könnten Führungskraft und Mitarbeiter beispielsweise ihre Verhaltensweisen vor dem Hintergrund verinnerlichter, gesellschaftlicher Erwartungen sozialer Erwünschtheit reflektieren und sich anders verhalten, als sie es in unbeobachteten Situationen tun würden.[20] Die Entdeckung der eigentlichen Interaktionsregeln wäre damit zumindest erschwert. Drittens muss über die Ausgestaltung der Dokumentation der Beobachtung entschieden werden.[21] Im Falle von Abusive Supervision sollte die Protokollierung eher unstrukturiert und offen sein, da sie sonst Gefahr läuft, die

---

[16] Gehrau definiert die Beobachtung in folgender Weise: „Die wissenschaftliche Beobachtung ist die systematische Erfassung und Protokollierung von sinnlich oder apparativ wahrnehmbaren Aspekten menschlicher Handlungen und Reaktionen, solange sie weder sprachlich vermittelt sind noch auf Dokumenten basieren. Sie dient einem wissenschaftlichen Ziel, dokumentiert ihr Vorgehen und legt alle relevanten Aspekte offen." (Gehrau 2002, S. 25 f.).
[17] Vgl. Brosius et al. 2008, S. 194 f.
[18] Vgl. als beeindruckendes Beispiel solch ethnographischer Forschung Duneier 2000.
[19] Vgl. Abschnitt 2.2 in Kapitel C, sowie Baraldi et al. 1997, S. 102; Foerster 2010, S. 40; Luhmann 1990c, S. 123.
[20] Vgl. Hartmann 1991.
[21] Brosius et al. 2008, S. 197 ff.

Komplexität des beobachteten Verhaltens im Vorfeld der Beobachtung willkürlich zu reduzieren. Die offene Protokollierung ist jedoch mit höheren Anforderungen an den Beobachter verbunden, wenn potentielle Einflüsse der unbewussten Strukturierung minimiert werden sollen. Eine Aufzeichnung bietet die Möglichkeit, das Interaktionsgeschehen wiederholt zu beobachten, was einen stufenweisen Prozess der Bedeutungszuweisung und auch höhere Beobachtungsvalidität ermöglicht, gleichzeitig aber mit vielfach höherem (mindestens zeitlichem) Forschungsaufwand verbunden ist.[22] Ohne dass sämtliche Gestaltungsfragen einer Beobachtung hier abschließend diskutiert werden könnten,[23] sei zumindest festgehalten, dass die Beobachtung Einblicke in das Interaktionsgeschehen zwischen Führungskraft und Mitarbeiter gewähren kann. Diese Einblicke werden in der Regel jedoch auf den sichtbaren Teil der Kommunikation beschränkt bleiben, denn die jeweils subjektiven Interpretationen und die damit verbundenen Interpunktionen des Interaktionsgeschehens können durch eine Beobachtung höchstens indirekt erschlossen werden. Die je individuellen Sinnzuweisungen lassen sich nicht ohne Weiteres beobachten, ihre Kenntnis ist jedoch in gewissem Maße Voraussetzung dafür, die Spielregeln der Kommunikation erschließen zu können.[24] Die Beobachtung sollte also eine wichtige Rolle in der qualitativen Erforschung von Abusive Supervision spielen, sie muss jedoch ergänzt werden, um die verdeckten Aspekte der Kommunikation erfassen zu können.

1.2. Die Befragung als Methode der Erforschung von Abusive Supervision

Die Befragung ist geeignet, eine solche, ergänzende Rolle wahrzunehmen, denn auf diesem Wege können die internen Vorgänge der Interaktionspartner expliziert und der Analyse zugänglich gemacht werden. Auch in Bezug auf die Befragung müssen einige Entscheidungen der konkreten Gestaltung getroffen werden. Grundsätzlich lassen sich Befragungsformen hinsichtlich ihres Strukturierungsgrades unterscheiden und daneben auch daraufhin differenzieren, ob sie schriftlich oder mündlich durchgeführt werden.[25] Im Falle der Erforschung von

---

[22] Vgl. Brosius et al. 2008, S. 199.
[23] Vgl. hierzu die einschlägige Methodenliteratur wie etwa Diekmann 2010, S. 548 ff.; Flick 2010, S. 281 ff.; Lüders 2009.
[24] So schreibt Simon beispielsweise: „Kommunikation ist also gewissermaßen ein Spiel, das darauf beruht, dass die Teilnehmer sich bei der Interpretation des gegenseitigen Verhaltens Absichten oder Motive unterstellen." (Simon 2008, S. 92 f.). Von Kommunikation kann erst dann gesprochen werden, wenn auch die je individuellen Bedeutungszuweisungen mit gemeint sind, denn erst dadurch wird die Synthese der Selektionen von Information, Mitteilung und Verstehen ermöglicht (vgl. Luhmann 1984, S. 193 ff.).
[25] Vgl. Abschnitt 1.1 in Kapitel A oder auch Atteslander 2008, S. 123; ferner zudem Gläser & Laudel 2004, S. 38; Hopf 2009.

E Implikationen

Abusive Supervision sollte die mündliche Befragung gewählt werden, denn sie ermöglicht das Nachfragen und das Vertiefen von Gesprächsinhalten. Ferner sollte die Befragung möglichst wenig vorstrukturiert sein, um eine weitestgehend unvoreingenommene Perspektive zu ermöglichen. Von besonderer Relevanz ist die Frage, ob das Gespräch mit beiden Interaktionspartnern gleichzeitig stattfinden oder ob die Befragung separat erfolgen soll. Das gemeinsame Gespräch hat den Vorteil, dass während des Gespräches Transaktionen zwischen Führungskraft und Mitarbeiter ablaufen, und diese einerseits durch konkrete Fragetechniken provoziert und andererseits genau beobachtet werden können.[26] Auf diese Weise können sich die verdeckten Spielregeln der Interaktion zeigen, ohne dass direkt danach gefragt werden müsste. Andererseits ist die individuelle Bereitschaft zu einem solchen gemeinsamen Gespräch möglicherweise umso geringer, je verkrusteter das Interaktionssystem ist und je gegensätzlicher die individuellen Wirklichkeitskonstruktionen sind. In jedem Fall ist es unwahrscheinlich, dass beide Interaktionspartner mit exakt der gleichen Bereitschaft an einer gemeinsamen Befragung teilnehmen. Jemand, der die Ursache für eine äußerst negativ empfundene Interaktionsbeziehung einzig im Verhalten des anderen konstruiert, wird die bloße Gemeinsamkeit des Gesprächs möglicherweise bereits als Angriff auf die eigene Position interpretieren. Einzelgespräche bieten daher die Möglichkeit, die jeweiligen Wirklichkeitskonstruktionen zu erforschen. Die Interaktionsregeln lassen sich jedoch erst dann verstehen, wenn die Wechselseitigkeit dieser Rationalitätsbezüge ebenfalls analysiert wird.[27]

In der systemischen Therapieforschung wurde die Technik des „zirkulären Fragens"[28] oder auch „systemischen Fragens"[29] entwickelt, um therapeutischen Zugang zu den Spielregeln der Interaktion zu erhalten und Interventionsmöglichkeiten zu eröffnen. Mit dieser Technik werden die Gesprächspartner nicht direkt nach ihren Wirklichkeitskonstruktionen und ihrer Sicht auf das Interaktionssystem befragt. Stattdessen werden Fragen wie „Was glauben Sie geht in Ihrem Interaktionspartner vor, wenn Sie sich in folgender Weise verhalten?" gestellt. Es wird also nicht nach den Intentionen (besser: der Mitteilung) des Senders gefragt, sondern nach der Wahrnehmung (besser: dem Verstehen) des Empfängers.[30] Diese Fragen können sich auch direkt auf die jeweiligen Erwartungen beziehen: „Was glauben Sie, erwartet Ihr Mitarbeiter von Ihnen als Führungskraft?". Auf diese Art und Weise wird der Befragte in eine Beobachterrolle versetzt. Er soll Mutmaßungen über die inneren Vorgänge seines Gegenübers anstellen und eröffnet damit gleichzeitig wichtige Teile seiner eigenen Wirklichkeitskonstruktion. Die verbalen und non-verbalen Reaktionen des anderen Interaktionspartners geben weitere Informationen preis, sodass sich im Laufe der Be-

---

[26] Vgl. Selvini Palazzoli et al. 2003, S. 19 ff.; Stierling 1997, S. 86 ff.
[27] Vgl. Stierling 1997, S. 80.
[28] Vgl. Stierling 1997, S. 90 ff.; Selvini Palazzoli et al. 1981; Simon & Rech-Simon 2004.
[29] Vgl. Schlippe & Schweitzer 2010, S. 40 ff.
[30] Vgl. Schlippe & Schweitzer 2010, S. 44.

fragung das Bild des Forschers immer mehr erweitert, verdichtet und konkretisiert.[31] Mit dieser Technik lassen sich auch Informationen über den Entstehungsprozess gewinnen. So könnte die Führungskraft beispielsweise gefragt werden: „Wann glauben Sie hat Ihr Mitarbeiter Ihr Führungsverhalten das erste Mal als Angriff interpretiert? Wie kam diese Interpretation zustande?".

Zirkuläre Fragen dienen zwar in erster Linie dazu, Informationen zu gewinnen und die wechselseitige Bedingtheit sozialen Verhaltens aufzuzeigen, sie tragen aber gleichzeitig auch Informationen in das Interaktionssystem, denn es ist „unmöglich, Fragen zu stellen, ohne damit zugleich bei den befragten Personen eigene Ideen anzustoßen"[32]. Von Schlippe und Schweitzer unterscheiden daher auch Fragen zur *Wirklichkeits*konstruktion von denen zur *Möglichkeits*konstruktion. „Erstere sollen den aktuellen Kontext erhellen, die zweiten neue Möglichkeiten in den Blick rücken."[33] An dieser Stelle lässt sich die fließende Grenze zwischen Forschung und Beratung und damit der Übergang zu den praktischen Implikationen der in dieser Arbeit vorgeschlagenen Neukonzeptionalisierung von Abusive Supervision verorten. Zuvor sei jedoch resümierend festgehalten, dass die empirische Forschung qualitativ ausgerichtet sein sollte, wenn Abusive Supervision als Interaktionsmuster verstanden und erforscht wird. Befragung und Beobachtung sollten dazu im Sinne einer *Between-Method-Triangulation*[34] miteinander verknüpft werden, wobei insbesondere das zirkuläre Fragen als zentrale Untersuchungstechnik angezeigt ist. Ohne dass an dieser Stelle der Erfolg dieser methodischen Ausrichtung valide abgeschätzt werden kann, bleibt dennoch festzuhalten, dass qualitative Methoden der Beobachtung und Befragung sehr geeignet erscheinen, um vor dem Hintergrund der in dieser Arbeit angestellten Überlegungen empirische Erkenntnisfortschritte zu generieren.

2. Implikationen für den praktischen Umgang mit Abusive Supervision

In diesem inhaltlich abschließenden Abschnitt der Arbeit sollen praktische Implikationen diskutiert werden, die sich aus der hier vorgeschlagenen Neukonzeptionalisierung von Abusive Supervision ergeben, wobei – wie auch schon in Bezug auf die empirische Forschung – aus Kapazitätsgründen nur Ansatzpunkte diskutiert werden können. Konkret soll es zunächst um das Führungsgespräch als formal vorgeregelte Institution der Reflexion der Führungsbeziehung gehen.

---

[31] Vgl. Stierling 1997, S. 90.
[32] Schlippe & Schweitzer 2010, S. 40.
[33] Schlippe & Schweitzer 2010, S. 49.
[34] Vgl. Flick 2009, S. 313 f.

Mitarbeiter sind in solchen Gesprächen oftmals nur „mittelmäßig ehrlich"[35], sodass die Fragen im Raum stehen, warum sich die Reflexion so schwierig darstellt und wie Führungsgespräche aus organisationaler Sicht gestaltet werden können, um den Erfolg des Feedbackinstruments zu erhöhen. Im Anschluss werden Implikationen für die Gestaltung von Führungstrainings diskutiert. Dabei soll es insbesondere darum gehen, wie Führungskräfte *und* Mitarbeiter für die Möglichkeit divergenter Wirklichkeitskonstruktionen sensibilisiert werden können.

2.1. Implikationen für institutionalisierte Führungsgespräche

Die Personalbeurteilung als systematische Einschätzung der Mitglieder einer Organisation findet in der Regel abwärtsgerichtet statt und bezieht sich dabei auf die drei Dimensionen persönlichkeitsrelevanter, verhaltensbezogener und leistungsbezogener Faktoren.[36] Zumeist handelt es sich um ein (voll)standardisiertes Instrument, das jährlich eingesetzt wird.[37] Als allgemeine Ziele der Personalbeurteilung nennt Weibler (1) die Dokumentation der Einschätzung des Wertes des Mitarbeiters für die Organisation, (2) die Leistungsverbesserung durch Rückmeldung, (3) die Verhaltensverbesserung durch Rückmeldung und (4) die zielgerichtete Steuerung der Personalentwicklung durch die systematische Informationsgewinnung über alle Mitarbeiter.[38] Das Ausfüllen des standardisierten Fragebogens findet oftmals im Rahmen des sogenannten Mitarbeitergesprächs statt, „ein mehr oder minder strukturiertes Gespräch über die Leistungen und das Verhalten der Mitarbeiter innerhalb einer bestimmten Periode"[39]. Obwohl es im Mitarbeitergespräch in erster Linie um die Beurteilung des Mitarbeiters geht, gehören auch die gegenseitige Information und Erwartungsklärung sowie die Verbesserung der Zusammenarbeit zu den Gesprächszielen.[40] Den Verlauf eines solchen Gespräches beschreibt Nerdinger mit drei Phasen, beziehungsweise Themenbereichen: (1) Rückblick, (2) Standortbestimmung und (3) Ausblick.[41] Die Leistungen und das Verhalten des Mitarbeiters werden also vergangenheits-, gegenwarts- und zukunftsbezogen diskutiert und bewertet.

---

[35] PB2, Z. 055.
[36] Vgl. Klimecki & Gmür 1998, S. 264 f.
[37] Vgl. Domsch & Gerpott 1992; vgl. für diverse Beispiele und Arten von Mitarbeiterbefragungen den Herausgeberband von Domsch und Ladwig (2006).
[38] Vgl. Weibler 2001, S. 352.
[39] Weibler 2001, S. 353 f.; In einigen Fällen ersetzt das Mitarbeitergespräch auch die vollstandardisierte Personalbeurteilung.
[40] Weibler führt daneben die folgenden Ziele auf: die Erörterung von absolvierten und kommenden Aufgaben, die Definition von operativen Zielen, die Motivation durch Respekt und Perspektiven sowie die Leistungsverbesserung (vgl. Weibler 2001, S. 354).
[41] Vgl. Nerdinger 1993, S. 5.

Neben dieser abwärtsgerichteten Personalbeurteilung werden in vielen Organisationen zwischenzeitlich auch systematische Vorgesetztenbeurteilungen durchgeführt.[42] Die Ziele kreisen auch bei dieser Form des Feedbacks um die Erhöhung der Leistung und der Arbeitszufriedenheit durch die Verbesserung der Vorgesetzten-Mitarbeiter-Beziehung. Konkret benennt Weibler unter anderem (1) die Förderung des allgemeinen Dialogs zwischen Vorgesetzten und Mitarbeiter, (2) die Klärung gegenseitiger Rollenerwartungen, (3) die Rückmeldung für den Vorgesetzten über sein Verhalten und dessen Wirkung, etc.[43] Die Vorgesetztenbeurteilung findet – wie auch die Mitarbeiterbeurteilung – zumeist in standardisierter Form mittels geschlossener Fragen statt,[44] teilweise aber auch als Interview oder Gruppengespräch.[45] In der Praxis werden die verschiedenen Formen der Vorgesetztenbeurteilung oft auch in jährlich alternierender Weise verwendet.

Vor dem Hintergrund der interaktionstheoretischen Konzeptionalisierung von Abusive Supervision lassen sich in Bezug auf diese institutionalisierten Feedbackinstrumente nun verschiedene Implikationen diskutieren: Abusive Supervision wurde im Herzstück dieser Arbeit als Interaktionsmuster charakterisiert, das auf sich wechselseitig stabilisierenden und dabei diametral entgegengesetzten Wirklichkeitskonstruktionen beruht. Jeder Interaktionsbeteiligte sieht die Verantwortung für die im Grunde unerwünschten Interaktionsergebnisse beim jeweils anderen und solange diese Überzeugungen Bestand haben (und sich auch noch gegenseitig stützen), wird sich das Interaktionsmuster kaum unterbrechen lassen, denn in seiner Struktur ist das Interaktionssystem auf die Fortsetzung der Kommunikation angelegt. Anders ausgedrückt: Die Auflösung der Führungsbeziehung würde zwar zur Unterbrechung von Abusive Supervision führen, wäre aber weder im Sinne des Interaktionssystems noch im Sinne der Organisation[46] und stellt insofern keine näher zu diskutierende Lösung dar. Wenn Abusive Supervision also bei Fortbestand der Führungsbeziehung unterbrochen werden soll, dann kann dies nur durch eine Veränderung der Interaktionsregeln geschehen. Um diese Veränderung wiederum anzustoßen, müssen die Spielregeln der Interaktion, genauer gesagt der sich wechselseitig stabilisierende Charakter der Wirklichkeitskonstruktionen, zunächst einmal erkannt und aufgedeckt werden.

---

[42] Vgl. Steinmann & Schreyögg 2005, S. 815 ff ; Weibler 2001, S. 356 ff; meist als Teil des zwischenzeitlich so populären 360-Grad-Feedback (vgl. stellvertretend Edwards & Ewen 1996; Gerpott 2006; Neuberger 2000; Waldman & Atwater 1998).

[43] Vgl. Weibler 2001, S. 356 f.; Steinmann und Schreyögg benennen folgende Funktionen der Vorgesetztenbeurteilung: (1) Diagnosefunktion, (2) Personalentwicklungsfunktion, (3) Kontrollfunktion, (4) Motivationsfunktion und (5) Partizipationsfunktion (vgl. Steinmann & Schreyögg 2005, S. 815).

[44] Vgl. Bergmann 1996, S.42 für eine Übersicht über Beispiele aus der Praxis der Vorgesetztenbeurteilung.

[45] Vgl. Kiefer 1995, S. 661.

[46] Schließlich soll die Führungsinteraktion seiner Steuerungsfunktion nachkommen und dazu muss sie Bestand haben.

E Implikationen

Genau diese Absicht spiegelt sich auch in den formulierten Zielsetzungen institutionalisierter Feedbackinstrumente wider: Gegenseitige Rollenerwartungen sollen geklärt werden, die Führungsbeziehung soll verbessert werden, wechselseitige Rückmeldungen sollen gegeben werden, etc.[47] Die entscheidende Frage an dieser Stelle ist nun, ob und wie diese Ziele mit den herkömmlichen Instrumenten im Falle von Abusive Supervision erreicht werden können.

Die Brisanz dieser Frage soll mit folgender Argumentation noch zusätzlich untermauert werden. Der Einfachheit halber sei dazu angenommen, Führungsbeziehungen könnten entweder gut oder schlecht sein. Erstere zeichnen sich durch ein vornehmlich vertrauensvolles Verhältnis aus, letztere durch Misstrauen (oder eben Abusive Supervision). Eine bereits durch Vertrauen gekennzeichnete Führungsbeziehung wird im wechselseitigen Vertrauen bestärkt, wenn Führungskraft und Mitarbeiter sich gegenseitig Feedback geben. Eine bereits gute Führungsbeziehung wird also noch weiter verbessert, weil das wechselseitig positive Bild auf einer – in Abgrenzung zur alltäglichen Interaktion – anderen, weiteren Ebene bestätigt wird. Eine schlechte Führungsbeziehung läuft auf der anderen Seite wiederum akut Gefahr, im gegenseitigen Misstrauen bestätigt und gefestigt zu werden. Denn wenn es nicht gelingt, die Gegensätzlichkeit der jeweiligen Wirklichkeitskonstruktionen zu reflektieren, interpretieren beide die Feedbackbemühungen des jeweils anderen als Farce und damit als pure Bestätigung ihrer interpunktierenden Sicht auf Ursache und Wirkung im Interaktionsverlauf.[48] Ein solches Gespräch hätte sein Ziel damit eindeutig verfehlt. Abbildung 37 veranschaulicht diese These der verstärkenden Wirkung institutionalisierter Feedbackinstrumente auf (unreflektierte) Wirklichkeitskonstruktionen der Interaktionspartner.[49] Sie zeigt außerdem, dass dieser stabilisierende Effekt als umso stärker angenommen werden kann, je größer das gegenseitige Misstrauen (Vertrauen) im Vorfeld des Gesprächs bereits ist:

---

[47] Vgl. beispielsweise Weibler 2001, S. 356 f.; ferner auch Stock-Homburg 2008, S. 297 ff.

[48] Beide befragten Personalberater sind der Ansicht, dass Führungsgespräche oft eine „reine Farce" (PB1, Z. 21) sind, weil kein ehrliches Feedback gegeben wird und die Reflexion der Führungsbeziehung damit praktisch unmöglich ist.

[49] Das folgende Zitat des Personalberater unterstreicht diese These zusätzlich: „Wenn die Führungskraft an sich eine extrem diktatorische Art hat, dann sagt auch [...] keiner seine Meinung. Wenn aber da die Führungskraft ein bisschen was taugt, dann ist die eben nicht so und [...] dann glaube ich kommt [...] da auch was raus." (PB2, Z. 059). Diese Aussage thematisiert nur das Verhalten der Führungskraft als Bedingung dafür, ob das Feedbackinstrument Erfolg haben kann. Vor dem Hintergrund des interaktiven Führungsverständnisses lässt sie sich jedoch ohne Weiteres auf die Beziehung übertragen.

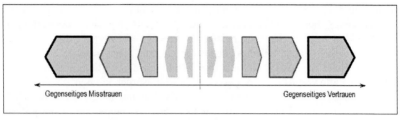

Abbildung 37: Verstärkende Wirkung institutionalisierter Feedbackinstrumente
(Quelle: eigene Darstellung)

Im Falle vertrauensvoller Führungsbeziehungen ist die Reflexion der Wirklichkeitskonstruktionen also im Grunde nicht notwendig, damit das Feedbackinstrument sein Ziel der Verbesserung der Beziehung erreicht. Unabhängig vom konkreten Inhalt besitzt allein schon seine Existenz vertrauensfördernde Wirkung. Im Falle einer Führungsbeziehung, die durch Abusive Supervision gekennzeichnet ist, *muss* dagegen die Beziehung auf Systemebene reflektiert werden, damit überhaupt erst die Möglichkeit einer Verbesserung der Beziehung geschaffen wird. Homburg und Stock geben daher auch als wesentliche Erfolgsvoraussetzung institutionalisierter Feedbackinstrumente an, dass das Verhältnis zwischen Führungskraft und Mitarbeiter nicht grundlegend gestört sein darf.[50] Sie präzisieren diese Voraussetzung dahingehend, dass beide die Beurteilung nicht als Angriff sehen dürfen und gleichzeitig in der Lage sein müssen, Kritik in konstruktiver Weise zu üben. Vor dem Hintergrund der hier geführten Diskussion kristallisiert sich damit das folgende Paradox heraus: Die Führungsbeziehung soll verbessert werden, darf aber gegenwärtig nicht allzu schlecht sein, weil sie sonst nicht verbessert werden könnte (im Gegenteil, sie würde verschlimmert werden). Wenn sie dagegen bereits gut ist, benötigt sie den institutionalisierten Rahmen im Grunde nicht zu ihrer Stabilisierung, beziehungsweise Verbesserung.

Auflösen lässt sich dieses Paradox nur, wenn die (erfolgreiche) Reflexion der jeweiligen Willkür der Interpunktion und das Aufdecken der daraus resultierenden Interaktionsregeln als notwendige Bedingungen des Feedbackprozesses verstanden werden. Erst dann können Führungsbeziehungen, die durch Abusive Supervision gekennzeichnet sind, verbessert werden. Trotz der zugegebenermaßen vereinfachenden schwarz/weiß-Perspektive guter und schlechter Führungsbeziehungen wird hier unmittelbar deutlich, dass nicht nur die individuellen Wahrnehmungen Gegenstand des Feedbackprozesses sein sollten. Zusätzlich *müssen* die dahinterliegenden Wirklichkeitskonstruktionen – oder anders ausgedrückt: die individuellen Erwartungsstrukturen – zum Reflexionsgegenstand gemacht werden, um einerseits die dokumentierten Wahrnehmungen überhaupt

---

[50] Vgl. Homburg & Stock 2000, S. 110.

E Implikationen

interpretieren zu können und andererseits die notwendige Reflexion der Kommunikation auf der Ebene des Interaktionssystems zu ermöglichen. Weiter zugespitzt könnte sogar die These vertreten werden, dass nicht die Wahrnehmung des Verhaltens, sondern nur ihre Metaebene der individuellen wahrnehmungsleitenden Strukturen Gegenstand des Feedbackprozesses sein sollte. In der Praxis ist jedoch nur der indirekte Weg realisierbar: Über die Erfassung der individuellen Wahrnehmungen können die dahinterliegenden Erwartungsstrukturen einer Interpretation zugänglich gemacht werden. Der direkte Zugang zum psychischen System ist schließlich – wie gesagt – nicht möglich.[51]

Vor diesem Hintergrund kann nun die „Gretchenfrage" bearbeitet werden, wie die notwendige Reflexion sowohl der individuellen Erwartungsstrukturen, als auch der gemeinsamen Interaktionsregeln erreicht werden kann, um anschließend Veränderungsimpulse anzustoßen. Die je individuelle Erfassung durch getrennte Mitarbeiter- und Vorgesetztenbeurteilung scheidet dazu aus, denn sie dient durch ihre Einseitigkeit letztendlich nur der Dokumentation und Festigung der je eigenen Sicht der Dinge, ohne dass eine Veränderung oder Verbesserung erreicht werden könnte. Ein Blick über den sprichwörtlichen Tellerrand wird damit von vornherein verhindert. Ferner scheinen standardisierte, geschlossene Fragen, die die individuelle Verhaltenswahrnehmung erfassen, ungeeignet,[52] weil sie einerseits die Komplexität der zu erfassenden Realität zwangsläufig soweit reduzieren, dass keine individuellen Rückschlüsse auf die Erwartungen zugelassen werden. Andererseits blenden auch sie den interaktiven Charakter der Führungsbeziehung schlichtweg aus. Darüber hinaus sind standardisierte Fragen mit diversen potentiellen Fehlerquellen behaftet, die systematische Verzerrungseffekte generieren können.[53] Sowohl die einseitige Befragung, als auch die standardisierte Befragung sind also im Falle von Abusive Supervision ungeeignet, um die Interaktion reflektieren und daraufhin verbessern zu können. Die folgende Abbildung differenziert die verschiedenen Formen institutionalisierter Feedbackinstrumente anhand dieser beiden Dimensionen:

---

[51] Vgl. Abschnitt 2.1 in Kapitel C.
[52] So können typische Einschätzungsfragen wie „Ich erhalte regelmäßig Feedback, das mir hilft, meine Leistungen zu verbessern" (Hey 2006, S. 67) oder „Wie schätzen Sie insgesamt das Führungsverhalten Ihres Vorgesetzten ein?" (Schaaf 2006, S. 126) zwar die subjektive Wahrnehmung erfassen, die dahinter liegende Wirklichkeitskonstruktion bleibt jedoch im Dunkeln.
[53] Vgl. stellvertretend für die vielfältige Literatur zu den Fehlerquellen standardisierter (Mitarbeiter- oder Vorgesetzten-)Befragungen Domsch 1992, Sp. 1639; Stock-Homburg 2008, S. 302 ff.; Weibler 2001, S. 353.

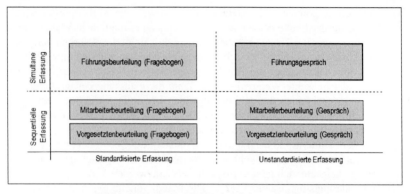

Abbildung 38: Formen institutionalisierten Feedbacks
(Quelle: eigene Darstellung)

Auf der einen Seite blenden sequentielle Methoden gegenseitiger Einschätzung die Interaktivität von Führung aus und sind insofern von einseitiger Natur. Auf der anderen Seite versperren standardisierte Methoden den Blick auf die individuellen Hintergründe der Kommunikation zwischen Führungskraft und Mitarbeiter. Damit besitzt nur das *Führungsgespräch* als simultanes Feedbackinstrument die Möglichkeit der Reflexion der Spielregeln der Interaktion.[54] Damit ein solches Gespräch erfolgreich im Sinne der Verbesserung der Führungsbeziehung sein kann, müssen zunächst beide Interaktionspartner, trotz ihrer festen Überzeugung im (alleinigen) Recht zu sein, die innere Bereitschaft zu einem solchen Gespräch besitzen. Bereits im Vorfeld des Gesprächs muss also auf beiden Seiten die Absicht bestehen, die Beziehung zu reflektieren und zu verbessern.[55] Ohne diese Absicht wäre die Dysfunktionalität eines solchen, von der formalen Organisation vorgeregelten Gesprächs vorprogrammiert. Besteht hingegen diese Absicht, ist sie in der Regel „auf sehr dünnem Eis gebaut", denn im Falle von Abusive Supervision wird insbesondere der Mitarbeiter – trotz aller guten Vorsätze – mit aus seiner Sicht gut begründeter Skepsis in ein solches Gespräch gehen. Auch die Führungskraft wird im Falle ultra-stabiler Erwartungsstrukturen geneigt sein, die Aussagen des Mitarbeiters als Bestätigung der eigenen (negativen) Erwartungen auszudeuten. Kurzum: Ein Führungsgespräch läuft Gefahr, zur bloßen Fortsetzung der alltäglichen Interaktion zu werden. Diese Gefahr ist nicht zuletzt auch daraus begründet, dass die alltägliche (und aus organisationa-

---

[54] Auch wenn in der Praxis der Begriff des Führungsgespräches in verschiedene Richtungen ausgelegt wird, sei er aus Gründen der Klarheit hier in der klassifizierten Weise definiert.
[55] Steinmann und Schreyögg weisen hier auch auf die Notwendigkeit einer „entsprechenden Unternehmens- und Führungskultur" (Steinmann & Schreyögg 2005, S. 817) hin, ohne die keine positiven Wirkungen entfaltet werden könnten. Vgl. ferner auch Weibler 2001, S. 359.

ler Sicht auch notwendige) Asymmetrie der Beziehung mit in das Gespräch genommen wird. Ein gemeinsames und vor allem gleichberechtigtes Reflektieren der Erwartungsstrukturen und der Blick auf die symmetrische Ebene ihrer Kommunikation wird damit ungemein erschwert, im Falle von Abusive Supervision vielleicht sogar gänzlich verhindert. Die Konsequenz daraus ist, dass eine unabhängige Moderation des Gesprächs notwendig erscheint.[56] In der Praxis kommen sowohl interne Moderatoren (in der Regel aus der Personalabteilung), als auch unternehmensexterne Moderatoren zum Einsatz.

Der Moderation kann vor diesem Hintergrund die Schlüsselrolle in Bezug auf die Erfolgsaussichten von Führungsgesprächen zugeschrieben werden. Sie soll daher an dieser Stelle etwas detaillierter analysiert werden. Die Moderation muss die versteckten und möglicherweise in langfristigen Versuchs- und Irrtumsprozessen stabilisierten Regeln der Interaktion aufdecken und Veränderungsimpulse in das System bringen, ohne dabei die individuellen Perspektiven kontraproduktiv zu bestätigen und zu stärken. Um dies leisten zu können, muss sie zunächst einmal eine geschützte Atmosphäre schaffen, in der ihr beide Konfliktparteien ein gewisses Maß an Vertrauen entgegenbringen. Im Fall von Abusive Supervision ist dies eine besondere Herausforderung, weil der Moderator von beiden als potentieller Verbündeter der Gegenseite betrachtet werden kann. Darüber hinaus muss der Moderator dafür Sorge tragen, dass die formale Asymmetrie der Beziehung nicht den Gesprächsverlauf bestimmt, denn ansonsten bestünde die bereits angesprochene Gefahr, dass der Mitarbeiter das Führungsgespräch als weitere Machtdemonstration der Führungskraft interpretiert und die Führungskraft wiederum die Passivität des Mitarbeiters beklagt. Wenn diese Rahmenbedingungen des Gesprächs gegeben sind, beginnt die eigentliche Arbeit des Moderators. Seine Rolle ist in diesem Moment vergleichbar mit der des im vorangestellten Abschnitt diskutierten Sozialforschers. Es geht zunächst darum, die Spielregeln aufzudecken. Hier bietet sich das oben beschriebene, zirkuläre Fragen als Methode an.[57] Nach einigen einführenden Fragen, die die jeweiligen Erwartungen der Gesprächspartner an das Führungsgespräch selbst betreffen, würde das jeweilige Verhalten, die dahinter liegenden Wirklichkeitskonstruktionen und die Beziehung adressiert werden. Die folgenden Fragen können als Beispiele verstanden werden:

(1) Was glauben Sie, mit welchem Gefühl verlässt Ihr Mitarbeiter (Ihr Vorgesetzter) abends seinen Arbeitsplatz?

---

[56] Darauf weist auch der Personalberater hin: Ein Führungsgespräch kann nach seiner Auffassung nur erfolgreich sein, „wenn es gut moderiert ist, wenn die [Mitarbeiter] Vertrauen haben zu der moderierenden Partei" (PB2, Z. 055).
[57] Vgl. Schlippe & Schweitzer 2010, S. 40 ff.; Selvini Palazzoli et al. 1981; Simon & Rech-Simon 2004; Stierling 1997, S. 90 ff.

(2) Wenn Sie beide für eine Woche die Rollen tauschen würden, wie würde sich Ihr Mitarbeiter (Ihr Vorgesetzter) Ihnen gegenüber verhalten? Was würde er von Ihnen erwarten?

(3) Wenn Sie sich vorstellen, das Verhalten Ihres Mitarbeiters wäre eine Form von Protest, wogegen richtete sich dieser Protest Ihrer Ansicht nach?

Die Gesprächspartner werden durch diese Fragen in die Lage versetzt, das Interaktionsgeschehen aus den Augen des anderen zu sehen, wohlgemerkt aber von den eigenen Wirklichkeitskonstruktionen ausgehend. Die verbalen und vor allem non-verbalen Reaktionen des Nicht-Antwortenden sind dabei von entscheidender Bedeutung für die Aufdeckung der gegensätzlichen Interpunktionen. Im Laufe des Gespräches wird den Teilnehmern auf diese Art zunehmend die Möglichkeit gegeben, „sich selbst als Teil von immer wieder ähnlich ablaufenden Kreisläufen sehen können"[58]. Die typischen Verhaltensweisen und Interaktionsregeln werden in diesem Prozess immer plastischer. Der Moderator eines Führungsgespräches hat nun – im Gegensatz zum empirischen Sozialforscher – die Aufgabe, neben der Reflexion der Beziehungsebene auch Verbesserungsimpulse zu geben. Dies kann über die oben bereits erwähnten Fragen zur *Möglichkeitskonstruktion* erreicht werden. Es geht darum, alternative Wirklichkeitskonstruktionen anzubieten und zur Diskussion zu stellen.[59] So könnten hypothetische Fragen in die Vergangenheit gerichtet sein („Angenommen, Sie könnten an den Beginn der Führungsbeziehung zurückkehren, was würden Sie anders machen?") oder aber auch in die Zukunft („Angenommen alles liefe wie bisher, wie würde Ihre Führungsbeziehung in fünf Jahren aussehen?"). Darüber hinaus könnten lösungsorientierte Fragen beispielsweise auf Ausnahmen vom Problem hinweisen („Gibt es Situationen, in denen Sie Ihre Beziehung als normal bezeichnen würden? Was unterscheidet diese Situationen von anderen Situationen?"). Wenn Abusive Supervision als Interaktionsmuster scheinbar die Beziehung vollumfänglich beherrscht und von solchen Ausnahmesituationen nicht berichtet werden kann, bietet es sich an, sogenannte „Wunderfragen"[60] zu stellen:

(1) Wenn ein Wunder Ihre Führungsbeziehung über Nacht heilen würde, woran würden Sie das merken?

(2) Wer würde das Wunder als erster erkennen? Woran?

(3) Was würden Sie anders machen?

---

[58] Schlippe & Schweitzer 2010, S. 55.
[59] Vgl. hierzu Schlippe & Schweitzer 2010, S. 56 ff.
[60] Schlippe & Schweitzer 2010, S. 59.

E Implikationen

(4) Wie sähe die Beziehung einen Monat nach dem Wunder aus?

Ziel jeglicher Intervention des Moderators ist es – um dies zusammenzufassen – die Gegensätzlichkeit der individuellen Wirklichkeitskonstruktionen in Frage zu stellen und den sich wechselseitig stabilisierenden Kreislauf zu durchbrechen. Neben dem Anbieten von Möglichkeitskonstruktionen kann dies auch durch aktives *Reframing*[61] des Moderators erreicht werden. Hier lässt sich der Moderator von einer typischen, als negativ empfundenen Situation berichten und setzt sie in einen anderen Kontext, gibt ihr eine neue Bedeutung oder trennt das wahrgenommene Verhalten inhaltlich von den dahinter liegenden „guten Absichten".[62]

Abgesehen von der inhaltlichen Ausgestaltung von Führungsgesprächen gibt es neben der Notwendigkeit eines unabhängigen Moderators weitere Implikationen, die sich auf die Rahmenbedingungen solcher Gespräche beziehen. Im ersten Teil dieses Kapitels wurde herausgearbeitet, dass Abusive Supervision kein Phänomen ist, das über Nacht die Führungsbeziehung wie ein Parasit befällt.[63] Im Gegenteil, Abusive Supervision ist ein Phänomen, das prozesshaft entsteht und im Laufe der fortgesetzten Interaktion immer mehr an Stabilität gewinnt. Es überrascht daher nicht, dass die Erfolgsaussichten von Führungsgesprächen umso geringer sind, je weiter der Entstehungsprozess bereits fortgeschritten ist: Je verkrusteter die individuellen Erwartungsstrukturen sind, desto schwerer fällt es dem Individuum, sich auf alternative Erklärungen wahrgenommener Interaktionsergebnisse einzulassen. Dieser Aspekt gewinnt an Relevanz, wenn man bedenkt, dass jene Mitarbeiter, die sich subjektiv feindseligem Verhalten ausgesetzt sehen, unglücklicherweise nur in seltenen Fällen unmittelbar darauf hinweisen. Stattdessen wählen die meisten eine passive Form des Umgangs,[64] was wiederum die Erwartungen der Führungskräfte bestätigt und zu weiteren feindseligen Verhaltensweisen führt. Es kommt also zumeist nicht unmittelbar zum offenen Konflikt, der ein automatisches Eingreifen institutionalisierter Schlichtungsmechanismen (Betriebsrat, Sozialberatung, etc.) zur Folge hätte. Stattdessen stabilisiert sich Abusive Supervision sozusagen unter der Oberfläche der täglichen Führungsinteraktion – „manche fressen es jahrelang in sich hinein"[65] – und erst, wenn sich andere Symptome einstellen (Krankheit, Leistungsabfall, etc.), tritt das eigentliche Problem ans Tageslicht. Führungsgespräche sollten also – um diese Argumentation zu kanalisieren – nicht erst dann stattfinden, wenn das sprichwörtliche Kind bereits in den Brunnen gefallen ist, denn dann bleibt oftmals nur noch die eigentlich unerwünschte Lösung der Auflösung der

---

[61] Vgl. zum Begriff und zur Technik Schlippe & Schweitzer 2010, S. 76 ff.
[62] Vgl. Schlippe & Schweitzer 2010, S. 80.
[63] Vgl. insbesondere Abschnitt 1.2 in diesem Kapitel.
[64] Vgl. Abschnitt 2.2 in Kapitel A.
[65] BR, Z. 032.

Führungsbeziehung.[66] Die folgende schematische Abbildung visualisiert diese Überlegung:

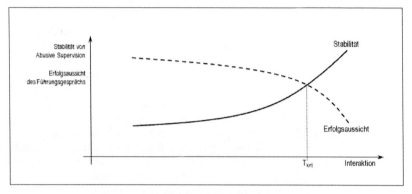

Abbildung 39: Erfolgsaussicht von Führungsgesprächen
(Quelle: eigene Darstellung)

Abbildung 39[67] zeigt die zunehmende Stabilität von Abusive Supervision als Interaktionsmuster im Zeitablauf. Außerdem sind die im Zeitablauf sinkenden Erfolgsaussichten von Führungsgesprächen dargestellt. Die Abbildung zeigt auch – und darauf kommt es hier an – einen kritischen Punkt (T_{krit}), ab dem die Stabilität des Interaktionsmusters die Erfolgswahrscheinlichkeit einer potentiellen Veränderung übersteigt. Ab diesem Zeitpunkt bleibt meist nur noch die Auflösung der Führungsbeziehung als Lösung. Da Abusive Supervision in der Praxis oft erst *nach* Überschreiten dieses kritischen Punktes von sich aus an die Oberfläche tritt, ergibt sich ein konkreter Handlungsbedarf auf Seiten der Organisation.[68] Führungsbeziehungen sollten von Beginn an regelmäßigen Reflexionsprozessen unterzogen werden, denn auf diese Weise kann der Entwicklung diametral entgegengesetzter Wirklichkeitskonstruktionen von Anfang an konstruktiv entgegengewirkt werden. Vor dem Hintergrund der (konzeptionellen) Ergebnisse dieser Arbeit, ließe sich sogar die zunächst widersinnig anmutende Empfehlung aussprechen, *jede* Führungsbeziehung mit einem Führungsgespräch

---

[66] So berichtete es auch der Betriebsrat.
[67] Es sei an dieser Stelle ausdrücklich darauf hingewiesen, dass diese Abbildung keinen mathematischen Zusammenhang darstellen soll. Es geht hier einzig um die Verdeutlichung der Brisanz des Zeitpunktes eines Führungsgespräches.
[68] Es sei denn, die Organisation nimmt das regelmäßige Scheitern von Führungsbeziehungen billigend in Kauf.

beginnen zu lassen.[69] Zwar gäbe es zu diesem Zeitpunkt noch keine gemeinsame Führungsgeschichte, die reflektiert werden könnte, aber es gäbe bereits individuelle Erwartungen, gespeist durch implizite Theorien, frühere Erfahrungen und den wahrgenommenen organisationalen Kontext. Ein Führungsgespräch könnte diese Erwartungen der gemeinsamen Reflexion sozusagen auf einer unbelasteten Basis zugänglich machen. Gegebenenfalls könnte das Potential zur Stabilisierung gegensätzlicher Wirklichkeitskonstruktionen auch durch standardisierte Methoden erfasst werden.

Zusammenfassend kann festgehalten werden, dass ein organisationales Feedbackinstrument sein Ziel der Verbesserung der Führungsbeziehung im Falle von Abusive Supervision nur erreichen kann, wenn es simultan in beide Richtungen arbeitet und dabei nicht standardisiert ist. Ein solches Instrument wurde hier als Führungsgespräch bezeichnet; seine Erfolgswahrscheinlichkeit ist umso höher, je früher es zum Einsatz kommt. Führungsgespräche sollten daher regelmäßig in nicht zu langen Abständen stattfinden. Ein weiterer Weg, der Entstehung von Abusive Supervision als Interaktionsmuster vorzubeugen, führt über die im folgenden Abschnitt zu diskutierende Ausgestaltung von Führungstrainings.

2.2. Implikationen für die Durchführung von Führungstrainings

Einer der zentralen Ausgangspunkte dieser Arbeit war die Erkenntnis, dass die bisherige Führungsforschung ein zumeist einseitiges Führungsverständnis verwendet. Selbst die dezidiert interaktionstheoretischen Theorien messen den tatsächlichen Interaktionsprozessen keine größere Bedeutung bei.[70] Diese Einseitigkeit schlug sich auch auf die Entwicklung korrespondierender Trainingsmethoden nieder: Führungskräfte sollen im von Blake und Mouton entwickelten *Grid-Training*[71] zu 9.9-Führern entwickelt werden, im *Vroom/Yetton-Training*[72] lernen sie, wie sie die Führungssituation systematisch analysieren und in konkretes Verhalten übersetzen können, und das *Fiedlersche Training*[73] empfiehlt, die Situation schlichtweg an die bestehenden Führungspräferenzen anzupassen.[74] Es ist also immer die Führungskraft, die trainiert wird, weswegen solche Trainings traditionellerweise auch Führungs*kräfte*trainings genannt werden. Nimmt man nun die Aussage ernst, Führung sei eine Interaktion, so kommt man zwangsläufig zu dem Schluss, dass auch Mitarbeiter Adressaten von Führungstraining sein können. Diese Arbeit geht noch einen Schritt weiter: Führungskräf-

---

[69] Zugegebenermaßen wäre eine solche Vorgehensweise aus Kostengesichtspunkten mehr als fragwürdig, die sich daraus ergebenden (potentiellen) Vorteile sollen hier dennoch nicht unerwähnt bleiben.
[70] Vgl. den ersten Abschnitt in Kapitel C.
[71] Vgl. Blake & Mouton 1968; 1969.
[72] Vgl. Vroom & Yetton 1973; Vroom 1976.
[73] Vgl. Fiedler et al. 1976; Fiedler & Mai-Dalton 1980.
[74] Diese Liste könnte mit weiteren populären Trainingsansätzen fortgesetzt werden.

te *und* Mitarbeiter sollten Führungstrainings erhalten, denn eine einseitige Konzentration schränkt die Erfolgsmöglichkeiten solcher Trainings unnötig ein. Gerade im Hinblick auf die Prävention negativer Führungsinteraktion sollten sowohl Führungskraft, als auch Mitarbeiter trainiert werden. Diese These wird in einem ersten Schritt zunächst untermauert, bevor im Anschluss konkrete Trainingsmethoden auf inhaltlicher Ebene zumindest knapp diskutiert werden.

Bezugnehmend auf Homan et al.[75] stellten Tepper et al. in ihrem jüngsten Artikel fest, dass „through training, individuals can be encouraged to adopt pro-diversity beliefs and that this in turn, leads to healthier interpersonal processes and superior performance."[76] Führungskräftetrainings sollen also dazu führen, dass Vorgesetzte keinen Mitarbeiter, beispielsweise aufgrund bestehender Vorurteile aus ihren moralischen Überlegungen ausschließen und damit wiederum feindseliges Verhalten verhindern. Auf einer interaktionstheoretisch-konstruktivistischen Folie könnte man dies dahingehend umformulieren, dass Vorgesetzte in Führungstrainings lernen sollen, ihre Wirklichkeitskonstruktion immer nur als eine von vielen möglichen zu begreifen, und dass ihr Verhalten sich unmittelbar aus ihrer individuellen Konstruktion ableitet. Diese Erkenntnis ist tatsächlich ein erster und wichtiger Schritt in Richtung der Prävention von Abusive Supervision – aber es ist eben nur der erste Schritt. Im Extremfall kann Abusive Supervision auch einzig aus Übertragungsprozessen des Mitarbeiters resultieren und dann hilft das beste Vorgesetztentraining nichts, der Mitarbeiter ist in diesem Fall unabhängig vom konkreten Führungsverhalten überzeugt, Opfer feindseligen Führungsverhaltens zu sein.[77] Auch der Mitarbeiter müsste also idealerweise in den Zustand versetzt werden, die Kontingenz seiner eigenen Wirklichkeitskonstruktionen im Blickfeld zu behalten.[78]

Im Rahmen von zeitlich begrenzten Führungstrainings ist dieser besondere Zustand der Aufmerksamkeit und Reflexionsfähigkeit beispielsweise mit Fallstudien- oder Videofilmanalysen relativ leicht kurzfristig herzustellen, ihr Transport in den durch wahrgenommenen Druck gekennzeichneten Führungsalltag gestaltet sich dagegen schon schwieriger. Um dennoch eine nachhaltige Wirkung des Führungstrainings wahrscheinlicher zu machen, bietet es sich an, Trainingsmethoden zu wählen, die ein hohes Maß an Involvement besitzen und reale Führungssituationen simulieren.[79] Vor dem Hintergrund der vorliegenden Arbeit könnte zudem diskutiert werden, ob es nicht sinnvoll wäre, Führungskraft

---

[75] Vgl. Homan et al. 2008.
[76] Tepper et al. 2011, S. 291.
[77] Vgl. zur Diskussion dieser Übertragungsprozesse Abschnitt 1.3.2 in Kapitel D.
[78] Dies ist im Laufe der alltäglichen Interaktion nicht ohne weiteres aufrechtzuerhalten ist, wie Luhmann treffend beschreibt: „Vor der Entscheidung handelt es sich um eine offene Alternative, also auch um offene Kontingenz. Mehrere Entscheidungen, so sagt man jedenfalls, sind möglich. Nach der Entscheidung verdichtet sich die Kontingenz; und man sieht jetzt nur noch, dass die getroffene Entscheidung auch anders möglich gewesen wäre. Die Kontingenz ist dann an einer Entscheidung fixiert" (Luhmann 1993a, S. 291).
[79] Vgl. Stock-Homburg 2008, S. 174.

E Implikationen

und Mitarbeiter *gemeinsam* am Führungstraining teilnehmen zu lassen, natürlich unter der Bedingung, dass die konkrete Beziehungsqualität dies zulässt.[80] Ein Vorteil dieses Vorgehens läge in der Möglichkeit, die Führungsbeziehung in einem eigenen, abgegrenzten und geschützten Raum fortsetzen und dabei ohne den alltäglichen Druck reflektieren zu können. Genau darin liegt aber auch der oben bereits diskutierte, potentielle Nachteil eines gemeinsamen Trainings: Werden die bereits bestehenden Interaktionsmuster nur fortgesetzt und gegebenenfalls sogar weiter gefestigt, verfehlt das Training seinen Zweck. Die Entscheidung für oder gegen ein gemeinsames Training kann an dieser Stelle nicht abschließend getroffen werden, sondern muss vom konkreten Einzelfall abhängig gemacht werden. Stattdessen soll an dieser Stelle das *Rollenspiel* als Trainingsmethode hohen Involvements in seiner (potentiellen) Wirkung etwas näher betrachtet werden.

Rollenspiele stellen konkrete Situationen nach, die in ähnlichen Formen und Ausprägungen auch in der Realität auftreten können.[81] Es geht in ihrer Anwendung nicht um die konkrete Wissensvermittlung, sondern vielmehr um das eigene Erleben. Teilnehmer sollen in die Lage versetzt werden, sich anderen Standpunkten als den unmittelbar eigenen zu öffnen und damit wiederum die Kontingenz der eigenen Perspektive zu erfahren.[82] Rollenspiele bestehen in der Regel aus fünf aufeinander folgenden Phasen.[83] In der ersten Phase werden die allgemeine Spielsituation und die Zielsetzung vom Moderator vorgestellt. In der zweiten Phase werden die spezifischen Rollen vom Moderator vorgestellt. Spätestens in dieser Phase muss auch entschieden werden, wer welche Rolle spielen soll. So kann es durchaus zielführend sein, wenn Führungskraft und Mitarbeiter ihre sonst üblichen Rollen gegeneinander tauschen, beide könnten auf diesem Wege für die Position des anderen sensibilisiert werden. Die Teilnehmer können aber auch eine ihrer normalen Position ähnlichen Rolle spielen, dabei aber ganz andere, vom Spiel vorgegebene Facetten betonen. In der anschließenden, dritten Phase bereiten sich die Teilnehmer auf ihre Rolle und das Spiel vor. Das eigentliche Rollenspiel stellt dann die vierte Phase dar. Den Abschluss bilden die abschließende Auswertung und das Feedback des Moderators. Letzteres sollte dabei in beide Richtungen gegeben werden: Einerseits sollte der Moderator seine (bewerteten) Beobachtungen mitteilen und andererseits sollten auch die Teilnehmer von ihren Erfahrungen und Empfindungen berichten und diese miteinander sowie mit dem Moderator diskutieren.

Rollenspiele werden oftmals eingesetzt, um typische Konfliktsituationen in einer kontrollierten Umgebung nachzuspielen und insofern einzuüben. Der Vorteil gegenüber realen Konflikten besteht darin, dass die damit verbundenen

---

[80] Im Falle ultra-stabiler, dysfunktionaler Interaktionsmuster wären die Erfolgsaussichten wohl eher gering.
[81] Vgl. Stock-Homburg 2008, S. 172.
[82] Vgl. Jung 2006, S. 294.
[83] Vgl. hierzu Petersen 2000, S. 201 f.

Empfindungen und Bedeutungszuschreibungen unmittelbar reflektiert werden können und den vielleicht bereits generalisierten Erwartungen auf diesem Wege überraschende Alternativen gegenübergestellt werden. Inwieweit das tatsächlich gelingt, hängt wie auch schon im Falle des Führungsgesprächs von der Qualität des Moderators ab. Unterstützt werden kann die individuelle Verarbeitung zusätzlich durch Coaching-Maßnahmen. So könnten die Erfahrungen mit einem Coach reflektiert oder sogar in Form weiterer, imaginativer Rollenspiele vertieft werden.[84] Gelingt der Blick über den eigenen „Tellerrand" jedoch nicht, so besteht die Gefahr, dass die individuellen Positionen durch die Rollenspiele eine weitere Bestätigung erfahren und damit das Gegenteil des eigentlichen Ziels der Perspektivenerweiterung erreicht wird. Ferner wird auch die möglicherweise mangelnde Identifikation mit der jeweiligen Rolle als Wirkungshemmnis diskutiert.[85] Teilnehmer erleben ihre gespielte Rolle dann als „unrealistisch" und verhindern damit jeglichen Transfer auf ihr tatsächliches Rollenverhalten. Rollenspiele dürfen also keinesfalls als Allheilmittel missverstanden werden, ihr Einsatz ist mindestens neben der Moderationsqualität insbesondere an die Bedingung geknüpft, dass die Teilnehmer Fähigkeit und Willen haben, sich in gedanklich in andere Positionen hineinzuversetzen.

An dieser Stelle sei darauf verzichtet, die Methode des Rollenspiels oder auch andere Trainingsmethoden weiter zu vertiefen. Stattdessen sei festgehalten, dass Führungstrainings nicht nur von Führungskräften absolviert werden sollten, sondern auch die Mitarbeiter auf ihre konkrete Rolle vorbereitet werden müssen. In Rollenspielen werden auf spielerischem Wege Möglichkeiten eröffnet, sich in die Position des Gegenübers hineinzuversetzen, eine Fähigkeit, die der Entstehung von Abusive Supervision kompensierend entgegenwirken kann. Mitarbeiter wie auch Führungskraft haben durch diese Fähigkeit die Möglichkeit, wahrgenommene Interaktionsergebnisse in positiver Weise umzudeuten und den selbstverstärkenden Prozess zu unterbrechen. Wie bereits in Bezug auf das Führungsgespräch diskutiert, sind auch Trainingsmaßnahmen umso erfolgsversprechender, je früher sie zum (regelmäßigen) Einsatz kommen. Abschließend sei noch angemerkt, dass Training und Gespräch nicht als sich gegenseitig exkludierende Alternativen verstanden werden sollen. Im Gegenteil, beide sollten im „Kampf" gegen Abusive Supervision ihren Einsatz finden und das gegebenenfalls sogar in kombinierter Form.

---

[84] Vgl. hierzu Schreyögg 1995, S. 258 ff.
[85] Vgl. Berthel & Becker 2007, S. 408.

Schlussbetrachtung

Die gesamte Führungsforschung befindet sich in einer Krise und sie muss sich zu ganz neuen Ufern aufmachen, wenn sie diese Krise auch nur ansatzweise überwinden will – mit diesem oder ganz ähnlichen Generalargumenten legitimieren sich viele der aktuelleren wissenschaftlichen Arbeiten über Führung.[1] Die vorliegende Arbeit fällt deutlich aus diesem Rahmen, indem sie einen viel konkreteren Ansatzpunkt besitzt: Mit Abusive Supervision wurde ein aktuelles, spezifisches Konstrukt der sogenannten dunklen Seite der Führung einer kritischen Reflexion und anschließender Rekonzeptionalisierung unterzogen. Anstatt also die gesamte Führungsforschung konzeptionell reformieren zu wollen und damit zwangsläufig Gefahr zu laufen, am Ende alles und dabei nichts zu sagen, bezog sich diese Arbeit auf eine zwar verhältnismäßig kleine, aber in den letzten Jahren stetig zunehmend diskutierte Nische, die zudem von umso größerer empirischer Relevanz zu sein scheint, wie eingangs dargelegt wurde.

Den Ausgangspunkt der Arbeit bildete die Auswertung explorativer Experteninterviews, die der Eruierung und in erster Linie der Illustration der praktischen Relevanz von Abusive Supervision dienten (*Kapitel A*). Hier konnte gezeigt werden, dass es sich – korrespondierend mit Angaben Teppers zur Verbreitung von Abusive Supervision – um ein relevantes organisationales Phänomen handelt, wobei sich die Relevanz auf die Dimensionen der Breite, Tiefe und Dauer bezieht. Die Experteninterviews haben ferner bestätigt, dass es sich bei Abusive Supervision um ein hochgradig subjektives und sozial komplexes Phänomen handelt. So lässt sich seine prozesshafte Entstehung den Experten zufolge nicht kausal rekonstruieren, denn zu viele Variablen besitzen Einfluss darauf. Nicht zuletzt speist sich die Komplexität des Phänomens aus der wechselseitigen, zirkulären Dynamik der Führungsinteraktion. Nachdem in diesem einführenden Kapitel die Aktualität und Brisanz von Abusive Supervision im Hinblick auf Dynamik, Komplexität und Subjektivität belegt werden konnte, wurde im Anschluss der Frage nachgegangen, inwieweit die aktuelle Debatte eben diesen Charakteristika gerecht zu werden vermag (*Kapitel B*). Dazu wurden in einem ersten Schritt all jene Strömungen der Führungsforschung resümiert, die explizit die Schattenseiten der Führung beleuchten, um wiederum Abusive Supervision in diesem zwischenzeitlich recht breiten Feld systematisch verorten zu können. Im Anschluss wurde die Debatte selbst rekonstruiert. Empirische Ergebnisse wurden im Detail dargestellt, bevor jene Arbeiten einer kritischen Reflexion unterzogen wurden, die sich explizit mit dem Entstehungsprozess von Abusive Supervision beschäftigen (*Kapitel B.2*). Auf diese Weise konnten die Schwä-

---

[1] Zuletzt Lührmann 2006, S. 341; genauso Müller 1981, S. 177; Schettgen 1991, S. 12; zusammenfassend auch Meyer 2000.

chen der bisherigen Forschung deutlich herausgearbeitet werden: Abusive Supervision wird dort durchgängig als Führungs*stil* begriffen, dessen Wirkung von verschiedenen, situativen Variablen wie etwa die von der Führungskraft wahrgenommene, organisationale Ungerechtigkeit moderiert wird. Die hypothesierten Modelle unterstellen durchweg eine mono-kausale, lineare Wirkungsstruktur und werden damit der zirkulären Dynamik der Führungsinteraktion nicht gerecht (was sich nicht zuletzt auch in ihren geringen erklärten Varianzen widerspiegelt). Die damit einhergehende, vordefinierte Verschreibung von Opfer- und Täterrollen entlarvt daneben die Einseitigkeit der bislang üblichen Konzeption. So dient Teppers 15-Item-Messinstrument ausschließlich der Erfassung beispielhafter, feindseliger Verhaltensweisen der Führungskraft und ihrer Häufigkeit. Dem Mitarbeiter wird – abgesehen von seiner subjektiven Wahrnehmung von Abusive Supervision – keine (aktive) Rolle im Führungsgeschehen zugestanden. Die in Kapitel A exemplarisch aufgezeigten individuellen Umgangsstrategien mit der Wahrnehmung feindseligen Führungsverhaltens werden in der bisherigen Debatte damit schlichtweg abgeschnitten. Ihnen wird keine Rückwirkung auf anschließendes Führungsverhalten beziehungsweise auf die zukünftige Führungsinteraktion zugestanden. Zusammengefasst bewegen sich die Forschungslücken der Debatte in erster Linie auf konzeptioneller Ebene. Eine Verfeinerung empirischer Methodik im Fahrwasser der bisherigen Konzeptionalisierung würde wenig Erkenntnisfortschritt versprechen. Will man also Abusive Supervision konzeptionell adäquat(er) fassen, kommt man nicht umhin, die *Interaktion* zwischen Führungskraft und Mitarbeiter in den Mittelpunkt der Analyse zu stellen. Spätestens an diesem Punkt der Argumentation war der dringende Bedarf an einer Rekonzeptionalisierung von Abusive Supervision nicht mehr zu übersehen und die rein konzeptionelle Ausrichtung dieser Arbeit begründet.

Im Anschluss wurden zunächst jene Führungstheorien, die sich selbst als dezidiert interaktionstheoretisch verstehen, daraufhin befragt, inwieweit sie die Prozessualität und Dynamik auf der Mikroebene der Führungsinteraktion fassen können. Da dies weder die kognitiven Theorien aufgrund ihrer Einseitigkeit, die Austauschtheorien aufgrund ihrer Trivialisierung der Interaktion, noch die dyadische Identitätstheorie aufgrund ihres Allgemeinheitsgrades vollumfänglich leisten können, zeichnete sich der Bedarf an der Erarbeitung und Bereitstellung theoretischer Grundlagen ab (*Kapitel C.1.4*). Konstruktivistische Überlegungen und die daran anknüpfende Systemtheorie Luhmanns bildeten das geeignete Fundament, machen sie doch einerseits die Analyse der jeder Wahrnehmung innewohnenden Subjektivität – es gibt keine Beobachtung ohne Beobachter – und andererseits die Betrachtung des übergeordneten, sozialen Systems der Interaktion in seiner Entwicklung möglich. Führung ist soziale Interaktion und die wiederum ist als solche zwangsläufig durch das Problem doppelter Kontingenz gekennzeichnet. Individuelle Erwartungen erlauben vor diesem Hintergrund anschlussfähige Kommunikation (genauer gesagt die Selektionen von Mitteilung,

Information und Verstehen) und stehen daher im Mittelpunkt der in *Kapitel D* schrittweise erarbeiteten Rekonzeptionalisierung von Abusive Supervision als Muster der Führungsinteraktion.

Individuelle Erwartungen besitzen einerseits die Funktion der Interpretation wahrgenommenen Verhaltens und andererseits die Funktion der Selektion eigenen, insofern reaktiven Verhaltens und beziehen sich sowohl auf die Inhalts-, als auch die Beziehungsebene der Kommunikation. Inhaltlich bestimmt werden sie durch implizite Führungs-/Geführtentheorien, konkrete frühere Erfahrungen mit anderen Interaktionspartnern sowie dem wahrgenommenen formalen und informalen organisationalen Kontext. Sie werden aber auch – und das war der entscheidende Schritt in der sukzessiven Rekonzeptionalisierung – von der Interaktion selbst im Fortlauf der Führungsbeziehung beeinflusst (*Kapitel C.2*). Erwartungen stabilisieren und generalisieren sich im Fortlauf der Interaktion, Führungskraft und Mitarbeiter lernen sich kennen, das Interaktionssystem gewinnt an Struktur und Stabilität. „Spielregeln" der Interaktion sedimentieren und stabilisieren sich zunehmend. „Gesunde" Interaktionssysteme besitzen jedoch trotz aller homöostatischen Tendenz immer noch eine hinreichende Fähigkeit zur Veränderung. Ultra-stabile Systeme – dieser Begriff wurde hier eingeführt – verlieren diese Fähigkeit zunehmend und sind irgendwann nur noch auf die Reproduktion ihrer (möglicherweise pathologischen) Interaktionsmuster programmiert.

In ständigem Dialog mit diesen konzeptionellen Überlegungen wurde Abusive Supervision als ultra-stabiles Interaktionsmuster rekonzeptionalisiert, das – einmal etabliert – jede Interpretation wahrgenommenen Verhaltens auf der Beziehungsebene der Kommunikation reguliert. Seine Entstehung verläuft auf der hier vorgeschlagenen konzeptionellen Folie prozesshaft, beginnend mit der ersten Kategorisierung wahrgenommenen Führungsverhaltens als feindselig. Situationsübergreifende Wahrnehmungskonsistenz trägt zur Generalisierung der korrespondierenden Erwartungen bei und bestimmt damit auch immer mehr das Verhalten des Mitarbeiters. Der gleiche, erwartungsgeneralisierende Prozess läuft bei situationsübergreifender Ähnlichkeit dieses Verhaltens auch auf Seiten der Führungskraft ab. *Beide* konstruieren die Ursachen ihres eigenen (reaktiven) Handelns im Verhalten des anderen. Diese diametral entgegengesetzte Zuschreibung von Ursache und Wirkung nährt die wechselseitige Stabilisierung der Erwartungsstrukturen in selbstverstärkender (koordinierender) Weise. Auf Ebene des Interaktionssystems bilden sich immer starrer werdende Regeln heraus, die im Zusammenspiel der Interaktion zirkulär entstehen und sich kausal nicht – und das ist der entscheidende Punkt – auf einen der Beteiligten zurückführen lassen. Beide Interaktionspartner sind sozusagen in ihrer je eigenen Wirklichkeitskonstruktion gefangen. Die Struktur des Systems kann nicht aus der fortgesetzten Kommunikation heraus reformiert werden, wenn sich der Zustand der Ultra-Stabilität einmal eingestellt hat. Vor diesem Hintergrund lässt sich schließlich die Persistenz von Abusive Supervision als Interaktionsmuster trotz aller negativen Konsequenzen erklären. Der Entstehungsprozess von Abusive Supervision wird neben den interaktionsendogenen Einflüssen im konkreten Einzelfall auch durch die inner- und außerorganisationale Umwelt beeinflusst (*Kapitel D.3*).

Ihren Abschluss fand diese Arbeit in der Diskussion theoretischer und praktischer Implikationen (*Kapitel E.1 & E.2*), schließlich müssen die hier erarbeiteten Ergebnisse, um wissenschaftlichen Wert entfalten zu können, Anschlussfähigkeit an die korrespondierende Debatte besitzen. Empirische Forschung sollte in erster Linie qualitative Methoden der Beobachtung und Befragung anwenden, wobei sich für letztere insbesondere die Technik des zirkulären Fragens anbietet, um einerseits die Wechselseitigkeit der individuellen Wirklichkeitskonstruktionen herausstellen und andererseits die zum Teil verdeckten und gegebenenfalls sogar verteidigten Spielregeln der Interaktion offenlegen zu können. Für die Praxis bedeutet die Rekonzeptionalisierung von Abusive Supervision als Interaktionsmuster ein notwendiges Überdenken der eingesetzten Feedbackinstrumente sowie der Gestaltung von Weiterbildungs- und Trainingsmaßnahmen. Denn wenn Führung als Interaktion verstanden wird, müssen konsequenterweise sowohl Führungskraft, als auch Mitarbeiter auf diese Interaktion vorbereitet und Reflexionsfähigkeiten gezielt geschult werden. Idealerweise gehen Führungsgespräche und Führungstrainings Hand in Hand.

Trotz aller konzeptionellen Überlegungen und praktischen Implikationen ist Abusive Supervision als Problem mit dem Abschluss dieser Arbeit bei weitem nicht gelöst, ganz im Gegenteil: Die Tragweite erscheint auf der hier vorgeschlagenen, interaktionstheoretischen Folie umso größer und deutlich vielschichtiger. Plötzlich ist nicht mehr nur die Führungskraft für die prekäre Situation verantwortlich, sondern auch dem „betroffenen" Mitarbeiter wird aktives Einflussvermögen zugeschrieben. Es kann also nicht mehr genügen, die Führungskraft zu schulen oder im Extremfall auch auszutauschen, denn die Ursachenbetrachtung von Abusive Supervision wird vom individuellen Führungsverhalten auf die Struktur des Interaktionssystems verlagert. Die vorliegende Arbeit trägt insofern dazu bei, den Blick auf die dunkle Seite der Führung im Allgemeinen und Abusive Supervision im Speziellen zu erweitern und auf eine für die Debatte neue Ebene zu lenken. Sie trägt dazu bei, die mit jeder Führungsbeziehung zwangsläufig einhergehende Komplexität, Dynamik, Prozessualität und Subjektivität adäquater fassen zu können. Sie trägt ferner dazu bei, die konzeptionelle Distanz der Abusive Supervision Debatte zur „modernen" Führungsforschung zu reduzieren, indem sie die Brücke zu einem interaktiven Führungsverständnis schlägt. Sie ist als konzeptionelle Arbeit in ihrem Erkenntnisfortschritt dennoch in erster Linie ein vorbereitender, dabei aber umso wichtigerer, erster Schritt in Richtung eines angemesseneren Verständnisses prekärer Führungsbeziehungen, nämlich jener, die durch veränderungsresistente Interaktionsmuster gekennzeichnet sind.

Anhang – Interviewleitfaden

A. Persönliche Vorstellung und Themeneinstieg

(1) Welche Position haben Sie derzeit im Unternehmen?
(2) Wie sah Ihr Karriereweg dorthin aus?
(3) Beschreiben Sie bitte die Organisationsstruktur, die Ihre Stelle umgibt. (Abteilung, Führungsstruktur, etc.)

(4) Welche spontanen Assoziationen haben Sie zu dem beschriebenen Phänomen?
(5) Ist Ihnen das beschriebene Phänomen in Ihrem Unternehmen begegnet?

B. Relevanz von Abusive Supervision

(1) Was meinen Sie, wie häufig kommen Fälle von Abusive Supervision vor?
(2) Was macht ein Mitarbeiter in Ihrem Unternehmen, wenn er sich diesem Phänomen ausgesetzt sieht?
(3) Gibt es im Unternehmen einen vordefinierten Umgang mit diesem Phänomen?

C. Konkrete Fälle von Abusive Supervision

(1) Können Sie aus Ihrer eigenen Erfahrung einen konkreten Fall beschreiben?
(2) Wie hat sich die Führungsinteraktion in diesem Fall entwickelt?
(3) Gab es einen Auslöser?
(4) Wie sind andere Beteiligte/ Beobachter/ Kollegen etc. damit umgegangen?
(5) Wie haben andere diesen Fall wahrgenommen?
(6) In welchem Bezug stehen/ standen Sie selbst zu diesem Fall?
(7) Welche Konsequenzen haben sich ergeben? Wie endete der Fall?
(8) Gibt es weitere Fälle, von denen Sie berichten können?

D. Entstehung von Abusive Supervision

(1) Was denken Sie sind die Ursachen für die Entstehung von Abusive Supervision?
(2) Wie sehen Sie die Schuldfrage?
(3) Welche Rolle spielt Ihrer Ansicht nach die Organisation/ das Unternehmen?
(4) Gibt es Bedingungen, die die Entstehung von Abusive Supervision begünstigen oder erschweren?

E. Abschlussfrage

(1) Für wie wichtig halten Sie es, dass sich ein Unternehmen, wie das Ihre, mit dem Phänomen „Abusive Supervision" auseinandersetzt?

Literaturverzeichnis

Aasland, S. M./Skogstad, A./Notelaers, G./Nielsen, M. B./Einarsen, S. (2010): The prevalence of destructive leadership behaviour, in: British Academy of Management 21, 438-452.

Abels, H. (2007a): Einführung in die Soziologie - Band I: Der Blick für die Gesellschaft, 3. Aufl., Wiesbaden.

Abels, H. (2007b): Einführung in die Soziologie - Band II: Die Individuen in ihrer Gesellschaft, 3. Aufl., Wiesbaden.

Abels, H. (2007c): Inteaktion, Identität, Präsentation: Kleine Einführung in interpretative Theorien der Soziologie, 4. Aufl., Wiesbaden.

Ackermann, R. (2003): Die Pfadabhängigkeitstheorie als Erklärungsansatz unternehmerischer Entwicklungsprozesse, in: Schreyögg, Georg/Sydow, Jörg (Hrsg.): Managementforschung 13: Strategische Prozesse und Pfade, Wiesbaden, 225-255.

Adams, S. H./John, O. P. (1997): A Hostility Scale for the California Psychological Inventory: MMPI, Observer Q-Sort, and Big-Five Correlates, in: Journal of Personality Assessment 69 (2), 408.

Albach, H. (1989): Eliten in der Demokratie - Jahrbuch 1988 der Akademie der Wissenschaften zu Berlin, Berlin, 219-252.

Allen, D. G. (2006): Do Organizational Socialization Tactics Influence Newcomer Embeddedness and Turnover?, in: Journal of Management 32 (2), 237-256.

Allen, N. J./Meyer, J., P. (1990a): The measurement and antecedents of affective, continuance and normative commitment to the organization, in: Journal of Occupational Psychology 63 (1), 1-18.

Allen, N. J./Meyer, J. P. (1990b): Organizational Socialization Tactics: A Longitudinal Analysis of Links to Newcomers' Commitment and Role Orientation, in: The Academy of Management Journal 33 (4), 847-858.

Andersen, S. M./Baum, A. (1994): Transference in Interpersonal Relations: Inferences and Affect Based on Significant-Other Representations, in: Journal of Personality 62 (4), 459-497.

Andersen, S. M./Chen, S. (2002): The relational self: An interpersonal social-cognitive theory, in: Psychological Review 109 (4), 619-645.

Andersen, S. M./Glassman, N. S./Chen, S./Cole, S. W. (1995): Transference in social perception: The role of chronic accessibility in significant-other representations, in: Journal of Personality and Social Psychology 69 (1), 41-57.

Andersen, S. M./Glassman, N. S./Gold, D. A. (1998): Mental representations of the self, significant others, and nonsignificant others: Structure and processing of private and public aspects, in: Journal of Personality and Social Psychology 75 (4), 845-861.

Andersen, S. M./Reznik, I./Manzella, L. M. (1996): Eliciting facial affect, motivation, and expectancies in transference: Significant-other representations in social relations, in: Journal of Personality and Social Psychology 71 (6), 1108-1129.

Anderson, C. A./Lindsay, J. J. (1998): The development, perseverance, and change of naive theories, in: Social Cognition 16, 8-30.

Archer, D. (1999): Exploring "bullying" culture in the para-military organisation, in: International Journal of Manpower 20 (1), 94-105.

Arthur, W. B. (1989): Competing technologies, increasing returns, and lock-in by historical events, in: Economic Journal 99 (394), 116-131.

Arthur, W. B. (1994)(Hrsg.): Increasing returns and path dependency in the economy, Ann Arbor.

Aryee, S./Chen, Z. X./Sun, L.-Y./Debrah, Y. A. (2007): Antecedents and outcomes of abusive supervision: Test of a trickle-down model, in: Journal of Applied Psychology 92 (1), 191-201.

Aryee, S./Sun, L.-Y./Chen, Z. X. G./Debrah, Y. A. (2008): Abusive supervision and contextual performance: The mediating role of emotional exhaustion and the moderating role of work uni structure, in: Management and Organization Review 4 (3), 393-411.

Ashforth, B. E. (1987): Organizations and the petty tyrant - an exploratory study, Paper presented at the Annual Meeting of the Academy of Management, New Orleans, LA.

Ashforth, B. E. (1994): Petty tyranny in organizations, in: Human Relations 47 (7), 755-778.

Ashforth, B. E. (1997): Petty tyranny in organizations: A preliminary examination of antecedents and consequences, in: Canadian Journal of Administrative Sciences 14 (2), 136-140.

Atteslander, P. (2008): Methoden der empirischen Sozialforschung, Berlin.

Avolio, B. J./Bass, B. M. (1987): Transformational leadership, charisma and beyond, in: Hunt, Jerry G./Baliga, J. R./Dachler, H. Peter/Schriesheim, Chester A. (Hrsg.): Emerging leadership vistas, Lexington.

Backhaus, K. (2008): Multivariate Analysemethoden: Eine anwendungsorientierte Einführung, 12. Aufl., Berlin et al.

Baecker, D. (2005): Form und Formen der Kommunikation, Frankfurt am Main.

Baecker, D. (2009): Die Sache mit der Führung, Wien.

Bamberger, P. A./Bacharach, S. B. (2006): Abusive supervision and subordinate problem drinking: Taking resistance, stress and subordinate personality into account, in: Human Relations 59 (6), 723-752.

Baraldi, C./Corsi, G./Esposito, E. (1997): GLU - Glossar zu Niklas Luhmanns Theorie sozialer Systeme, Frankfurt am Main

Barnard, C. I. (1938): The functions of the executive, Cambridge, Mass.

Baron, R. A./Neuman, J. H. (1996): Workplace violence and workplace aggression: Evidence on their relative frequency and potential causes, in: Aggressive Behavior 22 (3), 161-173.

Baron, R. A./Neuman, J. H./Geddes, D. (1999): Social and personal determinants of workplace aggression: Evidence for the impact of perceived injustice and the type A behavior pattern, in: Aggressive Behavior 25 (4), 281-296.

Barr, S. H./Hitt, M. A. (1986): A comparison of selection decision models in manager versus student samples, in: Personnel Psychology 39 (3), 599-617.

Bass, B. M. (1985): Leadership and performance beyond expectations, New York.

Bass, B. M. (1990): Stogdill's Handbook of leadership: Theory, research and managerial applications, 3. Aufl., New York.

Bass, B. M./Avolio, B. J. (1990): Transformational leadership development - Manual for the Multifactor Leadership Questionnaire, Palo Alto.

Bateson, G. (1979): Mind and nature: A necessary unity, 8. Aufl., New York.

Baumeister, R. F./Smart, L./Boden, J. M. (1996): Relation of threatened egotism to violence and aggression: The dark side of high self-esteem, in: Psychological Review 103 (1), 5-33.

Bennis, W. G./Nanus, B. (1985): Leaders: Strategies for Taking Charge, New York.

Bentz, V. J. (1967): The Sears experience in the investigation, description and prediction of executive behavior, in: Wickert, Frederic R./McFarland, Dalton E. (Hrsg.): Measuring executive effectiveness, New York, 147-206.

Bentz, V. J. (1985a): Research findings from personality assessment of executives, in: Bernardin, John H./Bownas, David A. (Hrsg.): Personality assessment in organization, New York, 82-144.

Bentz, V. J. (1985b): A view of the top: A thirty year perspective of research devoted to the discovery, description and prediction of executive behavior, Paper presented at: Annual convention of the American Psychological Association, Los Angeles, CA

Bergmann, G. (1996): Vorgesetzteneinschätzung durch Mitarbeiter: Konzeption, Verfahren, Feedback, in: Personalführung 29 (1), 40-44.

Berthel, J./Becker, F. G. (2007): Personalmanagement: Grundzüge für die Konzeption betrieblicher Personalarbeit, 8. Aufl., Stuttgart.

Biddle, B., J. (1979): Role theory: Expectations, identities, and behaviors, New York.

Biddle, B., J. (1986): Recent developments in role theory, in: Annual Review of Sociology 12, 67-92.

Blake, R. R./Mouton, J. S. (1968): Corporate excellence through grid organization devolopment, Houston.

Blake, R. R./Mouton, J. S. (1969): Building a dynamic organization through grid organizational development, Reading, Mass.

Blake, R. R./Mouton, J. S. (1985): The managerial grid III, Houston.

Blau, P. M. (1964): Exchange and power in social life, New York.

Blau, P. M./Scott, W. R. (1962): Formal organizations, San Francisco.

Bligh, M. C./Kohles, J. C./Pearce, C. L./Justin, J. E./Stovall, J. F. (2007): When the romance is over: Follower perspectives of a aversive leadership, in: Applied Psychology: An International Review 56 (4), 528-557.

Bogner, A./Menz, W. (2009a): Das theoriegenerierende Experteninterview - Erkenntnisinteresse, Wissensformen, Interaktion, in: Bogner, Alexander/ Littig, Beate/Menz, Wolfgang (Hrsg.): Experteninterviews - Theorien, Methoden, Anwendungsfelder, 3. Aufl., Opladen, 61-98.

Bogner, A./Menz, W. (2009b): Experteninterviews in der qualitativen Sozialforschung - Zur Einführung in eine sich intensivierende Methodendebatte, in: Bogner, Alexander/Littig, Beate/Menz, Wolfgang (Hrsg.): Experteninterviews – Theorien, Methoden, Anwendungsfelder, 3. Aufl., Opladen, 7-31.

Böhm, A. (2007): Theoretisches Codieren: Textanalyse in der Grounded Theory, in: Flick, Uwe/von Kardoff, Ernst/Steinke, Ines (Hrsg.): Qualitative Forschung, 5. Aufl., Reinbek bei Hamburg, 349-360.

Boyatzis, R. E. (1982): The Competent Manager - A Model for Effective Performance, New York.

Brinkmann, R. D. (2002): Mobbing, Bullying, Bossing - Treibjadt am Arbeitsplatz, 2. Aufl., Heidelberg.

Brodsky, C. M. (1976): The harassed worker, Toronto.

Brosius, H.-B./Koschel, F./Haas, A. (2008): Methoden der empirischen Kommunikationsforschung - Eine Einführung, 4. Aufl., Wiesbaden.

Brown, D. J./Lord, R. G. (2001): Leadership and perceiver cognition: Moving beyond first order constructs, in: London, Manuel (Hrsg.): How people evaluate others in groups, London.

Bruner, J. S./Tagiuri, R. (1954): The perception of people, in: Lindzey, Gardner (Hrsg.): Handbook of social psychology, Bd. 2, Cambridge, 634-654.

Bryman, A. (1996): Leadership in Organizations, in: Clegg, Stewart R./Hardy, Cynthia/Nord, Walter R. (Hrsg.): Handbook of Organization Studies, London, 276-292.

Bryman, A. (2004): Qualitative research on leadership - A critical but appreciative review, in: The Leadership Quarterly 15, 729-769.

Burns, J. M. (1978): Leadership, New York.

Burton, J. P./Hoobler, J. M. (2006): Subordinate Self-esteem and abusive supervision, in: Journal of Management Issues 18 (3), 340-355.

Buss, A. H. (1961): The psychology of aggression, New York.

Calás, M. B. (1993): Deconstructing charismatic leadership: Re-reading Weber from the darker side, in: The Leadership Quarterly 4 (3-4), 305-328.

Calder, B. J. (1977): An attribution theory of leadership, in: Staw, Barry M./Salancik, Gerald R. (Hrsg.): New directions in organizational behavior, Chicago, 179-204.

Camerer, C./Vepsalainen, A. (1988): The economic efficiency of corporate culture, in: Strategic Management Journal 9 (22), 115-126.

Campbell, J. P./Dunnette, M. D./Lawler, E. E. I./Weick, K. E. J. (1970): Managerial Behavior, Performance, and Effectiveness, New York.

Campbell, W. K./Hoffman, B. J./Campbell, S. M./Marchiso, G. (2010): Narcissism in organizational contexts, in: Human Resource Management Review (im Druck).

Cashman, J. F./Dansereau, F./Graen, G. B./Haga, W. J. (1976): Organizational understructure and leadership: A longitudinal investigation of role-making process, in: Organizational Behavior and Human Decision Processes 15 (2), 278-296.

Chatterjee, A./Hambrick, D. C. (2007): It's all about me: Narcissistic chief executive officers and their effects on company strategy and performance, in: Administrative Science Quarterly 52 (3), 351-386.

Chemers, M. M. (1997): An integrative theory of leadership, Mahwah.

Chen, S. (2001): The role of theories in mental representations and their use in social perception: A theory-based approach to significant-other representations and transference, in: Moskowitz, Gordon B. (Hrsg.): Cognitive social psychology: The Princeton Symposium on the legacy and future of social cognition, Hillsdale, NJ, 125-142.

Chisholm, R. F./Kasl, S. V./Eskenazi, B. (1983): The nature and predictors of job related tension in a crisis situation: Reactions of nuclear workers to the Three Mile Island Accident, in: The Academy of Management Journal 26 (3), 385-405.

Cohen-Charash, Y./Spector, P. E. (2001): The role of justice in organizations: A meta-analysis, in: Organizational Behavior and Human Decision Processes 86 (2), 278-321.

Conger, J. A. (1985): Charismatic leadership in business - An exploratory study, Diss., Harvard University.

Conger, J. A. (1989): The charismatic leader, San Francisco.

Conger, J. A. (1990): The dark side of leadership, in: Organizational Dynamics 19 (2), 44-55.

Conger, J. A. (1998): Qualitative research as the cornerstone methodology for understanding leadership, in: The Leadership Quarterly 9 (1), 107-121.

Conger, J. A./Kanungo, R. (1987): Toward a behavioral theory of charismatic leadership in organizational settings, in: The Academy of Management Review 12 (4), 637-647.

Conrad, E.-M. (1993): Gedächtnis und Wissensrepräsentation - Aspekte der Abbildungsleistung kognitionspsychologischer und filmsemiotischer Modelle, Hildesheim et al.

Cook, G. (1990): Transcribing infinity - Problems of context presentation, in: Journal of Pragmatics 14 (1), 1-24.

Cook, K. S. (1987): Social exchange theory, Newbury Park, CA.

Crabtree, B./Miller, W. (1992): A template approach to text analysis: Developing and using codebooks, in: Crabtree, Benjamin/Miller, William (Hrsg.): Doing qualitative research - Research methods for primary care, Newbury Park et al., 93-109.

Cronbach, L. J. (1951): Coefficient alpha and the internal structure of tests, in: Psychometrika 16 (3), 297-334.

Cronbach, L. J. (1955): Processes affecting scores on understanding of others and assuming "similarity", in: Psychological Bulletin 52 (3), 177-193.

Cropanzano, R./Mitchell, M. S. (2005): Social Exchange Theory: An Interdisciplinary Review, in: Journal of Management 31 (6), 874-900.

Crowne, D. P./Marlowe, D. (1964): The approval motive - Studies in evaluative dependence, New York et al.

Cusumano, M. A./Mylonadis, Y./Rosenbloom, R. S. (1992): Strategic maneuvering and mass-market dynamics: The triumph of VHS over Beta, in: Business History Review 66 (1), 51-94.

Dahrendorf, R. (2006): Homo Sociologicus, 16. Aufl., Wiesbaden.

Dansereau, F. (1995): A dyadic approach to leadership: Creating and nurturing this approach under fire, in: The Leadership Quarterly 6 (4), 479-490.

Dansereau, F./Graen, G./Haga, W. J. (1975): A vertical dyad linkage approach to leadership within formal organizations: A longitudinal investigation of the role making process, in: Organizational Behavior and Human Performance 13 (1), 46-78.

David, P. A. (1985): Clio and the economics of QWERTY, in: The American Economic Review 75 (2), 332-337.

David, P. A. (1986): Understanding the economics of QWERTY: The necessity of history, in: Parker, William N. (Hrsg.): Economic history and the modern economist, Oxford, 30-49.

David, P. A. (1994): Why are institutions the "carriers of history"? Path dependence and the evolution of conventions, organizations and institutions, in: Structural Change and Economic Dynamics 5 (2), 205-220.

De Cremer, D. (2003): Why inconsistent leadership is regarded as procedurally unfair: the importance of social self-esteem concerns, in: European Journal of Social Psychology 33 (4), 535-550.

Deal, T. E./Kennedy, A. A. (1982): Corporate cultures: The rites and rituals of corporate life, Reading, Mass.

DeMaio, T. J. (1984): Social desirability and survey measurement - A review, in: Turner, Charles F./Martin, Elizabeth (Hrsg.): Surveying subjective phenomena, Bd. 2, New York.

Den Hartog, D. N./House, R. J./Hanges, P. J./Ruiz-Quintanilla, S. A./Dorfman, P. W. (1999): Culture specific and cross-culturally generalizable implicit leadership theories: Are attributes of charismatic/transformational leadership universally endorsed?, in: The Leadership Quarterly 10 (2), 219-256.

Denzin, N. K./Lincoln, Y. S. (1994): Introduction - Entering the field of qualitative research, in: Denzin, Norman K./Lincoln, Yvonna S. (Hrsg.): Handbook of qualitative research, Thousand Oaks, CA.

Detert, J. R./Trevino, L. K./Burris, E. R./Andiappan, M. (2007): Managerial modes of influence and counterproductivity in organizations: A longitudinal business-unit-level investigation, in: Journal of Applied Psychology 92 (4), 993-1005.

Diekmann, A. (2010): Empirische Sozialforschung, 4. Aufl., Reinbek bei Hamburg.

Dienesch, R. M./Liden, R. C. (1986): Leader-member exchange model of leadership: A critique and further development, in: The Academy of Management Review 11 (3), 618-634.

Dollard, J./Doob, L. W./Miller, N. E./Mowrer, O. H./Sears, R. S. (1939): Frustration and Aggression, New Haven.

Domsch, M. E. (1992): Vorgesetztenbeurteilung, in: Selbach, Ralf/Pullig, Karl-Klaus (Hrsg.): Handbuch Mitarbeiterbeurteilung, Wiesbaden, 255-298.

Domsch, M. E./Gerpott, T. J. (1992): Personalbeurteilung, in: Gaugler, Eduard/Weber, Wolfgang (Hrsg.): Handwörterbuch des Personalwesens, 2 Aufl., Stuttgart, Sp. 1631-1641.

Domsch, M. E./Ladwig, D. H. (2006)(Hrsg.): Handbuch Mitarbeiterbefragung, 2. Aufl., Berlin et al.

Downey, H. K./Ireland, R. D. (1979): Quantitative versus qualitative: Environmental assessment in organizational studies, in: Administrative Science Quarterly 24 (4), 630-637.

Downs, R. M./Stea, D. (1977): Maps in minds: Reflections of cognitive mapping, New York.

Duchon, D./Green, S. G./Taber, T. D. (1986): Vertical dyad linkage: A longitudinal assessment of antecedents, measures, and consequences, in: Journal of Applied Psychology 71 (1), 56-60.

Dülfer, E. (1991)(Hrsg.): Organisationskultur, 2 Aufl., Stuttgart.

Duffy, M. K./Ganster, D. C./Pagon, M. (2002): Social undermining in the workplace, in: The Academy of Management Journal 45 (2), 331-351.

Duneier, M. (2000): Sidewalk, New York.

Dupré, K. E./Inness, M./Connelly, C. E./Barling, J./Hoption, C. (2006): Workplace aggression in teenage part-time employees, in: Journal of Applied Psychology 91 (5), 987-997.

Eagly, A. H./Wood, W./Chaiken, S. (1978): Causal inferences about communicators and their effect on opinion change, in: Journal of Personality and Social Psychology 36 (4), 424-435.

Edelmann, W. (2000): Lernpsychologie, 6. Aufl., Weinheim.

Eden, D./Leviatan, U. (1975): Implicit leadership theory as a determinant of the factor structure underlying supervisory behavior scales, in: Journal of Applied Psychology 60, 736-741.

Eden, D./Leviatan, U. (2005): From implicit personality theory to implicit leadership theory, in: Schyns, Birgit/Meindl, James R. (Hrsg.): Implicit Leadership Theories – Essays and Explorations, Greenwich, CT, 3-14.

Edwards, M. R./Ewen, A. J. (1996): 360 degree feedback, New York.

Ehlich, K./Switalla, B. (1976): Transkriptionssysteme: Eine exemplarische Übersicht, in: Studium Linguistik 2, 78-105.

Einarsen, S. (1999): The nature and cause of bullying at work, in: International Journal of Manpower 20 (1/2), 16-27.

Einarsen, S. (2000): Harassment and bullying at work: A review of the scandinavian approach, in: Aggression and Violent Behavior 5 (4), 379-401.

Einarsen, S./Aasland, M. S./Skogstad, A. (2007): Destructive leadership behaviour: A definition and conceptual model, in: The Leadership Quarterly 18 (3), 207-216.

Einarsen, S./Hoel, H./Zapf, D./Cooper, C. L. (2003a): The concept of bullying at work - The european tradition, in: Einarsen, Ståle/Hoel, Helge/Zapf, Dieter/Cooper, Cary L. (Hrsg.): Bullying and emotional abuse in the workplace - International perspective in research and practice, London, 3-30.

Einarsen, S./Hoel, H./Zapf, D./Cooper, C. L. (2003b)(Hrsg.): Bullying and emotional abuse in the workplace - International perspective in research and practice, London.

Einarsen, S./Mikkelsen, E. G. (2003): Individual effects of exposure to bullying at work, in: Einarsen, Ståle/Hoel, Helge/Zapf, Dieter/Cooper, Cary L. (Hrsg.): Bullying and emotional abuse in the workplace - International perspective in research and practice, London, 126-144.

Einarsen, S./Skogstad, A. (1996): Bullying at work - Emidemiological findings in public and private organizations, in: European Journal of Work and Organizational Psychology 5 (2), 185-201.

Einarsen, S./Skogstad, A./Aasland, M. S. (2010): The nature, prevalence, and outcomes of destructive leadership: A behavioral and conglomerate approach, in: Schyns, Birgit/Hansbrough, Tiffany (Hrsg.): When leadership goes wrong: Destructive leadership, mistakes, and ethical failures, Charlotte, NC, 145-171.

Eisenhardt, K. M. (1989): Agency theory: An assessment and review, in: The Academy of Management Review 14 (1), 57-74.

Emerson, R. M. (1981): Social exchange theory, in: Rosenberg, Morris/Turner, Ralph H. (Hrsg.): Social psychology: Sociological perspecties, New York.

Emmerich, A. (2001): Führung von unten - Konzept, Kontext und Prozess, Wiesbaden.

Engle, E. M./Lord, R. G. (1997): Implicit theories, self-schemas, and Leader-Member Exchange, in: The Academy of Management Journal 40 (4), 988-1010.

Epitropaki, O./Martin, R. (2004): Implicit leadership theories in applied settings: Factor structure, generalizability, and stability over time, in: Journal of Applied Psychology 89 (2), 293-310.

Epitropaki, O./Martin, R. (2005): From ideal to real: A longitudinal study of the role of implicit leadership theories on leader-member exchanges and employee outcomes, in: Journal of Applied Psychology 90, 659-676.

Erdogan, B./Liden, R. C. (2002): Social exchanges in the workplace - A review of recent developments and future directions in leader-member exchange theory, in: Neider, Linda L./Schriesheim, Chester A. (Hrsg.): Leadership, Greenwich, CT, 65-114.

Erikson, E. (1982): The life cycle completed, New York.

Erzberger, C. (1998): Zahlen und Wörter - Die Verbindung quantitativer und qualitativer Daten und Methoden im Forschungsprozess, Weinheim.

Eubanks, D. L./Mumford, M. D. (2010): Destructive leadership: The role of cognitive processes, in: Schyns, Birgit/Hansbrough, Tiffany (Hrsg.): When leadership goes wrong: Destructive leadership, mistakes, and ethical failures, Charlotte, NC, 23-47.

Falbe, C. M./Yukl, G. (1992): Consequences for managers of using single influence tactics and combinations of tactics, in: The Academy of Management Journal 35 (3), 638-652.

Fayol, H. (1929): Allgemeine und industrielle Verwaltung, Berlin.

Ferris, G. R. (1985): Role of leadership in the employee withdrawal process: A constructive replication, in: Journal of Applied Psychology 70 (4), 777-781.

Ferris, G. R./Zinko, R./Brouer, R. L./Buckley, M. R./Harvey, M. G. (2007): Strategic bullying as a supplementary, balanced perspective on destructive leadership, in: The Leadership Quarterly 18 (3), 195-206.

Fiedler, F. E. (1967): A theory of leadership effectiveness, New York et al.

Fiedler, F. E./Chemers, M. M./Mahar, L. (1976): Improving leadership effectiveness: The leader match concept, New York.

Fiedler, F. E./Mai-Dalton, R. (1980): Führungstraining mit Hilfe des Kontingenz-Modells - Ein neuer Ansatz, in: Die Betriebswirtschaft 40, 45-51.

Fishbein, R./Lord, R. G. (2004): Implicit leadership theories, in: Goethals, George R./Sorensen, Georgia J./McGregor Burns, James (Hrsg.): Encyclopedia of Leadership, Thousands Oaks, CA, 700-706.

Fisher, R. J. (1993): Social desirability bias and the validity of indirect questioning, in: Journal of Consumer Research 20 (2), 303-315.

Fiske, S. T./Taylor, S. E. (1991): Social Cognition, 2. Aufl., New Yorl.

Flick, U. (2007): Triangulation in der qualitativen Forschung, in: Flick, Uwe/ von Kardoff, Ernst/Steinke, Ines (Hrsg.): Qualitative Forschung, 5. Aufl., Reinbek bei Hamburg, 309-318.

Flick, U. (2009): Triangulation in der qualitativen Forschung, in: Flick, Uwe/ von Kardoff, Ernst/Steinke, Ines (Hrsg.): Qualitative Forschung, 7. Aufl., Reinbek bei Hamburg, 309-318.

Flick, U. (2010): Qualitative Sozialforschung - Eine Einführung, 3. Aufl., Reinbek bei Hamburg.

Flick, U./von Kardoff, E./Steinke, I. (2007): Was ist qualitative Forschung?, in: Flick, Uwe/von Kardoff, Ernst/Steinke, Ines (Hrsg.): Qualitative Forschung, 5. Aufl., Reinbek bei Hamburg, 13-29.

Foa, E. B./Foa, U. G. (1980): Resource theory - Interpersonal behavior as exchange in: Gergen, Kenneth J./Greenberg, Martin S. /Willis, Richard H. (Hrsg.): Social exchange - Advances in theory and research, New York.

Foerster, H. v. (1974): Cybernetics of cybernetics, opening address, Paper presented at the Annual Meeting of the American Society for Cybernetics.

Foerster, H. v. (1981): On cybernetics of cybernetics and social theory, in: Roth, Gerhard/Schwegler, Helmut (Hrsg.): Self-organizing systems: An interdisciplinary approach, Frankfurt am Main, 102-105.

Foerster, H. v. (1982): Observing Systems, Seaside, CA.

Foerster, H. v. (1987): Erkenntnistheorien und Selbstorganisation, in: Schmidt, Siegfried J. (Hrsg.): Der Diskurs des radikalen Konstruktivismus, 9. Aufl., Frankfurt am Main, 133-158.

Foerster, H. v. (2009): Entdecken oder Erfinden - Wie lässt sich Verstehen verstehen?, in: Gumin, Heinz/Meier, Heinrich (Hrsg.): Einführung in den Konstruktivismus, 11. Aufl., München, 41-88.

Foerster, H. v. (2010): Das Konstruieren einer Wirklichkeit, in: Watzlawick, Paul (Hrsg.): Die erfundene Wirklichkeit - Wie wissen wir, was wir zu glauben wissen? Beiträge zum Konstruktivismus, 10. Aufl., München, 39-60.

Forgas, J. P. (1995): Soziale Interaktion und Kommunikation: eine Einführung in die Sozialpsychologie, Weinheim.

Fox, S./Stallworth, L. E. (2010): The battered apple: An application of stressor-emotion-control/support theory to teachers' experience of violence and bullying, in: Human Relations 63 (7), 927-954.

Fraser, S. L./Lord, R. G. (2001): Stimulus prototypicality and general leadership impressions: Their role in leadership and behavioral ratings, in: Journal of Psychology 122 (3), 291-303.

French, J. R. P./Raven, B. (1959): The bases of social power, in: Cartwright, Dorwin (Hrsg.): Studies in social power, Ann Arbor, 150-167.

Gardner, W. L./Avolio, B. J. (1998): The charismatic relationship: A dramaturgical perspective, in: The Academy of Management Review 23 (1), 32-58.

Gebert, D. (2002): Führung und Innovation, Stuttgart.

Gehrau, V. (2002): Die Beobachtung in der Kommunikationswissenschaft. Methodische Ansätze und Beispielstudien, Kostanz.

Geiger, D. (2005): Wissen und Narration - Der Kern des Wissensmanagements, Berlin.

Gentry, A. W./Hannum, K. M./Ekelund, B. Z./de Jong, A. (2007): A study of discrepancy between self- and observer-ratings on managerial derailment characteristics of european managers, in: European Journal of Work and Organizational Psychology 16 (3), 295-325.

Gentry, A. W./Katz, R. B./McFeeters, B. B. (2009): The continual need for improvement to avoid derailment: A study of college and university administrators, in: Higher Education Research & Development 28 (3), 335-348.

Gergen, K. J. (1969): Psychology of Behavior Exchange, Reading, Mass.

Gerpott, T. J. (2006): 360-Grad-Feedback-Verfahren als spezielle Variante der Mitarbeiterbefragung, in: Domsch, Michel E./Ladwig, Désirée H. (Hrsg.): Handbuch Mitarbeitergefragung, 2. Aufl., Berlin et al., 211-248.

Glad, B. (2002): Why tyrants go too far: Malignant narcissism and absolute power, in: Political Psychology 23 (1), 1-37.

Glaser, B. G. (1978): Theoretical sensitivity, Mill Valley, CA.

Glaser, B. G./Strauss, A. L. (1967): The discovery of grounded theory: Strategies for qualitative research, Chicago.

Gläser, J./Laudel, G. (2004): Experteninterviews und qualitative Inhaltsanalyse, Wiesbaden.

Glasersfeld, E. v. (1986): Steps in the construction of "Others" and "Reality", in: Trappel, R. (Hrsg.): Power, Autonomy, Utopia: New approaches to complex systems, London et al.

Glasersfeld, E. v. (1991): Einführung in den radikalen Radikalismus, in: Watzlawick, Paul (Hrsg.): Die erfundene Wirklichkeit - wie wissen wir, was wir zu wissen glauben? Beiträge zum Konstruktivismus, 7. Aufl., München.

Glasersfeld, E. v. (1997): Radikaler Konstruktivismus - Ideen, Ergebnisse, Probleme, 6. Aufl., Frankfurt am Main.

Glasersfeld, E. v. (2002): Konstruktion der Wirklichkeit und des Begriffs der Objektivität, in: Foerster, H.v./Glasersfeld, E.v./Hejl, P.M./Schmidt, S.J./ Watzlawick, P. (Hrsg.): Einführung in den Konstruktivismus, Bd. 6, München.

Glasersfeld, E. v. (2005): Preface: Founder of the second order, in: Kybernetes 34 (3), 319-320.

Gockel, B. (2004): Mobbing aus pädagogisch-systemischer Perspektive – Analyse mobbingfördernder Elemente und Darstellung mobbingpräventiver und -bewältigender Maßnahmen in Arbeitssystemen, Hamburg.

Goldman, A. (2006): High toxicity leadership: Borderline personality disorder and the dysfunctional organization, in: Journal of Managerial Psychology 21 (8), 733-746.

Gordon, R. D. (2002): Viewing the dispersion of leadership through a power lens - Exposing unobstrusive tensions and problematic processes, in: Parry, Ken W./Meindl, James R. (Hrsg.): Grounding leadership theory and research: Issues, perspectives and methods, Greenwich, 39-63.

Graen, G. B. (1976): Role making processes within complex organizations, in: Dunnette, Marvin D. (Hrsg.): Handbook of industrial and organizational psychology, Chicago, 1201-1245.

Graen, G. B./Cashman, J. F. (1975): A role-making model of leadership in formal organizations, in: Hunt, James G./Larson, Lars L (Hrsg.): Leadership frontiers, Kent State, 143-166.

Graen, G. B./Ginsburgh, S. (1977): Job resignation as a function of role orientation and leader acceptance: A longitudinal investigation of organizational assimilation, in: Organizational Behavior & Human Performance 19 (1), 1-17.

Graen, G. B./Novak, M. A./Sommerkamp, P. (1982): The effects of leader-member exchange and job design on productivity and satisfaction: Testing a dual attachment model, in: Organizational Behavior and Human Performance 30 (1), 109-131.

Graen, G. B./Scandura, T. A. (1986): A theory of dyadic career reality, in: Research in Personnel and Human Resources Management 4, 147-181.

Graen, G. B./Scandura, T. A. (1987): Toward a psychology of dyadic organizing, in: Staw, B. M./Cummings, L. L. (Hrsg.): Research in Organizational Behavior, Bd. 9, 175-208.

Graen, G. B./Scandura, T. A./Graen, M. R. (1986): A field experimental test of the moderating effects of growth need strength on productivity, in: Journal of Applied Psychology 71 (3), 484-491.

Graen, G. B./Uhl-Bien, M. (1991): The transformation of professionals into self-managing and partially self-designing contributors: Toward a theory of leadership-making, in: Journal of Management Systems 3 (3), 25-39.

Graen, G. B./Uhl-Bien, M. (1995a): Führungstheorien - Von Dyaden zu Teams, in: Kieser, Alfred/Reber, Gerhard/Wunderer, Rolf (Hrsg.): Handwörterbuch der Führung, 2. Aufl., Stuttgart, 1045-1058.

Graen, G. B./Uhl-Bien, M. (1995b): Relationship-based approach to leadership: Development of leader-member exchange (LMX) theory of leadership over 25 years: Applying a multi-level multi-domain perspective, in: The Leadership Quarterly 6 (2), 219-247.

Grandey, A. A./Kern, J. H./Frone, M. R. (2007): Verbal abuse from outsiders versus insiders: Comparing frequency, impact on emotional exhaustion, and the role of emotional labor, in: Journal of Occupational Health Psychology 12 (1), 63-79.

Grandy, G./Starratt, A. (2010): Making sense of abusive leadership: The experiences of young workers, in: Schyns, Birgit/Hansbrough, Tiffany (Hrsg.): When leadership goes wrong: Destructive leadership, mistakes, and ethical failures, Charlotte, NC, 175-202.

Green, S. G./Mitchell, T. R. (1979): Attributional processes of leaders in leader-member interactions, in: Organizational Behavior and Human Performance 23 (3), 429-458.

Grint, K. (2000): The art of leadership, Oxford.

Grossmann, S. J./Hart, O. D. (1983): An analysis of the principal-agent problem, in: Econometrica 51 (1), 7-45.

Gulick, L. H. (1937): Notes on the theory of organizations, in: Gulick, L.H./Urwick, L. (Hrsg.): Papers on the science of administration, New York, 1-46.

Gutenberg, E. (1983): Grundlagen der Betriebswirtschaftslehre, Band 1: Die Produktion, 24. Aufl., Berlin et al.

Habermas, J. (1984): Wahrheitstheorien, in: Habermas, Jürgen (Hrsg.): Vorstudien und Ergänzungen zur Theorie des kommunikativen Handelns, Frankfurt am Main.

Häder, M. (2010): Empirische Sozialforschung, 2. Aufl., Wiesbaden.

Hanges, P. J./Lord, R. G./Dickson, M. W. (2000): An information-processing perspective on leadership and culture: A case for connectionist, in: Applied Psychology: An International Review 49 (1), 133-161.

Hansbrough (Keller), T. (2005): Cognition matters - Leader images and their implications for organizational life, in: Schyns, Birgit/Meindl, James R. (Hrsg.): Implicit Leadership Theories - Essays and Explorations, Greenwich, CT.

Harris, K. J./Kacmar, K. M./Zivnuska, S. (2007): An investigation of abusive supervision as a predictor of performance and the meaning of work as a moderator of the relationship, in: The Leadership Quarterly 18 (3), 252-263.

Hartmann, M. (2002): Der Mythos von den Leistungseliten, Frankfurt am Main.

Hartmann, P. (1991): Wunsch und Wirklichkeit - Theorie und Empirie sozialer Erwünschtheit, Wiesbaden.

Harvey, M./Treadway, D./Thompson Heames, J./Duke, A. (2008): Bullying in the 21st century global organization: An ethical perspective, in: Journal of Business Ethics 85 (1), 27-40.

Harvey, P./Stoner, J./Hochwarter, W./Kacmar, C. (2007): Coping with abusive supervision: The neutralizing effects of ingratiation and positive affect on negative employee outcomes, in: The Leadership Quarterly 18 (3), 264-280.

Harvey, S./Keashly, L. (2006): Lowered trust in management as a mediating state between abusive supervision, work attitudes and intention to leave, in: ASBBS E-Journal 2 (1).

Haslam, S. A. (2001): Psychology in organizations: The social identity approach, London.

Haslam, S. A./Platow, M. J. (2001): Your wish is your command: The role of shared social identity in translating a leader's vision into followers action, in: Hogg, Michael A./Terry, Deborah J. (Hrsg.): Social Identity processes in organizations, Ann Arbor, 213-228.

Heider, F. (1958): The psychology of interpersonal relations, New York.

Heider, F. (1977): Psychologie der interpersonalen Beziehungen, Stuttgart.

Heinemann, P.-P. (1972): Mobbning - grppvald bland barn och vuxna, Stockholm.

Heinen, E. (1985): Entscheidungsorientierte Betriebswirtschaftslehre und Unternehmenskultur, in: Zeitschrift für Betriebswirtschaft 55 (10), 980-991.

Hey, A. H. (2006): Organisationsentwicklung durch Mitarbeiterbefragungen bei der AXA, in: Domsch, Michel E./Ladwig, Désirée H. (Hrsg.): Handbuch Mitarbeiterbefragung, 2. Aufl., Berlin et al., 61-78.

Hickman, C. R. (1990): Mind of a Manager - Soul of a Leader, New York.

Hickson, D. J./Hinings, C. R./Lee, C. A./Schneck, R. E./Pennings, J. M. (1971): A strategic contingencies' theory of intraorganizational power, in: Administrative Science Quarterly 16 (2), 216-229.

Higgs, M. (2009): The good, the bad and the ugly: leadership and narcissism, in: Journal of Change Management 9 (2), 165-178.

Hinkley, K./Andersen, S. M. (1996): The working self-concept in transference: Significant-other activation and self change, in: Journal of Personality and Social Psychology 71 (6), 1279-1295.

Hobman, E. V./Restubog, S. L. D./Bordia, P./Tang, R. L. (2009): Abusive supervision in advising relationships: Investigating the role of social support, in: Applied Psychology 58 (2), 233-256.

Hodder, I. (1994): The interpretation of documents and material culture, in: Denzin, Norman K./Lincoln, Yvonna S. (Hrsg.): Handbook of qualitative research, Thousand Oaks, CA.

Hoel, H./Einarsen, S./Cooper, C. L. (2003): Organisational effects of bullying, in: Einarsen, Ståle/Hoel, Helge/Zapf, Dieter/Cooper, Cary L. (Hrsg.): Bullying and emotional abuse in the workplace: International perspective in research and practice, London, 144-161.

Hoel, H./Salin, D. M. (2003): Organisational antecedents of workplace bullying, in: Einarsen, Ståle/Hoel, Helge/Zapf, Dieter/Cooper, Cary L. (Hrsg.): Bullying and emotional abuse in the workplace: International perspective in research and practice, London, 202-218.

Hoffmann-Riem, C. (1980): Die Sozialforschung einer interpretativen Soziologie, in: Kölner Zeitschrift für Soziologie und Sozialpsychologie 32, 325-338.

Hogan, J./Hogan, R./Kaiser, R. B. (2010): Management derailment: Personality assesment and Mititgation, in: Zedeck, Sheldon (Hrsg.): American Psychological Association handbook of industrial and organizational psychology, Washington, DC.

Hogan, R. (1994): Trouble at the top: Causes and consequences of managerial incompetences, in: Consulting Psychology Journal 46 (1), 1061-4087.

Hogg, M. A. (2001): A social identity theory of leadership, in: Personality an Social Psychology Review 5 (3), 184-200.

Hogg, M. A./Martin, R./Weeden, K. (2003): Leader-member relations and social identity, in: van Knippenberg, Daan/Hogg, Michael A. (Hrsg.): Leadership and power: Identity processes in groups and organizations, London et al., 18-33.

Hogg, M. A./Terry, D. J. (2000): Social identity and self-categorization process in organizational contexts, in: The Academy of Management Review 25 (1), 121-140.

Hogg, M. A./Terry, D. J./White, K. M. (1995): A tale of two theories: A critical comparison of identity theory with social identity theory, in: Social Psychology Quarterly 58 (4), 255-269.

Hogh, A./Dofradottir, A. (2001): Coping with bullying in the workplace, in: European Journal of Work and Organizational Psychology 10 (4), 485-495.

Hollander, E. P. (1958): Conformity, status, and idiosyncrasy credit, in: Psychological Review 65 (2), 117-127.

Hollander, E. P. (1960): Competence and conformity in the acceptance of influence, in: Journal of Abnormal and Social Psychology 61 (3), 365-369.

Hollander, E. P. (1961): Some effects of perceived status on responses to innovative behavior, in: Journal of Abnormal and Social Psychology 63 (2), 247-250.

Hollander, E. P. (1964): Leaders, groups, and influence, New York.

Hollander, E. P. (1978): Leadership dynamics: A practical guide to effective leadership, New York.

Hollander, E. P. (1992): Leadership, followership, self, and others, in: The Leadership Quarterly 3 (1), 43-54.

Hollander, E. P. (1995): Führungstheorien - Idiosynkrasiekreditmodell, in: Kieser, Alfred/Reber, Gerhard/Wunderer, Rolf (Hrsg.): Handwörterbuch der Führung, 2. Aufl., Stuttgart, 926-940.

Hollander, E. P./Julian, J. W. (1969): Contemporary trends in the analysis of leadership processes, in: Psychological Bulletin 71 (5), 387-397.

Hollander, E. P./Offermann, L. R. (1990): Power and leadership in organizations: Relationships in transition, in: American Psychologist 45 (2), 179-189.

Homan, A. C./Hollenbeck, J. R./Humphrey, S. E./Knippenberg, D. v./Ilgen, D. R./Van Kleef, G. A. (2008): Facing differences with an open mind: Openness to experience, salience of intragroup differences, and performance of diverse work groups, in: The Academy of Management Journal 51 (6), 1204-1222.

Homans, G. C. (1958): Social behavior as exchange, in: The American Journal of Sociology 63 (6), 597-606.

Homans, G. C. (1978): Theorie der sozialen Gruppe (Übers. a. d. Engl.), Opladen.

Homburg, C./Stock, R. (2000): Der kundenorientierte Mitarbeiter: Bewerten, begeistern, bewegen, Wiesbaden.

Hoobler, J. M./Brass, D. J. (2006): Abusive supervision and family undermining as displaced aggression, in: Journal of Applied Psychology 91 (5), 1125-1133.

Hopf, C. (1978): Die Pseudo-Exploration - Überlegungen zur Technik qualitativer Interviews in der Sozialforschung, in: Zeitschrift für Soziologie 7, 97-115.

Hopf, C. (1979): Soziologie und qualitative Sozialforschung, in: Hopf, Christel/Weingarten, Elmar (Hrsg.): Qualitative Sozialforschung, Stuttgart, 11-37.

Hopf, C. (2007): Qualitative Interviews - ein Überblick, in: Flick, Uwe/von Kardoff, Ernst/Steinke, Ines (Hrsg.): Qualitative Forschung, 5. Aufl., Reinbek bei Hamburg, 349-360.

Hopf, C. (2009): Qualitative Interviews - ein Überblick, in: Flick, Uwe/von Kardoff, Ernst/Steinke, Ines (Hrsg.): Qualitative Forschung, 7. Aufl., Reinbek bei Hamburg, 349-360.

Hossiep, R./Schardien, P. (2010): Aktuelle Studie: Wie führt Ihr Chef?, http://www.testentwicklung.de/studie_bif.htm; Zugriff am 25.04.2011.

House, R. J. (1977): A 1976 theory of charismatic leadership, in: Hunt, Jerry G./Larson, Lars L (Hrsg.): Leadership: The cutting edge, Carbonale, IL, 189-207.

House, R. J./Hanges, P. J./Ruiz-Quintanilla, A. S./Dorfman, P. W./Javidan, M./Dickson, M./Gupta, V. (1999): Cultural influences on leadership and organizations: Project Globe, in: Mobley, W.H./Arnold, V./Gessner, M.J. (Hrsg.): Advances in Global Leadership: Volume 1, 171-233.

House, R. J./Howell, J. M. (1992): Personality and charismatic leadership, in: The Leadership Quarterly 3 (2), 81-108.

House, R. J./Shamir, B. (1995): Führungstheorien - Charismatische Führung, in: Kieser, Alfred/Reber, Gebhard/Wunderer, Rolf (Hrsg.): Handwörterbuch der Fühung, Stuttgart.

Howard, J. A./Renfrow, G. D. (2003): Social cognition, in: Delamater, John (Hrsg.): Handbook of Social Psychology, New York, 259-281.

Howell, J. M./Avolio, B. J. (1992): The ethics of charismatic leadership: Submission or liberation?, in: The Executive 6 (2), 43-54.

Howell, W. S. (1972): A model as an approach to interpersonal communication, in: Luthans, Fred (Hrsg.): Contemporary readings in organizational behavior, New York et al., 151-160.

Ilgen, D. R./Mitchell, T. R./Fredrickson, J. W. (1981): Poor performers: Supervisors' and subordinates' responses, in: Organizational Behavior and Human Performance 27 (3), 386-410.

Inness, M./Barling, J./Turner, N. (2005): Understanding supervisor-targeted aggression: A within-person, between-jobs design, in: Journal of Applied Psychology 90 (4), 731-739.

Jehn, K. A./Mannix, E. A. (2001): The dynamic nature of conflict: A longitudinal study of intragroup conflict and group performance, in: The Academy of Management Journal 44 (2), 238-251.

Jensen, S. (1999): Erkenntnis - Konstruktivismus - Systemtheorie: Einführung in die Philosophie der konstruktivistischen Wissenschaft, Wiesbaden.

Johnson-Laird, P. N. (1983): Mental models, Cambridge, Mass.

Jones, E. E. (1954): Authoritarianism as a determinant of first-impression formation, in: Journal of Personality 23 (1), 107-127.

Jones, E. E. (1990): Interpersonal perception, New York, NY.

Jones, E. E./Davis, K. E. (1965): From acts to dispositions - The attribution process in person perception, in: Berkowitz, Leonard (Hrsg.): Advances in Experimental Social Psychology, Bd. 2, New York et al., 219-266.

Jones, E. E./Nisbett, R. E. (1971): The actor and the observer: Divergent Perceptions of the Causes of Behavior, New York.

Jones, G. R. (1983): Psychological orientation and the process of organizational socialization: An interactionist perspective, in: The Academy of Management Review 8 (3), 464-474.

Jorstad, J. (1995): Narcissism and leadership: Some differences in male and female leaders, in: Nordic Journal of Psychiatry 49 (6), 409-416.

Judge, T. A./Erez, A./Bono, J. E./Thoresen, C. J. (2003): The core self-evaluations scale - Development of a measure, in: Personnel Psychology 56 (2), 303-331.

Judge, T. A./Martocchio, J. J./Thoresen, C. J. (1997): Five-factor model of personality and employee absence, in: Journal of Applied Psychology 82 (5), 745-755.

Judge, T. A./Piccolo, R. F./Tomek, K. (2009): The bright and dark sides of leader traits: A review and theoretical extension of the leader trait paradigm in: The Leadership Quarterly 20, 855-875.

Jung, H. (2006): Personalwirtschaft, 7. Aufl., München.

Kasper, H. (1990): Die Handhabung des Neuen in organisierten Sozialsystemen, Berlin et al.

Katz, D./Kahn, R. L. (1966): The social psychology of organizations, New York et al.

Katz, D./Kahn, R. L. (1978): The social psychology of organizations, 2. Aufl., New York.

Katz, M./Shapiro, C. (1986): Technology adoption in the presence of network externalties, in: Journal of Political Economy 94, 822-841.

Keashly, L. (1998): Emotional Abuse in the Workplace - Conceptual and Empirical Issues, in: Journal of Emotional Abuse 1 (1), 85-117.

Keashly, L. (2001): Interpersonal and systematic aspects of emotional abuse at work, in: Violence and Victims 16 (3), 233-268.

Keashly, L./Hunter, S./Harvey, S. (1997): Abusive interaction and role state stressors: Relative impact on student residence assistant stress and work attitudes, in: Work & Stress 11 (2), 175 - 185.

Keashly, L./Jagatic, K. (2003): By any other name - American perspectives on workplace bullying, in: Einarsen, Ståle/Hoel, Helge/Zapf, Dieter/Cooper, Cary L. (Hrsg.): Bullying and emotional abuse in the workplace - International perspective in research and practice, London, 31-61.

Keashly, L./Trott, V./MacLean, L. M. (1994): Abusive behavior in the workplace: A preliminiary investigation, in: Violence and Victims 9 (4), 341-357.

Kelle, U./Erzberger, C. (2007): Qualitative und quantitative Methoden: kein Gegensatz, in: Flick, Uwe/von Kardoff, Ernst/Steinke, Ines (Hrsg.): Qualitative Forschung, 5. Aufl., Reinbek bei Hamburg, 299-309.

Keller, T. (1999): Images of the familiar: Individual differences and implicit leadership theories, in: The Leadership Quarterly 10 (4), 589-607.

Keller, T. (2003): Parental images as a guide to leadership sensemaking: An attachement perspective on implicit leadership theories, in: Leadership Quarterly 14 (2), 141-160.

Kellerman, B. (2004): Bad leadership: What it is, how it happens, why it matters, Boston, MA.

Kelley, H. H. (1967): Attribution theory in social psychology, in: Levine, David (Hrsg.): Nebraska Symposium on Motivation - Current theory and research in motivation, Bd. 15, Lincoln et al., 192-238.

Kelley, H. H. (1971): Attribution in social interaction, New York.

Kelley, H. H. (1972): Causal schemata and the attribution process, in: Jones, Edward E./Kanouse, D. E./Kelley, H. H./Nisbett, R. E./Valins, S./Weiner, B. (Hrsg.): Attribution: Perceiving the causes of behavior, Morristown, 1-26.

Kelley, H. H. (1973): The processes of causal attribution, in: American Psychologist 28, 107-128.

Kelley, H. H./Michela, J. L. (1980): Attribution theory and research, in: Annual Review of Psychology 31, 457-501.

Kelly, G. A. (1955): The psychology of personal constructs, New York.

Kesselring, T. (1999): Jean Piaget, 2. Aufl., München.

Kets de Vries, M. F. R. (1989): The leader as a mirror - Clinical reflections, in: Human Relations 42 (7), 607-623.

Kets de Vries, M. F. R. (1993): Leaders, fools, and impostors - Essays on the psychology of leadership, San Francisco, CA.

Kets de Vries, M. F. R. (1999): What's playing in the organizational theater? Collusive relationships in management, in: Human Relations 52 (6), 745-773.

Kets de Vries, M. F. R. (2006): The leader on the couch - A clinical approach to changing people and organizations, San Francisco, CA.

Kets de Vries, M. F. R./Engellau, E. (2010): A clinical approach to the dynamics of leadership and executive transformation, in: Nohira, Nitin/Khurana, Rakesh (Hrsg.): Handbook of leadership theory and practice, Boston, Mass, 183-221.

Kets de Vries, M. F. R./Miller, D. (1985): Narcissism and leadership: An object relations perspective, in: Human Relations 38 (6), 583-601.

Kets de Vries, M. F. R./Miller, D. (1986): Personality, Culture, and Organization, in: The Academy of Management Review 11 (2), 266-279.

Khoo, H. S./Burch, G. S. J. (2008): The 'dark side' of leadership personality and transformational leadership: An exploratory study, in: Personality and Individual Differences 44 (1), 86-97.

Kiefer, B.-U. (1995): Mitarbeiterurteile, in: Sarges, Werner (Hrsg.): Management-Diagnostik, Göttingen.

Kieserling, A. (1999): Kommunikation unter Anwesenden: Studien über Interaktionssysteme, Frankfurt am Main.

Kipnis, D./Schmidt, S. M./Wilkinson, I. (1980): Intraorganizational influence tactics: Explorations in getting one's way, in: Journal of Applied Psychology 65 (4), 440-452.

Klaussner, S. (2010): Trust and leadership – Towards an interactive perspective, Paper presented at 26th EGOS Colloquium, Lisbon, Portugal.

Klimecki, R. G./Gmür, M. (1998): Personalmanagement, Stuttgart.

Kneer, G./Nassehi, A. (2000): Niklas Luhmanns Theorie sozialer Systeme, 4. Aufl., München.

Koch, J. (2008): Strategic paths and media management - A path dependency analysis of the German newspaper branch of high quality journalism, in: Schmalenbach Business Review 60 (1), 51-74.

Köck, W. K. (1987): Kognition - Semantik - Kommunikation, in: Schmidt, Siegfried J. (Hrsg.): Der Diskurs des radikalen Konstruktivismus, 9. Aufl., Frankfurt am Main, 340-373.

Kohut, H. (1976): Narzissmus - Eine Theorie der Behandlung narzisstischer Persönlichkeitsstörungen, Frankfurt.

Koontz, H./O'Donnell, C. (1955): Principles of management: An analysis of management functions, New York.

Kosiol, E. (1976): Organisation der Unternehmung, 2. Aufl., Wiesbaden.

Kosiol, E. (1978): Aufgabenanalyse und Aufgabensynthese, in: Grochla, Erwin (Hrsg.): Elemente der organisatorischen Gestaltung, Reinbek bei Hamburg, 66-84.

Kosnik, R. D. (1987): Greenmail: A Study of Board Performance in Corporate Governance, in: Administrative Science Quarterly 32 (2), 163-185.

Kotter, J. P. (1988): The leadership factor, New York.

Kotter, J. P. (1990): What leaders really do, in: Harvard Business Review 68 (3), 103-111.

Kowal, S./O'Connell, D. C. (2007): Zur Transkription von Gesprächen, in: Flick, Uwe/von Kardoff, Ernst/Steinke, Ines (Hrsg.): Qualitative Forschung, 5. Aufl., Reinbek bei Hamburg, 437-447.

Krantz, J. (1989): The managerial couple: Superior-subordinate relationships as a unit of analysis, in: Human Resource Management 28 (2), 161-175.

Krappmann, L. (2005): Soziologische Dimensionen der Identität: Strukturelle Bedingungen für die Teilnahme an Interaktionsprozessen, 10. Aufl., Stuttgart.

Krause, D. (2005): Luhmann-Lexikon, 4. Aufl., Stuttgart.

Krieg, P./Watzlawick, P. (2008): Das Auge des Betrachters: Beiträge zum Konstruktivismus, 2. Aufl., Heidelberg.

Kuckartz, U./Rädiker, S./Ebert, T./Schehl, J. (2010): Statistik, Wiesbaden.

Labianca, G./Gray, B./Brass, D. J. (2000): A grounded model of organizational schema change during empowerment, in: Organization Science 11 (2), 235-257.

Lamnek, S. (1988): Qualitative Sozialforschung - Band 1: Methodologie, München.

Lattmann, C. (1982): Die verhaltenswissenschaftlichen Grundlagen der Führung des Mitarbeiters, Bern et al.

LeBlanc, M. M./Barling, J. (2004): Workplace Aggression, in: Current Directions in Psychological Science 13 (1), 9-12.

Leventhal, G. S. (1980): What should be done with equity theory? New approaches to the study of fairness in social relationships, in: Gergen, Kenneth J./Greenberg, Martin S./Willis, Richard H. (Hrsg.): Social exchange, New York.

Levy, L. H./Dugan, R. D. (1960): A constant error approach to the study of dimensions of social perception, in: The Journal of Abnormal and Social Psychology 61 (1), 21-24.

Leymann, H. (1986): Mobbing - Psychological violence at work, Lund.

Leymann, H. (1993): Krankheiten und Rechtsprobleme als Folge von Mobbing am Arbeitsplatz, in: Kammer für Arbeiter und Angestellte für Salzburg (Hrsg.): Mobbing - Psychoterror am Arbeitsplatz und wie man sich dagegen wehren kann, Salzburg (unveröffentlichtes Manuskript), 5-8.

Leymann, H. (2009): Mobbing - Psychoterror am Arbeitsplatz und wie man sich dagegen wehren kann, 14. Aufl., Reinbek bei Hamburg.

Liden, R. C./Graen, G. (1980): Generalizability of the vertical dyad linkage model of leadership, in: The Academy of Management Journal 23 (3), 451-465.

Liden, R. C./Sparrowe, R. T./Wayne, S. J. (1997): Leader-member exchange theory: The past and potential for the future, in: Research in Personnel and Human Resources Management 15, 47-119.

Liden, R. C./Wayne, S. J./Stilwell, D. (1993): A longitudinal study on the early development of leader-member exchanges, in: Journal of Applied Psychology 78 (4), 662-674.

Lipman-Blumen, J. (2005): The allure of toxic leaders: Why we follow destructive bosses and corrupt politicians - and how we can survive them, Oxford.

Lombardo, M. M./Ruderman, M. N./McCauley, C. D. (1988): Explanations of success and derailment in upper-level management positions, in: Journal of Business and Psychology 2 (3), 199-216.

Lord, R. G. (1985): An information processing approach to social perception, leadership and behavioral measurement in organizations, in: Cummings, Larry L./Staw, Barry M. (Hrsg.): Research in Organizational Behavior, Bd. 7, Greenwich, CT, 87-128.

Lord, R. G./Emrich, C. G. (2000): Thinking outside the box by looking inside the box: Extending the cognitive revolution in leadership research, in: The Leadership Quarterly 11 (4), 551-579.

Lord, R. G./Foti, R. J./De Vader, C. L. (1984): A test of leadership categorization theory: Internal structure, information processing, and leadership perceptions, in: Organizational Behavior and Human Performance 34 (3), 343-378.

Lord, R. G./Foti, R. J./Phillips, J. S. (1982): A theory of leadership categorization, in: Hunt, Jerry G./Sekaran, Uma/Schriesheim, Chester A. (Hrsg.): Leadership: Beyond establishment views, Carbondale, IL.

Lord, R. G./Maher, K. J. (1991): Leadership and information processing: Linking perceptions and performance, Boston.

Lubit, R. (1993): The long-term organizational impact of destructively narcissistic managers, in: The Academy of Management Executive 16 (1), 127-138.

Lüders, C. (2009): Beobachten im Feld und Ethnographie, in: Flick, Uwe/von Kardoff, Ernst/Steinke, Ines (Hrsg.): Qualitative Forschung, 7. Aufl., Reinbek bei Hamburg, 384-401.

Lührmann, T. (2006): Führung, Interaktion und Identität - Die neuere Identitätstheorie als Beitrag zur Fundierung einer Interaktionstheorie der Führung, Wiesbaden.

Lührmann, T./Eberl, P. (2007): Leadership and identity construction: reframing the leader-follower interaction from an identity theory perspective, in: Leadership 3 (1), 115-127.

Luhmann, N. (1971): Sinn als Grundbegriff der Soziologie, in: Habermas, Jürgen/Luhmann, Niklas (Hrsg.): Theorie der Gesellschaft oder Sozialtechnologie, Frankfurt am Main, 25-100.

Luhmann, N. (1972a): Einfache Sozialsysteme, in: Zeitschrift für Soziologie 1, 51-63.

Luhmann, N. (1972b): Rechtssoziologie 1, Reinbek bei Hamburg.

Luhmann, N. (1975): Macht, Stuttgart.

Luhmann, N. (1979): Schematismen der Interaktion, in: Kölner Zeitschrift für Soziologie und Sozialpsychologie 31 (2), 237-255.

Luhmann, N. (1984): Soziale Systeme - Grundriss einer allgemeinen Theorie, Frankfurt am Main.

Luhmann, N. (1986): The autopoiesis of social systems, in: Geyer, Felix/von der Zouwen, Johannes (Hrsg.): Sociocybernetic paradoxes: Observation, control and evolution of self-steering systems, London, 172-192.

Luhmann, N. (1990a): Die Wissenschaft der Gesellschaft, Frankfurt am Main.

Luhmann, N. (1990b): Soziologische Aufklärung 5: Konstruktivistische Perspektiven, Opladen.

Luhmann, N. (1990c): Sthenographie, in: Luhmann, Niklas/Maturana, Humberto R./Namiki, Mikio/Redder, Volker/Varela, Francisco J. (Hrsg.): Beobachter - Konvergenz der Erkenntnistheorien?, München, 120-137.

Luhmann, N. (1993a): Recht, Frankfurt am Main.

Luhmann, N. (1993b): Soziologische Aufklärung 3: Soiales System, Gesellschaft, Organisation, 3. Aufl., Opladen.

Luhmann, N. (1997a): Die Gesellschaft der Gesellschaft, Frankfurt am Main

Luhmann, N. (1997b): Funktion und Kausalität, in: Friedrichs, Jürgen/Mayer, Karl Ulrich/Schluchter, Wolfgang (Hrsg.): Soziologische Theorie und Empirie, Opladen, 23-50.

Luhmann, N. (1997c): Selbstreferentielle Systeme, in: Simon, Fritz B. (Hrsg.): Lebende Systeme - Wirklichkeitskonstruktionen in der systemischen Therapie, Frankfurt am Main, 69-77.

Luhmann, N. (1997d): Was ist Kommunikation?, in: Simon, Fritz B. (Hrsg.): Lebende Systeme - Wirklichkeitskonstruktionen in der systemischen Therapie, Frankfurt am Main, 19-31.

Luhmann, N. (1999): Funktionen und Folgen formaler Organisationen, 5. Aufl., Berlin.

Luhmann, N. (2004): Einführung in die Systemtheorie, 2. Aufl., Heidelberg.

Maccoby, M. (2000): Narcissistic leaders, in: Harvard Business Review 78, 68-77.

Maccoby, M. (2004): The productive narcissist - The promise and peril of visionary leadership, New York.

Mahoney, J. (2000): Path dependence in historical sociology, in: Theory and Society 29 (4), 507-548.

Mandl, H./Friedrich, H. F./Hron, A. (1988): Theoretische Ansätze zum Wissenserwerb, in: Mandl, Heinz/Spada, Hans (Hrsg.): Wissenspsychologie, München et al., 123-160.

March, J. G./Simon, H. A. (1958): Organizations, New York et al.

Marcia, J. E. (1966): Development and validation of ego identity status, in: Journal of Personality and Social Psychology 3 (5), 551-558.

Marcus-Newhall, A./Pedersen, W. C./Carlson, M./Miller, N. (2000): Displaced aggression is alive and well: A meta-analytic review, in: Journal of Personality and Social Psychology 78 (4), 670-689.

Martinko, M. J./Gardner, W. L. (1987): The leader/member attribution process, in: The Academy of Management Review 12 (2), 235-249.

Martinko, M. J./Harvey, P./Douglas, S. C. (2007): The role, function, and contribution of attribution theory to leadership: A review, in: Leadership Quarterly 18 (6), 561-585.

Maser, S. (1971): Grundlagen der allgemeinen Kommunikationstheorie - Eine Einführung in ihre Grundbegriffe und Methoden, Stuttgart et al.

Masterson, S. S./Lewis, K./Goldman, B. M./Taylor, M. S. (2000): Integrating justice and social exchange: The differing effects of fair procedures and treatment on work relationships, in: The Academy of Management Journal 43 (4), 738-748.

Maturana, H. R. (1970a): Biology of cognition. Biological computer laboratory research report BCL 9.0, Urbana.

Maturana, H. R. (1970b): Neurophysiology of cognition, in: Garvin, Paul L. (Hrsg.): Cognition: A multiple view, New York, 3-23.

Maturana, H. R. (1982): Erkennen: Die Organisation und Verkörperung von Wirklichkeit, Braunschweig.

Maturana, H. R. (1987): Kognition, in: Schmidt, Siegfried J. (Hrsg.): Der Diskurs des radikalen Konstruktivismus, 9. Aufl., Frankfurt am Main, 89-118.

Maturana, H. R. (1988): Reality: The search for objectivity or the quest for a compelling argument, in: The Irish Journal of Psychology 9 (1), 25-82.

Maturana, H. R./Varela, F. J. (1980): Autopoiesis and Cognition, Boston.

Maturana, H. R./Varela, F. J. (1990): Der Baum der Erkenntnis - Die biologischen Wurzeln menschlichen Erkennens, 12. Aufl., München.

Mayntz, R. (1958): Die soziale Organisation des Industriebetriebes, Stuttgart.

Mayo, E. (1933): The human problems of an industrial civilization, New York.

Mayo, M./Pastor, J. C./Meindl, J. R. (1994): The forgotten aspects of leadership – The followers an the context, State University of New York at Buffalo.

Mayring, P. (1983): Qualitative Inhaltsanalyse - Grundlagen und Techniken, Weinheim.

Mayring, P. (1999): Einführung in die qualitative Sozialforschung: eine Anleitung zu qualitativem Denken, 4. Aufl., Weinheim.

McCall, G. J./Simmons, J. L. (1966): Identities and interactions - An examination of human association in everyday life, New York.

McCall, M. W./Lombardo, M. M. (1983a): Off the track: Why and how successful executives get derailed Technical Report Number 21, Greensboro, NC.

McCall, M. W./Lombardo, M. M. (1983b): What makes a top executive, in: Psychology Today 17 (2), 26-31.

McCartney, W. W./Campbell, C. R. (2006): Leadership, management and derailment: A model of individual success and failure, in: Leadership & Organization Development Journal 27 (3), 190-202.

McElroy, J. C. (1982): A typology of attribution leadership research, in: The Academy of Management Review 7 (3), 413-417.

Mcfarlin, D. B./Sweeney, P. D. (2010): The corporate reflecting pool: Antecedents and consequences of narcissism in executives, in: Schyns, Birgit/ Hansbrough, Tiffany (Hrsg.): When leadership goes wrong: Destructive leadership, mistakes, and ethical failures, Charlotte, NC, 247-283.

McGregor, D. (1960): The human side of enterprise, New York.

Meindl, J. R. (1990): On leadership: An alternative to the conventional wisdom, in: Staw, Barry M./Cummings, Larry L. (Hrsg.): Research in organizational behaviour, Bd. 12, Greenwich/London, 159-203.

Meindl, J. R. (1995): The romance of leadership as a follower-centric theory: A social constructionist approach, in: The Leadership Quarterly 6 (3), 329-341.

Meindl, J. R./Ehrlich, S. B. (1987): The romance of leadership and the evaluation of organizational performance, in: The Academy of Management Journal 30 (1), 91-109.

Meindl, J. R./Ehrlich, S. B./Dukerich, J. M. (1985): The romance of leadership, in: Administrative Science Quarterly 30 (1), 78-102.

Meinefeld, W. (1995): Realität und Konstruktion - Erkenntnistheoretische Grundlagen der empirischen Sozialforschung, Opladen.

Meinefeld, W. (2007): Hypothesen und Vorwissen in der qualitativen Sozialforschung, in: Flick, Uwe/von Kardoff, Ernst/Steinke, Ines (Hrsg.): Qualitative Forschung, 5. Aufl., Reinbek bei Hamburg, 265-275.

Melburgm, V./Tedeschi, J. T. (1989): Displaced aggression: Frustration or impression management, in: European Journal of Social Psychology 19 (2), 139-145.

Meuser, M./Nagel, U. (2009): Experteninterview und der Wandel der Wissensproduktion, in: Bogner, Alexander/Littig, Beate/Menz, Wolfgang (Hrsg.): Experteninterviews - Theorie, Methoden, Anwendungsfelder, 3. Aufl., Opladen, 35-60.

Meyer, A. (2000): Führende und Geführte im Wandel der Führungsparadigmen des 20. Jahrhunderts - Ein Wandel vom Objekt zum selbstverantwortlichen Subjekt?, Frankfurt am Main et al.

Meyer, J. P./Allen, N. J. (1997): Commitment in the workplace - Theory, research, and application, Thousand Oaks, CA.

Miebach, B. (1991): Sozioloische Handlungstheorie: Eine Einführung, Opladen.

Mieg, H., A./Brunner, B. (2001): Experteninterviews - eine Einführung und Anleitung, Zürich.

Miller, N. E. (1941): The frustrations-aggression hypothesis, in: Psychological Review 48, 337-442.

Miller, S. M. (1979): Controllability and human stress: Method, evidence and theory, in: Behaviour Research and Therapy 17 (4), 287-304.

Miller, S. M. (1980): Why having control reduces stress: If I can stop the roller coaster, I don't want to get off in: Garber, Judy/Seligman, Martin E. P. (Hrsg.): Human helplessness: Theory and applications, New York, 71-95.

Mintzberg, H. (1973): The nature of managerial work, New York.

Mitchell, M. S./Ambrose, M. L. (2007): Abusive supervision and workplace deviance and the moderating effects of negative reciprocity beliefs, in: Journal of Applied Psychology 92 (4), 1159-1168.

Mitchell, T. R. (1995): Führungstheorie - Attributionstheorie, in: Kieser, A./Reber, G./Wunderer, R. (Hrsg.): Handwörterbuch der Führung, Stuttgart, 847-861.

Mitchell, T. R./Green, S. G./Wood, R. E. (1981): An attributional model of leadership and the poor performing subordinate: Development and validation., in: Cummings, Larry L./Staw, Barry M. (Hrsg.): Research in Organizational Behavior, Bd. 3, Greenwich, 197-234.

Mitchell, T. R./O'Reilly, C. A. (1983): Managing poor performance and productivity in organizations, in: Research in Personnel and Human Resources Management 1, 204-234.

Mitchell, T. R./Wood, R. E. (1980): Supervisor's responses to subordinate poor performance: A test of an attributional model, in: Organizational Behavior and Human Performance 25 (1), 123-138.

Moebius, M. (1988): Psychoterror im Betrieb, in: Psychologie Heute (Januar), 32-39.

Morgan, G./Smircich, L. (1980): The case for qualitative research, in: The Academy of Management Review 5 (4), 491-500.

Moscovici, S. (1988): Notes towards a description of Social Representations, in: European Journal of Social Psychology 18 (3), 211-250.

Moses, R. (1985): Empathy and dis-empathy in political conflict, in: Political Psychology 6 (1), 135-139.

Motowidlo, S. J./Van Scotter, J. R. (1994): Evidence that task performance should be distinguished from contextual performance, in: Journal of Applied Psychology 79 (4), 475-480.

Müller, W. R. (1981): Führung und Identität, Bern et al.

Mulaik, S. A. (1964): Are personality factors raters's conceptual factors?, in: Journal of Consulting Psychology 28 (6), 506-511.

Mulvey, P. W./Padilla, A. (2010): The environment of destructive leadership, in: Schyns, Birgit/Hansbrough, Tiffany (Hrsg.): When leadership goes wrong: Destructive leadership, mistakes, and ethical failures, Charlotte, NC, 49-71.

Mummendey, H. D. (1995): Psychologie der Selbstdarstellung, 2. Aufl., Göttingen.

Munthe, E. (1989): Bullying in Scandinavia, in: Erling, Roland/Munthe, Elaine (Hrsg.): Bullying - An international perspective, London, 66-90.

Namie, G./Namie, R. (2000): The bully at work, Naperville, IL.

Nerdinger, F. W. (1993): Das Mitarbeitergespräch, in: Goller, Jost/Maack, Heinrich/Hedrich, Bernd (Hrsg.): Verwaltungsmanagement - Handbuch für öffentliche Verwaltungen und öffentliche Betriebe, C 7.5 Stuttgart, 1-12.

Neubauer, W. (1986): Implizite Führungstheorien und Führungserfahrung bei Vorgesetzten, in: Daumenlang, Konrad/Sauer, Joachim (Hrsg.): Aspekte psychologischer Forschung - Festschrift zum 60. Geburtstag von Erwin Roth, Göttingen, 70-95.

Neuberger, O. (1999): Mobbing - Übel mitspielen in Organisationen, 3. Aufl., Mering.

Neuberger, O. (2000): Das 360°-Feedback, Mering.

Neuberger, O. (2002): Führen und führen lassen, 6. Aufl., Stuttgart.

Neuman, J. H./Baron, R. A. (2003): Social antecedents of bullying - A social interactionist perspective, in: Einarsen, Ståle/Hoel, Helge/Zapf, Dieter/ Cooper, Cary L. (Hrsg.): Bullying and emotional abuse in the workplace - International perspective in research and practice, London, 185-202.

Niedl, K. (1995): Mobbing, Bullying am Arbeitsplatz - Eine empirische Analyse zum Phänomen sowie zu personalwirtschaftlich relevanten Effekten von systematischen Feindseligkeiten, München.

Norman, W. T./Goldberg, L. R. (1966): Raters, ratees, and randomness in personality structure, in: Journal of Personality and Social Psychology 4 (6), 681-691.

North, D. C. (1990): Institutions, institutional change and economic performance, Cambridge.

Northouse, P. G. (2001): Leadership - Theory and practice, Thousand Oaks, CA.

Nye, J. L./Brower, A. M. (1996): What is social about social cognition research?, in: Nye, Judith L./Brower, Aaron M. (Hrsg.): What's social about social cognition? Research on socially shared cognition in small groups, Thousand Oaks et al., 311-323.

O'Connell, D. C./Kowal, S. (1995): Basic principles of transcription, in: Smith, Jonathan A./Harre, Rom/Langenhove, Luk van (Hrsg.): Rethinking methods in psychology, London, 93-105.

O'Connor, J./Mumford, M. D./Clifton, T. C./Gessner, T. L./Connelly, M. S. (1995): Charismatic leaders and destructiveness: An historiometric study, in: The Leadership Quarterly 6 (4), 529-555.

Ochs, E. (1979): Transcription as theory, in: Ochs, Elinor/Schieffelin, Bambi B. (Hrsg.): Developmental pragmatics, New York.

Offermann, L. R./Kennedy, J. K./Wirtz, P. W. (1994): Implicit leadership theories: Content, structure, and generalizability, in: The Leadership Quarterly 5 (1), 43-58.

Oglensky, B. D. (1995): Socio-psychologic perspectives on the subordinate, in: Human Relations 48 (9), 1029-1054.

Ortmann, G. (2003): Regel und Ausnahme. Paradoxien sozialer Ordnung, Frankfurt am Main.

Oyserman, D./Packer, M. J. (1996): Social cognition and self-concept: A socially contextualized model of identity, in: Nye, J. L./Brower, A. M. (Hrsg.): What's social about social cognition? Research on socially shared cognition in small groups, Thousand Oaks, CA, 547-568.

Padilla, A./Hogan, R./Kaiser, R. B. (2007): The toxic triangle: Destructive leaders, susceptible followers, and conducive environments, in: The Leadership Quarterly 18 (3), 176-194.

Parsons, T. (1951): The Social System, Glencoe, IL.

Parsons, T./Shils, E. A./Allport, G. W./Kluckhohn, C./Murray, H. A./Sears, R. R./Sheldon, r., C./Stouffer, S. A./Tolman, E. C. (1951): Some fundamental categories of the theory of action: A general statement, in: Parsons, Talcott/ Shils, Edward A. (Hrsg.): Toward a general theory of action, Cambridge, MA.

Parzefall, M.-R./Salin, D. M. (2010): Perceptions of and reactions to workplace bullying: A social exchange perspective, in: Human Relations 63 (6), 761-780.

Pauchant, T. C. (1991): Transferential leadership - Towards a more complex understanding of charisma in organizations, in: Organization Studies 12 (4), 507-527.

Pelletier, K. L. (2008): Toxic leadership as an antecedent to organizational corruption, in: De Luca, Federico N. (Hrsg.): Economic corruption - Detection, costs and prevention, Hauppauge, NY, 183-206.

Petermann, A. (2010): Pfadabhängigkeit und Hierarchie: Zur Durchsetzungskraft von selbstverstärkenden Effekten in hierarchischen Organisationen, Berlin.

Petersen, T. (2000): Handbuch zur beruflichen Weiterbildung - Leitfaden für das Weiterbildungsmanagement im Betrieb, Frankfurt am Main et al.

Peterson, R. A. (2001): On the use of college students in social science research: Insights from a second-order meta-analysis, in: Journal of Consumer Research 28 (3), 450-461.

Pfadenhauer, M. (2009): Auf gleicher Augenhöhe - Das Experteninterview: ein Gespräch zwischen Experte und Quasi-Experte, in: Bogner, Alexander/Littig, Beate/Menz, Wolfgang (Hrsg.): Experteninterviews - Theorie, Methoden, Anwendungsfelder, 3. Aufl., Opladen, 99-116.

Piaget, J. (1950): Konstruktion der Wirklichkeit beim Kinde, Stuttgart.

Piaget, J. (1993): Die Psychologie des Kindes, 5. Aufl., München.

Pierson, P. (2000): Increasing returns, path dependence, and the study of politics, in: American Political Science Review 94 (2), 251-267.

Podsakoff, P. M./MacKenzie, S. B./Lee, J.-Y./Podsakoff, N. P. (2003): Common method biases in behavioral research: A critical review of the literature and recommended remedies, in: Journal of Applied Psychology 88 (5), 879-903.

Poole, P. P./Gioia, D. A./Gray, B. (1989): Influence modes, schema change, and organizational transformation, in: The Journal of Applied Behavioral Science 25 (3), 271-289.

Popper, K. R. (1963): Conjectures and refutations. The growth of scientific knowledge, 3. Aufl., London.

Popper, K. R. (1971): Logik der Forschung, 4. Aufl., Tübingen.

Post, J. M. (1993): Current concepts of the narcissistic personality: Implications for political psychology, in: Political Psychology 14 (1), 99-121.

Pullen, A./Rhodes, C. (2008): 'It's all about me!': gendered narcissism and leaders' identity work, in: Leadership 4 (1), 5-25.

Rafferty, A. E./Restubog, S. L. D./Jimmieson, N. L. (2010): Losing sleep: Examining the cascading effects of supervisors' experience of injustice on subordinates' psychological health, in: Work & Stress 24 (1), 36-55.

Ragin, C. C. (1994): Constructing social research: The unity and diversity of method, Thousand Oaks, CA.

Raskin, R./Hall, C. S. (1981): The narcissistic personality inventory: Alternative form reliability and further evidence of construct validity, in: Journal of Personality Assessment 45 (2), 159 - 162.

Raskin, R./Terry, H. (1988): A principal components analysis of the narcissistic personality inventory and further evidence of its construct validity, in: Journal of Personality and Social Psychology 54 (5), 890-902.

Rayner, C. (1998): Workplace bullying - Do something!, in: The Journal of Occupational Health and Safety - Australia and New Zealand 14 (6), 581-585.

Resch, M. (1994): Wenn Arbeit krank macht, Frankfurt/Berlin.

Rindfleisch, H. (2011): Insolvenz und Rigidität: Eine theoretische und empirische Ursachenanalyse auf Basis von Insolvenzplänen, Wiesbaden.

Ritter, B. A./Lord, R. G. (2007): The impact of previous leaders on the evaluation of new leaders: An alternative to prototype matching, in: Journal of Applied Psychology 92 (6), 1683-1695.

Robinson, S. L./Bennett, R. J. (1995): A typology of deviant workplace behaviors: A multidimensional scaling study, in: The Academy of Management Journal 38 (2), 555-572.

Robinson, S. L./Rousseau, D. M. (1994): Violating the psychological contract: Not the exception but the norm, in: Journal of Organizational Behavior 15 (3), 245-259.

Roethlisberger, F. J./Dickson, W. J. (1939): Management and the worker, Cambridge, Mass.

Rosch, E. (1978): Principles of categorization, in: Rosch, Eleanor/Lloyd, Barbara B. (Hrsg.): Cognition and categorization, Hillsdale, 27-48.

Rosenthal, S. A./Pittinsky, T. L. (2006): Narcissistic leadership, in: The Leadership Quarterly 17 (6), 617-633.

Ross, S. A. (1973): The economic theory of agency: The pricipal's problem, in: American Economic Review 63 (2), 134-139.

Rosseau, D. M. (1995): Psychological contracts in organizations - Understanding written and unwritten agreements, Thousand Oaks, CA.

Rosseau, D. M./Sitkin, S. B./Burt, R. S./Camerer, C. (1998): Not so different after all: A cross-discipline view of trust, in: The Academy of Management Review 23 (3), 393-404.

Roth, G. (1978): Die Bedeutung der biologischen Wahrnehmungsforschung für die philosophische Erkenntnistheorie, in: Hejl, Peter M./Köck, Wolfram K./Roth, Gerhard (Hrsg.): Wahrnehmung und Erkenntnis, Frankfurt, 65-78.

Roth, G. (1986): Selbstorganisation - Selbsterhaltung - Selbstreferentialität: Prinzipien der Organisation der Lebewesen und ihre Folgen für die Beziehung zwischen Organismus und Umwelt, in: Dress, Andreas/Hendrichs, Hubert/Küppers, Günter (Hrsg.): Selbstorganisation - Die Entstehung von Ordnung in Natur und Gesellschaft, München, 149-180.

Roth, G. (1987a): Autopoiese und Kognition: Die Theorie H.R. Maturanas und die Notwendigkeit ihrer Weiterentwicklung, in: Schmidt, Siegfried J. (Hrsg.): Der Diskurs des radikalen Konstruktivismus, 9. Aufl., Frankfurt am Main, 256-286.

Roth, G. (1987b): Erkenntnis und Realität: Das reale Gehirn und seine Wirklichkeit, in: Schmidt, Siegfried J. (Hrsg.): Der Diskurs des radikalen Konstruktivismus, 9. Aufl., Frankfurt am Main, 229-255.

Roth, G. (1996): Das Gehirn und seine Wirklichkeit: Kognitive Neurobiologie und ihre philosophischen Konsequenzen, 10. Aufl., Frankfurt am Main.

Rusch, G. (1987): Erkenntnis, Wissenschaft, Geschichte: Von einem konstruktiven Standpunkt, Frankfurt am Main.

Sackmann, S. A. (1992): Cultures and subcultures: An analysis of organizational knowledge, in: Administrative Science Quarterly 37 (1), 140-161.

Sankowski, D. (1995): The charismatic leader as narcissist: Understanding the abuse of power, in: Organizational Dynamics 23 (4), 57-71.

Scandura, T. A./Graen, G. B. (1984): Moderating effects of initial leader–member exchange status on the effects of a leadership intervention, in: Journal of Applied Psychology 69 (3), 428-436.

Scandura, T. A./Graen, G. B./Novak, M. A. (1986): When managers decide not to decide autocratically: An investigation of leader–member exchange and decision influence, in: Journal of Applied Psychology 71 (4), 579-584.

Schaaf, D. (2006): Mitarbeiterbefragung bei der Merz Pharma KGaA, in: Domsch, Michel E./Ladwig, Désirée H. (Hrsg.): Handbuch Mitarbeiterbefragung, 2. Aufl., Berlin et al., 119-142.

Schat, A. C. H./Frone, M. R./Kelloway, E. K. (2006): Prevalence of workplace aggression in the U.S. workforce: Findings from a national study, in: Kelloway, E. Kevin/Barling, Julian/Hurrel, Joseph J. (Hrsg.): Handbook of workplace violence, Thousand Oaks, CA, 47-89.

Schaubroeck, J./Walumbwa, F. O./Ganster, D. C./Kepes, S. (2007): Destructive leader traits and the neutralizing influence of an "enriched" job, in: The Leadership Quarterly 18 (3), 236-251.

Schein, E. H. (1968): Organizational Socialization and the Profession of Management, in: Industrial Management Review 9 (2), 1-16.

Schein, E. H. (1980): Organizational Psychology, 3. Aufl., Englewood Cliffs, NJ.

Schein, E. H. (1984): Coming to a new awareness of organizational culture, in: Sloan Management Review 25 (2), 3-16.

Schein, E. H. (1985): Organizational culture and leadership: A dynamic view, San Francisco.

Schettgen, P. (1991): Führungspsycholgie im Wandel: Neue Ansätze in der Organisations-, Interaktions- und Attributionsforschung, Bd. 5, Wiesbaden.

Schilling, J. (2001): Wovon sprechen Führungskräfte, wenn sie über Führung sprechen?, Hamburg.

Schilling, J. (2008): Implicit leadership theories: Theory, research, and application, in: Heinitz, Kathrin (Hrsg.): Psychology inorganizations - Issues from an applied area, Frankfurt am Main et al.

Schlenker, B. R. (1984): Identities, identification, and relationships, in: Derlega, Valerian J. (Hrsg.): Communication, Intimacy, and Close Relationships, New York, 71-104.

Schlippe, A. v./Schweitzer, J. (2010): Systemische Intervention, 2. Aufl., Göttingen.

Schlittgen, R. (2003): Einführung in die Statistik : Analyse und Modellierung von Daten, 10. Aufl., München.

Schmidt, C. (2007): Analyse von Leitfadeninterviews, in: Flick, Uwe/von Kardoff, Ernst/Steinke, Ines (Hrsg.): Qualitative Forschung, 5. Auflage Aufl., Reinbek bei Hamburg, 447-456.

Schmidt, S. J. (1987a): Der radikale Konstruktivismus: Ein neues Paradigma im interdisziplinären Diskurs, in: Schmidt, Siegfried J. (Hrsg.): Der Diskurs des radikalen Konstruktivismus, 9. Aufl., Frankfurt am Main, 11-88.

Schmidt, S. J. (1995): Sprache, Kultur und Wirklichkeitskonstruktionen, in: Fischer, Hans Rudi (Hrsg.): Die Wirklichkeit des Konstruktivismus: Zur Auseinandersetzung um ein neues Paradigma, Heidelberg, 239-251.

Schmidt, S. J. (1987b)(Hrsg.): Der Diskurs des radikalen Konstruktivismus, 9. Aufl., Frankfurt am Main.

Schnecke, J. (2003): Wie entsteht Mobbing? - Entwicklung und Prüfung eines Modells zur Beschreibung und Erklärung der Entstehung von Mobbingphänomenen, Berlin.

Schneider, D. J. (1973): Implicit personality theory: A review, in: Psychological Bulletin 79 (5), 294-309.

Schnell, R./Hill, P. B./Esser, E. (2005): Methoden der empirischen Sozialforschung, München.

Schreyögg, A. (1995): Coaching: Eine Einführung für Praxis und Ausbildung, Frankfurt am Main

Schreyögg, G. (1980): Das Fiedlersche Kontingenzmodell der Führung: Eine inhumane Sozialtechnologie?, in: Grunwald, Wolfgang/Lilge, Hans-Georg (Hrsg.): Partizipative Führung, Bern/Stuttgart, 162-172.

Schreyögg, G. (1989): Zu den problematischen Konsequenzen starker Unternehmenskulturen, in: Zeitschrift für betriebswirtschaftliche Forschung 41 (2), 94-113.

Schreyögg, G. (1991a): Der Managementprozess - Neu gesehen, in: Staehle, Wolfgang H./Sydow, Jörg (Hrsg.): Managementforschung, Bd. 1, Berlin/ New York, 255-289.

Schreyögg, G. (1991b): Kann und darf man Unternehmenskulturen ändern?, in: Dülfer, Eberhard (Hrsg.): Organisationskultur: Phänomen - Philosophie - Technologie, 2 Aufl., Stuttgart, 201-214.

Schreyögg, G. (2008): Organisation - Grundlagen moderner Organisationsgestaltung, 5. Aufl., Wiesbaden.

Schreyögg, G./Geiger, D. (2003): Wenn alles Wissen ist, ist Wissen am Ende nichts?!, in: Die Betriebswirtschaft 63 (1), 7-22.

Schreyögg, G./Geiger, D. (2007): The significance of distinctiveness: A proposal for rethinking organizational knowledge, in: Organization 14 (1), 77-100.

Schreyögg, G./Lührmann, T. (2004): Wer bin ich?, in: Harvard Business Manager (6), 67-73.

Schreyögg, G./Lührmann, T. (2006): Führungsidentität - Zu neueren Entwicklungen in Führungskonstellationen und der Identitätsforschung, in: Zeitschrift Führung + Organisation 16 (1), 11-17.

Schreyögg, G./Sydow, J./Koch, J. (2003): Organisatorische Pfade - Von der Pfadabhängigkeit zur Pfadkreation?, in: Schreyögg, Georg/Sydow, Jörg (Hrsg.): Managementforschung, Bd. 13, Wiesbaden, 257-294.

Schultz, M. (1995): On studying organizational cultures: Diagnosis and understanding, Berlin.

Schwarz, H. (1983): Betriebsorganisation als Führungsaufgabe, 9. Aufl., Landsberg.

Schyns, B./Hansbrough, T. (2010)(Hrsg.): When leadership goes wrong: Destructive leadership, mistakes, and ethical failures, Charlotte, NC.

Schyns, B./Meindl, J. R. (2005): An overview of implicit leadership theories and their application in organizational practice, in: Schyns, Birgit/Meindl, James R. (Hrsg.): Implicit leadership theories: Essays and explanations, Greenwich, CT, 15-36.

Scott, J. C. (1992): Domination and the arts of resistance: Hidden transcripts, New Haven, CT.

Seidman, I. E. (1991): Interviewing as qualitative research: A guide for researchers in education and social sciences, New York.

Selvini Palazzoli, M./Boscolo, L./Cecchin, G./Prata, G. (1981): Hypothetisieren - Zirkularität - Neutralität: Drei richtlinien für den Leiter der Sitzung, in: Familiendynamik 6, 123-139.

Selvini Palazzoli, M./Boscolo, L./Cecchin, G./Prata, G. (2003): Paradoxon und Gegenparadoxon: Ein neues Therapiemodell für die Familie mit schizophrener Störung, 11. Aufl., Stuttgart.

Seydl, C. (2007): Mobbing im Spannungsverhältnis sozialer Normen - Eine dissonanztheoretische Betrachtung mit Untersuchung, Linz.

Shamir, B. (1991): The charismatic relationship: Alternative explanations and predictions, in: The Leadership Quarterly 2 (2), 81-104.

Shamir, B. (1992): Attribution of influence and charisma to the leader: The romance of leadership revisited1, in: Journal of Applied Social Psychology 22 (5), 386-407.

Shamir, B. (1995): Social distance and charisma: Theoretical notes and an exploratory study, in: The Leadership Quarterly 6 (1), 19-47.

Shannon, C. E. (1948): A mathematical theory of communication, in: The Bell System Technical Journal 27 (July, October), 379-423; 623-656.

Shannon, C. E./Weaver, W. (1949): The mathematical theory of communication, Urbana, IL.

Sheehan, M. J./McCarthy, P./Barker, M. C./Henderson, M. (2001): A model for assessing the impacts and costs of workplace bullying, Paper presented at Standing Conference on Organizational Symbolism (SCOS).

Shondrick, S. J./Dinh, J. E./Lord, R. G. (2010): Developments in implicit leadership theory and cognitive science: Applications to improving measurement and understanding alternatives to hierarchical leadership, in: The Leadership Quarterly 21 (6), 959-978.

Silverman, D. (2000): Analyzing talk and text, in: Denzin, Norman K./Lincoln, Yvonna S. (Hrsg.): Handbook of qualitative research, 2. Aufl., Thousand Oaks, CA.

Simon, F. B. (1997): Einleitung: Wirklichkeitskonstruktionen in der Systemischen Therapie, in: Simon, Fritz B. (Hrsg.): Lebende Systeme – Wirklichkeitskonstruktionen in der systemischen Therapie, Frankfurt am Main, 7-18.

Simon, F. B. (1999): Meine Psychose, mein Fahrrad und ich: Zur Selbstorganisation der Verrücktheit, 7. Aufl., Heidelberg.

Simon, F. B. (2008): Einführung in Systemtheorie und Konstruktivismus, 3. Aufl., Heidelberg.

Simon, F. B. (2010): Einführung in die Systemtheorie des Konflikts, Heidelberg.

Simon, F. B./Rech-Simon, C. (2004): Zirkuläres Fragen - Systemische Therapie in Fallbeispielen: Ein Lernbuch, Heidelberg.

Singleton, R. A. J./Straits, B. C. (2005): Approaches to social research, New York, Oxford.

Six, B. (1997): Attribution, in: Frey, Dieter/Greif, Siegfried (Hrsg.): Sozialpsychologie – Ein Handbuch in Schlüsselbegriffen, 4. Aufl., Weinheim, 122-135.

Skogstad, A./Einarsen, S./Torsheim, T./Aasland, S. M./Hetland, H. (2007): The destructiveness of laissez-faire leadership behavior, in: Journal of Occupational Health Psychology 12 (1), 80-92.

Söhnchen, F. (2007): Common method variance and single source bias, in: Albers, Sönke/Klapper, Daniel/Konradt, Udo/Walter, Achim/Wolf, Joachim (Hrsg.): Methodik der empirischen Forschung, 2. Aufl., Wiesbaden, 135-150.

Spencer-Brown, G. (1969): Laws of form, New York.

Staehle, W. H. (1999): Management - Eine verhaltenswissenschaftliche Perspektive, 8. Aufl., München.

Stech, E. L. (2001): Psychodynamic approach, in: Northhouse, Peter G. (Hrsg.): Leadership: Theory and practice, 2 Aufl., Thousand Oaks, 189-213.

Steiner, I. D. (1954): Ethnocentrism and tolerance of trait "inconsistency.", in: The Journal of Abnormal and Social Psychology 49 (3), 349-354.

Steinmann, H./Schreyögg, G. (2005): Management: Grundlagen der Unternehmensführung, 6. Aufl., Wiesbaden.

Stephen, J./Fraser, E./Marcia, J. E. (1992): Moratorium-achievement (Mama) cycles in lifespan identity development: value orientations and reasoning system correlates, in: Journal of Adolescence 15 (3), 283-300.

Stepina, L. P./Perrewe, P. L./Hassell, B. L./Harris, J. R. (1991): A comparative test of the independent effects of interpersonal, task, and reward domains on personal and organizational outcomes, in: Journal of Social Behavior and Personality 6 (1), 93-104.

Steyrer, J. (1995): Charisma in Organisationen, Frankfurt am Main

Steyrer, J. (1999): Charisma in Organisationen - zum Stand der Theoriebildung und empirischen Forschung, in: Schreyögg, Georg/Sydow, Jörg (Hrsg.): Managementforschung 9: Führung neu gesehen, Berlin/New York.

Stierling, H. (1997): Prinzipien der systemischen Therapie, in: Simon, Fritz B. (Hrsg.): Wirklihckitskonstruktionen in der systemischen Therapie, Frankfurt am Main, 78-93.

Stock-Homburg, R. (2008): Personalmanagement: Theorien - Konzepte - Instrumente, Wiesbaden.

Stogdill, R. M. (1974): Handbook of leadership: A survey of theory and research, New York.

Strauss, A. L. (1959): Mirrors and masks: The search for identity, Glencoe.

Strauss, A. L./Corbin, J. M. (1990): Basics of qualitative research - Grounded theory procedures and techniques, Newbury Park, CA.

Strauss, A. L./Corbin, J. M. (1994): Grounded theory methodology: An overview, in: Denzin, Norman K./Lincoln, Yvonna S. (Hrsg.): Handbook of qualitative research, Thousand Oaks, CA.

Sy, T. (2010): What do you think of followers? Examining the content, structure, and consequences of implicit followership theories, in: Organizational Behavior and Human Decision Processes 113 (2), 73-84.

Sydow, J./Schreyögg, G./Koch, J. (2009): Organizational path dependence: Opening the black box, in: The Academy of Management Review 34 (4), 689-709.

Tepper, B. J. (2000): Consequences of abusive supervision, in: The Academy of Management Journal 43 (2), 178-190.

Tepper, B. J. (2007): Abusive supervision in work organizations: Review, synthesis, and research agenda, in: Journal of Management 33 (3), 261-289.

Tepper, B. J./Carr, J. C./Breaux, D. M./Geider, S./Hu, C./Hua, W. (2009): Abusive supervision, intentions to quit, and employees workplace deviance - A power-dependence analysis, in: Organizational Behavior & Human Decision Processes 109 (2), 156-167.

Tepper, B. J./Duffy, M. K./Henle, C. A./Schurer Lambert, L. (2006): Procedural injustice, victim precipitation, and abusive supervision, in: Personnel Psychology 59 (1), 101-123.

Tepper, B. J./Duffy, M. K./Hoobler, J./Ensley, M. D. (2004): Moderators of the relationships between coworkers' organizational citizenship behavior and fellow employees' attitudes, in: Journal of Applied Psychology 89 (3), 455-465.

Tepper, B. J./Duffy, M. K./Shaw, J. D. (2001): Personality moderators of the relationship between abusive supervision and subordinates' resistance, in: Journal of Applied Psychology 86 (5), 974-983.

Tepper, B. J./Henle, C. A./Lambert, L. S./Giacalone, R. A./Duffy, M. K. (2008): Abusive supervision and subordinates' organization deviance, in: Journal of Applied Psychology 93 (4), 721-732.

Tepper, B. J./Moss, S. E./Duffy, M. K. (2011): Predictors of abusive supervision - Supervisor perceptions of deep-level dissimilarity, relationship conflict, and subordinate performance, in: The Academy of Management Journal 54 (2), 279-294.

Tepper, B. J./Moss, S. E./Lockhart, D. E./Carr, J. C. (2007): Abusive supervision, upward maintenance communication, and subordinates' psychological distress, in: The Academy of Management Journal 50 (5), 1169-1180.

Tepper, B. J./Taylor, E. C. (2003): Relationships among Supervisors' and Subordinates' Procedural Justice Perceptions and Organizational Citizenship Behaviors, in: The Academy of Management Journal 46 (1), 97-105.

Teuschel, P. (2010): Mobbing - Dynamik, Verlauf, gesundheitliche und soziale Folgen, Stuttgart et al.

Thau, S./Bennett, R. J./Mitchell, M. S./Marrs, M. B. (2009): How management style moderates the relationship between abusive supervision and workplace deviance: An uncertainty management theory perspective, in: Organizational Behavior & Human Decision Processes 108, 79-92.

Thelen, K. (1999): Historical institutionalism and comparative politics, in: Annual Review of political Science 2, 369-404.

Thibaut, J. W./Kelley, H. H. (1959): The social psychology of groups, New York.

Thibaut, J. W./Walker, L. (1975): Procedural justice - A psychological analysis, Hillsdale, NJ.

Tierney, P./Tepper, B. J. (2007): Introduction to The Leadership Quarterly special issue: Destructive leadership, in: The Leadership Quarterly 18 (3), 171-173.

Tomm, K. (1984): Der Mailänder familientherapeutische Ansatz: Ein vorläufiger Bericht, in: Zeitschrift für systemische Therapie 1 (4), 1-24.

Tourangeau, R./Smith, T. W. (1996): Asking sensitive questions - The impact of data collection mode, question format, and question context, in: Public Opinion Quarterly 60, 275-304.

Tourangeau, R./Yan, T. (2007): Sensitive questions in surveys, in: Psychological Bulletin 133 (5), 859-883.

Türk, K. (1981): Personalführung und soziale Kontrolle, Stuttgart.

Turban, D. B./Jones, A. P./Rozelle, R. M. (1990): Influences of supervisor liking of a subordinate and the reward context on the treatment and evaluation of that subordinate in: Motivation and Emotion 14 (3), 215-233.

Turchik, J. A./Wilson, S. M. (2010): Sexual assault in the U.S. military - A review of the literature and recommendations for the future, in: Aggression and Violent Behavior 15 (4), 267-277.

Turner, J. H. (1991): The structure of sociological theory, 5. Aufl., Belmont, CA.

Tyler, T. R./Boeckmann, R. J./Smith, H. J./Huo, Y. J. (1997): Social justice in a diverse society, Boulder, CO.

Uhl-Bien, M./Graen, G. B. (1993): Leadership-making in self-managing professional work teams: An empirical investigation, in: Clark, Kenneth E./Clark, Miriam B./Campbell, David P. (Hrsg.): The impact of leadership, West Orange, NJ, 379-387.

van Knippenberg, D./De Cremer, D./van Knippenberg, B. (2007): Leadership and fairness: The state of the art, in: European Journal of Work and Organizational Psychology 16 (2), 113-140.

van Knippenberg, D./Hogg, M. A. (2003): Leadership and power: Identity processes in groups and organizations, London.

van Knippenberg, D./van Knippenberg, B. (2003): Leadership, identity and influence: Relational concerns in the use of influence tactics, in: van Knippenberg, Daan/Hogg, Michael A. (Hrsg.): Leadership and power. Identity processes in groups and organizations, London et al., 123-137.

van Scotter, J. R./Motowidlo, S. J. (1996): Interpersonal facilitation and job dedication as separate facets of contextual performance, in: Journal of Applied Psychology 81 (5), 525-531.

van Velsor, E./Leslie, J. B. (1995): Why executives derail: Perspectives across time and cultures, in: The Academy of Management Executive 9 (4), 62-72.

Varela, F. J. (1987): Autonomie und Autopoiese, in: Schmidt, Siegfried J. (Hrsg.): Der Diskurs des radikalen Konstruktivismus, 9. Aufl., Frankfurt am Main, 119-132.

Varela, F. J./Maturana, H. R./Uribe, R. (1974): Autopoiesis, the organization of living systems: Its characterization and a model, in: Biosystems 5 (4), 187-196.

Vega, G./Comer, D. R. (2005): Sticks and stones may break your bones, but words can break your spirit: Bullying in the workplace, in: Journal of Business Ethics 58, 101-109.

Vester, H.-G. (2009): Kompendium der Soziologie I: Grundbegriffe, Wiesbaden.

Vester, H.-G. (2010): Kompendium der Soziologie III: Neuere soziologische Theorien, Wiesbaden.

Volkan, V. D./Fowler, J. C. (2009): Large-group narcissism and political leaders with narcissistic personality organization, in: Psychiatric Annals 39 (4), 214-223.

Vroom, V. (1964): Work and motivation, New York.

Vroom, V. H. (1976): Can leaders learn to lead?, in: Organizational Dynamics 4, 17-28.

Vroom, V. H./Yetton, P. W. (1973): Leadership and decision-making, Pittsburgh.

Waldman, D. A./Atwater, L. E. (1998): The power of 360 degree feedback, Houston.

Waldman, D. A./Javidan, M. (2009): Alternative forms of charismatic leadership in the integration of mergers ans aquisitions, in: Leadership Quarterly 20 (2), 130-142.

Waldmann, R. (1999): Perspektiven der Führungsforschung - ein Paradigmenvergleich, Wiesbaden.

Walter, W. (1994): Strategien der Politikberatung - die Interpretation der Sachverständigen-Rolle im Lichte von Experteninterviews, in: Hitzler, Ronald/Honer, Anne/Maeder, Christoph (Hrsg.): Expertenwissen - die institutionalisierte Kompetenz zur Konstruktion von Wirklichkeit, Opladen.

Wang, M./Sinclair, R./Deese, M. N. (2010): Understanding the causes of destructive leadership behavior: A dual-process model, in: Schyns, Birgit/Hansbrough, Tiffany (Hrsg.): When leadership goes wrong: Destructive leadership, mistakes, and ethical failures, Charlotte, NC, 73-97.

Watson, D./Clark, L. A. (1984): Negative affectivity: The disposition to experience aversive emotional states, in: Psychological Bulletin 96 (3), 465-490.

Watzlawick, P. (2010a): Selbsterfüllende Prophezeiungen, in: Watzlawick, Paul (Hrsg.): Die erfundene Wirklichkeit - Wie wissen wir, was wir zu glauben wissen? Beiträge zum Konstruktivismus, 10. Aufl., München, 91-110.

Watzlawick, P. (2010b)(Hrsg.): Die erfundene Wirklichkeit - Wie wissen wir, was wir zu glauben wissen? Beiträge zum Konstruktivismus, 10. Aufl., München.

Watzlawick, P./Beavin, J. H./Jackson, D. D. (2007): Menschliche Kommunikation - Formen, Störungen, Paradoxien, 11. Aufl., Bern.

Webb, E./Weick, K. E. (1979): Unobtrusive measures in organizational theory: A reminder, in: Administrative Science Quarterly 24 (4), 650-659.

Webb, E. J./Campbell, D. P./Schwartz, R. D./Sechrest, L. (1966): Unobtrusive measures - Nonreactive research in the social sciences, Chicago, IL.

Weber, F. (1991): Subjektive Organisationstheorien, Wiesbaden.

Weber, G./Schmid, B. (1997): Fallbeispiel: Transkript einer Sitzung und Therapieverlauf, in: Simon, Fritz B. (Hrsg.): Lebende Systeme – Wirklichkeitskonstruktionen in der systemischen Therapie, Frankfurt am Main, 94-109.

Weber, M. (1956): Soziologie - Weltgeschichtliche Analysen - Politik, Stuttgart.

Weber, M. (1976): Wirtschaft und Gesellschaft: Grundriss der verstehenden Soziologie, 5. Aufl., Tübingen.

Weibler, J. (1998): Management: Führung von unten, in: Marktforschung und Management 42, 31-32.

Weibler, J. (2001): Personalführung, München.

Weibler, J. (2004): Führung und Führungstheorien, in: Schreyögg, Georg/ Werder, Axel von (Hrsg.): Handwörterbuch Unternehmensführung und Organisation, 4 Aufl., Stuttgart, 294-306.

Weiner, B./Frieze, I./Kukla, A./Reed, L./Rest, S./Rosenbaum, R. M. (1972): Perceiving the causes of success and failure, in: Jones, Edward E./Kanouse, David E./Kelley, Harold H./Nisbett, Richard E./Valins, Stuart/Weiner, Bernard (Hrsg.): Attribution: Perceiving the causes of behavior, Morristown, 95-120.

Weinert, A. B. (1984a): Menschenbilder als Grundlage von Führungstheorien, in: Zeitschrift Führung + Organisation 53, 117-123.

Weinert, A. B. (1984b): Menschenbilder in Organisations- und Führungstheorien: Erste Ergebnisse einer empirischen Überprüfung, in: Zeitschrift für Betriebswirtschaft 54, 30-62.

Weinert, A. B. (1995): Menschenbilder und Führung, in: Kieser, Alfred/Reber, Gerhard/Wunderer, Rolf (Hrsg.): Handwörterbuch der Führung, Stuttgart, 1495-1510.

Weiss, H. M./Adler, S. (1981): Cognitive complexity and the structure of implicit leadership theories, in: Journal of Applied Psychology 66 (1), 69-78.

Wenninger, G. (2001): Lexikon der Psychologie, Heidelberg, Berlin.

Whicker, M. L. (1996): Toxic leaders - When organizations go bad, Westport, CT.

Willems, H. (1997): Rahmen und Habitus: Zum theoretischen und methodischen Ansatz Erving Goffmans - Vergleiche, Anschlüsse und Anwendungen, Frankfurt am Main.

Willke, H. (1993): Systemtheorie: Eine Einführung in die Grundprobleme der Theorie sozialer Systeme, 5. Aufl., Stuttgart.

Willke, H. (2005): Systemtheorie I: Grundlagen, 7. Aufl., Stuttgart.

Wiswede, G. (1977): Rollentheorie, Stuttgart.

Wofford, J. C./Goodwin, V. L. (1994): A cognitive interpretation of transactional and transformational leadership theories, in: The Leadership Quarterly 5 (2), 161-186.

Wofford, J. C./Goodwin, V. L./Whittington, J. L. (1998): A field study of a cognitive approach to understanding transformational and transactional leadership, in: The Leadership Quarterly 9 (1), 55-84.

Wood, R. E./Mitchell, T. R. (1981): Manager behavior in a social context: The impact of impression management on attributions and disciplinary actions, in: Organizational Behavior and Human Performance 28 (3), 356-378.

Wu, T. Y./Hu, C. Y. (2009): Abusive supervision and employee emotional exhaustion dispositional antecedents and boundaries, in: Group & Organization Management 34 (2), 143-169.

Wunderer, R. (2009): Führung und Zusammenarbeit - Eine unternehmerische Führungslehre, 8. Aufl., Köln.

Wunderer, R./Grunwald, W. (1980): Führunglehre, Bd. 1: Grundlagen der Führung, Berlin - New York.

Wunderer, R./Weibler, J. (1992): Vertikale und laterale Einflussstrategien - Zur Replikation und Kritik des "Profiles of Organizational Influence Strategies (POIS)" und seiner konzeptionellen Weiterführung, in: Zeitschrift für Personalforschung 6 (4), 515-536.

Yagil, D. (2006): The relationship of abusive and supportive workplace supervision to wmployee burnout and upward influence tactics, in: Journal of Emotional Abuse 6 (1), 49-65.

Yukl, G. (2006): Leadership in organizations, 6. Aufl., New York.

Yukl, G./Falbe, C. M. (1991): Importance of different power sources in downward and lateral relations, in: Journal of Applied Psychology 76 (3), 416-423.

Yukl, G./Kim, H./Falbe, C. M. (1996): Antecedents of influence outcomes, in: Journal of Applied Psychology 81 (3), 309-317.

Zalesny, M. D./Graen, G. B. (1995): Führungstheorien - Austauschtheorie, in: Kieser, Alfred/Reber, Gerhard/Wunderer, Rolf (Hrsg.): Handwörterbuch der Führung, Stuttgart, 862-877.

Zaleznik, A. (1975): Menschliche Dilemma der Führung, Wiesbaden.

Zaleznik, A. (1977): Managers and leaders: Are they different?, in: Harvard Business Review 55 (3), 67-78.

Zapf, D. (1999a): Mobbing in Organisationen - Überblick zum Stand der Forschung, in: Zeitschrift für Arbeits- und Organisationspsychologie 43 (1), 1-25.

Zapf, D. (1999b): Organisational, work group related and personal causes of mobbing/bullying at work, in: International Journal of Manpower 20 (1/2), 70-85.

Zapf, D./Einarsen, S. (2003): Individual antecedents of bullying - Victims and perpetrators, in: Einarsen, Ståle/Hoel, Helge/Zapf, Dieter/Cooper, Cary L. (Hrsg.): Bullying and emotional abuse in the workplace - International perspective in research and practice, London, 165-184.

Zapf, D./Einarsen, S./Hoel, H./Vartia, M. (2003): Empirical findings on bullying in the workplace, in: Einarsen, Ståle/Hoel, Helge/Zapf, Dieter/Cooper, Cary L. (Hrsg.): Bullying and emotional abuse in the workplace: International perspective in research and practice, London, 103-126.

Zapf, D./Gross, C. (2001): Conflict escalation and coping with workplace bullying - A replication and extension, in: European Journal of Work & Organizational Psychology 10 (4), 497-522.

Zellars, K. L./Tepper, B. J./Duffy, M. K. (2002): Abusive supervision and subordinates' organizational citizenship behavior, in: Journal of Applied Psychology 87 (6), 1068-1076.

Zitterbarth, W. (1991): Der Erlanger Konstruktivismus in seiner Beziehung zum Konstruktiven Realismus, in: Peschl, Markus F. (Hrsg.): Formen des Konstruktivismus in Diskussion, Wien, 73-87.

Aus unserem Verlagsprogramm:

Inga Mertin
Entwicklung und Validierung eines innovativen Intelligenztests für die Managementdiagnostik
Hamburg 2011 / 252 Seiten / ISBN 978-3-8300-5592-1

Harry Eggensperger
Idealisierung des Beruflichen versus längere Lebensarbeitszeit
Enttäuschte Erwartungen als Motivationsprobleme älterer Mitarbeiter
Hamburg 2011 / 246 Seiten / ISBN 978-3-8300-5482-5

Simone Sesboüé
Stressor – Strain – Job Performance Relationships
The Central Role of Emotional Exhaustion in Sales and Customer Service Professions
Hamburg 2011 / 206 Seiten / ISBN 978-3-8300-5472-6

Petra Hemmerling-Wegmann
Wahrnehmung kompensatorischen Verhaltens alternder Arbeitnehmer
Ansätze einer alternsorientierten Personalentwicklung
Hamburg 2011 / 156 Seiten / ISBN 978-3-8300-5584-6

Patrick Schwind
Commitment und Kultur in internationalen Netzwerken
Hamburg 2010 / 244 Seiten / ISBN 978-3-8300-5185-5

Oliver Dilcher
Gewerkschaftliche Identität in der Krise
Zum Spannungsverhältnis individueller und kollektiver gewerkschaftlicher Identität
Hamburg 2010 / 240 Seiten / ISBN 978-3-8300-5202-9

Cathrin Zügner
Konfliktverhalten in Arbeitsteams
Selbst- und Fremdwahrnehmung von Konfliktstilen in kollegialen Beziehungen
Hamburg 2010 / 310 Seiten / ISBN 978-3-8300-4843-5

Katrin Wöbken
Understanding and Managing Post-Acquisition Integration as Change Process
Hamburg 2010 / 526 Seiten / ISBN 978-3-8300-5497-9

VERLAG DR. KOVAČ
FACHVERLAG FÜR WISSENSCHAFTLICHE LITERATUR

Postfach 57 01 42 · 22770 Hamburg · www.verlagdrkovac.de · info@verlagdrkovac.de